国家社会科学基金项目“中国财税法律制度的
修改与完善研究”最终成果

税法学研究文库

财政法基本问题

Theory and Practice of Chinese Fiscal Law

熊伟 著

总主编 刘剑文

北京大学出版社
PEKING UNIVERSITY PRESS

图书在版编目(CIP)数据

财政法基本问题/熊伟著.—北京:北京大学出版社,2012.8
(税法学研究文库)
ISBN 978-7-301-20329-3

Ⅰ.①财… Ⅱ.①熊… Ⅲ.①财政法-中国-文集 Ⅳ.①D922.204-53

中国版本图书馆 CIP 数据核字(2012)第 197089 号

书　　名:财政法基本问题
著作责任者:熊　伟　著
责 任 编 辑:王　晶
标 准 书 号:ISBN 978-7-301-20329-3/D·3164
出 版 发 行:北京大学出版社
地　　址:北京市海淀区成府路 205 号　100871
网　　址:http://www.pup.cn
电　　话:邮购部 62752015　发行部 62750672　编辑部 62752027
　　　　　出版部 62754962
电 子 信 箱:law@pup.pku.edu.cn
印　刷　者:北京大学印刷厂
经　销　者:新华书店
　　　　　965 毫米×1300 毫米　16 开本　25.25 印张　427 千字
　　　　　2012 年 8 月第 1 版　2012 年 8 月第 1 次印刷
定　　价:49.00 元

总　序

《税法学研究文库》是继《财税法系列教材》、《财税法论丛》和《当代中国依法治税丛书》之后由我主持推出的另一个大型税法研究项目。该项目的目的不仅在于展示当代中国税法学研究的最新成果，更在于激励具有创新精神的年轻学者脱颖而出，在传播、推广税法知识的同时，加快税法研究职业团队的建设和形成。

税法学是一门年轻、开放、尚处于成长期的新学科。谓其年轻，是因为它不像民法学和刑法学一样拥有悠久的历史渊源；谓其开放，是因为它与经济学、管理学以及其他法学学科等存在多方面的交叉与融合；谓其成长，是因为它的应用和发展空间无限广阔。在我国加入世界贸易组织之后，随着民主宪政、税收法治等先进理念的普及和深入，纳税人的权利意识越发强烈，其对税收的课征比任何时期都更为敏感和关心。税法学的存在价值，正在于科学地发现和把握征纳双方的利益平衡，在公平、正义理念的指导下，实现国家税收秩序的稳定与和谐。

长期以来，我一直致力于税法学的教学和研究，发表和出版了一系列论文和专著，主持了多项国家级科研课题，对中国税法学的发展以及税收法制建设做了一些力所能及的工作。然而，不容否认，中国税法学的研究力量仍然十分薄弱，有分量的研究成果也不多见，税法和税法学的应有地位与现实形成强烈的反差。我深深地感到，要想改变这种状态，绝非某个人或某一单位力所能及。当务之急，必须聚集和整合全国范围内的研究资源，挖掘和培养一批敢创新、有积累的年轻税法学者，在建设相对稳定的职业研究团体的同时，形成结构合理的学术梯队，通过集体的力量组织专题攻关。唯其如此，中国税法学也才有可能展开平等的国际对话，而税法学研究的薪火也才能代代相传，生生不息。

近年来，我先后主编《财税法系列教材》、《财税法论丛》、《当代中国依法治税丛书》，这三项计划的开展，不仅使税法学研究的问题、方法和进程逐渐为法学界所熟悉和认同，同时也推动了税法学界的交流与合作。在此过程中，我既看到了新一代税法学者的耕耘和梦想，更感受到了他们在研究途中跋涉的艰辛。这群年轻的学者大多已取得博士学位，或已取得副教授职称，且至少熟练掌握一门外语。最为重要的是,他们对专业充满热忱,愿意为中国税法学贡献毕生精力。正是在他们的期待和鼓励下,为了展示中国税法学的成长和进步,激励更多的优秀人才加入研究队伍,我与北京大学出版社积极接触、多次磋商,终于在 2002 年达成了本文库的出版协议。

衷心感谢北京大学出版社对中国税法学的积极扶持。如果没有对学术事业的关心和远见,他们不会愿意承担该文库出版的全部市场风险,更不会按正常标准支付稿费。此举的意义,远远溢出了一种商业架构,事实上为中国年轻的税法学提供了一个新的发展机遇。正是他们的支持,才使得主编可以严格按照学术标准组织稿件,也使得作者可以心无旁骛,潜心研究和创作。若干年之后,当人们梳理中国税法学进步的脉络时,除了列举税法学人的成果和贡献,也应该为所有提供过支持的出版机构写上重重的一笔。这里,我还要代表全体作者特别感谢北京大学出版社副总编杨立范先生,他的智识和筹划,是本文库得以与读者见面不可或缺的重要因素。

本文库计划每年出版 3—5 本,内容涉及税法哲学、税法史学、税法制度学;税收体制法、税收实体法、税收程序法;税收收入法、税收支出法;国内税法、外国税法、国际税法、比较税法等多重角度和层面。只要观点鲜明,体系严密,资料翔实,论证有力,不管何种风格的税法专著都可成为文库的收录对象。我们希望,本文库能够成为展示税法理论成果的窗口,成为促进税法学术交流的平台。如果能够由此发现和锻炼更多的税法学人,推动税法理论与实践的沟通和互动,我们编辑文库的目的就已经实现。

刘剑文
2004 年于北京大学财经法研究中心
中国财税法网(www. cftl. cn)
中国税法网(www. cntl. cn)

致　谢

本书是国家社会科学基金项目“中国财税法律制度的修改与完善研究”(06BFX035)的最终成果,也得到教育部“新世纪优秀人才支持计划”和武汉大学“70后财税法学术团队计划”的资助。

在课题研究和文稿修改的过程中,武汉大学税法研究中心博士生王宗涛、陈洪平、周晓光,武汉大学法学院2011届硕士生樊荣、何燕辉、聂淼、申超、魏勤、冯凡、胡宏元、肖风云、邢怡、钟慧文提供了大量帮助。在此一并致谢!

特别要感谢北京大学法学院刘剑文教授和厦门大学经济学院张馨教授。本人之所以能长期坚持财税法研究,并在这个领域中作出微薄贡献,得益于两位导师言传身教和不断鼓励。台湾大学法律学院葛克昌教授也是我重要的学术引路人,崇敬之情难以言表!

需要说明的是,本书2009年在北京大学出版社就已立项。由于作者的慵懒,稿件未能及时完成,耽误了出版进程,对此感到十分抱歉。感谢出版社及王晶编辑为本书出版付出的努力,也感谢刘剑文教授的举荐,让本书有机会忝列《税法学研究文库》。

由于作者能力所限,书中难免出现错误,敬请读者批评指正。

熊伟

武汉大学税法研究中心

2012年6月20日

前　言

“财政乃庶政之母”、“征税的权力是事关毁灭的权力”、“税是文明社会的对价”,这些至理名言,昭示着财税对于社会发展的重要意义。在历史上,无论是中国的商鞅变法、王安石变法,还是英国的资产阶级革命、美国的独立战争、法国大革命,都与财税制度的变革息息相关。财税改革推动了社会的变革,社会变革又带动了财税制度的革新。进入现代以后,财税日益成为经济社会的重要调控手段,成为政府关注的重心和政策实施的重点,对经济社会的发展越来越重要。

然而,财政不仅体现了一国的经济政策、政治体制和社会制度,还必须以法律为载体。在走向民主法治的时代背景下,财政无论是宏观变革还是微观调整,都必须在法律的框架下进行。在美、英、德、日等发达国家,财政法律制度非常发达,法律体系完善、法治化程度高;与此相适用,财政法研究也相当系统和深入,财政法理论体系和学科建设十分成熟。此外,财政法理论和实践互促互动,政府财政政策的实施,通常都会经过法学的事前论证和事后检讨,以促进财政制度的不断发展和进步。而在中国,财政问题向来被归入经济学的范畴,法学很少给予必要的重视。历次财政改革都局限于经济体制层面,法律仅仅成为推行政策的工具。

尽管经过 1994 年后几次大的财政改革,财政收入和支出的规模逐年放大,整体经济形势也不断好转,但财政法律秩序却依然较为混乱,无法可依、有法不依、执法不严、违法不究的现象屡屡发生。这些不仅侵蚀了改革的既有成果,也违背了依法理财、依法治税的理念,更与建设法治国家的方略背道而驰。正是因为这个原因,本书所作的尝试具有一定的开拓性,它可以为财政法学研究注入新鲜活力,在理论与实践相结合方面有所突破,有助于推动财税法学的向前发展。更为重要的是,本书对财政改革从法学角度展开研究,提出相应的改革思路和对策,可以为改革实践提供理论支持,在财政领域践行法治国家理念。

和以往财政法理论研究不同的是,本书立足于民主宪政、法治国家两大基点,探讨其与公共财政改革的共生互动。笔者认为,财税既是社会财富的分配方式,也是执政当局的施政纲领,还是普遍有效的强制规则,财政法是一国经济政策、政治体制和法律规则的综合载体。因此,财政与民主宪政、法治国家密切相关。财政改革推动了宪政法治的发展,财政改革也应在宪政法治的指导下进行,后者尤其是本书的基本立场。未来的中国财政改革应在民主宪政、法治国家的框架下进行,任何财政制度变革乃至于具体的财政行为都应遵循基本的法治约束,而不能逾越合法性、合宪性的边界。本书是在这种视野下探讨中国财政法的完善,这和以往的就财政论财政的技术性研究思路有很大不同。

本书共分为四章:第一章探讨财政法的理念架构与宪政基础;第二章研究如何从法律的角度规范政府间财政关系;第三章分析公共预算的宪政与法律问题;第四章关注法治化视角下的税费制度改革。

在“财政法的理念架构与宪政基础”部分,笔者首先提出,与市场经济相适应的财政体制是公共财政体制。公共财政与民主宪政、法治国家具有密切关联,公共财政具有民主性和法治性。未来财税改革和财政法制建设,不仅应强调财税对宪政法治的推动作用,更应该强调宪政法治对公共财政转型的保障作用。就财政法的核心理念而言,本书提出,要处理好私人财产权与国家财政权的对立统一,让政府财政权处于宪政的约束之下,尊重和保护纳税人基本权利。因此,财政法应以宪法为基础,坚持一系列基本法律原则,包括财政民主主义、财政法定主义、财政健全主义和财政平等主义。财政民主主义着眼于财政的民主参与,财政法定主义着眼于财政的形式规范,财政健全主义着眼于财政的安全稳健,财政平等主义着眼于财政的公平合理。最后,作者以物业税“空转”为例,阐述了纳税人知情权的原理,让纳税人权利保护这个话题更具有实践性。

在“政府间财政关系的法律调整”部分,笔者首先探讨了财政分权的理论基础,指出政府财政分权是客观必然性。财政分权包括财政与市场的分权、财政内部的横向分权和纵向财政分权,这三个方面在中国都有很大的改革空间。之后,笔者开始以实际案例切入,展现政府间财政关系的丰富空间。例如,购房抵税、先征后返的问题,折射了地方财政自主权困境;通过释明中央代借代还地方债券的信用、风险与责任,说明地方在财政上尚无法有效独立于中央,地方财权的法律界限不清晰;汶川地震灾区对口支援中透射出的问题,反映了我国政府财政行为缺乏法律约束,更说明建立规范的财政转移支付制度的必要性;在区域经济合作过程中,地方政府在财政方面积极协商,大胆创新,一方面拓宽了财政法的适用空间,另一方面也经常遭遇合法性困境,因此需要构建制度平台,为区域财政合作提供支持;企业汇总纳税后如何平衡地方利益,也涉及政府间财政关系。目前,我国对此采取因素法税收分享模式,跟集中式转移支付相比,地方的利益较能得到直接保障。

在“公共预算的宪政与法律问题”部分,笔者首先指出,预算是整个财政活动的中枢,预算具有宪政法治意义,其核心在于认真对待权力。不过,预算的规制重心也应有所调整,更侧重于对政府的支出控制,约束政府的财政支出权。至于收入预算,应淡化其在代议制层面的功能,仅作为审批支出预算的参考。另外,中国预算改革具有一体两面性,侧重于行政主导型的预算改革,而代议制预算建设乏善可陈。鉴于中国执政党、人大与政府关系这一特定政治国情,预算所赖以发挥作用的权力体制并未理顺。因此,只能谨慎评估中国预算改革的进步空间。关于预算的性质,德国、日本和我国台湾地区争议很大。笔者并不认为它是法律,而认为它只是一个具有法律约束力的文件。违反预算的开支,需要承担法律责任。本章最后论及国有资本经营预算,对这种预算的政策困境和宪法难题有所揭示。考虑到国有资本终极意义上全民所有的事实,国有资本收入和支出单独预算,与生产资料公有制并不完全吻合。

在“法治化视角下的税费制度改革”部分,笔者开宗明义地指出,税费改革应遵守基本的法治约束,而不能违反正当法律程序,以不合法的方式推进改革。本章首先探讨了政府性基金及其预算特质,并分析了政府性基金与税收、行政事业性收费的关系,政府性基金的征收要件,以及政府性基金预算的基本要求。之后,本章对城市道路车辆通行费、成品油税费改革、房产税改革进行了专题研讨,主张在现行体制下,城市道路通行费具有合法性,但在征收模式上不能“统收统贷统还”;主张成品油消费税改革要落实使用者付费原则,同时保障地方利益;主张房产税试点要遵守法治约束,充分考虑中国房地产市场的特殊性,协调其与土地出让金、城镇土地使用税、营业税等相关财政工具的关系。本章最后还从财政法视角切入彩票制度,对彩票发行和监管体制、彩票资金的管理制度,以及适度开放博彩业的可能性作了较为深入的论证。

中国财政法研究以往侧重于理念和框架,研究思路具有从宏观到宏观的特点,无法展示财政法特有的精致内涵,容易给人虚无缥缈、空中楼阁的感觉。其实,财政法是一个丰富多彩的领域,关系到国计民生的方方面面,每一个话题都蕴藏着深刻的法治要义。近几年来,笔者一直关注财政法制实践,试图从具体案例中总结出一些规律,本书所收录题目只是其中的一部分。尚未完成的课题包括土地出让金、财政垫付制度、资源税费改革、环境公课、烟草和食盐专卖、财政投融资制度，等等。期望修订本书时能够补充这些内容，进一步丰富中国财政法研究的成果体系。由于前期研究成果积累较少，可以参考的资料来源有限，本书论证过程比较粗糙，结论也未必能自圆其说，尚祈读者批评指正。

CONTENTS 目 录

第一章　财政法的理念架构与宪政基础　1

第一节　公共财政、民主政治与法治国家　1

一、作为财政改革目标的公共财政　1

二、公共财政与民主政治的良性互动　3

三、公共财政对法治国家的内在要求　5

第二节　公共财政的宪政基础　8

一、宪政与公共财政的概念　8

二、公共财政与宪政的共通　14

三、宪政与公共财政的互动　21

第三节　财政法的核心理念　26

一、财政权与财产权的对立统一　26

二、政府财政权的宪政约束　28

三、纳税人及其权利保护　31

第四节　财政法的基本原则　35

一、财政民主主义　36

二、财政法定主义　40

三、财政健全主义　45

四、财政平等主义　49

第五节　从物业税空转看纳税人的知情权　52

一、讨论纳税人知情权的缘由　52

二、物业税"空转"折射出的纳税人知情权　55

三、公众对税收立法的知情权可以走多远?　58

四、中国税收立法信息公开的有益尝试　61

五、中国纳税人权利保护任重道远　65

CONTENTS 目 录

第二章　政府间财政关系的法律调整　68
第一节　宪政维度下的政府间财政分权　68
一、财政分权的理论基础　68
二、政府间横向财政分权　75
三、政府间纵向财政分权　97
第二节　购房抵税、先征后返与地方财政自主权　113
一、购房抵税与先征后返的法律性质　115
二、中央控制税收减免的依据和理由　118
三、地方财政自主权的法律限制　122
四、地方财政自主权的法治化前景　125
第三节　中央代借代还地方债的信用、风险与责任　133
一、地方债的制度设计与运行实践　134
二、地方债为何需要中央代借代还？　137
三、代借代还的信用、风险与责任　139
四、地方债蕴含的政府间财政关系　143
五、我国地方债制度的未来走向　147
第四节　地区间对口支援的财政宪法问题——以对口支援汶川地震灾区为例　151
一、对口支援汶川地震灾区的基本情况　151
二、对口支援汶川地震灾区的法律依据　153
三、地区间对口支援方案的实施机制　156
四、对口支援与地方政府的财政自主权　158
五、对口支援的前景预测与替代性机制　163

CONTENTS 目 录

第五节 区域经济协作与财税法制创新 168
一、地方政府间财税合作的理论框架 169
二、地方政府间跨区税收分配的规则设计 172
三、跨区基础设施建设的财税法问题 182
四、区域生态补偿的财税法问题 185
第六节 汇总纳税与地区间财政平衡 191
一、地区间财政不平衡的宪法问题 192
二、税法对地区间财政平衡的影响 194
三、企业所得税汇总缴纳的由来 195
四、汇总纳税与地区间财政平衡 198
五、税收分享还是转移支付:财政平衡的新课题 202

第三章 公共预算的宪政与法律问题 208
第一节 认真对待权力:公共预算的宪法要义 208
一、公共财政的权力性与预算之定位 208
二、自我约束 vs 民主决定:中国预算改革的一体两面 210
三、《预算法》修改能做的和不能做的 213
四、认真对待权力:预算与政治的共同话题 217
五、谨慎评估中国预算改革的进步空间 220
第二节 从超收收入看预算法的规制重心 222
一、超收收入与《预算法》的内在效力冲突 222
二、财政预算:从政府管理的工具到管理政府的工具 224

CONTENTS 目 录

三、收入预算的民主统制功能之弱化 227
四、支出预算论:逻辑错误还是理念更新? 232
五、支出预算论如何在《预算法》中体现? 236
第三节 在理想与现实之间:《预算法》修改的中庸之道 239
一、取消预算外收入和支出,将全部财政纳入预算管理 240
二、改革预算审批制度,强化预算审批的权威性 243
三、稳步推进预算信息公开,真正实现对财政的民主监督 245
四、规范预算变动程序,强化预算法律效力 249
第四节 预算的法律性质及其拘束力 253
一、德国学界关于预算性质的研究综述 253
二、日本学界关于预算性质的研究综述 258
三、中国学界关于预算性质的研究综述 260
四、预算的法律性质及其拘束力之我见 263
第五节 回归宪法与法律——国有资本经营预算之嬗变 267
一、国有资本经营预算有何特别之处? 268
二、国有资本经营预算的具体内容 272
三、国有资本经营预算的政策难题 275
四、国有资本经营预算的法律缺陷 282
五、国有资本经营预算的宪法评析 288
六、国有资本经营预算的改革方向 293

CONTENTS 目录

第四章 法治化视角下的税费制度改革 295

第一节 专款专用的政府性基金及其预算特质 295

一、政府性基金的相关法律规定 295

二、缴费义务人与政府性基金的特殊关联 298

三、从法律保留看政府性基金的设立依据 302

四、复式预算体系中的政府性基金 305

五、有关政府性基金研究的未尽课题 310

第二节 城市道路车辆通行费的合法性评估 311

一、城市道路车辆通行费的法律依据 312

二、城市道路车辆通行费的征收模式 314

三、我国台湾地区工程受益费制度及其借鉴 320

四、燃油税费改革与城市道路收费 325

五、城市道路车辆通行费的前景展望 328

第三节 从养路费到燃油税:立法动机、规则设计与效应评估 330

一、公路养路费的由来 331

二、公路养路费的合法性之争 335

三、成品油税费改革方案的主要内容 341

四、燃油税与消费税——一种特殊的寄生关系 344

五、燃油税费改革方案的实效评估 348

六、燃油税费改革中的政府间财政关系 352

CONTENTS 目 录

第四节 房产税改革的财政动因与法治约束 356
一、调控还是收入:房产税改革的财政动因 356
二、目前的财政形势下政府不宜加税 358
三、有中国特色的房产税可以如何设计? 361
四、地方政府未必真正重视房产税改革 364
五、房产税改革应遵循起码的法治约束 365
第五节 从部门彩票到国家彩票——财政法视野下的彩票体制改革 367
一、彩票国家化:完善彩票体制的突破口 367
二、彩票资金的提取、分配和监管 373
三、关于适度开放博彩业的思考 382
结语 387

第一章　财政法的理念架构与宪政基础

第一节　公共财政、民主政治与法治国家

财政既是社会财富的分配方式，也是执政当局的施政纲领，还是普遍有效的强制规则，因此，它是经济、政治和法律的综合载体。当财政不能适应社会发展的需要时，改革当然是首要的选择。不过，财政改革的意义绝非限于经济体制，它对政治和法律同样也会产生相当的诉求。就我国当前的公共财政改革而言，如果不能辅之以民主法治的整体推进，任何方案设计最终都可能流于形式。从制衡权力、服务市场的角度看，公共财政与民主政治、法治国家是内在统一的。因此，必须重新阐释公共财政的深刻涵义，纠正当前实践中的工具主义倾向。

一、作为财政改革目标的公共财政

公共财政是与市场经济相适应的财政模式，其核心在于满足公共需要，如国防安全、社会治安、经济调控、环境保护等。这些需要基于市场的内在缺陷而产生，无法通过市场手段加以满足，但其对市场的发展具有不可替代的意义。因此，所谓公共财政，其实就是一种服务于市场的财政。这主要表现在，凡是市场需要的物品或服务，如果市场本身无法提供，财政就必须设法予以满足。凡是市场不需要的物品或服务，财政就不能干预。有些物品或服务虽然为市场所需要，但市场本身能够提供，财政也不能干预。这样，就可以将财政的活动范围限制在服务市场的范围内，避免财政供给的不足或过量，防止财政资金的浪费，也因此阻却财政权力的滥用。

在历史上，“王权财政”是作为公共财政对立面而存在的。王权财政是一种权力支配型财政，其职能主要是替君王筹集行政管理、领土扩张以及皇室开支的经费，财政所承担的公共职能非常有限。在自然经济条件下，这种财政模式虽然比较落后，但也有其存在的合理性。不过，到了封建社会后期，随着市场力量的萌芽、生长和壮大，王权财政对经济发展的阻碍也越来越明显。近代各国资产阶级革命的爆发，大都与国王的苛捐杂税、穷兵黩武和挥霍无度有关。因此，它们其实也是为市场而战的财政革命。随着资产

阶级革命的胜利,公共财政逐渐在各国得以建立。迄今为止,在服务市场、促进经济发展方面,公共财政已经取得巨大的成功。

我国自1949年以后,为了适应计划经济的发展需要,建立了一种迥异于公共财政的"国家财政"模式。一切经济资源都被纳入经济计划,从而直接成为财政的活动对象,市场交易和价值规律则被彻底摒弃。经过近三十年的实践,这种经济体制已经被证明完全失败,相关的财政模式自然也成为改革的对象。随着计划经济向市场经济的转型,财政的活动范围及方式发生了翻天覆地的变化。从彻底取代市场到弥补市场失效,从掌控一切资源到提供公共物品,中国财政的公共性逐渐凸现。到2003年,党的十六届三中全会决议更是要求,必须健全公共财政体制,推进财政收入、财政支出和财政管理制度的改革。这表明,公共财政已经成为我国财政改革的基本目标。

不过,到目前为止,我国财政改革的依据仍然是党和政府的政策,改革的范围也主要限于经济体制的层面。财政的民主参与程度较低,财政活动的透明度明显不足。不仅如此,财政权力的分配和行使也缺少约束,无法可依、有法不依的现象十分严重。在改革的初期,这种粗放式的模式也许能够奏效,甚至还会节约许多斡旋谈判的成本。然而,随着改革的深入,各种利益矛盾越来越激化,改革的风险也会越来越大。如果继续依赖权力部门的自律和觉悟,一旦出现领导人的重大决策失误,而又没有相应的制衡和纠错机制,其后果的严重性将是无法想象的。

因此,应该创造一种民主的氛围,使所有的利益诉求能够在开放的平台上,遵循既定的游戏规则进行交流和妥协。同时,也应该营造一个法治的环境,为权力运作设定一个起码的边界,使其不至于随心所欲、无所顾忌。从英国宪政的建立过程可以得知,公共财政与民主、法治之间呈现良性互动关系。① 民主法治可以促进公共财政的深入,而公共财政也可以推动民主法治的发展。所以,领导阶层应当利用财政改革的契机,有步骤地推进政治体制改革,努力建设社会主义法治国家。而市场力量也应该学会利用财政手段,积极介入民主和法治建设进程,使财政改革成为带动政治转型的先驱。如果能够从这个角度阐释党的十六届三中全会决议,笔者相信,有关财政税收体制改革的思路才会更加开阔。

① 参见本章第二节第三部分的相关论述。

二、公共财政与民主政治的良性互动

任何历史时期的财政都必须履行一定的公共职能，自然经济条件下的王权财政如此，计划经济条件下的国家财政也不例外。不过，无论是王权财政还是国家财政，受经济条件和政治环境的制约，公共意愿的实现都难以脱离权力的控制。例如，在王权财政时期，君王的权力高于一切，社会公众都是被统治的对象，社会财富也大都集中在君王手中。财政由此成为一个自足的体系，很难受到社会公众的制约。在社会矛盾不是十分尖锐的时期，公众往往通过上书的形式祈求君王体恤民情。一旦社会矛盾无法调和，暴动和起义就会成为解决政治问题的手段。即使暴动成功，改朝换代的结果仍然是君临天下，普通民众依旧无法参与财政决策的过程。财政应当履行哪些职能，如何履行职能，完全取决于执政当局的自我反省。如果其专断独行，刚愎自用，财政对公众的意愿就可能置若罔闻。只有在领导阶层比较开明，善于总结历史教训时，财政的公共性才能得到较好的体现。

在计划经济的国家财政时期，虽然在经济上实行公有制，但并没有探索出一条实现公有制的有效途径，国家所有制实际上成为财产权的普遍形式，国家的一切经济资源都被财政所垄断。在政治上，由于缺乏汇集公众意志的政治途径，国家意志实际上取代了公众意志，集权和专断成为一个共同的特点。如果政治领导人的决策一贯正确，如果计划所依赖的信息完全准确，国家财政肯定会成为历史上的财政典范。然而，谁也不能保证领导人不犯错误，谁也不能保证计划信息的绝对准确，中国从“大跃进”到“文化大革命”的惨痛教训，就已经深刻证明了这一点。因此，国家财政模式的失败也就是历史的必然。

王权财政和国家财政的共同特点是，二者都是一种权力支配型财政。财政虽然可能受到权力系统内部的监督和制约，但是，居于权力系统之外社会公众，无法通过自身的参与，干预财政的活动进程。导致这种现象的原因既包括政治上的集权，也包括经济上的垄断。政治上的集权使社会公众被合法地排除在权力系统之外，而经济上的垄断也使得财政不依赖社会公众的贡献而自给自足。因此，这两种财政都不需要建立在民主政治的基础上，相反，他们对专制政治还会起到相当的巩固作用。但公共财政的理念与此完全不同，它是市场经济的必然产物，是国家与社会的二元化的结果。因此，公共财政必须以政治上的民主作为前提。只有真正发扬民主，市场的意志才能得以体现，而财政权力也才能得到约束。

在市场经济体制下，财产独立是一切经济活动的前提。无论是宪法还是法律，都必须将保护财产权作为核心内容。鉴于市场无法提供国防、治安等公共产品，同时也无法消除各种外溢性，权利人才不得不牺牲自己的财产，向国家缴纳税款。然而，财产权所负担的义务并不是孤立的，它以增进财产权、保护财产权作为前提。纳税更不是义务性的进贡，而是一种近似交换的行为。为了保证国家不至于索取过高代价，为了督促国家提供公共产品，权利人自然会通过各种方式介入财政的决策过程。在英国的历史上，新兴资产阶级正是通过议会斗争，逐渐将财政收入和支出权控制在自己手中。通过漫长的财政民主化实践，英国公共财政得以建立，英国的民主宪政也正式形成。这足以证明公共财政与民主政治的良性互动关系。

我国目前正处在国家财政向公共财政的转型过程，同时也应该是集权政治向民主政治的转型过程。经过三十多年的市场化改革，市场主体的独立意识和参政意识都已经大大提高。为了防范权力滥用和决策失误，应该同步推动政治体制改革，使各方面的力量都能够参与财政权力的运作过程。首先，应当积极推行宪政，使宪法的权威在各个领域都能得到体现。无论是政府的权力还是执政党的权力，都必须通过宪法加以约束。任何违反宪法的行为，都应该承担法律责任或政治责任。其次，应当积极推行党内民主，改变目前党的权力过于集中的现状。再次，应当理顺共产党和人民代表大会的关系，强化人民代表大会的权力机关地位，使党的活动在人民代表大会的组织规则下进行。最后，应当对人民代表制度进行重大改革，改变代表的选举方式和组成结构，逐步扩大直接选举的范围，并使人民代表专职化。

如果不尊重市场力量的政治诉求，如果不通过合理的制度使权力真正服务于市场，公共财政将永远无法摆脱权力的支配，公共财政的改革最后也只会满足于表象。经过三十年的市场化改革，我国的财政公共化已经取得了长足的进步，但政治体制改革仍然裹足不前，财政民主的过程十分艰难。无论是财政收入还是财政支出，实际上都无法由市场力量民主决定，财政权力仍然处于不受控制的状态。从法理上看，这与我国宪法所规定的一切权力来源于人民是相冲突的。从实践效果上看，各种落后势力仍然在凭借专制体制的余威，从事各种破坏市场的行径。日益膨胀的税外收费之所以无法控制，主要是因为财政权力至今难以受到市场的制约。财政开支之所以浪费严重，也是因为市场主体无法参与预算审批的过程。

当然，我们也看到，无论是全国人大，还是少数经济发达地区的地方人大，都在积极参与财政活动的决策和监督过程，财政权力已经受到一定程度的制约。我们相信，这种趋势还会继续保持和发展下去。不过，由于制度本身的缺陷，人大的力量仍然非常薄弱。无论是预算审批还是预算监督，都存在许多难以克服的问题。因此，要想真正实现对财政权力的控制，必须实行制度创新，从政治体制改革的高度予以配合。否则，不管市场对财政民主的呼声如何强烈，各种既得利益都不会自动退出历史舞台。从路径设计上看，正如稳步推进的经济体制改革一样，随着公共财政改革的进程，逐步改革政治体制，应当是一条成本最低的选择。

三、公共财政对法治国家的内在要求

毋庸置疑，公共财政对民主政治的诉求，必须通过相应的制度予以落实。从人类历史的经验看，制度的最佳选择只能是法律，而法治正是其发展的最高境界。早在两千多年前，亚里士多德就已经提出，法治的意义在于制定良好的法律，并使其得到公正平等的适用。不过，在奴隶制和封建制时代，由于受经济发展水平的限制，法治只能是一个美好的梦想。法律成为君王统治百姓和臣民的工具，无法成为人民治理国家的有效手段。随着资本主义国家的建立，市场为权力立法的趋势越来越明显，法治国家的轮廓才逐渐显现。从这个意义上说，也只有在市场经济条件下，随着民主政治的推行，法治国家才有可能真正实现。

按照公共财政的观点，财政权力并没有独立于市场的价值，它来源于市场，也必须服务于市场。为了正确处理市场与财政的关系，除了民主决定财政事宜之外，还必须以强有力的方式划定财政活动的边界。在边界以内的事宜，是财政必须履行的义务，既不能推托，也不能懈怠。超出边界的事宜，财政则不能擅自越位。无论是失职还是越权，都必须承担相应的责任。如果财政权力不受边界的限制，不管授权的过程如何庄严肃穆，不管权力的载体道德如何高尚，不受制约的权力最终都会走向反面，成为公共财政的反对力量。由此可知，公共财政必须以法治国家为基础，才有可能真正实现。

法治国家原则首先要求，财政行为必须有法律依据。因此，立法机关必须切实履行职责，对财政支出、收入及管理等方面的重大事项，制定切实可行的法律规则。如果没有法律对财政权力的限制，市场与国家的界限就有可能被突破。遗憾的是，由于长期行政主导的影响，我国财政立法相当薄弱。迄今为止，经由全国人大或其常委会制定的法律，在财政收入领域只有

4部①,财政管理领域只有2部②,而财政支出领域则完全空白。其余的大部分为国务院颁布的行政法规,有的甚至只是财政部或国家税务总局的内部规范性文件。尽管近五年来,市场化的财政改革逐步推进,公共财政的方向也日渐明了,但是,大部分改革措施仍然表现为党和政府的政策,法律所发挥的作用微乎其微。

即便是已经制定的法律,如果其不能在实践中得到遵守,其法律效果也无法显现。因此,法治国家原则还必须关注法律的执行。从我国目前的情况看,除了税收法律的执行相比较为规范外,其他领域的财政秩序仍然非常混乱,有法不依、执法不严、违法不究的现象非常严重。这种结果固然与法律的不完善有关,但更为重要的原因是,缺乏一种有效的监督机制,违法行为不能得到查处和纠正。例如,国家审计署2003年起每年公布的审计报告表明,中央国家机关违法使用资金的数额触目惊心。但时至今日,未见任何有关追究法律责任的下文。可见,政府的内部监督固然重要,但其局限性仍然十分明显。从财政民主的角度看,只有加强人民代表大会的监督权,提高财政的透明度,才是有效治理财政秩序的根本之道。

应该看到,法治国家虽然是公共财政的基础,但并非只有等到法治完全实现后,才能考虑财政的公共性问题。事实上,公共财政与法治国家相辅相成,二者之间呈现良性的互动关系。例如,公共财政主张权力来源于市场,主张权力服务于市场,主张通过市场力量约束权力,这些与法治国家原则都是天然一致的。改革开放三十多年来,我国法制虽然仍然落后于经济发展的需要,但总的来说,经济体制改革不断推动着法制的进步。随着市场的力量的壮大,国家的权力在逐渐缩小,这也是一个不争的事实。和以往的财政体制改革不同的是,公共财政的理念不仅涉及财政收入,更突出了财政支出和财政管理,因而越来越接近控制权力的核心。如果能够借助公共财政改革的动力,将财政权力限制在市场可以接受的范围内,这对提升我国的法治水平无疑是巨大的促进。

例如,尽管我国《预算法》存在很多不尽如人意的地方,但是,有关预算编制、审批、执行和监督方面的要求,对政府的财政权力仍然是一种重要的制约。近几年来,随着公共财政改革的深入,人大逐步加大了对预算审查的

① 即《个人所得税法》《企业所得税法》《车船税法》《税收征收管理法》。

② 即《预算法》《审计法》。不过,《各级人民代表大会常务委员会监督法》《企业国有资产法》也与财政有着紧密的联系。

力度,对预算的编制、预算外收入的管理以及预算的执行等,都提出了很多具体的要求。由于预算活动牵一发而动全身,因此,预算的规范化也就等于权力的规范化。只有当政府每花一分钱都必须经过预算审批时,才能表明政府的"钱袋子"掌握在人民手中。也只有发展到这一步,才能真正实现法治国家原则。尽管预算改革牵涉人大制度本身的完善,牵涉财政支出、收入和管理的综合配套,但是,这些都是我国法治化进程中不可回避的选择。因此,应当充分利用公共财政改革的契机,加大人大对政府的预算控制,努力使其成为我国法制建设的突破口。

在第十届和十一届全国人大常委会的立法规划中,与公共财政相关的立法项目占据了耀眼的份额,说明立法部门意识到了财政法治建设的重要性。尽管其中有不少立法项目迄今尚未完成,如《税收基本法》制定、《预算法》修改等,但是,每一个立法项目都引起了社会广泛的关注。例如,《企业所得税法》、《社会保险法》、《企业国有资产法》的制定,《个人所得税法》的修改,都曾经是媒体和网络持续报道的热点新闻。2004 年《宪法修正案》将《宪法》第 13 条修改为:"公民的合法的私有财产不受侵犯。""国家依照法律规定保护公民的私有财产权和继承权。""国家为了公共利益的需要,可以依照法律规定对公民的私有财产实行征收或者征用并给予补偿。"这进一步体现了对公民私有财产的保护。从某种意义上讲,这是市场经济发展的结果,也是公共财政改革的必然要求。如果财政权不以公民的财产权为前提,如果公民不能凭借财产权对抗国家的财政权,无论是公共财政或是法治国家,都只能是一句美丽的谎言。

财政法本来就是一个非常敏感的领域,它不仅关乎经济、社会、民生,而且与政治改革的进程息息相关。当社会还无法就相关问题达成共识时,立法也需要节制和审慎。因此,无论市场的要求如何强烈,按照我国现实的国情,以及事物发展的内在规律,公共财政、民主政治及法治国家,都将是一个较长的历史过程。笔者并不指望一朝一夕完成罗马城的建设。但是,无论是最高决策者,还是普通的社会公众,都必须清醒地意识到,公共财政不是一个孤立的体系,而是经济、政治和法律的综合载体。在当前的财政改革实践中,应当随时从民主和法治的层面予以呼应。如果就财政论财政,一叶障目不见森林,不仅公共财政的理念无法真正实现,而且也可能贻误民主改革和法治建设的最佳时机。只有深刻认识财政、政治和法律之间的良性互动,深层次财政改革的目标才有可能实现,新一轮财税改革也才能取得预期的成效。

第二节　公共财政的宪政基础

从1998年开始，我国正式确立了财政改革的目标，即建立与市场经济相一致的公共财政。然而，公共财政的内涵究竟如何界定，我国财政转型的起点和现状如何，公共财政除了促进宪政进步之外，是否也需要宪政体制提供支持，宪政的具体内涵包括哪些，等等，这些都是需要研究的基础性问题。因此，本节探讨宪政与公共财政的内在联系，以及该课题对中国实践的积极意义。

一、宪政与公共财政的概念

（一）宪政的概念

"宪政"一词来源于英文"constitutionalism"。从词义上看，宪政可以解释为"立宪政府"、"依宪行政"或者"宪法政治"，或者是通过宪法对国家权力的统治。宪政是一个动态的概念，它以静态的宪法为基础，通过立宪、行宪、护宪等环节，使宪法的精神在国家政治生活中得以实现。因此，简单地说，宪政就是落实宪法的过程、结果或者保障。从宪政的历史看，宪政最早在英国实现虽然是一种偶然，但其本身却是社会发展的必然产物。可以引以为证的是，在整个20世纪，宪政已经成为世界各国的主流，成为现代国家政治的常规形态。即便是一些反宪政的国家，也愿意披上宪政的外衣。这一事实进一步说明，宪政具有普适性价值，能为人们解决特定问题提供依据。而宪政能够解决的问题，正是宪政得以存在的价值。

宪政到底能够解决什么问题，我国学者一般从对权力的限制和对公民权利的保障两个方面进行解答。但正如有的学者所言，限制政府权力和保障公民权利在价值意义上并不处于同一个序列，对权力的限制具有手段或工具的意义，而对权利的保障才是宪政首要的和终极的价值。① 也正是出于这一考虑，有的学者认为，现代宪法学一般只谈公民"权利"，而不谈公民"义务"。这并不是因为公民没有义务遵守宪法和法律，而是因为制定宪法的全部目的在于保障公民权利，而不是施加义务。② 的确，正如"社会契约论"所揭示的一样，国家没有独立存在的意义，而在于使"人"能够生活得更

---

① 参见谢维雁：《从宪法到宪政》，山东人民出版社2004年版，第108页。

② 参见张千帆：《宪法学导论——原理与运用》，法律出版社2004年版，第6页。

好。因此,作为个人之间“社会契约”的宪法,就应该以保护基本人权为第一要义。所谓基本人权,主要是指公民的最低自由不受侵犯。不过在现代国家中,政府还应积极创造条件,保障公民权利的实现。至于有限政府、权力分立、违宪审查等,都是实现宪政目标的具体手段,二者在价值序列上不能相互替代。

目前,保障人权已经获得各国的普遍认同,并且成为绝大多数国家的宪政理念。然而,对于如何在制度上保障人权的问题,实践中还是存在不可消除的差异。有些人权保障策略在西方国家行之有效,但在发展中国家却未被广泛认可。而东方国家根据本国国情建立的制度,也多为西方国家所责难。这说明,以何种方式、手段、制度保障人权,从来就没有固定不变的模式。即便最早建立宪政的英国、美国和法国,这方面至今仍然存在很大的差异。因此,一个国家、一个民族对宪政选择,首先而且关键的是,这个国家或者民族的成员之间对宪政的基本价值达成普遍的共识,其次才是根据各自的传统和国情构建一套制度措施来保证这一价值的实现,即以规则和程序的形式约束成员的行为,使之成为一种生活规范。[①] 遗憾的是,“近代中国的志士仁人主要是把宪政作为民族复兴、国家富强的‘器’,坚持一种以富国强兵为目标的工具主义的宪政价值观”[②]。迄今为止,这种现象并没有得到根本改变,导致中国宪政发展难以走上正轨。

从形式上看,宪政以宪法为前提,没有宪法的存在就不可能谈及宪政。不过,这里的宪法既包括成文宪法,也包括不成文宪法。事实上,采行不成文宪法的英国正是宪政的发源地。宪法的制定一般遵循特定的程序,无论是制定的主体还是表决的规则,都比一般的法律更为严格。正因为如此,宪法在一国法律体系中具有最高效力,即便是最高立法机关制定的法律,也不能与宪法的规定和精神相抵触。即便如此,宪法仍然是一种法律。“在成为‘更高的’甚至‘最高的’法之前,它首先必须是普通的法,并和普通法律一样解决实际生活中的问题;否则它就配不上‘法’的称号,也没有权利获得公民的尊重。”[③]正因为如此,宪法尽管具有与众不同的特性,但首先应当分享法律所具有的规范性、可操作性、强制性,且同其他法律一样被遵守和适用。如果立法机关或者行政机关的行为违反宪法,则应当通过一定的途径和程

---

① 参见韩大元:《亚洲立宪主义研究》,中国人民大学出版社 1996 年版,第 94 页。

② 王人博:《宪政文化与近代中国》,法律出版社 1997 年版,俞荣根序。

③ 张千帆:《宪法学导论——原理与运用》,法律出版社 2004 年版,第 3 页。

序予以纠正，违宪审查的意义和价值就体现在这里。

宪法的作用在于用法律规范政治，因此宪法不可能脱离意识形态，完全中立的宪法是不存在的。在这一点上，它和普通法律并无本质的不同。例如，刑法、行政诉讼法等也包含着道德规范、价值、原则、理念等，同样也要受到意识形态的影响。只不过，宪法在这方面表现得突出一些，以至于常常被人们当作政治宣言书，其本应具有的法律效力反倒被忽略。事实上，意识形态的影响主要体现于宪法制定，例如，自由主义意识形态对于美国宪法，马克思主义对于中国宪法，都曾产生巨大而深远的影响。但是，当宪法制定以后，无论是宪法学研究还是宪法的适用，都应当坚持中立性原则。“正是这种中立性，不仅要求公民，也要求政府必须遵守宪法；不仅被统治者，而且统治者也必须遵守宪法。正是这种中立性，使宪法成为可以而且必须由法院加以适用，并被作为立法评判的最终标准。”①正是通过这种一体的适用，作为法律的宪法与体现政治的意识形态相得益彰，而宪法与政治才会最终统一于宪政。

就制度的价值追求而言，宪政与民主、法治虽然存在统一性，但也可能出现目标的偏离。在这方面，我国学者的看法尽管表述不十分一致，但最终的结论仍然殊途同归。强调统一性的学者一般认为，民主是宪政的基础，法治是它的重要条件，人权保障则是宪政的目的②；或者认为，宪政是以法治为条件或环境，以宪法为实施依据的民主政治形态及其运行过程。③ 但即便是这样，也只能说明宪政与民主、法治相互依存，而不是彼此等同。例如，民主提供给我们的是人民构成政府权力的来源、人民在法律意义上主导权力等价值，它的基础是“多数人的统治比少数人的统治好”这样的假定。④ 然而实际上，多数人的统治仍然基于有限理性，不能保证民主决策的结果绝对正确，更不能保证民主不会侵犯少数人的利益。民主的极端形式便是暴政。这种多数人的暴政尽管只是特例，但仍然需要提防和警惕。而宪政的意义，在于通过防御性的制度设计来控制权力——包括立法机关的权力，为个人自由和权利保留充分的私人空间。因此，防范多数人的暴政，恰恰是宪政的目标之一。

---

① 谢维雁：《从宪法到宪政》，山东人民出版社 2004 年版，第 114 页。

② 参见李步云：《宪政与中国》，载李步云、张文显主编：《法理学论丛》第 1 卷，法律出版社 1999 年版，第 589 页。

③ 参见谢维雁：《从宪法到宪政》，山东人民出版社 2004 年版，第 117 页。

④ 参见王人博：《宪政的中国之道》，山东人民出版社 2003 年版，第 240 页。

至于法治的具体标准,大多数人接受的观点是:“已经成立的法律获得普遍的服从”,“大家所服从的法律又应该是本身制定得良好的法律”。[1] 不过,何谓“良法”,如何才能得到“良法”,法治本身不能给出明确的答案。在具体的实践中,一部法律究竟是“良法”还是“恶法”,本身经常是见仁见智、众说纷纭的判断。更何况,除了利益的冲突和妥协之外,制定法律的人民及其代表也可能犯错误。假如只有“良法”的统治才是法治,那么法治就成了十分不确定的概念。因此,不如将对“良法”的追求转移到其他制度,而仅仅在“依法治国”的层次上理解法治。这样一来,法治的核心就在于严格执行法律。即便是“恶法”,在通过法定程序废止之前,也仍然具有被遵从的价值。[2] 至于如何防范“恶法”的出现,除了民主机制的保障之外,宪政的防御性功能可以发挥很大作用。例如,宪政通过机构分设防止权力过分集中,宪政要求立法不得侵犯公民基本权利,宪政通过宪法监督废止违宪的法律,等等,都是这方面的表现。可见,法治与宪政的价值追求也不尽一致。

正如有的学者所言,西方社会在大的方面是由这样几大块“叠合”而成的:超验性的宗教(基督教);个人主义(自由主义)哲学;市场经济;(以“人民意志”为代表的)民主政治;(以宪法为代表的)宪政体制;(依靠法律治理国家的)法治。宗教提供了一种超验之神,由此便形成了“自然法”观念,并与个人主义哲学一起构成了自由、人权的理论基础;市场经济除了对人本身的影响外,还为社会和个人创造了巨大的物质财富;民主政治保证完善的责任政治制度;宪政确立了分权制衡的组织结构;法治建立起一套行之有效的规则体系和完备的司法程序。正是这些相互叠合的元素,才构成了一个复合型的西方社会。如果将宪政、民主的内容统合于法治概念之下,那就不但会使研究的问题变得模糊,而且会使这些概念失去分析功能。[3] 同样的道理,尽管可以在功能上加以整合,但至少在形式上也不宜将民主、法治的内容统合于宪政概念之下。正因为如此,笔者在研究过程中也只是强调,宪政以民主作为基础,以法治作为条件。

(二)公共财政的概念

公共财政是与市场经济相适应的财政,它来源于英文“Public Finance”。严格来说,“Public Finance”只有作为整体才能被翻译成财政,财政天然具有

---

① 〔古希腊〕亚里士多德:《政治学》,吴寿彭译,商务印书馆 1997 年版,第 199 页。

② 参见张千帆:《宪法学导论——原理与运用》,法律出版社 2004 年版,第 6 页。

③ 参见王人博:《宪政的中国之道》,山东人民出版社 2003 年版,第 204 页。

公共性。因此,在财政的基础上添加“公共”二字,似乎属于多此一举。不过,任何概念的使用都有特定的背景,也可能包含特定的意图。当巴斯塔布尔 1892 年首次使用“Public Finance”一词概括财政现象时①,西方国家已经进入了比较成熟的市场经济阶段。因此,其所谓的“财政”自然是与市场经济相适应的财政,也就自然是公共财政。这种财政与欧洲中世纪的领主财政存在很大差异,与君主制国家形成之后的财政也有明显界限。只是由于人们在认识上不存在分歧,所以学者们没有必要在概念上加以区分。当人们使用“Public Finance”一词时,自然就是一种与市场经济相适应的财政。

然而在改革开放初期的中国,由于受计划经济体制的影响,加之长期以来的国家至上观念,财政仅仅被理解为一种国家行为,财政的阶级性被过分强调,而财政的公共性则受到漠视,甚至处于被批判的境地。尽管随着市场化改革的深入,财政实践已经开始凸现“公共性”,但在财政理论的指导思想上,财政服务于国家职能的观念仍然根深蒂固。正如张馨教授所言,这种为“国家”自我服务的“国家财政”,区别于为君主或领主服务的“家计财政”,也区别于为市场服务的“公共财政”。因此,如果只是笼统地使用财政概念,而不能突出市场经济条件下财政的特性,就无法在理论上与计划经济时期的财政划清界限。正因为如此,公共财政概念具有十分鲜明的时代特色。

所谓的中国财政转型,即是指通过改革旧的“国家财政”模式,实现与市场经济相适应的“公共财政”。“国家财政”是财政转型的起点,而“公共财政”则是财政转型的目标。只有以“公共财政”理论为参照,才能理性地观察当前的财政改革,更好地发现有待解决的问题,提出解决问题的方法和途径。不过,“国家财政”向“公共财政”的转型不仅体现在财政收入的来源方面,更主要是体现在财政支出的结构方面;不仅体现在财政资金“从哪里来、到哪里去”,更主要是体现在财政资金“如何来、如何去”;不仅体现在财政主体的自我觉悟,更主要是体现在对财政的外在约束。因此,财政转型首先是制度的转变,同时也是指导思想的调整。只有将财政的重心从国家转移到市场,并最终落实到纳税人基本权,才有可能真正实现财政转型。

从经济学的角度看,公共财政主要职能在于弥补市场失效。市场失效的主要表现状态有公共产品、外溢性、自然垄断、风险与不确定性、社会分配不公与宏观经济失衡。许多市场失效的领域和事项,对于市场经济的有效运行,对于社会公众的正常生活必不可少。但市场本身对此无能为力,只有

① 参见张馨:《公共财政论纲》,经济科学出版社 1999 年版,第 337 页。

依靠市场之外的力量，依靠政府的强制行为，才能弥补市场失效，保障市场经济的正常运行。如政府建立国家防务、维持社会秩序、建造公共工程、提供公共服务、确立市场竞争规则、纠正社会分配不公、稳定宏观经济等。有鉴于此，财政必须超越市场利益纷争，成为独立公正的仲裁者。如果政府参与市场营利性活动，就会与公共财政的要求相抵触。除此之外，公共财政还应当平等对待市场主体，保障公平竞争，促进社会公正。无论是财政收入还是支出，都必须坚持形式公平与实质公平，使弱势群体能得到帮助与救济。当然，在一国经济向市场化转型的时期，由于市场机制尚未完全发挥作用，公共财政还必须承担培育市场的职能。不过，即便如此，弥补市场失效、促进公平竞争、维护社会公正，仍然是公共财政不可回避的目标。

公共财政虽然具有“非市场性”，但却不具有“反市场性”。相反，公共财政以承认市场经济作为前提，其所有的活动都是为了服务于市场经济，这与“家计财政”和“国家财政”形成鲜明对比。家计财政是以自然经济为基础的，其目的并不在于满足公共需要，而在于满足君主个人及其家族的私人需要。家计财政可以容忍市场在一定范围内存在，但无法容忍市场力量在政治上自主独立。因此，家计财政具有“反市场性”。国家财政以计划经济作为基础，其虽然在理论上承认公共需要，但却将个人需要也纳入其中，实际上否认了二者的对立统一，变成是一种单纯的国家需要。由于市场机制的资源配置功能被否定，财政不仅必须提供公共服务，以满足社会的公共需要，还必须替代市场满足个人需要。如除了生产资料之外，连生活资料都通过计划进行分配，就是这种现象的反映。因此，国家财政也具有“反市场性”。

无论是公共需要支配私人需要，还是私人需要凌驾于公共需要，都缺乏公共需要与私人需要的对立，也就会存在一方对另一方的强制。例如，在家计财政模式下，君主可以自由决定财政收支的范围和规模，社会公众缺乏制度内的反抗机制。而在国家财政的模式下，国家作为公共利益的代表，同样也可以左右私人的需要。由于一方独占对资源的配置权，而另一方缺乏有效的对抗机制，因此，财政活动的规范性程度自然受到影响。例如，在家计财政模式下，君王的敕令即可成为法律，无论是发布、修改或者废止都不受约束。在国家财政模式下，执政党和政府的政策成为财政的准则，其稳定性和可预测性都难以得到保证。即便存在形式上完整统一的财政法，其规范的对象也不是当权者的行为，而是作为君王或政府推行政令的手段。只要君王或政府愿意，法律的修改或废止可以随时进行，难以受到外在力量的约束和制衡。

而在市场经济的公共财政模式下，公共需要与私人需要是对立统一的。公共需要来源于私人需要，同时又服务于私人需要，因此，财政的活动范围、活动方式等，都必须受到市场主体的制约。正因为如此，相比家计财政和国家财政而言，公共财政的规范化程度最高。这种“规范化”主要体现为三个方面。首先，纳税人通过选举代表的形式组成议会，并由议会决定财政的重要事项，以界定政府财政权的范围和行使程序。这在学说上被称为“财政民主主义”。其次，为了建立一种长期、稳定的规范方式，议会还可以通过制定法律的形式，对政府以及纳税人提出要求，将各方面的利益诉求固定下来，以便于双方共同遵守。这在学说上即可概括为“财政法定主义”。[①] 最后，由于财政民主和财政法定可能导致的“多数人暴政”，由于议会成员也有可能背叛纳税人利益，议会的决定和法律也可能侵害人权。因此，必须通过制定和实施宪法加以制约。这在学说上即可概括为“财政立宪主义”。

由此可知，判断一国是否实施公共财政的核心，不在于其财政支出结构是否关注民生，而在于谁来决定财政收入和财政支出，民众通过何种方式参与财政决策和财政监督。在一个开明的专制体制中，为了维护和巩固统治秩序，政府也有可能采取休养生息的政策，让民众得到更多的体恤和照顾，使社会的发展呈现和谐繁荣的一面。例如，中国历史上的“文景之治”、“贞观之治”就是在皇权制度下实现的。我们现在所讨论和追求的公共财政，既要关注政府的财政政策是否真正惠民，更要关注根本性的制度建设，约束和规范政府财政权力，真正实现人民当家作主。也正是在这一方面，公共财政与宪政发生了紧密联系。

二、公共财政与宪政的共通

公共财政与宪政虽然关注的角度各异，前者侧重于物质资源的分配，后者偏重于权力资源的制衡，但是，二者价值理念却是相通的。例如，其逻辑起点都是个人主义，都追求自由主义的价值观，都强调经济人和人的有限理性，都是为了解决身份的合法性问题等。正是基于这些共性，公共财政才会对宪政有所诉求，而宪政也才能促进和保障公共财政。否则，如果二者貌合神离，就会成为相互冲突的异己力量，难以达到效果上的协调与统一。

---

① 参见熊伟：《财政法基本原则论纲》，载《中国法学》2004 年第 4 期。

（一）逻辑起点：个体主义

个体主义既可以是一种方法论，也可以是一种价值观。方法论的个体主义是与整体主义相对应的。整体主义强调事物的内在联系，强调整体是一个不可分割并不可化约为其组成部分的有机体。个体主义虽然承认事物之间的因果联系，但坚持整体是由相互联系的个体组成的，且只有被分解成更细小的组成部分，并分析不同部分之间的联系才能获得认识。① 价值观个体主义是与集体主义相对应的。集体主义强调集体利益独立于个体利益，强调集体对个体的支配，强调个体对集体的服从。而个体主义虽然承认集体利益的存在，虽然承认在某些情况下个人应当为集体作出牺牲，但是坚持集体存在的目的在于个体，个体则可以通过各种途径制约集体的活动。

在市场经济条件下，私人需求及其实现是整个社会经济运行的基础，而公共需求说到底无非是一种特殊的私人需求。例如，国防巩固、社会安定、秩序井然是所有市场主体的共同需求，任何人对它的要求在质和量上都具有共性，无法分割，不可独占，无法按照私人经济的收费形式进行供给，天然地与市场的秉性不符，所以才被称为公共需求，并设法寻求特殊的主体以特殊的形式予以满足。由此可知，公共财政的逻辑起点在于作为市场主体的个人，其存在的目的就在于满足市场主体的需要。正因为如此，财政的活动范围及方式就必须受到市场主体的限制，而不应该具有独立于个人之外的利益。

例如，凡是市场可以有效发挥作用的领域，个人的积极性和利益可以得到保障，财政就不需要进行干预。而只要是市场不能有效发挥作用的领域，财政就必须进行干预。无论是应该干预还是不应该干预，其判断标准不在财政自身，而在于是否有利于市场主体。在自由竞争资本主义时期，财政的活动范围之所以小，是因为当时市场能够解决自身问题，所以这体现了对市场主体意愿的尊重。而在垄断资本主义时期，财政的活动范围之所以扩大，是因为市场产生了许多无法克服的问题，所以这也是市场主体意志的反映。

至于公共财政采取民主化、法制化的活动方式，这更不是财政本身的特性，而只是特殊情况下特殊利益的反映而已。例如，在君权至上的自然经济时期，以及在国家至上的计划经济时期，财政的集权性和随意性都是很大的。而在公共财政体制下，由于财政来源和服务于市场需要，因此，必然在程序上受到诸多制约。如果没有独立的力量加以制约，财政就会演变成一

---

① 参见张千帆：《宪法学导论——原理与运用》，法律出版社2004年版，第41页。

部分人的私利，从而丧失其践行民主法制的必要性。可见，公共财政的活动范围及活动方式，都无法脱离作为市场主体的制约，公共财政的个体主义由此体现。

与公共财政一样，宪政也是以个体主义为基础的。众所周知，宪政的基础在于宪法，而按照社会契约论的观点，宪法被视为国家存在之前由公众通过一定的程序缔结的契约。尽管不同的学者对国家存在之前的“自然状态”有不同的表述①，但是，人们自愿缔结社会契约的目的却是相通的，都是为了追求一种更为美好的生活方式。社会契约的内容即建立公共权力机构，为公民提供基本的公共服务。因此，国家存在的依据在于个体所缔结的社会契约，其存在的目的也是为了保护个体的权利。由此可知，在宪政体制下，个体权利是国家权力的基础。如果背离这一基础，国家权力就会失去合法性。

除了社会契约论的思想背景外，宪政的个体主义还体现在具体的制度架构上。正是因为其对个体主义的强调，宪政必须建立在民主代议制的基础上，必须强调全体公民通过一定程序对政治的控制，必须强调国家权力来源于全体公民的授予。正是因为其对个体主义的强调，宪政必须实现国家权力的分立与制衡，防止过于集中的权力侵犯个体权利，防止中央过分集权对实现个人权利的妨害。正是因为其对个体主义的强调，宪政还必须在坚持民主的基础上，防止多数人对少数人的暴政，通过违宪审查制度保护少数人的利益。如果脱离了个体主义的价值观和方法论，宪政就会违背其本意，蜕变为专制和独裁的同义词。

有鉴于此，对宪法权利的理解必须坚持个体主义。事实上，“权利”概念一开始就是作为个体不受集体侵犯的保障而发展起来的。所有的权利都是个体的权利，所有的集体概念——国家、民族、人民、社群或组织，最终都要落实到个体头上。如果失去了个体主义的背景，抽象地谈论“权利”就失去了意义，甚至可能受到滥用，成为国家在高谈“权利”的幌子下侵犯个人权利的借口。② 尽管个体的权利之间必然存在冲突，需要通过国家和法律进行协调，但这只需对权利进行适当限制，并不足以成为否认权利个体性的依据。

---

① 例如，霍布思、洛克、卢梭和当代的罗尔斯都为社会契约论作出过创造性的贡献，但他们对“自然状态”的认识是不一样的，有关社会契约的主体、内容、效力等方面的结论自然也存在差异。参见张千帆：《宪法学导论——原理与运用》，法律出版社 2004 年版，第 61—68 页。

② 参见张千帆：《宪法学导论——原理与运用》，法律出版社 2004 年版，第 463 页。

尽管可以从个体权利之中提炼出一些共性，使集体利益、国家利益成为一种可能，但是，无论是何种形式，最终都是为个体服务的。因此，宪政只能是个体主义的宪政，而不能是国家主义的宪政。

（二）价值追求：自由主义

自由是一种不受他人强制和压迫的存在，自由主义反映的是人们对自由的追求或主张。传统的自由主义强调消极权利，崇尚市场的自由竞争，主张减少政府的干预，凭借“看不见的手”调节社会资源的分配，其代表是亚当·斯密的《国民财富的性质和原因的研究》。但在第二次世界大战前后，这种经典的自由主义反而显得“保守”。由于市场失效现象越来越普遍，此时发展出的新自由主义开始强调“积极权利”，主张国家积极干预市场和社会，为实现公民自由提供物质条件，其代表是凯恩斯的《就业、利息与货币通论》。尽管如此，在当代社会中，消极自由并没有被积极自由所替代，在不同的国家和不同的历史时期，它们仍然发挥着重要的作用，并对公共财政和宪政都产生了深远影响。

在自由竞争的资本主义时期，由于市场机制尚能有效运行，经济活动的效率维持在较高水平，财政被视为一种纯粹消费性的活动，被严格限制在狭窄的范围内。此时，财政支出的对象主要限于国防、治安、公共工程、行政管理费用等，而财政收入的主要形式是税收。由于经济发展、税源充裕，而财政开支的范围又非常狭小，因此，财政预算一般都能维持平衡，甚至还经常出现结余。此时，财政追求的是一种消极自由主义，其在初期具有反对封建主义的意义，而在后期则具有保护公民基本自由、防范国家权力干预的作用。在市场能够有效发挥作用的领域，财政如果随意介入，不仅会降低经济活动的效率，而且还会侵犯市场主体的自由。只有在市场失灵的范围内，才需要财政提供物质资源，以满足社会的公共需要。

到了垄断资本主义时期，由于市场出现了系统性失灵，社会矛盾也日趋尖锐，财政的活动范围才出现根本转变，财政成为政府调控经济的重要手段。例如，通过积极的财政转移支付，贫富两极分化得以缓解；通过举办大规模的公共工程，不仅可以刺激消费，还可以有效创造就业。当然，由于税收收入不足，财政不得不大规模借债，财政平衡从此被打破，并且至今都未能恢复过来。如果按照过去的观点，此时的财政已经严重侵入个人自由。不过，积极自由主义认为，只有通过财政的扩张，才能为经济发展创造条件。因此，尽管个人消极自由受到一些限制，这也是必要的和不可避免的。这种观点至今仍在左右各国的财政实践，表明了积极自由主义在财政领域的确立。

宪政的发展同样也经过了两个阶段。自由资本主义时期的宪法大多坚持消极自由观,强调公民享有最低限度的自由,不允许国家权力对此进行干预或侵犯。为了达到这个目的,宪法一方面规定公民的基本权利,如公民的财产权、平等权、人身自由、表达自由等,为公民提供最低限度的法律保护,另一方面又以具体明确的方式限定国家权力,禁止国家在宪法规定的范围之外活动,否则就可能因为违宪而承担宪法责任。就国家权力内部的制衡而言,由于政府承担的经济和社会职能相对较少,权力的重心体现为代议制机构。议会一般都能通过预算、法律等有效控制。在防范立法权滥用方面,宪法监督机制一般也能够发挥作用。这样,在社会关系相对简单的条件下,宪政对公民消极自由的保护卓有成效。

然而,随着垄断资本主义的到来,为了消除和缓解日益尖锐的社会矛盾,宪政的模式也发生了很大的改变。首先,为了更好地保护公民的基本权利,宪法除了规定国家的不作为义务之外,开始大范围地为国家设定作为义务,如创造就业机会、维持经济稳定、推行社会保障、保护弱势群体等。通过国家积极的作为,为公民权利的实现创造条件。其次,政府为履行经济社会责任,必须拥有广泛的机动性权力,议会对政府的控制力不断下降,不仅预算长期不能平衡,就连立法权也不断地向政府转移。最后,即便是立法机关本身,由于其代议制机构的特性,利益的分化现象十分严重,通过立法寻租的现象更加普遍。因此,相对而言,宪法审查机构的平衡职能得到强化。

由于人们对自由的理解出现转变,现代宪政国家在控制权力方面更为复杂,权力和权利的界限都缺乏清晰的底线。例如,一方面,宪法仍然坚持消极自由主义,承认公民有不可侵犯的基本权利,但是另一方面,宪法又不得不承认积极自由观念,赋予国家积极作为的义务。按照消极自由主义,国家权力的运作只要没有法律依据,即属于违法。但按照积极自由主义,即便没有法律依据,只要权力运作符合宪法的宗旨,也仍然会认定为有效。按照消极自由主义,公民的基本权利不受侵犯。但按照积极自由主义,在必要的范围内,公民的基本权利可以被侵入。这样,宪政国家在维护公民权利、控制国家权力方面的难度就增加很多。

不过,即便如此,公共财政与宪政在价值目标上仍然是一致的。在自由资本主义时期,二者都坚持消极自由主义,而在垄断资本主义时期,二者又都倾向于承认积极自由主义。因此,从制度的层面而言,宪政所面临的问题,公共财政都将同样面对。而公共财政所面临的问题,宪政也将无法避免。这主要是因为,公共财政必须采取宪政的模式,而从公共资金运作的角度看,宪政又必须以公共财政为基础。因此,随着时代的变迁,尽管自由的内涵也在变化,除了消极自由之外,还发展出一种积极自由观,但是,变化的只是实现自由的方式,至于在追求自由、实现人自身最大程度的解放方面,公共财政和宪政是完全一致的。

(三)理性预期:经济人与有限理性

在经济学上,"经济人"是一个基本的假设。经济人首先表明是自私的动物,在市场交换活动中,每个人都基于成本—收益的衡量,决定是否交易和如何进行交易。不过,个人最优的选择对其他人不一定的最优的。为了达成交易,市场主体之间必须进行妥协。经济学认为,双方协商一致的结果,才是一种最后的选择,无论是对交易双方,还是对整个社会经济,都会带来效率的增进。自利与利他,这两个相互矛盾的事物,通过市场这只"看不见的手",巧妙地达成了一致。正因为这样,经济学上才会强调财产私有和主体独立,强调破除外在力量对市场交换的强制,尊重市场自身的选择。而法学也才会强调保护财产权,强调合同自由和意思自由,维护正当的竞争秩序。

经济人假设除了分析市场交易行为之外,对非市场交易行为也有一定的适用价值。例如,尽管公共需要是一种特殊的个人需要,但是,由于其本身所具有的非垄断性和非排他性,成本和收益之间缺乏直接的对应关系,因此无法通过市场交换的方式得以满足,而只能借助于具有国家强制性的公共财政。可见,财政的存在正是为了克服"搭便车"现象,而"搭便车"又正是经济人理性的典型表现。其实,按照公共选择理论,不仅市场主体是经济人,财政主体同样也是经济人。财政形式上是公共利益的体现,但参与其中的具体个人也会有私利,决策是同样会衡量成本和收益。正因为如此,公共财政不仅仅是一种公共经济活动,更应该从制度的层面上对财政进行制约,防止财政主体过于追求个人利益。

在宪政的视野中,尽管没有"经济人"的提法,但"人"同样不是大公无私的主体,而是被假定为自私自利的动物。这种结论并不否定政治活动中道德的作用,而是为了从最坏的可能之处着手,防范人的恶性在特定的条件下爆发。这种结论也不是为了从道德上进行批判,而只是提醒人们,必须将损人利己控制在适度的范围。实际上,从公共选择理论到宪政经济学,布坎南对人类政治行为的分析,都是基于这一前提。正因为如此,宪政对公共权力持不信任的态度,怀疑其对公众是否有足够的忠诚度。宪政对权力提出的制度要求,如划定权力的边界,规范权力的运行方式,权力内部相互制约与平衡,加强对立法权的宪法监督等,都与这种怀疑主义态度有很大关系。如果人性本善,每个人都具有充分的利他精神,国家和政府就会成为多余,宪政自然也就无从依附了。

除了"经济人"假设之外,公共财政和宪政还有一个共同基础,即承认人的有限理性。如果人具有完全理性,可以知道现有的一切,也能预知未来的动向,那么,市场这只"看不见的手"就会失去效力,而国家这只"看得见的手"则会取而代之。实际上,计划经济就是基于"完全理性"的假定,而计划经济的失败也证明了该结论的错误。所谓有限理性,从市场交换的角度看,首先是指信息不对称,交易双方都握有对方无法掌握的信息;其次,经济发展的外在环境充满变数,市场主体无法准确预测和控制;最后,按照博弈论的观点,即便个人的选择出于理性,但整体的结果可能是非理性的,这其实也是人的理性无法把握的。公共财政和宪政虽然不属于市场领域,但有限理性观念同样也会对其产生深远影响。

就公共财政而言,首先,既然市场主体的理性是有限的,那么,在短期利益与长期利益、个人利益与他人利益之间,人们的选择就不可能达到最优。市场机制在带来个体效率的同时,也会带来整体的不效率,同时,因公平问题而带来的社会矛盾,也会成为市场发展的阻力。所以,公共财政必须从事反市场的运作,为市场的发展提供良好的外部环境,同时促进市场机制本身有效发挥作用。其次,由于财政主体的理性同样也是有限的,其对信息的掌握、对形势的判断同样也会出现错误,因此,在发挥财政积极作用的同时,也必须对财政权力保持高度的警惕。如果认为公共财政无所不能,可以替代市场解决一切问题,从而放松对权力扩张的防范,其结果同样也是灾难性的。

就宪政而言,尽管宪法强调国家权力来源于人民,强调国家机构是公共利益的代表,强调国家公务人员的诚实、勤勉义务,但是,即便抛开人的自利性,受有限理性的制约,公共决策的结果也未必真正符合公众的利益。这主要是因为,人民是一个集合概念,其间的每一个个人都会存在利益冲突。如何从相互冲突的利益中提炼出公共利益,这本身就是一件十分艰难的事业。由于认识能力的限制,最后的结果虽然名为公共利益,但实际上只是一部分人利益的体现。即便在民主的决策程序中,最多也只是大多数人的利益体现。除此之外,有关眼前利益与长远利益、局部利益与整体利益的抉择,同样也会遭遇有限理性的难题。因此,不能将公共权力机关神化,必须承认其可能和常人一样犯错误。而宪政的目的,则只能是在有限理性的前提下,提供一种次优的选择,同时提供完善的纠错机制。

三、宪政与公共财政的互动

(一) 西方宪政背后的财政动因

从历史的角度看,公共财政与宪政的耦合是有历史依据的。宪政与财政共生互动的历史渊源,可以从历史上第一波宪政运动中寻找。无论是成文宪法国家还是不成文宪法国家,宪政的产生与发展都是漫长的过程。尽管就现在的发展趋势而言,宪政代表较为流行的政治文明,但在其萌芽和起始的阶段,宪政能否实现、何时实现、在何国实现、以何种方式实现等,受到许多偶然因素的影响。在这一过程中,文化、政治、宗教等都会起到相当的作用。不过,诚如美国历史学家比尔德所言:"在社会的巨大转变中,例如在制成和通过宪法所引起的剧变中,经济的'力量'可说是原始的或基本的力量,而且比其他力量更足以'解释'事实。"①众所周知的事实是,宪政的原动力是社会力量的冲突与妥协,但冲突的起因主要是经济利益的不平衡,而妥协的关键也主要在于经济上的共赢。通过考察英、美、法三国的宪政发展历程,可以清晰地归纳出其背后的经济因素,特别是财政因素。

英国宪政最早可以追溯到12世纪。早期英国国王是最大的地主,政府开支平时由王室土地收入负担,只是在战时才需要依靠赋税收入。后来王室土地被大规模出售,土地收入越来越少,国王对税收的依赖逐渐增大。为了解决战争经费,国王往往召开一些税收会议,以求得贵族地主和商业阶层的支持。到13世纪,这种为征税而召开的会议更加频繁。1215年,贵族和富人以支持征税为条件,胁迫国王约翰订立了《大宪章》。国王首次明确承认,"不征得人民同意就不得征税"。而《大宪章》也常被视为英国宪政的发端。由于国王对税收的依赖程度越来越大,国王不得不让渡部分权力给"人民"的代表——评议会。评议会则以赋税为对价,获得参与国家权力的机会。通过对财政行为的预算控制,英国资产阶级最终取得了统治权,并由此确立了英国的宪政体系。从这种以税收换权力的过程可以看出,财政在宪政发展中的意义十分重大。

当然,财政对英国宪政的作用不是孤立的。如果没有贵族议事的政治传统,如果没有因连年征战而入不敷出,如果没有贵族及商人与国王的殊死

---

① 〔美〕查尔斯·A.比尔德:《美国宪法的经济观》,何希齐译,商务印书馆1984年版,第6页。

对抗，如果没有新型资产阶级阶层的发展壮大，封建统治也许还能够持续很长的时间。正如马克思曾经指出的："国王永远只能把人民给予他的东西给予人民。……甚至无形的商品，即国王在人民的压力下给予人民的特权，也是人民以前给予国王的，可是人民在取回这些特权时总要付出现实的东西——鲜血和金钱。回顾一下11世纪以来的英国历史，就可以十分准确地计算出，宪法上的每一个特权是牺牲了多少头颅和花费了多少英镑才取得的。"[①]这说明，财政压力对宪政的推动作用，仍然需要其他力量的辅佐。不过"捐税问题始终是推翻天赋的国王的第一个原因"。因此，从财政角度考察宪政的起源，其理论意义是不容置疑的。

和英国一样，法国历史上也存在税收与权力的交换。1302年，为了巩固国王征税的合法性基础，法王菲力普四世召开了三级会议。三级会议享有决定税额、监督赋税征收和使用的权力，这意味着法国议会制度的开端。因此，从形式意义上看，法国当时也承认，税收决定权归属人民的代表机构。不过，"法国国会不同于英国国会……她的等级会议恭顺地屈服于国王的要求，因此丧失了由战争所带来的在法国建立立宪政府的机会"。[②]到路易十四时期，战争给法国人民带来沉重负担。路易十四为了建立绝对的王权，向封建贵族和教士作出妥协，给予其免税特权，税赋就完全落到"第三等级"的头上。之后，法国的财政状况每况愈下，路易十六被迫于1791年召开三级会议，其原意是要强迫"第三等级"增加税收，但"第三等级"最后将其变成了制宪会议，由此拉开了法国大革命的序幕。

通过对比英国和法国宪政的历程，可以清楚地发现财政在其中的作用。不过，由于其他因素的影响，财政作用的内容和形式各不相同，以至于两国宪政的轨迹也呈现差异。在英国，国王为了获得各阶层的普遍税收，不得不让渡部分权力以达成妥协。国王与人民的相互妥协的制度保障，便是实行法治和宪政。而在法国，国王为了获得绝对的权力，放弃了向贵族和教士征税，以换取他们在政治上的支持，转而将赋税全部加诸"第三等级"。正如托克威尔所言："我敢断言，自国王约翰被俘、查理六世疯癫而造成长期混乱、国民疲惫不堪之日起，国王可以不经国民合作便确定普遍税则，而贵族只要自己享有免税权，就卑鄙地听凭国王向第三等级征税；从那一天起便种下了

---

① 《马克思恩格斯全集》第5卷，人民出版社1958年版，第511页。

② 〔美〕汤普逊：《中世纪晚期欧洲经济社会史》，徐家玲等译，商务印书馆1992年版，第145页。

几乎全部弊病与祸乱的根源，它们折磨旧制度后期的生命并使它骤然死亡。”[①]正因为如此，法国革命其实也是一种财政革命，法国宪政演进的历程即由此肇始。

美国宪政的起源可以分为两个时间段。第一个阶段是“独立战争”，这是美国发展成一独立国家的过程。在这一冲突中，社会力量大致可以划分为两派——北美殖民地独立派和英国本土殖民派。长期以来，对英国是否有权对殖民地任意征税，两派就一直存在分歧。从砂糖税到印花税和茶税，殖民地人民对英国的抵抗从未中断。当其最终揭竿而起时，其矛头就指向了英国委任的征税官，并喊出了“无代表即无赋税”的口号。[②] 这是一个极富象征意义的举动，说明美国独立战争的最初动因，也许并不像后人所说的那样，是为了追求民主、自由和人权。殖民地与宗主国的经济利益——赋税的纠纷，才是革命的直接和主要的动力。而所谓的追求民主、自由、人权等，不过是为了捍卫个人的经济利益，是对革命行动背后经济动因的正当化。

“独立战争”之后，接踵而至的就是“制宪斗争”。在短暂的“邦联条例”的适用过程中，松散的邦联条例，软弱的中央机构，各自为政的十三个州，对动产利益集团的保护不周，使得这部分人联合起来，为捍卫自己的利益而斗争，于是便有了联邦党人，有了制宪会议，有了1787年《美国宪法》。“制宪斗争”的主要特色在于，没有一个高高在上的、既存的政府，它是一种市民社会的、平等利益集团的博弈。在这一过程中，财政对宪法制定的推动作用并不明显，但这并不意味着其完全不存在。在各州代表向国会递交的请愿中，商业利益的代言人声称，没有关税的保护导致大量外国商品的涌入，严重损害国内商业阶层的利益。另外，在制宪会议中，与会代表同意授权新的国会以征税权，使得国家有经济能力维持一支常备军，保护本国的利益不受外国侵扰。

以上历史表明，在西方宪政发展初期，作为财政收入基本形式的税收，是社会各方利益冲突的关键因素，这证明财政立宪是宪政的源头。[③] 如果没有财政支出的压力，封建王权与贵族或市民阶层之间，也许可以在更长的时间内相安无事。但正因为在争夺财政权的过程中，分权和制衡的观念逐渐深入人心，宪政精神才会从财政扩展到整个政府。借用制度的“供给—需

---

① 〔法〕托克维尔：《旧制度与大革命》，冯棠译，商务印书馆1992年版，第136、137页。
② 参见王希：《原则与妥协：美国宪法的精神与实践》，北京大学出版社2000年版，第55页。
③ 参见李龙、朱孔武：《财政立宪主义论纲》，载《法学家》2003年第6期。

求”理论进行分析，财政在宪政产生过程中的作用表现为：随着国王对税收的依赖越来越大，纳税人财产被政府侵犯的可能性不断增大，控制征税权力的愿望也不断增强，由此带来了对近代宪政制度的需求。而国王为了获得稳定的财政收入，也有提供宪政制度供给的动机。制度需求与供给的结合，并因某种偶然因素产生了西方的宪政制度。[①]

（二）中国财政立宪的历史考察

中国宪政的开端缘起于晚清。当时的中国内忧外患，财政陷入破产境地，社会矛盾异常尖锐。为了挽救自己的统治地位，晚清政府被迫进行政治改革，而建立宪政制度就是其主旋律。[②] 尽管这是一种自上而下的过程，其动力来源于富国强兵，而不是为了控制财政权力，尽管当时连形式上的宪政都未建立，更谈不上从根本上撼动封建统治，但是，这段历史对中国仍然具有非凡意义。最起码在这个过程中，“宪法”、“宪政”等观念开始传入中国，并在一部分知识精英中生根发芽。因此，清末的宪政运动应当成为中国宪政的起点。不过，就宪政与财政的关系而言，尽管财政压力对清末立宪确实有所推动，但这种因素和富国强兵、抵御外侮等因素相比，并不见得十分突出。所以，清末的立宪不能简单地称为“财政运动”。

有学者主张，清王朝陷入财政困境及面临政治危机，被迫走向政治改革，并因宪政改革的失败而最终覆亡，都是基于一个原因，即缺乏一个有效能的公共财政体制。[③] 笔者承认，财政因素是清末立宪的一个诱因，但将公共财政的缺乏作为清末改革失败的原因，却未必符合历史的原貌。实际上，无论是公共财政还是宪政，都属于制度或规则层面的现象，是市民社会高度发展的产物。而清朝末年总体上仍然处于农业社会，缺乏发达的工商业经济体系，没有足以抗衡权力的新兴主体，而统治者又缺乏妥协的勇气和智慧，这才是导致其走向灭亡的主要原因。至于公共财政体制，在当时的背景下本身不可能产生，自然也就无从解释晚清这段特定的历史。

清王朝灭亡之后，尽管北洋政府起草和颁布了多部宪法，但其目的只是为了掩饰其独裁专制的实质，宪政成为军阀之间的政治把戏。到了国民政府时期，三民主义和五权分立虽然在宪法上确立，但受“党治”和“训政”等

---

① 参见刘守刚：《西方宪政发展中的税收动因初探》，载《华东政法学院学报》2003年第6期。

② 参见高旺：《晚清中国的政治转型——以清末宪政改革为中心》，中国社会科学出版社2003年版，第2页。

③ 参见周刚志：《论公共财政与宪政国家》，武汉大学2004年博士学位论文，第83页。

观念的阻碍，权力仍然集中在一小撮人手中，为蒋介石的擅权专断在制度和理论上创造了条件。在此过程中，中国名义上存在宪法，但实质上却无宪政，而公共财政更是无从谈起。笔者认为，其原因除了政治本身的惯性之外，更主要是因为市场力量本身的孱弱，无法积聚足以对抗专制的有生力量。即便是中国共产党领导的工农革命，其目的也不是为了追求宪政，或者主张推行公共财政，而是为了实现无产阶级专政。

从理论上说，在新民主主义革命时期，中国共产党和工农大众之间实际上存在一项契约，共产党有义务在新中国成立后，保障工农大众当家作主的地位。随着1954年宪法的制定和落实，中国宪政发展获得前所未有的契机，社会的民主和法治化程度大大提高。不过，由于推行以国家所有为表征的公有制，公众失去了对财产的直接支配权，难以在政治上发挥主人公的作用。因此，新中国成立初期的政治进步仅相当于兑现承诺，其在制度建设上的意义不可高估。例如，1954年宪法只是“一部关于政策的宣言，这和经典宪法理论对于公民人权的关注、对于国家权力的小心翼翼似乎大相径庭”。[①] 而利用宪法限制国家权力，保护人民的基本权利，这在当时也是不可想象的。更何况在意识形态上，执政者被推定为大公无私和完全理性，根本不可能侵犯公民的权利，自然无需在制度上对权力进行限制。

从财政上看，在计划经济时期，国家垄断了几乎全部的经济资源，财政收入的主要来源不是税收，而是国营企业上交的利润。由于国家财政权无限扩张，私有财产权则被过分压抑，民主宪政缺乏存在和发展的土壤。改革开放以后，财政的公共化进程不断推进。由此导致的结果是，私有财产权的范围逐步扩大，其对国家财政的贡献越来越大，而经营收益则不再是财政的主要来源。在财政资金的使用方面，财政用于经营性投资的比重降低，国家的公共服务职能逐渐凸现。到2003年，党的十六届三中全会决议更是要求，必须健全公共财政体制，推进财政收入、财政支出和财政管理制度的改革。从财政国家的角度看，公共财政与税收国家是完全一致的。政治在其中所起的作用最终表现为，按照法定标准和程序征收和使用税收。[②] 由于国家无法实现“自给自足”，财政对公民财产的依赖变得突出，人民才有可能制约国家权力，从而凸现中国宪政发展的契机。

---

① 赵世义、刘连泰、刘义：《现行宪法文本的缺失言说》，载《法制与社会发展》2003年第3期。

② 〔日〕北野弘久：《税法学原论》（第4版），陈刚、杨建广等译，中国检察出版社2001年版，第3页。

不过到目前为止,我国财政改革的依据仍然是党和政府的政策,改革的范围也主要限于经济体制的层面。财政的民主参与程度较低,财政活动的透明度明显不足。不仅如此,财政权力的分配和行使也缺少约束,无法可依、有法不依的现象依然十分严重。在改革初期,这种粗放式模式也许能奏效,甚至还会节约许多斡旋谈判成本。然而,随着改革的深入,各种利益矛盾越来越激化,改革的风险也会越来越大。例如,当前农民收入过低、乡镇债务泛滥、公债发行规模过大、城乡二元分治、财政投资效率低下、财政资金浪费严重等问题,表明我国财政运行存在很大的风险。如果继续依赖权力部门的自律和觉悟,一旦出现领导人的重大决策失误,而又没有相应的制衡和纠错机制,就会酿成财政危机,影响到社会的长治久安。

第三节 财政法的核心理念

一、财政权与财产权的对立统一

从西方宪政的建立过程可以得知,公共财政与民主、宪政之间呈现良性互动关系。民主宪政可以促进公共财政的深入,而公共财政也可以推动民主宪政的发展。所以,我国应当利用财政改革的契机,有步骤地推进政治体制改革,努力建设社会主义法治国家。更为重要的是,在宪政的氛围和背景下推进财政体制改革,以民主为导向、以法治为保障的推进财政体制改革,只有如此,才能真正实现财政体制的根本性变革,建立公共财政体制。

在宪政维度下推进公共财政体制改革,核心是处理好国家财政权与私人财产权的关系。公民权利与国家权力的关系在财政领域表现为私有财产权与国家财政权的关系。公民权利中最基本的权利是私有财产权。如果没有财产权,人就不能满足自己基本的生存需要;如果没有财产权,人们也就会缺乏投资和劳动的激励。如同财产权是个体的最基本权利一样,国家财政权也是一个国家最基本的权力,是国家的"生存权"。私有财产权与国家财政权应得到宪法的同等保护。

私人财产权与国家财政权是对立统一的。私人财产权与国家财政权对立的根源在于经济资源的稀缺。无论是私人财产权还是国家财政权,其共同指向的对象就是公民个人的财产利益。在一个相对静止的条件下,公民与国家所握有的财产利益此消彼长。虽然各种宪政理论一直强调国家的公共服务性质,但是,国家机器从形成之时起便成为利益集团,也就有了自己独立的利益需求。较普通公民而言，国家处于强势地位，如果不赋予公民宪法上的权利，就难以对国家形成制衡。宪法对私有财产权的宣示和保护，不单纯是因为自由主义学说和天赋人权思想的影响，对国家权力肆意妄为、不受约束的恐惧也是原因之一，甚至是主要原因。正是基于历史的教训，宪法将对私有财产权的保护，提升到与国家财政权同等的地位。当然，财政也是基于公共利益而对公民财产权的限制，例如由国家财政支持建立的社会保障体系，就体现了对全体公民平等保护的思想。

财政权与财产权的统一体现为，没有私有财产权，国家财政权就无法存在。“物质财富首先是以公民劳动成果的形式存在的，然后才由国家这个公共机构加以提取。也就是说，公民权利是公民劳动成果的转化或派生形式，国家权力则是国家以税收等法定形式抽取自公民社会的物质财富的转化形式。”[①]不承认私有财产权就谈不上国家向公民提取财富，谈不上为私有财产权服务，而根本就是国家直接占有，这与宪政国家的精神是相违背的。另一方面，没有国家财政权，公民财产权也无从谈起。如果没有国家机构以及法律制度的存在，公民的财产无从得到承认和保护，人类又将回到弱肉强食的丛林时代。因此，合理的财政权是公民财产权的基本保障。除此之外，在现代福利国家中，财政权的行使还可能带来公民财产的增长。例如，财政补贴和社会救济等财政支出，可以直接增加人民的财产权利，而因财政政策的促进所带来经济增长，也会使人民获得财富增值的机会，从而间接增加人民的财产权利。

笔者认为，宪政体制下财政问题的实质，是公民财产权与政府财政权的对立统一。公民财产权与国家财政权之间的比例，可以通过其各自占有财富的多少来衡量。[②] 在确保公民财产权的税收国家，国家不占有主要生产资料，财政收入必须仰赖公民的财产牺牲。公民的同意纳税或拒绝纳税，构成一国宪政发展的基础，公民权利也由此对国家权力形成制约。因此在宪政国家中，公民同意是财政权的合法性基础，财政权则必须以保护财产权为目的。如果国家占有主要生产资料，靠自营而获得财政收入，人民的权利对国家权力不仅难以制约，相反还会对其产生敬畏和顺从。于是，权力扩张的冲动难以抑制，权力滥用的问题也会随之产生，导致人民权利被挤占、侵犯和剥夺。可见，私人财产权与国家财政权的互动，贯穿于一国财政活动的

---

① 童之伟：《法权与宪政》，山东人民出版社 2001 年版，第 294 页。

② 参见漆多俊：《论权力》，载《法学研究》2001 年第 1 期。

始终。

二、政府财政权的宪政约束

在宪政维度下推进公共财政改革，首先必须处理财政权的来源及其约束问题。在宪政国家，财政权一般受制于“人民主权原则”，表现在财政法领域就是财政民主。正如洛克所言，“政府没有巨大的经费就不能维持，凡享受保护的人都应该从他的产业中支出他的一份来维持政府。但是这仍须得到他自己的同意，即由他们自己或他们所选出的代表所表示的大多数的同意。因为如果任何人凭着自己的权势，主张有权向人民征课赋税而无须取得人民的那种同意，他就侵犯了有关财产权的基本规定，破坏了政府的目的。”①可见，财政民主的实际内容就是私人财产权对国家财政权的制约。正因为如此，财政应否支出、如何开支，财政收入的规模和种类等，都应该由人民通过一定的法律程序加以决定。当然，财政民主只是宪政的形式要求，按照西方公共选择理论的观点，立法机关本身也是一个利益主体，它具有独立于人民的利益追求。② 因此，为防止财政权过度侵犯公民财产，宪法还必须对财政提出实质的要求。例如，在政治程序方面，人民享有平等的参与权；在税收课征方面，根据纳税人税负能力设计税制；在费用征收方面，受益程度不同的人，缴费的标准也有所不同；在地区间财政关系方面，保证最低限度的财政均衡；在社会阶层间的财政关系方面，保障每一个群体同等的机会和待遇；在财政支出的标准方面，相同的情况相同处理，反对歧视和不合理的优待；在最低人权的保护方面，保障每一个公民的生存权，为社会弱者提供力所能及的帮助。归纳起来，即必须坚持自由平等、人权保障、社会发展等原则，通过宪政为国家财政权的行使设定方向。

以上只是在程序上规定了财政权及其法治化限度。事实上，从一国宪政发展看，财政权本身的配置直接关系到宪政问题。因此，如何处理财政权的配置，是宪政下公共财政体制改革必须处理的一个重要议题。

财政权的配置即是财政分权，具体表现为：财政与市场的分权、纵向财政分权、横向财政分权。目前我国财政正处于转型时期，财政与市场之间的界限不明，财政越位和缺位的现象同时存在。越位意味着不必要的财政开支，意味着对公民财产权的过度侵害。而缺位则意味着行政经费的短缺，和

① 〔法〕洛克：《政府论》（下篇），叶启芳、瞿菊农译，商务印书馆 1964 年版，第 88 页。
② 〔美〕丹尼斯·缪勒：《公共选择》，王诚译，商务印书馆 1992 年版，序言第 2 页。

对公民财产权保护的不足。例如,由于我国政治体制改革落后,政府事权没有得到明确界定,财政开支标准自然缺乏科学性,行政事业性经费不断膨胀就是明证。另一方面,受分税制财政体制的影响,基层政府财力十分困难,基本的公共职能无法得到保障,以至于各种乱收费现象盛行,成为侵犯公民财产权的渊薮。随着财政体制改革的深入,必须明晰政府的事权和财权,厘清财政与市场之间的界限,从而为宪政的进步奠定良好基础。

纵向财政分权涉及中央与地方之间,以及地方政府相互之间的财权划分。自从 1949 年新中国建立以后,我国一直在探索进行纵向财政分权,即便在统收统支的年代也不例外。总体来说,由于我国实行单一制的国家结构形式,中央对地方财政的控制非常强,财政分权其实只是一种“财政放权”。就目前的情况看,这种分权模式存在两方面的问题:首先,从财政分权的内容上看,由于权力和资源的层层集中,基层地方政府入不敷出,无力负担基本的公共开支;其次,从财政分权的程序上看,上下级政府之间缺乏规范的博弈,决定权完全掌握在上级政府手中。财政分权的内容没有通过立法程序,而是由中央政府的规范性文件加以规定。从宪政的角度看,决定纵向财政分权方案的主体,必须超越于中央和地方政府。由此可知,制定财政收支划分法势在必行。

横向财政分权的核心,是财政决策权、执行权和监督权的分配,具体到目前的中国而言,主要是财政民主的落实问题,即立法机关对财政权的制约。长期以来,受苏联、东欧财政法学的影响,以及我国政治体制改革的相对滞后,横向财政分权没有受到足够的重视。① 由此造成的结果是,立法机关对财政权力监督不力,现实中的财政秩序极为混乱。例如,人大虽然每年审查和批准预算,形式上满足了财政民主主义,但是由于预算编制极为粗糙,预算审批程序缺乏科学性,预算监督缺乏外部的法律途径,加之财政信息不透明,政府财政权力很难监督和制约,这与宪政的要求相距甚远。因此,今后相当长的一段时间内,随着政治体制改革的深入,应当重点推进横向财政分权。

财政分权属于财政体制的范畴,这是财政立宪的根本基础,因此,必须在宪法上有所反映。除此之外,宪政还必须以具体法律为基础,通过严格执法的过程,将民主决策的结果予以贯彻。而在这方面,我国财政也存在许多

---

① 参见王源扩:《我国财政管理体制内涵新探》,载刘文华主编:《宏观调控法制文集》,法律出版社 2002 年版,第 280—290 页。

亟待改进的地方。如上所述,我国至今没有国债法、行政收费法、财政收支划分法、财政转移支付法,税法领域也只有少量的法律,其余都是国务院制定的行政法规,甚至只是财政部、税务总局等制定的规章。这不仅与《立法法》关于财政立法权的要求相距甚远,与财政在政治经济中的重要地位也十分不相称。抛开财政立法内容的合宪性不谈,最起码稳定的秩序是宪政所期待的。如果没有法律的规范,听任行政机关自己立法、自己执行、自己监督,宪政也必然会成为空中楼阁。

当然,也应该看到,尽管我国财政领域存在混乱,政治上也有不尽如人意之处,但这是转型时期不可避免的,西方发达国家也曾经出现过。以美国历史上的“进步时代”(1880—1920)为例,当时美国正从自由竞争转向垄断,社会经济和政治生活混乱不堪,贪污腐败横行、犯罪猖獗、矛盾重重。但危机也是转机。在这一时期,美国进行了一系列深刻的制度建设,奠定了现代国家的基础。而最先从纽约推行的预算制度,在其中起到了重要的作用。预算改革一方面将财政暴露在公众面前,有效地遏制了腐败现象,改善了政府的形象和与公众的关系;另一方面也加强了政府内部的领导,提高了政府整体运作效率,造就了一个更加强有力的政府。最终,美国建立了真正现代意义上的宪政。

正如有的学者所言,美国进步时代的宪政经验对我国至少有三点启示:第一,公共财政制度是国家政治体制最重要的组成部分,其重要性不下于选举制度、政党政治、议会制度和舆论监督制度。第二,从收入和支出两方面改造公共财政是遏制腐败、加大政府透明性、调节收入分配、缓解社会矛盾、增强国家能力的制度条件。不改造公共财政,无论是基层民主,还是更大范围的民主,都难以发挥实效。改造公共财政的过程实际上也是政治改革的过程。第三,改造公共财政是政治改革的最佳切入口。它是低调的,不会过分提高人们的期望值;它是具体的,比抽象谈论“政治民主”更容易操作;它是务实的,可以在不太长的时间里产生看得见的变化。①

我国有着根深蒂固的人治传统,市场化改革也是由政府直接推动的。因此,政府行为的法治化对经济市场化意义重大。政府行为法治化的关键在于财政法治化,而政府预算法治化则是实现财政法治化的基本途径。② 因

① 王绍光:《美国“进步时代”的启示》,中国财政经济出版社 2002 年版,第 1—6 页。
② 张馨:《法治化:政府行为·财政行为·预算行为》,载《厦门大学学报》(哲学社会科学版)2001 年第 4 期。

此，结合公共财政的要求改革预算制度，既是我国进一步财政改革的突破口，也是逐步实施宪政的重要动力。预算改革之所以能推进我国宪政，其最根本的原因在于，它确保了国家与公民的利益分界。通过控制国家的财政收入与支出，可以限定国家干预的范围，保障公民的自由空间。另一方面，预算代表着财政决策与执行权的分离，代表着中央与地方的相互制衡。而这种权力分工与制约的体制，正是一国宪政体制的“黄金底座”。

三、纳税人及其权利保护

纳税人权利是一个多学科问题，无论是经济学、政治学或是法学，都对此给予了高度的重视。例如，张馨教授的公共财政理论一直主张，纳税人在税收征收过程中的具体权利，不足以支撑其在市场经济中的主体地位。只有将税收收入与税收支出结合起来，使纳税人有机会参与财政决策的过程，纳税人与国家的关系才有可能理顺。因此，除了各项具体的法律权利之外，纳税人还应享有赞同纳税权、选举代表权、政府服务权和税款节俭权。如果没有这些基本权利的支持，无论法律赋予纳税人多少具体权利，也无法改变其作为义务主体的地位。[①] 不过，这些观点只是理论上的主张，它有助于人们对现实的认识和批判，但并不具有实证的法律效力。从理论主张到法律规则，其间还有一段较长的距离。如果从一国宪法的条文和精神入手，能够从其中归纳出纳税人的权利，这样的权利才会具有直接的约束力。

从宪法的角度看，人民主权可以成为纳税人权利最好的注脚。例如，我国《宪法》第2条规定：“中华人民共和国的一切权力属于人民。人民行使国家权力的机关是全国人民代表大会和地方各级人民代表大会。人民依照法律规定，通过各种途径和形式，管理国家事务，管理经济和文化事业，管理社会事务。”在美国、法国、日本等资本主义国家，其宪法或宪法性文件也都确认了人民主权。过去我们总是认为，资本主义社会中人民的范围是很窄的，只有资产阶级才有资格享受这份荣耀，而无产者实际上被排除在外。因此，资产阶级宪法用人民的概念欺骗大众，缓和阶级矛盾。确实，资本主义社会存在着社会分层，但这是人类发展的一个必然现象。从政治制衡的角度看，资本主义社会的权力运行机制尽管更利于资产阶级，但它也为一般民众带来了福利。虽然民主和法治首先表现在形式上，但形式也是走向实质的必然之路。在形式的制约下，普通民众的权利越来越丰富，在社会中的地

---

① 参见张馨：《财政公共化改革》，中国财政经济出版社2004年版，第169页。

位也越来越高。这说明,人民的概念在资本主义社会有其积极意义。

不过人民的概念也有不足之处,即它是一个整体概念,是一个集合。在理论上,人民中的任何个人乃至团体都无权自诩为人民的代表。这就容易抹煞作为人民组成分子的每一个公民的权利。因此,在法律上,强调作为个体的公民的权利与强调作为整体的人民的权利同样重要。相对而言,公民更少有政治色彩,其界定更中性。除非公民权被剥夺,否则,可以通过个人的努力加以行使。而在现代税收国家中,公民与纳税人虽然不是一个概念,但在法理上二者也存在相通之处。在重视税收法定主义传统的国家,用纳税人的权利诠释和理解公民的法律地位,更容易为人所接受。甚至可以说,纳税人的身份还可以为公民参与社会政治事务提供一个事实上的合法性。公民的资格来自法律的赋予,在一个权力国家中,这容易被篡改为当权者的恩赐。但对纳税人而言,“税收乃庶政之母”,这却是颠扑不破的真理。不管统治者如何欺骗和误导民众,事实即是,纳税人养活了公共部门,而不是公共部门养活了纳税人。以一个纳税人的心态和身份行使对公共部门的监督权,行使公共决策权,可能比起简单的公民权更具有说服力。

如果一个国家没有宪法,那才需要从理论上为纳税人的主体资格寻找依据。在这些国家中,纳税人首先是一个义务主体,他无法与权力进行交流和制约,只能以卑微的心态祈求恩赐和宽容。国家是高高在上的支配性力量,而纳税人不过是供其压榨和控制的对象而已。不容否定,即便在这样的社会中,纳税人也有一定的权利。例如,不管税收立法的变动性有多大,在特定的时期,征税的依据还是固定的。对征税过程中的违法行为,纳税人可以在权力体系内逐级上告,直至最高统治者。有时候,问题也能够得到解决。然而,同样不容否定的是,纳税人的这种权利只是固化其义务主体地位的一种手段,并不足以使其成为一个权利主体。一个面临变革的国家,如果试图破除纳税人的义务主体身份,树立以权利制约权力的宪政结构,决不能仅仅考虑纳税人在法律上的具体权利,而必须从宪法权利保护的观点出发,通过改变纳税人对权力的依附地位,树立纳税人无论是作为个体还是作为整体的权利主体资格。只有在这种情况下,才需要诉诸政治理论,从各种关于国家与人民关系的学说中为纳税人权利争取舆论支持。

确实,政治学的人民主权论可以为国家权力提供道德支持,不过,这更为纳税人争取权利主体的地位提供了契机。最起码,它将纳税人置于社会的基础性地位,而主张国家权力不过是服务于民众的工具。在现代社会中,纳税人以牺牲自己的财产为代价支撑起整个国家权力体系运作,它当然有充足的理由要求国家为自己提供高质量的服务。虽然国家的存在已经成为既定的事实,任何一个国家的纳税人都无法选择没有国家的原初状态,但是,它应该有权利选择政府。如果政府不能按照纳税人的信托提供公共服务,纳税人毫无疑问拥有更换政府的权利。如果社会没有健全的政权更迭程序,就只能通过社会革命达到目的。历史上的抗税革命、农民起义、独立战争等其实都是一种纳税人运动。不过,当政治理论被宪法所接受后,其作用即不再限于简单的思想启蒙和舆论宣传,而是直接具有最高的法律效力。国家不再是权利主体,它没有自己独立的利益,纯粹是服务于全体纳税人的载体。它虽然拥有权力,但只是其履行义务的一个必要条件。因此,从宪法的角度看,国家不是一个权力主体,而只是一个义务主体。

不仅政治学如此,从经济学的公共物品理论也不难得出上述结论。在经济学看来,政府之所以存在,是为了提供公共物品满足市场主体的公共需要,如保证国防安全、维护社会治安、促进经济增长等。公共物品虽然不能由市场提供,但公共需要却并不是一种脱离市场主体的存在。政府筹集财政收入的目的,不是为了供养和侍奉权力,而是为了服务公众,服务市场。如果观察到税收国家的现实,将市场主体或公众替换为纳税人,那么,纳税人与国家的关系就非常清楚了。可见,国家并不是脱离纳税人的绝对权力主体,既然它由纳税人所供养,自然也应为纳税人服务。另外,国家的职能只能限于提供公共物品,私人物品应当完全交由市场解决,这可以为划定国家权力的边界提供思路。如果再将确定公共物品和私人物品的标准,也交由纳税人通过一定的程序决定,这就是地地道道的宪政模式了。如此看来,即便从经济学的角度看,国家也是受纳税人制约的一个义务主体,其权力来自于纳税人的授予。因此,只有纳税人才是真正的权利主体。

从以往的政治经验看,宪法并不等于宪政。形式上的宪法被强权愚弄在历史上并不鲜见,在今日也时有所闻。如果没有一套强有力的分权制约机制,当权力仍然被牢牢地集中于某一部分人手中时,他们完全有可能从事与纳税人利益相悖的活动。各种限制公民人身自由、政治权利的措施都会打着维护公共利益的旗帜出现。因此,纳税人的主体地位仅靠法律的赋予仍然没有实际的意义。纳税人必须跳出单纯与税款征收有关的身份意义,从一个政治人的角度为维护自己的权利而抗争。为此,纳税人必须利用其公民身份,凭借公民权为纳税人在政治上拓展活动空间。

在中国传统的政治结构中,不可能诞生作为独立主体的纳税人,只会产生依附权力的纳税义务人。权力作为纳税人的对立面超然运作,无论减税、修渠、办学等都成为君王的恩赐,这样的社会也不能产生真正的纳税人意识。作为国税代名词的"皇粮"很准确地概括了当时纳税人的地位,他们仅仅是皇帝的子民而已,无论在身份上还是在心理上,都无法摆脱对权力的隶属。清王朝灭亡后,虽然君主专制退出了历史舞台,但中国社会中权力垄断的现象仍然没有改变。中华民国建立后,虽然还制定了宪法,从形式上承认权力来源于人民,但其实践效果未免显得过于滑稽。与皇权时代不同的只是权力垄断的形式,而其实质并无根本的改变。相比西方的长期历史演进,中国的资本主义制度主要是政治革命的结果。当形式上的民主为少数既得利益者所操纵时,资本主义只不过是这个社会的外壳,贯穿其中的仍然是变相的皇权统治思想。在权力的控制下,纳税人仍然只能作为义务主体的代名词,难以彰显其权利地位,在社会政治生活中无法成为独立的主体。

社会主义中国建立之后,相比历史上任何一个时期都更有条件实现纳税人的独立主体地位。不过,在改革开放之前,由于国家实行单一的公有制经济制度,税收在政治经济生活中的地位被忽视,连纳税人的称谓都不复存在,纳税人的主体地位更无从谈起。在当时的情况下,国家与个人的关系陷入一种不正常的扭曲状态。权力对社会的控制不仅通过制度体现出来,更深深地渗透到每个人的思想层面。尽管宪法规定国家的权力来源与人民,但人民仍然无法摆脱屈服于权力的状态。独立的纳税人必须以独立的公民作为前提。不管通过意识形态的灌输,导致人们对权力的膜拜,是出自真心的狂热,还是屈从于外在的压力,可以肯定的是,即便当时有健全的税收制度,也不管税收在国民经济中占有多么重要的地位,独立的纳税人意识根本不可能产生,更谈不上纳税人的主体地位的实现。从宪政的角度看,这一时期的宪法无非只是政治纲领的宣传工具,它展示的仅仅是国家权力的不可侵犯性。国家权力越来越脱离人民的控制和监督,而人民的权利事实上成为可有可无的摆设。

改革开放之后,中国的政治和法制环境逐步好转,国家与人民的关系也在向理性回归。随着市场因素的渗透,税收又逐渐成为经济生活中的一种普遍现象,而纳税人也才得以作为一类新的主体成为大众关注的对象。市场机制对主体独立性的要求不仅造就了形式上的纳税人,更为重要的是,由于市场力量对政治改革的推动,使得纳税人也在不断反思自己的法律主体地位。例如,纳税人仅仅是税法上的概念吗?纳税人仅仅是一个义务主体吗?国家与纳税人的关系是管理与被管理的关系,还是服务与被服务的关系?等等。在现实生活中,由于偷税、漏税、骗税和抗税的现象十分盛行,纳税意识被提升到十分重要的高度。但对纳税人而言,不是一个简单的纳税意识就可以解决问题的。纳税意识实际上还是一种纳税义务意识。从税收征管的角度看,税务机关为了完成税收任务,强调纳税意识无可非议。但从国家权力来源的政治高度看,为什么不能通过提高国家对纳税人的服务意识,进而促进纳税意识的提高呢?

不仅如此,纳税人权利的实现也不是简单地加强立法就可以解决,它需要各个方面的全面协作。纳税人的权利保护不仅仅限于税收征收阶段,还应尽可能扩展到税收立法阶段和财政支出阶段,这样才能更好地保护私人财产权,实现公民的政治权利。不难看出,这一切离不开宪法公民权的实现,离不开中国的政治体制改革。从长远看,只有推行宪政,使权力置于权利的制约和监督之下,纳税人权利才有可能真正受到尊重和保护。

第四节 财政法的基本原则①

财政法的基本原则,是指财政法中体现法的根本精神、对财政行为具有一般指导意义和普遍约束力的基础性法律规范。由于法律的基本原则既不同于普通的法律规范,也不同于普通的法律原则,其效力范围覆盖该法律部门的全部领域,因此,在确定财政法的基本原则时,不能将仅适用于财政法局部领域的原则上升为基本原则。

另外,中国自从改革开放以来,财政关系的公共性和民主性越来越受到重视,财政不再是排斥一切的绝对权力,它超越于一般的经济关系,但又服务于经济关系。因此,必须考虑到财政在中国发展的客观进程,为公共财政和民主财政的实施,从法律上提供有效的制度支持,摒弃与计划经济体制相适应的观念。

再则,我国宪法规定,国家的一切权力属于人民,这是整个财政法的根本法律依据,因此,应当将人民的民主参与置于首要的地位。

最后,由于财政法与行政法、经济法的关联,行政法中的依法行政原则,经济法中的协调稳健原则等,对财政法基本原则的确定,也具有重要的指导意义。

基于以上考虑,我们将财政民主主义、财政法定主义、财政健全主义和财政平等主义确定为财政法的基本原则。财政民主主义着眼于财政的民主

---

① 本节发表于《中国法学》2004 年第 3 期,收入本书时作了部分更新和修正。

参与，财政法定主义着眼于财政的形式规范，财政健全主义着眼于财政的安全稳健，财政平等主义着眼于财政的公平合理。这四个基本原则虽然独立表述，但相互间仍然存在内在的联系。

总体而言，财政民主主义是现代社会整个财政法的基础，它在财政法体系中居于核心地位。财政法定主义是对财政法在形式上的要求，它旨在保障民主原则在制度上的实现。财政健全主义是对财政法在功能上的要求，它旨在降低财政风险，确保财政运行不至于偏离安全稳健。而财政平等主义则是对财政法在价值上的要求，它保障财政法本身是符合正义的。

以财政法治的视角衡量，财政法定是财政法治的形式要素，财政健全是财政法治的功能目标，财政平等是财政法治的价值追求，而财政民主则是上述三者有机结合的制度保障。这四个原则紧密统一于财政法治的理论和实践。

一、财政民主主义

财政民主主义所要求的是，人民通过一定的程序和方式，行使对重大财政事项的决定权。在现代社会中，由于人民行使权力的机构，大多是由人民代表所组成的议会，因此，财政民主主义又被称为财政议会主义。其直接的要求是，重大财政事项必须经过议会的同意，或者由议会制定法律予以规范。如果没有议会决定或法律授权，无论是财政收入还是财政开支，都可能被指责为违反人民的意志。

（一）财政民主主义的理论基础

我国《宪法》第 2 条规定："中华人民共和国的一切权力属于人民。人民行使国家权力的机关是全国人民代表大会和地方各级人民代表大会。人民依照法律规定，通过各种途径和形式，管理国家事务，管理经济和文化事业，管理社会事务。"因此，从渊源上看，财政民主主义在我国法律体系并非没有依据，它只是宪法所规定的人民主权理论在财政法领域的落实和体现。

财政法之所以如此强调财政的民主基础，与财政在社会生活中的重要作用密不可分。就财富的占有量来看，财政收入占国民生产总值的比重，许多国家都维持在 35% 左右，北欧的高福利国家甚至超过 60% 。2011 年，我国公共财政收入达到 103740 亿元，政府性基金收入达到 41359 亿元。光这两项就占到了当年 GDP 比重的 30.77%。[①] 如此大量的资金集中在国家之手，通过财政收入和财政支出不断循环，使得现代财政的地位远非过去所能比拟。财政成为国内最大的消费者、资金持有者和信用保持者，有足够的能力引导个人的生产和消费，达到调节经济景气周期的作用。[②] 由于财政收入实际上来源于人民，理论上又是用之于人民，因此，对于如何收取和支配这些资金，人民应该拥有最后的决定权。议会作为人民的代议制机构，对财政计划的每一个环节，自其一开始就必须参与决策。

财政不仅是经济运转的重要推进器，同时还是政治活动的主要资金来源。正因为如此，每年的财政预算不仅仅是经济计划，也是来年政治活动的节目安排。财政收入的来源和结构，财政支出的投向和比例，其实都反映出国家的政治意图。例如，执政党确立的科学发展观要求，必须统筹城乡发展、统筹区域发展、统筹经济社会发展、统筹人与自然和谐发展、统筹国内发展和对外开放。为此，财政必须加大对农村的投入，加大对不发达地区的支持，加大对环境资源保护的倾斜，等等，以体现党和政府工作重心的转移。这些活动的重要性绝不亚于一般的法律制定，从政治民主的角度看，也应该由人民行使最后的决定权。如果排斥财政民主，拒绝人民对重大财政事项的决策参与，等于剥夺了人民在政治上的参政议政权，这在民主观念深入人心的今天是无法接受的。

从理论上看，尽管财政总是被界定为一种公共物品，但公共性并不是财政活动的必然结果，而只是财政活动所追求的一个目标。在现实生活中，财政活动偏离公共利益的现象比比皆是，因此，不能将公共性视为财政活动的当然前提。为了防止政府借“公共”之名，不当地追求部门及个人的私利，必须在程序上引入民主的机制，由人民自己决定何谓公共利益，公共利益应当通过何种途径实现，公共利益与个人利益冲突时如何协调，等等。财政民主主义保留人民对重大财政事项的决定权，正是实现财政活动公共性的重要保障。也许，即便实行财政民主主义，由人民直接或通过代表行使决定权，也不能保证每项财政活动的结果，都能真正体现公共利益。但是，相比委诸

---

① 参见财政部《关于 2011 年中央和地方预算执行情况与 2012 年中央和地方预算草案的报告》，http://www.mof.gov.cn/zhengwuxinxi/caizhengxinwen/201203/t20120316_635884.html；以及国家统计局预测的 2011 年 GDP 数据，http://finance.people.com.cn/GB/16898408.html，2012 年 5 月 13 日访问。

② 参见蔡茂寅：《财政作用职权理性与公共性——兼论建立财政法学之必要性》，载《台大法学论丛》第 25 卷第 4 期，第 53—76 页。

财政机关自主决定而言，这种方式是最可取的。

（二）财政民主主义的基本内容

一般情况下，财政民主主义主要表现为财政议会主义，即重大财政事项必须经过议会审批。如果一国的预算制度较为完善，能够覆盖所有的财政收入和支出形式，需要经过议会审批的事项主要表现为年度财政预算。在一定程度上，财政民主主义是与现代预算相伴而生的，英国就是一个典型的例子。从1215年《大宪章》的问世，到1816年联合王国综合基金形成，英国议会通过控制预算收入和支出，基本上实现了对政府权力的最终控制。到19世纪中叶，不仅政府每年经费必须事先经议会核准，财政拨款必须按预算执行，而且还直接设立监督机构，审查各项经费是否按指定用途有效运用。[①] 可以说，英国的资产阶级革命就是一场议会革命，也就是一场争取财政民主主义的革命。当国王的权力彻底被议会通过预算控制时，国家政治经济制度的性质就已经悄然改变。

经过数百年的演变，虽然王权在各国已经不复存在，或者不再发挥重要作用，但受权力分立观念的影响，预算制度仍然作为一种民主机制保留下来，以达到控制政府行政权力的目的。不过，由于各国国情不同，预算能否真正实践财政民主，结论是很难一致的。一般而言，以下几个因素会在其中起到很大的作用：第一，议会是否拥有独立于政府的强大权力。如果议会代表的选举机制不健全，或完全由政府官员把持议会，即便有议会审查和批准预算，也只能流于形式。第二，预算是否覆盖全部财政收支范围。如果进入预算的资金只是全部财政资金的一部分，预算制度的功效也会被抵消。第三，与预算有关的财政信息能否做到公开、透明。如果整个预算过程都在黑箱中操作，不向社会公开，议会的审批也难免脱离人民的意志。第四，预算监督是否存在强有力的、法制化的常规渠道。如果违反预算的收支行为不受制约，财政民主就只是一种高级障眼法。从这个意义上说，财政民主主义与整个社会的法治文明是互动的。财政民主主义必须以民主政治和法治国家为基础，而财政民主主义的实施又是对民主和法治的有力促进。

财政民主主义对我国财政活动的要求具体表现为，重大财政事项由人民代表大会审查决定。除了对财税方面的基本制度制定法律以外，人民代表大会的财政决定权也体现在预算审批上。根据我国《宪法》及《预算法》

---

① 参见焦建国：《日本政府预算制度研究》，财政部财政科学研究所2001年博士论文，第26、27页。

的相关规定，全国人民代表大会负责审批中央预算，地方各级人大负责审批本级地方预算，这表明，财政议会主义的基本要求在我国已得到了确认。不过，由于人民代表制度本身的问题，由于预算编制的内容过于粗糙，由于预算审批的专业性过强，预算的民主功能并未得到充分释放。从2011年起，按照财政部的要求，虽然全部财政收入都要求进入预算管理，预算外收入和支出不复存在①，但是，对于一般公共预算之外的国有资本经营预算、政府性基金预算等，立法机关的干预度仍然十分有限。因此，通过财政预算的形式控制政府权力，目前在我国还无法取得理想的成效。

除此之外，财政民主主义还要求赋予人民对财政事项的广泛监督权。这首先要求财政行为的决策程序、执行过程以及实施效果，具备公开性、透明性等特点。如果连人大代表都不能见到预算全文，而只是一个粗略的预算报告，无论是预算审批还是预算监督，都只会流于形式，公开透明更无从谈起了。更何况，所谓预算公开，并不是指向人大代表公开，而是指向全体人民公开，便于人民行使决策权和监督权。其次，应当尽快制定《新闻法》，保证新闻媒体对财政事项的采访自由，使社会公众能够及时获得最新信息，从而更好地监督政府的财政权力。最后，应当借鉴先进国家的经验，在人民代表大会的运行模式中设立专门的财政监督机关，使人大审计、政府审计、社会审计成为一个有机的整体。当然，监督的目的在于提高财政执行的效率，最终也是为了更好地保障人民的决定权。因此，财政民主主义的首要内容仍然落实在人民的财政决策权上。

（三）财政民主主义的现实意义

财政民主是现代财政法关注的核心，也是整个财政法的立法基础。财政民主主义的实施，对确立财政法的发展方向，解决现实生活中财政秩序的混乱，树立中国财政法治的形象具有重要的现实意义。长期以来，我国财政

---

① 2010年6月，财政部制发《关于将按预算外资金管理的收入纳入预算管理的通知》，规定自2011年1月1日起，中央各部门各单位的全部预算外收入纳入预算管理，收入全额上缴国库，支出通过公共财政预算或政府性基金预算安排。地方各级财政部门要按照国务院规定，自2011年1月1日起将全部预算外收支纳入预算管理。相应修订《政府收支分类科目》，取消全部预算外收支科目。在此之前，国家实施了以“收支两条线”管理为中心的预算外资金管理改革，将属于一般预算收入性质的行政事业性收费、罚没收入等纳入公共财政预算管理，与税收收入一起统筹安排使用；将具有以收定支、专款专用性质的政府性基金、土地出让收入、彩票公益金等纳入政府性基金预算管理，专项用于支持特定基础设施建设和社会事业发展。通过上述措施，预算外资金的规模已得到有效控制。2011年起，按预算外资金管理的收入全部纳入预算管理，此举意味着预算外资金概念已成为历史。参见人民网：http://finance.people.com.cn/GB/70846/17082641.html，2012年5月12日访问。

一直是政府主导型的财政,政府在财政决策中事实上起决定作用。尽管政府一再宣称是人民利益的代表,但其与人民之间缺乏直接的利益制衡机制,许多情况下可能难于脱离自己的部门本位。如果肯定重大财政问题经过人民同意,如果承认人民行使权力的机构是人民代表大会,那么就应当将财政民主主义的要求落到实处。从实际效果看,当前我国财政领域的混乱现象,如政府乱收费问题、预算外资金体外循环问题、政府间财政关系极不稳定的问题等,都与政府权力欲望过度膨胀有关。如果不从财政民主主义着眼,只是由政府部门在内部进行利益分配的微调,问题很难从根本上得到解决。

近年来,随着财政改革的进展的日渐加快,建立公共财政体制的呼声也日益高涨。中国共产党十六届三中全会决议也明确指出,要健全公共财政,健全公共财政体制,明确各级政府的财政支出责任;进一步完善转移支付制度,加大对中西部地区和民族地区的财政支持;深化部门预算、国库集中收付、政府采购和收支两条线管理改革;清理和规范行政事业性收费,凡能纳入预算的都要纳入预算管理;改革预算编制制度,完善预算编制、执行的制衡机制,加强审计监督;建立预算绩效评价体系,实行全口径预算管理和对或有负债的有效监控;加强各级人民代表大会对本级政府预算的审查和监督。这些无疑代表了我国财政法的发展方向。

不过我们认为,加强人大对政府预算的审查和监督,在公共财政改革中居于首要地位。只有以财政民主作为指导原则,才可能实现公共财政的建设目标。偏离了财政民主,偏离了人民对财政的自主决定权,无论如何强调财政的公共性,无论如何强调财政与公共服务的联系,在理论上都很难令人信服。因此,考虑到税费改革、财政支出改革等多方面的新情况,有必要在财政民主主义的指导下,重构我国财政法律制度。当然,财政民主主义的落实会受到诸多外在条件的制约,例如,加强人民代表大会的权能,完善中国共产党的领导,促进政务信息的公开,开拓人大监督的制度渠道,等等。因此,只有将财政改革置于政治经济体制改革的大环境之下,才可能收到预期的功效。

二、财政法定主义

(一)财政法定主义的理论基础

一般而言,议会对财政事项行使决定权,可以通过两种法律途径:一是对具体财政问题进行审查批准,二是将有关财政活动的普遍规则制定为法律。因此,从渊源上看,财政法定主义实际上是财政民主主义的一种实现形式。在财政法的发展史上，财政法定也往往和财政民主交错重叠。英国的《大宪章》、《权利请愿书》、《权利法案》，美国的《独立宣言》、《弗吉尼亚权利法案》，法国的《人权与公民权利宣言》等重要的宪法性文件，大多以人民"同意权"的形式，表述人民在财政方面的基本权利。这种"同意权"既是财政民主主义的法律依据，也是财政法定主义的理论渊源。

由于近代资产阶级革命大多起源于税收危机，由于税收具有否定公民财产权的特征，公法对财政的关注首先是从税收开始的，财政法定主义最初只是以税收法定主义的形式而存在。在现代行政法的视野中，法律保留的范围一般也只限于侵害行政，而与财政支出有关的授益行政几乎不受限制，可以通过授权立法的形式由政府决定。然而，随着财政职能的扩张，财政的影响也越来越大。除了税收之外，费用征收、国债发行、社会保障、转移支付等，无一不关系到人民的切身利益。即便财政支出是一种授益行政，其法律效果也并非如此单纯。在财政资源有限的情况下，对特定主体的授益，其实就是对其他主体的侵害。有鉴于此，财政法定的范围也逐渐从税收，扩展到其他财政收支形式，从而为财政民主奠定了更为宽广和坚实的基础。

由于法律的制定程序远比审批具体财政事项严格，因此，财政法定主义有利于在更高的层次实现财政民主。一般情况下，法律规定的内容涉及财政活动的普遍规则，对所有的财政主体和财政行为，都具有约束力和指导效力，因此，财政法定主义也较为适合现代社会条件下，日益变化和纷繁复杂的财政实践，便于掌控财政活动的宏观秩序。由于法律的稳定性、可预测性，一旦立法程序完成，在具体的执行过程中，立法机关自己也必须受其约束，不能随意变动。这种状况的有利之处在于，便于形成一种稳定的财政秩序，为财政活动在国际上取得信誉，也便于协调国内各种阶层的利益冲突，使各种利益诉求通过立法程序达到平衡。除此之外，它也有利于财政相对人形成稳定的预期，以便及时调整自己的生产和生活。

正是考虑到财政问题的重要程度，我国《立法法》第 8 条和第 9 条规定，财政税收基本制度只能由全国人民代表大会立法。只有当财政税收基本制度尚未制定法律时，根据全国人民代表大会及其常务委员会的授权，国务院对其中的部分事项先制定行政法规。尽管这种允许授权立法的规定尚不够彻底，但在我国目前的情况下也算是一种进步。可以说，这是我国财政法定主义的直接法律依据，对整个财政立法都具有普遍的约束力。中国加入世界贸易组织之后，公开透明也成为财政法的努力目标。如果能将基本财税制度的立法权，统一集中在立法机关手中，使财政法定主义的要求真正落到实处，其将在这方面发挥不可替代的作用。

（二）财政法定主义的基本内容

财政法定主义是财政民主的具体体现，它以财政民主作为基础，同时也是财政民主非常重要的实现途径。这里所谓的“法”，应该仅指由人民代表所组成的最高权力机关所制定的法律，但财政“法定”并不是要求对一切财政行为都制定专门的法律，而只是要求财政行为必须具有法律依据，必须得到法律的明确许可或立法机关的专门授权。[①] 只有在法律允许的范围内，政府才享有财政方面的自由裁量权。财政法定主义一般表现在：

1. 财政权力（利）法定

财政权所包含的内容是十分宽广的，它既包括立法机关的财政立法权，也包括政府及其所属各部门就财政事项所享有的决策权、执行权和监督权等。它既包括上级政府对下级政府的财政权力，也包括下级政府对上级政府的财政权利，甚至包括没有行政隶属关系的地方政府之间相互享有的财政权利。它既包括政府作为整体对财政相对人所享有的命令权、禁止权，也包括财政相对人对政府依法享有的监督权、请求权等。

财政权力（利）法定的主要目的在于督促政府在法定的授权范围内行事，防止超越职权和滥用职权的现象发生，同时也是为了明确财政关系中利益分配的法律界限，保护财政相对人的合法权益。当财政主体从事一定的行为时，如果法律没有赋予相应的权力（利），该行为的法律效力应当被否定。为此，财政权力（利）的设定应当尽可能具体明确，不能出现含混模糊的地方。财政权力（利）内部的效力等级，同级财政权力（利）之间效力冲突的协调，财政权力与财政权利之间的关系协调，等等，都应当在财政法中事先予以明确。

2. 财政义务法定

和财政权力（利）一样，财政义务种类也是十分复杂的。一般情况下，财政权力（利）与财政义务相对应，一方的财政权力（利）正好是对方的财政义

---

① 例如，就行政事业性收费而言，要求每一项收费都制定法律明显不可行。但是，行政事业性收费的开征要遵循何种法律标准和程序，资金使用有何具体要求，却非常有必要通过专门的法律加以明确。我国台湾地区的“规费法”所起到的就是这个作用。此外，对于政府性基金，虽然目前难以做到一项基金一部法律，但是，最起码基金的设立只能通过法律规定。国务院或中共中央的文件，甚至行政法规，都不宜作为政府性基金的设立依据。

务。如对于预算请款权来说[①]，财政机关的拨款就构成相应的义务；对于税务机关的税收请求权来说，纳税人缴纳税款就构成相应的义务。当然，也不排除一些程序性的纯粹义务设定，不以对方的权力（利）作为前提，如纳税申报义务等。不论是哪种类型的财政义务，都应当通过法律事先明定，以便于当事人预测自己的负担。

法律所要规定的，除了财政义务的种类之外，还应该包括财政义务的构成要件、具体内容、衡量标准等要素。大体来说，对于程序性的义务，法律规定的条件可以略微宽松，甚至不妨授权财政机关根据财政管理的需要具体把握。但对于涉及财政相对人财产权利方面的义务，则必须事先设置严格的法律条件，如纳税义务、费用交纳义务等即属此种类型。财政主体只需承受法律明确规定的义务，超出法定义务范围的事项可以拒绝。

和其他公法领域一样，财政机关所享有的财政权力是不可放弃的，因此有效行使财政权力本身也是财政机关的一种义务。不论财政机关放弃自己的权力，还是怠于行使自己的权力，都是一种失职行为，都会对公众利益带来损害，因此必须得到制止。

3. 财政程序法定

财政程序法定的目的在于，保障财政权力在既定的制度框架内有效运作，保障财政行为的透明度、公正性和规范性，为财政民主奠定良好的法治基础。需要由法律直接规定的程序主要有财政立法程序、财政行政程序、财政监督程序和财政司法救济程序。

财政立法程序主要由立法法作出规定。如我国《立法法》对法律、行政法规、部门规章、地方性法规和规章等的制定程序都作了较为详细的规定，这些内容同样适用于财政法的制定过程。立法程序法定不仅有利于规范财政行政立法和地方立法，同时对于最高国家权力机关本身也是一种有力的制约。

---

① 预算审批通过并公布之后，预算用款单位是否有权要求政府拨款，这是预算请款权需要讨论的内容。如果认为预算只是对政府的最高限额授权，那么，在此范围内，政府有权根据情况决定是否拨款，以及如何拨款，而用款单位却无权要求政府按预算拨款。如果认为预算不仅是一种授权，同时也是一种义务设定，那么，预算确定的拨款项目，政府就必须按时足额拨付，而用款单位也有权向政府请求。按照我国《预算法》第 47 条的规定："各级政府财政部门必须依照法律、行政法规和国务院财政部门的规定，及时、足额地拨付预算支出资金，加强对预算支出的管理和监督。各级政府、各部门、各单位的支出必须按照预算执行。"我们认为，为了督促政府严格执行预算，可以考虑赋予用款单位预算请款权。在预算被修改或调整之前，必须执行现有的预算。对于因此可能发生的争议，有必要设计一套公法程序予以救济。

财政行政程序主要由行政程序法作出规定。由法律直接规定财政行政程序,旨在通过程序的公正实现实体的公正,有利于规范财政机关的财政行为。我国目前除了税收征收程序、财政处罚程序、财政预算程序有直接的法律规定外,其余部分还没有达到程序法定的要求。

财政监督程序除了行政机关的内部监督外,同时也要考虑权力机关的外部监督。《审计法》只能规范行政内部监督,不能规范权力机关的监督。只有通过立法的形式明确规定财政监督的程序,监督机关才能合法有效地行使监督权,对被监督单位也是一种权利保障。

财政救济程序既包括行政救济程序,也包括司法救济程序。救济程序适用于解决财政机关与相对人之间的财政冲突,因此必须以法律的形式加以规定。我国目前既有《行政复议法》,又有《行政诉讼法》,它们对财政税收方面的救济都具有适用效力。

4. 财政责任法定

财政责任是一种督促财政主体合法履行财政权力,切实履行财政义务的外力保障机制。虽然它不是一种常态,但由于它对当事人的财产、职位、机会等影响甚深,因此必须于法有据。财政责任既可能因财政机关违反法定义务而引发,也可能因财政相对人违反法定义务而引发。财政责任的种类除了行政处分、行政处罚、行政赔偿之外,情节严重的还应当承担刑事责任。另外,随着财政法治进程的深入,类似引咎辞职之类的政治责任和罚息、支付违约金、强制支付之类的经济责任也应当适时引入财政法,以增强其可救济性成分和刚性色彩。

(三)财政法定主义的现实意义

财政法定主义是财政民主主义的重要实现形式,它强调财政运行的稳定性、规范性和可预测性,对我国财政实践具有重要的指导意义。

长期以来,我们已经习惯于政府对财政活动的主导,习惯于以政策规定指挥财政的进程,习惯于运动式的财政管理方式,对财政法定的意义没有给予高度的重视。正因为如此,在财政领域,直接由全国人大制定的法律少之又少,国务院制定的行政法规次之,内容最为复杂庞大的还是各级党委和政府发布的政策性文件。[①] 这些文件有的是对现行法律的解释或补充，有的是对立法空白的填补，还有的直接在修改现行法律的具体规定，与财政法定主义存在很大的偏差甚至冲突。

按照财政法定主义的要求，无论是党的政策，还是政府的政策，都必须在法律的框架下运行才具有合法性。虽然政策对立法具有指导性，但也只有转变成立法之后才能起到规范作用。虽然政策在执行过程具有灵活性，但这种灵活性也必须在法律允许的范围内才能体现。因此，我国的财政实践必须从政府主导性财政、政策主导性财政，转变为法律主导性财政。只有这样，才能杜绝财政活动中的随意性，提高财政机关的遵纪守法意识，同时也才能更好地保护财政相对人的利益，促进市场经济的健康稳定发展。

三、财政健全主义

（一）财政健全主义的理论基础

财政健全主义所关注的是财政运行的安全稳健，其核心问题即在于，能否将公债作为财政支出的资金来源。

资本主义早期，财政健全主义一般要求年度财政平衡，不得在预算中列赤字。国家的财政开支只能以税收、费用等非税收入作为来源，公债的合法性被完全否定。进入垄断时期以后，受经济危机的影响，国家不得不大规模干预经济。由于财政开支的数额剧增，而传统的收入来源不升反降，因此财政赤字成为各国的普遍现象。为了弥补财政赤字，公债手段开始被大量使用，并且逐渐合法化。在这种历史背景下，人们对财政健全主义开始持怀疑态度。在公债发行已经不可避免的情况下，是否还有必要强调财政健全主义？如果是，那么财政健全主义的内容如何衡量？这些问题一直缠绕在人们的心中，不得其解。

针对这些问题，有的人主张，年度财政平衡事实上无法做到，财政平衡应该建立在动态基础上。如果在一个经济周期内，萧条时期的赤字与高涨时期的盈余能够相抵，这也是一种平衡；还有的人主张，考虑财政本身的平

---

① 例如，财政部2010年制定的《政府性基金管理暂行办法》第11条规定，国务院所属部门（含直属机构）、地方各级人民政府及其所属部门申请征收政府性基金，必须以法律、行政法规和中共中央、国务院文件为依据，法律、行政法规和中共中央、国务院文件没有明确规定征收政府性基金的，一律不予审批。以中共中央和国务院的文件作为设立政府性基金的法律依据，这与财政法定主义的要求明显相悖。从保护公民财产权的角度看，即便是行政法规，也未必有权开征政府性基金，除非有明确的法律依据。

衡问题没有意义,需要考虑的应当是财政的经济效果。如果财政能够促进经济健康发展,即便出现财政赤字也没有关系。我们认为,随着财政平衡被打破,公债的规模日益扩张,财政风险也越来越大。在这种情况下,就更应该强调财政健全,防止财政突破最大承受能力,引发财政危机。应该说,虽然实现财政健全的方式可以调整,但财政健全的理念任何时候都不会过时。

毫无疑问,财政平衡是实现财政健全的一种方式,也是一种理想的财政状态。然而,当年度财政平衡无法坚持时,财政健全主义的重点也应当随之调整。既然公债在现代经济条件下无法避免,就不妨肯定其合法存在。但是,借债毕竟是引发财政风险的重要因素,因此,法律应当着重对公债的发行主体、审批程序、发行方式和限额、使用范围、偿还方式、债务管理等作出限制,以最大可能地发挥公债的积极功效,降低公债的财政风险。当公债的规模和结构已经超出风险预警线时,法律还应该设置紧急应对措施,如强制性要求收缩财政开支规模,调整财政支出结构,等等。

(二)财政健全主义的基本内容

1. 经常性收支必须维持平衡

经常性支出是指为保证政府各部门和各项事业日常活动开展所需的支出,如行政事业单位的经费支出、一般公共事业支出等,它一般以税收作为收入来源。从历史渊源来看,经常性收支代表着最传统和最狭窄的政府职能,历来就属于必须保持平衡的项目。从风险控制来看,经常性支出中大多属于消费性开支,难以在经济上产生利益回报。如果用借款收入维持该项开支,财政的风险极其巨大,对后代产生明显的不公平。从现实可能来看,由于经常性支出中不包含经济调控职能,税收等收入大都能够满足其需要,不会出现财政资金的短缺问题。我国《预算法》第 27 条第 1 款规定,“中央政府公共预算不列赤字”,其实就是经常性预算平衡的大体反映。

2. 公债只能用于具有公共性的建设项目

之所以将公债的用途限定在建设性项目,主要是因为建设性项目具有直接偿还债务的能力,可以在很大程度上降低财政借款的风险。在我国,建设性项目既包括公共预算中的公共投资项目,也包括国有资本经营预算中的营利性投资项目。由于后者完全建立在市场竞争的基础上,因此不以通过发债的方式筹措建设资金。如果出现资金短缺,也应当通过银行贷款等市场方式解决。故此,需要财政借款支持的建设性项目只能限制在公共投资的范围内,纯营利性的投资项目应被排除在外。虽然我国《预算法》第 27 条肯定中央预算中必需的建设投资的部分资金,可以通过举借国内和国外债务等方式筹措,但是这种不对建设性资金作出区分的做法,在实践中可能会导致与民争利的弊端,影响社会资源配置的整体效率。

3. 公债应当遵守实体法上的风险防范机制

公债的风险虽然最终要通过经济的发展来消除,但法律上的风险防范机制也是十分必要的。首先,应当界定公债的范围,将内债、外债都包含在内。债的形式既可以是债券,也可以是可以直接借款,还可以是一种保证债务。其次,应当借鉴经济学的研究成果,为公债设定最高上限。如,规定未偿还的内债余额不得超过国民生产总值一定的比例①;规定财政举借外债的最高数额;规定政府担保债务的最高数额,等等。再次,由于长期公债容易转嫁财政风险,增加代际的不公平,因此,从长远来看,应当对公债的偿还期限作出一定的限制,防止政府发行期限过长的公债。最后,有必要设立偿债基金,增加债务偿还的财政保障,降低债务到期时的还款压力。

4. 公债应当履行程序法上的审查监督手续

为了限制政府借债的能力,法律应当在程序上规定公债发行的审查监

---

① 2005年12月26日,第十届全国人大常委会第四十次委员长会议通过了全国人大常委会预算工作委员会关于实行国债余额管理的意见。这意味着自2006年起,中国开始参照国际通行做法,采取国债余额管理方式管理国债发行活动,以科学地管理国债规模,有效防范财政风险。所谓国债余额,是指中央政府历年的预算差额,即预算赤字和预算盈余相互冲抵后的赤字累计额和经全国人大常委会批准的特别国债累计额。

国务院在关于实行国债余额管理的报告中说,自1981年恢复发行国债以来,我国一直采取逐年审批年度发行额的方式管理国债。这种管理方式存在五个方面的问题:年度国债发行额不能全面反映国债规模及其变化情况,控制年度国债发行额不利于合理安排国债期限结构,不利于促进国债市场平稳发展,不利于财政与货币政策协调配合,不利于提高国债管理效率。

全国人大常委会预算工作委员会赞同国务院有关报告中关于实行国债余额管理的五点理由,并在关于实行国债余额管理的意见中指出,实行国债余额管理,要突出解决规范运作和有效防范财政风险的问题,变每年审批年度国债发行额为批准预算年度年末国债余额限额。实行国债余额管理后,借新还旧的发债由财政部在年度国债余额限额内根据财政收入状况和资本市场情况自行运作,既规范了发债行为,又增加了主动性和灵活性,符合国债管理的客观需要,并有利于有效防范财政风险。

全国人大常委会预算工作委员会关于实行国债余额管理的意见同意了国务院提出的五条建议:一是在每年向全国人民代表大会作预算报告时,报告当年年度预算赤字和年末国债余额限额,全国人民代表大会予以审批;一般情况下,年度预算赤字即为当年年度新增国债限额。二是在年度预算执行中,如出现特殊情况需要增加年度预算赤字或发行特别国债,由国务院提请全国人大常委会审议批准,相应追加年末国债余额限额。三是当年期末国债余额不得突破年末国债余额限额。四是国债借新还旧部分由国务院授权财政部自行运作。财政部每半年向全国人大有关专门委员会书面报告一次国债发行和兑付等情况。五是每年一季度在中央预算批准前,由财政部在该季度到期国债还本数额以内合理安排国债发行数额。

参见中央人民政府门户网站:http://www.gov.cn/jrzg/2005-12/18/content_130261.htm,2012年5月13日访问。

督手续。如,一般情况下,国库券的发行应当遵守财政法定主义,由权力机关直接以立法的形式加以规定;建设公债的发行也应坚持财政民主主义,经由权力机关审批通过;国家外债的募集和债务担保的实施,至少也要经过最高行政机关的同意,并报最高权力机关备案。在监督方面,则应该建立完备的债务监测、统计和预警公告体制,按照一定的指标及时向人民披露各种公债信息。另外,对于某些国债资金专项项目,还应该通过一定的检查机制,监督资金的使用效益,防止资金被挤占或挪用。目前,我国虽然也制定了一些公债审查监督程序,但基本上停留在行政机关内部管理的层次,其效力形式和公开透明度都有待提高。随着相关公债程序的逐步健全,我国财政运行的安全稳健性也会逐步得到提升。

5. 有限肯定地方财政的募债主体资格

我国《预算法》第 28 条规定:"地方各级预算按照量入为出、收支平衡的原则编制,不列赤字。除法律和国务院另有规定外,地方政府不得发行地方政府债券。"从目前的实践情况看,地方政府维持财政平衡的能力比较脆弱,地方财政赤字实际上普遍存在,但地方政府发行债券的资格却完全被否定。当出现入不敷出的现象时,地方政府一般采取向中央政府借款的办法。有时,中央政府会代地方政府发行债券,在发行的国债总额中事先划出一定的比例供地方政府使用。从实施效果来看,这种做法虽然形式上保证了全国的统一募债权,但在防范财政风险方面却不一定尽如人意。由于发行主体过于集中,财政风险集中在单一的主体上,缺乏释放途径和缓冲空间。如果将权力有限地下放地方政府,使募债主体多元化,中央政府在防范财政风险方面的机动性就会得以增强,整个国家的财政风险也会随着下降。

当然,为了防止地方政府过度举债,在法律上可以设定一些标准和程序,例如,《预算法》可以规定,除法律另有规定外,由国务院对地方政府举债实行总额审批,并对地方债务的结构和还款期限进行限制,督促设计还款保障机制等。与此同时,地方债在程序上要严格履行财政民主,由地方立法机关予以审批,同时赋予上级政府监督检查的权力。[①] 在地方尚不具备成为一个独立财政主体之条件的前提下,完全取消中央对其举债的约束机制,不仅容易激发地方政府的投机思想,而且对债权人也会带来额外的风险。

(三)财政健全主义的现实意义

自 2008 年以来,为了应对国际金融危机,我国开始实施扩张性财政政

---

① 参见本书第二章第三节关于"中央代借代还地方债的信用、风险与责任"的论述。

策，财政投资成为刺激经济增长的主动力。在财力不足的情况下，从中央到地方，举债就成为政府筹集资金的首选。这种做法虽然成功地让中国经济跳出低谷，但是也带来了很多的负面效果。其中，财政风险就是一个不得不应对的问题。地方政府虽然表面上没有举债权，但是，通过建立融资平台公司，或者政府变相提供担保，地方仍在通过各种途径举债筹资。

国家审计署2011年6月27日向全国人大常委会所作的审计工作报告披露，截至2010年底，全国省、市、县三级地方政府性债务余额共计107174.91亿元，占2010年GDP的1/4，超过当年全国财政收入。在上述地方负债中，政府负有偿还责任的67109.51亿元，占62.62%；承担担保责任的23369.74亿元，占21.80%；可能承担一定救助责任的16695.66亿元，占15.58%。[①] 从2012年开始，这些债务进入偿还的高峰期。在经济不景气和土地收入锐减的同时，面对还本付息的压力和后续的资金要求，地方政府确实面临严峻的财政挑战。

迄今为止，我国还缺乏强有力的公债风险防范机制，政府债务风险的消除完全被寄托在经济的持续发展上。然而，任何经济政策都存在失败的可能，如果积极的公债政策未能带来预期的经济效果，财政风险就会集中爆发，对宏观经济带来更大的负面冲击。因此，财政健全主义实际上是一种未雨绸缪的举措，它通过具体的法律标准和程序，将财政风险控制在可以预测和接受的范围内，对经济的长远发展具有十分重要的意义。尽管财政健全的具体标准还有待深入研究，其内容也必须随着实践的变化而调整，但是从宏观上确立财政健全主义仍然是十分必要的。

四、财政平等主义

（一）财政平等主义的理论基础

财政平等主义包含着对正义的价值追求，从制度上则主要体现一种平等的对待。它既包括财政收入方面义务人的平等牺牲，也包括财政开支方面权利人的平等受益，还包括在财政程序方面的同等条件同等处理，等等。

财政平等主义是宪法平等原则在财政法中的具体适用。我国《宪法》第4条规定："中华人民共和国各民族一律平等。"第33条又规定："中华人民共和国公民在法律面前一律平等。"这是我国财政平等主义的直接宪法依

① 参见中央人民政府门户网站：http://www.gov.cn/zwgk/2011-06/27/content_1893782.htm，2012年5月13日访问。

据，对整个财政法都具有重要的指导和规范效力。

平等是人类衡量自身价值的标尺之一，它和公平既可以理解为同义词，也可以理解为手段和目的的关系。当它们被理解为同义词时，平等本身就是公平，公平也只有在平等的状态下才有意义。但它们被理解为手段和目的的关系时，平等可以视为实现公平价值的基本路径。

财政法上之所以强调平等主义，除了宪法上的直接要求外，更重要的是一种公平观的指导。如果不能在财政行为的相对人之间做到平等对待，就会使整个财政法建立在不公平的基础上。这样的法律在古代社会中的确普遍存在，但正是因为它们的落后，所以遭到了历史的唾弃。

财政法所追求的是一种与市场经济良性互动的民主和法治状态，平等主义既是经济体制的必然要求，也是政治民主的有力保障。从经济发展的规律看，商品是天生的平等派。如果让强权、偏见和歧视充斥财政法的立法、执法和司法过程中，市场机制和价值规律必然失去生存的空间。从国家政权的性质看，我国是人民民主国家，国家权力来源于人民，服务于人民。因此，人民对财政事务应该有平等的参与权，财政法对人民的利益也应该给予平等的保障。

如同其在宪法中的丰富含义一样，在财政法中，“平等”一词并不代表绝对的平均或无差别。税收根据负担能力而课征，费用根据受益程度而征收，社会救济根据需要程度而开支，等等，实际上都是一种有差别的平等。同等情况同等对待，不同情况不同对待，这才是实质公平的真正体现。

另外，受财政法公法性质的影响，在具体的执法过程中，财政平等主义也限于财政相对人相互之间的平等。只要符合法定条件，财政部门必须依法征税、收费，或进行财政开支，不得人为偏废。在这个环节中，要求平等对待财政执法部门与财政相对人并无实际意义。然而，如果超越这个环节，从宪法的角度看待财政部门与财政相对人之间的关系，其视野必然更加开阔，结论也可能出现多元。

（二）财政平等主义的基本内容

财政法所追求的公平，既包括起点的公平，也包括过程的公平，无论在实体法还是在程序法上都可以表现为一种平等的对待。也正因为如此，在财政法的不同领域其要求会有所不同，它包括但不限于下述几个方面：

第一，在政治程序方面，人民享有平等的参与权。人民参与的途径是通过政治选举组成代议制机构，行使立法权、财政审查批准权和财政监督权。为此，公民的选举权和被选举权必须得到强有力的尊重，以保证人大代表真正代表人民的意志。

第二，在税收课征方面，除了坚持税收法定原则，由纳税人及其代表自己决定课税事宜外，主要应当根据纳税人税负能力的大小设计税制，使税负能力相同的人缴纳相同的税收，税负能力不同的人缴纳不同的税收。

第三，在行政事业性收费的征收方面，平等主要体现在受益的关联度上。如，收费应该体现直接受益性，主要根据直接成本确定收费标准，不能要求没有享受公共服务的个体缴纳。而政府性基金则应根据特定事业与特定群体的特殊关联性合理确定义务人，并根据间接受益或所造成负担的大小，确定政府性基金的缴纳标准。

第四，在地区间财政关系方面，财政法应该保证最低限度的财政均衡。如，除了中央政府通过转移支付增加财政困难地区的财政供给能力外，还可以设计一种地区间横向财政均衡的模式，由富裕地区按照一定的标准向贫困地区进行财政援助。目前，虽然实践中存在一种地区间对口支援机制，但是，这种做法缺乏制度保障，完全靠中央的权威在推动，也没有明确的标准和程序，因此其效果难以得到持续的保障。

第五，在社会阶层间的财政关系方面，应该保障每一个群体同等的机会和待遇，不能出现制度性歧视。如我国目前的城乡差距很大程度上即与财政支出的不平衡有关，因此应该通过一定的财政法律措施予以反向调节，以促进城乡的机会均等。

第六，在财政支出的标准方面，除了公务所需或无法逾越的客观困难外，相同的情况应当相同处理，不能认为人为原因导致受体之间的差异过大。正因为如此，在预算编制的过程中，部门之间行政管理费用贫富不均的现象，必须加以改变。

第七，在最低人权的保护方面，财政应当保障每一个公民的生存权、受教育权等基本人权，为社会弱者提供力所能及的帮助和救济。如，最低生活保障制度的实施范围不仅限于城市，农村同样也应该普遍推行。如果本级财政缺乏足够的支付能力，上级财政应当通过转移支付予以足额补充。

第八，在财政集中采购方面，必须通过公开透明的标准和程序，保障每一个适格供货商中标机会的平等。如供货商的入选标准应当事先明定，实施采购时优先考虑招投标方式，设置采购意义和救济程序，等等。

第九，在财政行政程序方面，财政机关有义务平等对待每一个财政相对人，不能毫无理由地为部分相对人设定程序便利，而给其他人设置程序障碍。如在同等情况下,不能只对部分纳税人给予减免税待遇,而拒绝其他人的申请。

第十,在财政司法程序方面,为保证财政部门与其相对人同等的陈述申辩机会,法律必须为财政部门设定较重的证明责任,以矫正行政程序中双方法律地位的不平等。如,财政相对人只需证明财政行政行为的发生,而财政部门则必须证明该行为的合法性。

(三)财政平等主义的现实意义

实际上,财政平等主义的表现远远超出上述有限的列举。尽管我国尚没有专门的法律对其进行确认,使其在整个财政法领域具有普遍效力,但由于它是宪法平等原则在财政法领域的延伸,完全应该成为一条现实有效的法律原则。

我国目前正处在社会的转型时期,旧的社会秩序和分配方式已经被打破,而新的有效治理结构并没有建立起来,城乡差距、地区差距、贫富差距越来越大,社会矛盾也表现得越来越复杂和尖锐。在这种社会背景下,财政平等主义的确立和有效发挥作用,有助于从制度上缩小各种不合理的差距,从心理上增强人们对消除不平等现象的信心,有利于将社会的矛盾控制在人们的心理承受能力以内,创造一种平等和谐的竞争环境。

近几年来,我国不断加大对社会保障的投入,增加对西部地区的转移支付规模,同时对农村基础设施建设和养老医疗教育问题越来越重视,这些对促进财政平等无疑具有重要的积极意义。但是不可否认,除了财政收入征收方面的具体制度设计外,中国财政不平等现象的重要根源仍然在于财政支出结构的不合理。所以,财政法学应当更多地从经济发展、人权保障和社会公平的角度,对如何完善财政支出的方向、标准和程序作出应有的贡献。

第五节　从物业税空转看纳税人的知情权①

一、讨论纳税人知情权的缘由

2009 年 11 月 30 日,国家税务总局发布公告,把散落在税收法律、行政

① 本节收录于葛克昌主编:《纳税人权利保护》,台湾元照出版有限公司 2010 年版。

法规中的相关规定“归拢”，列举了纳税人的十四项权利与十项义务。[①] 公告发布之后，一方面好评如潮，引发了公众对纳税人权利的关注和热议，另一方面也遭到一些质疑。不少人提出，纳税人的权利不止这些，国家税务总局的公告有“缺斤少两”的嫌疑。以知情权为例，纳税人最应该享有的权利，是了解税收的各项数字以及去向，这比税收制度和纳税程序重要得多。[②] 更有人提出，解读纳税人权利不能完全站在税务立场。纳税人真正看重也最为需要的权利，是面对依靠纳税人养活的政府部门时的公民权利，包括知道税收是怎样被花费掉，监督税收不被权力部门滥用，要求获取与税收相匹配的公共产品和服务。[③]

公众对纳税人权利有较高期待，这是一种可喜的现象，表明纳税人的公民意识正在萌动，权利意识正在觉醒。确实，相比税收征收管理过程中的权利，决定、监督税款使用的权利在现代社会中更为根本。不难想象，无论征税的程序设计如何科学，纳税人的知情权如何受尊重，一旦税款可以任意挥霍和不受监督，整个税收过程失去正义性。不过，国家税务总局只是一个行政执法机构，它无权规定自己职权范围外的事务，更无权在法律之外进行创造性解释。它只能依法公告纳税人在纳税过程中的知情权，税款支出的知情权问题不在其职权范围。

不在国家税务总局职权范围内的，还有纳税人对税收立法过程的知情权。基于同样的原因，这份公告对此也没有涉及。不过，税法本身是如何产生的，纳税人理所应当知情。《宪法》第 2 条规定，中华人民共和国的一切权力属于人民。如果纳税人对税收立法的过程不知情，就无从谈起对课税的参与和决定权。目前，我国制定实施了《政府信息公开条例》，立法过程的透明度也正在提高，但是，无论是全国人大的税收立法，还是国务院的税收立法，甚至包括财政部和税务总局的税收立法，公众的知情权都受到很大限制。既然不知道，也就无从选择。规则制定出来之后，纳税人只能被动

---

① 《关于纳税人权利与义务的公告》(2009 年第 1 号)，参见国家税务总局网站：http://www.chinatax.gov.cn/n8136506/n8136593/n8137537/n8138502/9369788.html，2010 年 1 月 14 日访问。在这十四项权利中，知情权位居第一。其余十三项分别是：保密权、税收监督权、纳税申报方式选择权、申请延期申报权、申请延期缴纳税款权、申请退还多缴税款权、依法享受税收优惠权、委托税务代理权、陈述与申辩权、对未出示税务检查证和税务检查通知书的拒绝检查权、税收法律救济权、依法要求听证的权利、索取有关税收凭证的权利。与此同时，公告也强调，纳税人需履行相关义务，以体现权利与义务的平衡。

② 盛大林：《纳税人权利远不止“公告”的这些》，载《齐鲁晚报》2009 年 12 月 3 日。

③ 舒圣祥：《纳税人权利不止于税务解读》，载《西安晚报》2009 年 12 月 3 日。

接受。

以曾经备受公众关注的物业税为例，从2003年中共中央文件首次提出“物业税”的概念，并在全国六个省市试点“空转”，到2007年将“空转”试点扩大到全国十个省市，再到2009年国务院要求研究开征物业税，物业税这个词冲击人们的眼球已六年有余。六年来，从企业、机构到媒体，从专业人士到普通市民，各自发挥着有限的想象力，权衡物业税开征后的利弊得失，发表着各种各样的言论。当时间到了2010年，一则有关物业税将推广至全国“空转”，甚至选择部分城市“实转”的报道，更是刺激了人们敏感的神经，以至于冲击人们对房地产股的信心。①

有评论指出，让人不可思议的是，这个已经在指定城市“空转”了六年，并随时可能开征的物业税竟然至今没有统一定义。有关部门从来没有发布过任何指导性文件，更不用说拟定草案征求公众意见。物业税仍然像个谜，比如，其征收对象是所有物业，还是仅仅指商用物业？如果民用物业也征税，是否区分豪宅与普通住宅？豪宅又如何界定？是对所有住房征税，还是仅对自住房免税，或者实行优惠？物业税的税率怎么确定？物业的价值如何估定？土地出让金与物业税的关系如何处理？……对于这些疑问，民众得到的答案并不比以前更多。因此，对于物业税，民众需要知情权。②

确实，这是一个非常奇怪的现象。一方面，物业税试点“空转”六年，应该积累了非常丰富的经验，要不然不会考虑在全国推广“空转”，甚至选择部分城市“实转”；另一方面，对于什么是物业税，无论是官方、专家还是民众，都没有形成一个共识性的结论。物业税打算如何开征，“空转”的方案如何设计，“空转”的效果如何，“实转”后可能对经济产生什么影响，对老百姓担心的问题该如何解决，没有一个官方机构对外澄清过。出现这样的结果，仅凭常识就可以判断，纳税人的知情权受到了侵犯。然而，根据中国现行的法律体系，对此究竟应该如何评价？

常识虽然不会引经据典，无法提供坚强的理论支持，但是，常识是法律的基础，法律不应违反常识。如果一个连常识都能意识到的问题，却无法从看似精巧的法律中找到答案，给公众一个基本满意的回答，这不是常识出了

---

① 张牡霞：《物业税渐行渐近，“空转”今年将推广至全国》，载《上海证券报》2010年1月5日。消息登出的次日，招商、万科、金地、保利四大地产股分别下跌4.5%、2.26%、2%和3.11%，华侨城则下跌4.34%。参见林彦龙、谭建伟：《物业税传闻打压地产股》，载《深圳特区报》2010年1月6日。

② 张辛：《物业税：我们需要知情权》，载《重庆晨报》2010年1月8日。

问题，而是法律出了问题。在本节后续的篇幅中，笔者将首先陈述物业税存在的矛盾，指出纳税人对“空转”方案的知情权，然后探索公众对税收立法知情权的范围，同时总结中国在相关方面的努力。最后，作为结论，文章提出，中国保护纳税人权利任重道远，还有许多工作要做。

二、物业税“空转”折射出的纳税人知情权

“物业税”一词首次出现在2003年10月14日中共中央十六届三中全会上通过的《关于完善社会主义市场经济体制若干问题的决定》（以下简称《决定》）。在谈到完善财税体制，深化金融改革时，《决定》要求，实施城镇建设税费改革，条件具备时对不动产开征统一规范的物业税，相应取消有关收费。在此之前，无论是理论界还是实务界，从来没有人讨论过物业税，更谈不上形成了基本共识。

2004年4月22日，国家税务总局网站的一则信息指出，城镇建设税费改革的方向是简并税种，清理收费，降低负担，实行费改税。具体而言，合并城市房地产税、房产税和土地使用税，初步建立统一的物业税，对内外资企事业单位、经济组织和个人统一征收，逐步推行按评估值征税的办法。同时，要清理城镇建设的各类收费，把一部分具有税收性质的收费转为税收。在此基础上，进一步规范物业税的计税依据和征收范围，税负水平根据房地产已有的税收负担和房地产开发建设环节收费转为税收的负担综合测算后确定，由开发建设、交易环节集中承担改为由拥有或使用房地产的单位和个人在房地产存续期间内分散承担，对新、旧房地产予以必要的区别对待。①

上述内容基本代表了国家税务总局对物业税的理解，但是其中可能存在两个问题。第一，它张贴在该局网站一个很不起眼的角落，从主页进入到“纳税咨询”，再进入“热点问题解答”，然后进入“税改问题解答”，才能发现“城镇建设税费改革的主要内容是什么?”这个标题。如果这篇短文就是官方正式的答案，起码应该大张旗鼓进行宣传，或者当公众存在误解的时候，据此进行澄清或解释。第二，该方案中涉及费改税，涉及不动产计税价格评估，涉及国有土地使用权出让费与物业税的关系，国家税务总局有权对这些问题决定吗？笔者个人觉得，这不过是国家税务总局的单方理解而已，并不是权威的官方声明。

---

① 参见国家税务总局网站，http://www.chinatax.gov.cn/n480462/n481054/n485467/n575960/1002045.html，2010年1月10日访问。

确实,如前所述,物业税设想中存在着太多的问题,除了房地产价格评估等技术障碍外,有些问题牵扯深层次的制度背景,甚至关系宏观经济调控的效果,因此必须要慎重其事。以下试举几例,足以说明:

第一,为什么要开征物业税?目前我国既有房产税,也有城镇土地使用税。尽管二者存在很多问题,但是,只要加以改造,完全可以达到与物业税一样的效果。开征物业税究竟是为了平抑当前日益高涨的房价,还是为了增加地方政府财政收入?物业税对改善中央与地方的财政关系有何实益?物业税的收益归省级政府,还是市县级政府?

第二,如何处理国有土地使用权出让费与物业税的关系?如果维持现有的一次性收取土地使用费的模式,能否达到调控房地产市场的目的?国家税务总局所谓"房地产收费由集中承担改为分散承担,新旧房地产区别对待"的思路,其实已经给出了答案。但是,地方政府能够接受这种方案吗?所谓新旧房地产区别对待,有没有具体方案?

第三,目前我国居住房类型繁杂,除了商品房之外,还有公租房、拆迁安置房、房改房、限价房、经济适用房等。商用房产更是五花八门。特别是,农村的房屋至今未办理产权登记,不允许随意流转。物业税的征税范围究竟有多大?能覆盖所有的不动产吗?未开工建设的土地,甚至农业用地,是不是也在征税范围?租用他人土地建设的房屋,如何征收物业税?

第四,房地产的价格如何评估?不同的城市,不同的地段,不同的产权,不同的楼层、朝向,房地产的价格都不相同。我国目前没有实行房地产评估纳税,而是实行按租金高低纳税,按房屋的余值纳税,或者按土地的面积纳税。推行房地产评估纳税之后,评估标准谁来确定、如何调整?评估过程谁来承担?对评估异议如何救济?

上述问题似乎成了"烫手的山芋",谁也不愿意公开表明意见。确实,由于涉及的问题太综合,任何部门都不愿意轻易表态。在方案成型之前,谨慎行事是恰当的。国务院公布《关于2009年深化经济体制改革工作的意见》,也只是要求"研究"开征物业税,而不是实际进入物业税立法程序。这说明,物业税本身还没有成熟的方案,它离我们不是渐行渐近,而是还很遥远。一个只是停留在概念的税种,从拟订方案到公众讨论,从政府内部审查到立法机关审议,没有相当的时间不可能完成。

不过,笔者相信公众的担忧并非空穴来风。实际上,从2003年开始,财政部、国家税务总局就逐步在全国十个省市推行房地产模拟评税,坊间所谓的物业税"空转",就是指这种模拟评税机制。2010年伊始,物业税盛传将被推广至全国"空转"。从"空转"到"实转"的传闻也不绝于耳。物业税如何"空转"？我们查不到准确的信息，也从没有权威机构主动披露。是不是真的一切步骤和真实收税流程相同？如果确实如此的话，那么，有关物业税的课税要素必须确定。

所谓课税要素确定，也就是纳税人、课税对象、税率、征税方法等，已经有了明确的方案，而不是仅仅停留在研究讨论阶段。只有这样，才有可能进行方案对比，并评估测算税收收入。既然有确定的方案，为什么纳税人不可以知道？当社会上沸沸扬扬讨论物业税"空转"，并对其"实转"以讹传讹时，为什么权威部门不能出面澄清一下事实？事实上，物业税影响到每一个物业业主，真正关系到老百姓的切身利益。这种涉及财产牺牲的事情，没有理由不让公众知晓。即便没有成熟的方案，也应该开放讨论，允许公众发表针对性意见，而不应该半遮半掩，欲说还休。

物业税的"空转"也许可以从另外一个角度理解，即仅仅涉及不动产的价值评估，不涉及任何课税方案。不同的房地产评定不同的价值，这确实是物业税最为基础的一个问题。如果连这一点都做不到，物业税根本无法推行。但是，房地产评估虽然技术性很强，却并不是一个纯粹的技术问题。不同的评估标准和方法，会影响不动产的评估结果，最终会影响应纳税额。所以，即便物业税"空转"只与房地产价值评估有关，也不能秘而不宣，变成一种"地下工作"，同样应该开放讨论，听取专业人士的建议，允许公众发表意见。

不过，单纯的房地产价值评估似乎用不着如此兴师动众。花六年的时间在全国十个省市32个县区试点，不会只是房地产价值评估这么简单。笔者个人觉得，"空转"确实需要一套征税方案，明确纳税人、征税对象、税目、税率，以及与国有土地使用权出让费的关系等。只有这样，才能知道地方财政收入是否会受影响，才能为物业税将来正式施行提供基础信息。也许，不同地方的试点会有不同的方案。经过试点后，不同的方案可以相互比较，从中筛选出最后方案。但是，情况的复杂并不意味着一定要保密。

在一个开放型社会中，除涉及国家机密和商业秘密外，公共决策的标准、程序和过程都应当公开，以利于公众参与讨论，影响和推进最后的决策。物业税关系千家万户的切身利益，不应该闭门造车，变成政府的内部行为。所谓纳税人的知情权，不仅仅是税收法规制定出来之后通知纳税人，更应该是在立法的过程中充分披露信息，让公众明白自己的利益之所在，自由地表达自己的赞成或者反对。只有这样，才能制定出反映大多数人利益的税法。因为担心引起争议而排除公众参与，在十年前的中国也许还能行得通，但现在民意如潮，如果再这么做，效果往往适得其反。

三、公众对税收立法的知情权可以走多远？

当我们讨论纳税人的权利时，除了具体税收行政行为的相对人，以及已经实际发生纳税义务的人之外，其余语境下的纳税人都是不特定的。在税收立法阶段，这种不特定性表现得更为明显。以物业税为例，无论是法人还是自然人，无论是成年人还是未成年人，无论是“有产”阶层还是“无产”阶层，都可能成为物业税的纳税人。就此而言，纳税人等同于不特定的公众。任何人都有权对物业税发表意见，任何人都有权了解物业税的立法进程。

在2009年第1号公告中，国家税务总局明确提出，纳税人享有知情权，即，“您有权向我们了解国家税收法律、行政法规的规定以及与纳税程序有关的情况，包括：现行税收法律、行政法规和税收政策规定；办理税收事项的时间、方式、步骤以及需要提交的资料；应纳税额核定及其他税务行政处理决定的法律依据、事实依据和计算方法；与我们在纳税、处罚和采取强制执行措施时发生争议或纠纷时，您可以采取的法律救济途径及需要满足的条件。”这里所谓的纳税人，同样包括不特定的公众。

对于公告中所提到的纳税人知情权，国家税务总局确实在努力通过各种手段予以保障。例如，在国家税务总局的网站上，各种税收法律、行政法规、行政规章及规范性文件都可以查询检索，各种执法程序、办事流程、机构设置、联络信息等，都可以在网站上找到，相关的表格、文书还可以直接下载。如果对税收法律和政策有疑问，纳税人既可以在网上留言咨询，也可以拨打12366热线电话。在各地税务局的网站或报税大厅，纳税人也很容易获取纳税信息。确实，相比十年前，纳税人这方面的知情权保障有了飞速的进步。

但是，以上所谓的纳税人知情权的范围，只是针对已经制定出来的法律、法规、规章以及规范性文件。正在制定过程中的涉税法律法规，除了公布草案征求意见，以及偶尔召开立法听证会，或者由新闻媒体披露有限信息，纳税人一般无从了解更加细致的内容。提案由谁提出，草案是如何形成的，起草人对草案本身有何不同意见，每个条文的立法理由，内部审议机关的审议意见，人大代表的审议意见，等等，纳税人根本无从知晓，公众也没有任何途径可以查询。全国人大在表决通过税法之前，相关工作机构会提交一个审议报告，这个报告在会期后还能予以公开。而国务院制定税收法规，财政部、国家税务总局制定税收规章时，连这样的报告都没有。纳税人如果想要了解立法意图,就只有凭借猜测或者道听途说了。

《立法法》第34条要求,列入常务委员会会议议程的法律案,法律委员会、有关的专门委员会和常务委员会工作机构应当听取各方面的意见。听取意见可以采取座谈会、论证会、听证会等多种形式。常务委员会工作机构应当将法律草案发送有关机关、组织和专家征求意见,将意见整理后送法律委员会和有关的专门委员会,并根据需要,印发常务委员会会议。针对行政法规,《立法法》第58条也有类似的规定。不过,通常这种征求意见仍然属于内部程序,不仅所发表的意见无从公开,一般人无法看到,被征求意见的人也不能随意透露草案的内容。即便是听证会,也不是公开举行。所以,信息仍然处于封闭状态。

就目前而言,公众要想了解法律案,只能求助于《立法法》第35条。该条规定,列入常务委员会会议议程的重要的法律案,经委员长会议决定,可以将法律草案公布,征求意见。通过立法草案的公开,的确可以收集民意,给公众以参与立法的机会。例如,《物权法》草案向社会公开后,收到了一万多条反馈意见,激发了民众广泛的参与热情。可是,从满足公众知情权的角度看,仅仅公布草案仍然不够。如果不将草案的形成过程,以及其中的正反意见公布出来,法律的意图就可能淹没于文字中,普通民众局限于各自的知识局限,未必能够发现。此外,民众所提意见本身也不应保密,应当开放给公众查询,保证充分的信息公开。

目前,我国只是制定实施了《政府信息公开条例》,对政府信息的公开提出了要求。而对于立法机关所掌握的信息,除了《立法法》上述条文的规定外,纳税人没有任何渠道可以得知。其实,立法机关掌握了大量的信息。每一年的全国人大会议,每一次的全国人大常委会,都会有大量的提案、议案、报告以及法律草案。全国人大及其常委会的工作机构也会有大量的工作报告。这些信息一般不应保密,而应该向公众公开。目前的情况是,不仅公众查不到这些信息,就连人大代表也只能在会议期间看到部分信息。由于无法掌握全面、及时、准确的信息,人大代表的参政议政、普通公众的民主监督往往形同具文,"中华人民共和国的一切权力属于人民"也就很难落实了。

本来,在一个民主、法治和开放的社会中,知情权没有必要从税法角度单独研究。信息公开,特别是立法信息的公开,是理所当然的事情。不仅税收立法信息如此，其他任何涉及公众利益的信息，都应当向社会公开。[①] 如果中国也已经发展到这种程度，那么，当我们讨论税法上的纳税人权利时，确实应该重点关注具体的纳税人，关注课税的公平正义以及正当程序等，没有必要将知情权扩展到如此广泛的范围。但事实是，中国并没有解决这些基础性问题，立法信息保密仍然是普遍状态，能够公布出来的信息凤毛麟角。在这种背景下，纳税人的知情权仅限于知道结果。当然，这种知情权并不是不重要，但相对于对立法过程的知情权，其重要性程度确实要逊色许多。

我们也知道，罗马城不是一日建成的。在信息公开的问题上，中国确实付出了努力，也一直在前进。2007 年 1 月 17 日，国务院通过了《政府信息公开条例》，自 2008 年 5 月 1 日起施行。根据该条例，政府信息原则上应该公开，保密属于例外。条例生效后，除了政府部门主动公布信息外，公民申请政府信息公开热情高涨。例如，2008 年 10 月，应一些公共志愿者的申请，广州市财政局公布了全市 114 个职能部门的预算[②]，在社会上引起了强烈反响，可以说好评如潮。2009 年 11 月 2 日，最高人民法院对外发布《关于审理政府信息公开行政案件若干问题的规定（征求意见稿）》，公开征集社会公众的意见。毫无疑问，如果政府信息公开获得强有力的司法保障，政府的透明度将被迫不断提高。在这个过程中，纳税人的知情权事实上会不断扩大。

不过，我们注意到，在《政府信息公开条例》中，被列入公开范围的信息仍然只包括决策结果，涉及决策过程的信息并不在公开范围内。例如，行政法规、规章和规范性文件需要公开，但是，行政法规、规章和规范性文件制定的过程并不公开。最高人民法院《关于审理政府信息公开行政案件若干问题的规定（征求意见稿）》第 11 条也打算规定，尚处于讨论、研究或者审查过程中的政府信息，公开可能影响正常行政管理活动和行政目的实现的，人民法院应当认定属于不予公开范围。这样，除了政府主动公开之外，决策过

---

① 国会会议公开，立法信息公开，这是国会制度的内在要求，不言自明。在国会制度发达的国家中，公民可以通过媒体了解议员的发言、提案，也可以在专门的图书馆查询相关信息，甚至可以旁听会议。这些在我们看来就像天方夜谭一样的事情，在政治发达的国家中早已司空见惯。美国在制定《信息自由法》时，国会会议公开早就是惯例，法院信息公开也已经是传统，所以，该法主要针对的对象是行政机关。中国的立法机关和司法机关都还没有做到信息公开，就直接推出政府信息公开，其中的难度可想而知。相比而言，政府信息也是最为敏感的信息。如果能够在这方面有所推进，对于其他方面的公共信息公开，一定会形成很好的示范效应。

② 参见中央人民政府门户网站：http://www.gov.cn/jrzg/2009-10/26/content_1448828.htm，2010 年 1 月 13 日访问。

程中的政府信息，如行政法规草案、行政规章草案等，一般仍然属于保密范围。不难看出，这种思路与《立法法》是一致的。

中国实行共产党领导的社会主义制度，一切权力属于人民。执政党大力提倡立党为公、执政为民，整个国家都在推行法治，崇尚民主和开放之风。我们相信，立法信息和行政决策信息之所以不公开，并不是这些信息本身不能公开，也不是因为惧怕人民，或者在从事反人民的勾当，而只是因为立法机关和政府缺乏经验，缺乏信心。随着政府信息公开的推进，执政者在这方面的经验会越积越多，信心也会越来越强。一旦认识到信息公开的好处，并能从容应对信息公开的程序负担，妥善处理信息公开之后的各种问题，政府信息公开将可能转变为公共信息公开，信息公开的范围也会从决策结果扩大到决策过程，从行政信息公开扩大到立法信息公开和司法信息公开。到那时，不仅纳税人的知情权能够得到充分保障，所有公民都可自由享受公开透明的公共信息。

四、中国税收立法信息公开的有益尝试

中国虽然没有专门的信息公开法，立法资料尚处于保密状态，公众不能自由查询，但是，在现有的《立法法》框架内，立法机关和行政机关也在积极努力，力所能及地推动立法信息公开。国务院和国家税务总局的某些做法，甚至超越了《立法法》的要求，成为中国税收立法信息公开的有益尝试。

根据《立法法》第 34 条的要求，列入常务委员会会议议程的法律案，立法各机关工作机构应当听取各方面的意见。听取意见可以采取座谈会、论证会、听证会等多种形式。在《立法法》制定之前，全国人大常委会举行立法座谈会、论证会比较常见，参加会议的人一般是相关领域的专家、法律界人士。《立法法》生效实施之后，中国第一场立法听证会于 2005 年 9 月 27 日举行，听证主题是个人所得税工薪所得减除费用的标准，听证人是全国人大法律委员会、财经委员会和全国人大常委会法制工作委员会。[①] 来自东中西

① 根据这三个部门 2005 年 8 月 29 日发布的公告，听证会将安排的听证陈述人，包括年满 18 周岁，有工资、薪金收入的公民 15 人至 20 人（由听证人按照东、中、西部地区都有适当名额，工薪收入较高、较低的行业、职业都有适当名额，代表不同观点的各方都有适当名额的原则，在申请报名的人员中选择确定）；草案起草部门财政部、国家税务总局和国务院法制办公室的代表各 1 人；全国总工会的代表 1 人；东、中、西部省、自治区财政或者税务部门的代表共 3 人；直辖市财政或者税务部门的代表 1 人。另外还将在申请作为听证陈述人而未被选取的人员中确定 15 人至 20 人作为听证旁听人。http://www.gov.cn/jrzg/2005-08/29/content_27182.htm，2010 年 1 月 13 日访问。

部,代表不同收入阶层、不同职业、不同年龄阶段的20位代表成为听证会的公众陈述人,另外还确定了20名听证旁听人。这40位代表是从4982个报名申请中遴选出来的。[①] 尽管在听证会本身的公开性和听证代表的遴选方式上,此次个人所得税法立法听证会还有值得改进的地方,但是,能够首开先河举行立法听证会已经是一个不小的成绩。

《立法法》第35条规定,列入常务委员会会议议程的重要的法律案,经委员长会议决定,可以将法律草案公布,征求意见。不过,这只是法律的授权,并不是一种义务。然而,按照党的十七大精神和第十一届全国人大第一次会议的要求,为了推进科学立法、民主立法,进一步扩大公民对立法工作的有序参与,全国人大常委会委员长会议2008年4月20日决定,今后全国人大常委会审议的法律草案,一般都予以公开,向社会广泛征求意见。[②] 这在中国的立法史上确实是一个了不起的进步。2008年8月29日公布的《刑法修正案(七)》草案,其内容涉及税收犯罪,对纳税人知情权也是一种保护。[③] 2010年10月28日,全国人大公开对《车船税法》草案征求意见,共收到意见97295条。2011年4月25日,全国人大常委会办公厅公布《个人所得税法修正案》草案,向社会广泛征求意见,仅仅一个月时间,就收到近23万条意见。[④] 个人所得税工资薪金扣除标准从最初拟定的3000元提高到3500元,与公众积极参与税收立法过程无疑具有很大的关联。

《立法法》仅对法律草案的公布提出了要求,而对行政法规只要求听取各方面意见,并没有要求将草案予以公开,征求公众的意见和建议,更没有对行政规章设定任何这方面的要求。但是,开门立法、民主参与的观念在中国已经渐入人心,以至于国务院在制定法规和国家税务总局在制定规章时,都主动公开法规和规章的草案,面向社会广泛征求意见。例如,2008年,国务院法制办将审查修改的24部行政法规草案公开。2009年,国务院法制办将起草审查的22件行政法规草案公开,其中就包括《发票管理办法(修订草案)》。另外,2008年12月5日,国家发改委、财政部、交通运输部、国家税

---

① 参见中国人大网:http://cms. npc. gov. cn:87/servlet/PagePreviewServlet? siteid = 1&nodeid = 219&articleid = 341631&type = 1,2010年1月13日访问。

② 参见中央人民政府网:http://www. gov. cn/zmyw200804c/content_949572. htm,2010年1月13日访问。

③ 参见人民网:http://politics. people. com. cn/GB/1026/7750086. html,2010年1月13日访问。该修正案涉及《刑法》第201条,拟将偷税罪改为逃避税款缴纳罪,修改了归罪的构成要件,新增了一些免予追诉条件,对纳税人的利益影响至深。

④ 参见中国人大网:http://npc. people. com. cn/GB/14731514. html,2012年7月10日访问。

务总局公布《成品油价税费改革方案(征求意见稿)》,其实也是基于2008年11月26日国务院常务会议的决定。[①]

国家税务总局在这方面的举措包括:2009年5月31日,公开就《税务行政复议规则(征求意见稿)》征求意见;2009年6月7日,公开就《税收规范性文件制定管理办法(征求意见稿)》征求意见;2009年12月1日,公开就《出口货物退(免)税电子化管理办法(征求意见稿)》征求意见。此前,国家税务总局还曾就《国家税务总局依申请公开政府信息工作规程》、《国家税务总局政府信息公开指南》公开征求意见,并征集公众对税务规章清理的建议,对清理税务行政法规的建议,以及对修订《税收征收管理法》的建议。[②]可见,尽管中国目前税收立法的开放程度还有待提高,税收立法信息的公开程度还有待提高,但是,相较以往,还是不得不承认,其进步非常可观。

将上述进展应用于物业税,在公开立法信息、保障纳税人知情权方面,立法机关或国务院会采取何种措施呢?

笔者预测,如果确实要开征物业税,极有可能由国务院制定行政法规,而不是由全国人大或其常委会制定法律。这不是毫无根据的臆测,而是基于一系列事实的合理判断。《立法法》生效之后,由于其第8条规定,财政、税收方面的基本制度只能制定法律,不少人过于乐观地认为,今后所有的税收立法都将由全国人大或其常委会进行,国务院的税收立法权将从此终止。可是国务院看来并不这么认为。凭借1985年全国人大的授权[③],加上对什么是"财政、税收方面的基本制度"的不同理解,国务院实际上一直行使着税收行政立法权。

在国务院看来,调整已有的税种或者开征新税种,似乎不属于有关财税基本制度的事项。例如,2004年在东北推行增值税转型试点,2006年调整消费税课税范围,2007年提高城镇土地使用税的税率,合并车船使用税和车船使用牌照税,开征新的车船税,2009年以消费税附加税的形式开征燃油税,都是由国务院决定的,全国人大及其常委会从未质疑过其合法性。国务院的这种做法应视为得到了立法机关的默认。如果延续这种思路,为什

---

① 参见新华网:http://www.bj.xinhuanet.com/bjpd-zb/2008-11/27/content_15031289.htm,2010年1月13日访问。

② 参见国家税务总局网站:http://202.108.90.175/opinion/,2010年1月13日访问。

③ 1985年3月,第六届全国人大第三次会议通过了《关于授权国务院在经济体制改革和对外开放方面可以制定暂行的规定或者条例的决定》,参见新华网:http://news.xinhuanet.com/ziliao/2002-02/20/content_283407_2.htm,2010年1月12日访问。

么国务院不可以在合并现行房地产税的基础上开征物业税？

假如笔者的预测准确，按照目前制定行政法规的惯例，“物业税暂行条例（草案）”一旦形成，国务院法制办应将其公布，公开向社会征求意见。在此之前的各种成果，包括调研报告、试点方案、部门意见、专家见解等，都不属于必须公开的对象。因此，如果严格遵循这个思路，此前有关物业税的信息披露并无不当。况且，政府可能主张，按照《政府信息公开条例》的规定，立法前期的信息并非必须公布。因此，财政部、国家税务总局不必主动公布，也不会受理纳税人的信息公开申请。即便纳税人因此向法院提起行政诉讼，依据前文所列的最高法院解释，其请求也会被法院裁定驳回。

不过，这只是一种严格的文本分析法。如果换一个角度来思考，也许结论会不太一样。我们不妨分五个层次来分析这个问题。

第一，《政府信息公开条例》第9条规定，涉及公民、法人或者其他组织切身利益的政府信息，需要社会公众广泛知晓或者参与的政府信息，行政机关应当主动公开。物业税方案关系到财产权的牺牲，当然涉及公民、法人或者其他组织的切身利益，也需要社会公众广泛知晓或者参与。因此，如果已经形成比较确定的方案，哪怕是试点的方案，财政部或国家税务总局应当将其主动公开。

第二，制定《政府信息公开条例》的目的，是为了保障公民、法人和其他组织依法获取政府信息，提高政府工作的透明度，促进依法行政，充分发挥政府信息对人民群众生产、生活和经济社会活动的服务作用。[①] 因此，即便条例没有明确要求公布立法前期方案，包括试点方案，公布这些方案或信息也不违反《政府信息公开条例》的目的。对此，行政机关不能敷衍塞责，而应该积极主动。

第三，如前所述，迄今为止，政府立法信息的公开已经走在《政府信息公开条例》的前面。对于行政法规或规章的草案，《政府信息公开条例》也没有明确要求公开，但是国务院及其各个部委已经做到一般主动公开。这说明，《政府信息公开条例》并不是束缚政府公开信息的羁绊，而是引导政府主动公开信息的指南。拒不公开信息可能构成违法，主动公开信息不会被该条例所禁止。

第四，政府信息公开是树立政府形象，提升政府公信力的有力举措，也是执政党立党为公、执政为民的必然要求。公开和透明是中国政治发展的

① 《政府信息公开条例》第1条。

方向,也是执政党和政府追求的目标,从政治上看完全合法。虽然公开物业税前期信息超越了单纯公布立法草案,在政府内部会有一些技术障碍,也会有一些抵触情绪,但是,既然凡事都有第一次,只要方向是对的,为什么不可以一试?

第五,截至2010年,物业税的概念正式提出已届六年,模拟评税也试点运行了六年,它不是一个仅仅停留在脑海中的观念,而已经神气十足地走进公众的生活。人们对物业税寄予了各种各样的期望,某些关于物业税的传言甚至影响股市和楼市。既然这样,纳税人有理由向政府要一个答案,一个关于物业税究竟如何征、什么时候征,目前已经进展到什么地步的答案。如果物业税一切都还未成型,确实只停留在研究探讨阶段,有关部门最好就不要高调谈论。

可见,有关物业税的开征方案,纳税人主张知情权并不为过。近几年来,尽管立法机关和行政机关在保护纳税人知情权方面多有建树,但是,这些进展落实到物业税似乎都无法适用。物业税还未开征,所以,不存在法律法规宣传方面的知情权,也不存在实际征收、处罚方面的知情权,更不存在税款支出方面的知情权。但是,物业税就像故事中的"第二只靴子"。基于当时的形势,人们都认为它肯定会开征,不过,具体什么时候开征,如何开征,大家都不知道。"第二只靴子"不落下来,只是让人无法入睡,物业税却会影响人们的财产价值、经济决策,甚至包括市场行情。因此,充分开放所有信息,避免信息垄断者的倾向性误导,让纳税人自己为自己负责,应该是一种比较好的选择。从这个角度而言,物业税似乎成了一块试金石,它检测出我国纳税人权利保护的一块硬伤。

五、中国纳税人权利保护任重道远

2011年1月底,国务院召开常务会议,同意在部分城市进行对个人住房征收房产税改革试点,具体征收办法由试点省(自治区、直辖市)人民政府从实际出发制定。重庆市和上海市据此制定征税方案,自2011年1月28日起,对个人所有非营利房产征税。从此之后,房产税成为人们关注的热点,物业税转而销声匿迹,淡出了决策者和公众的视野。不过,物业税从动议到"空转"的过程,可以作为一个很好的样板,用以观察和衡量纳税人的知情权,继而促进我国税收立法过程的科学化。

从纳税人对物业税的知情权可以得知,纳税人权利保护是一个综合性课题,除了要关注具体的税收行政,更要关注整体的税收法治环境。从宪政的高度看，纳税人其实等同于公民。保护纳税人的权利就是保护公民的权利，纳税人的知情权也就是公民的知情权。只有首先尊重宪法上公民的基本权利，纳税人权利保护才能收到良好功效。纳税人要获得税收立法信息，参与税收立法活动，决定和监督税款支出，举报财税违法行为，有赖于良好的宪政和法治环境。一旦脱离宪政和法治，脱离公民的基本权利，税收就会与正义绝缘。而所谓的纳税人权利保护，不过只是“茶杯中的风暴”，又有多大的实际意义？

值得庆幸的是，中国正在迈向民主和法治，宪政正在成为各阶层的共识。在这种背景下，强调纳税人权利不仅是为了维护纳税人的利益，而且有助于推动中国的民主、法治和宪政进程。一个富有远见的政治领导阶层，应该乐见纳税人权利意识的觉醒。其中的道理就在于，纳税人最富于公民精神，或者说，纳税人天然就是良好的公民。纳税人在为社会和国家贡献财富的同时，会本能地关心税负的分配、税款的筹集和支出。而税款的收入和支出，不就是一个国家政治生活的基本轮廓吗？

我国目前还是一个以间接税和企业所得税为主要收入的国家，个人所得税与财产税在财政收入中所占比重不大。这种税制安排很大程度上妨碍了纳税人权利意识的复苏。加上个人所得税主要借助于代扣代缴，纳税人不用和税务机关直接打交道，更没有太多的纳税人意识到自己的权利。国家税务总局《关于纳税人权利与义务的公告》发布后，一些媒体的调查结果足以佐证这一判断。① 无论是物业税还是房产税，作为一种财产税，其开征后，每个家庭都有可能成为纳税人，他们会本能地关心自己的切身利益。作为直接税，纳税人每年都必须直接去税务机关报税缴款。这也会有助于纳税人权利意识的觉醒。

不过，光有权利意识的觉醒不够，纳税人还应该为权利而奋斗。如果纳税人不努力争取权利，只是寄希望于权力的觉醒和自制，这是非常不现实的。目前，至少在舆论上，我们已经营造出一个保护和尊重纳税人权利的氛

---

① 根据《新华每日电讯》和搜狐网的联合调查，在 2000 名被调查人中，97.75% 的人表示不清楚纳税人知情权；97.15% 的人表示不清楚税收监督权；88.86% 的人表示不清楚依法要求听证的权利；87.6% 的人表示不清楚申请退还多缴税款权；87.45% 的人表示不清楚税收法律救济权。在 2500 名被调查人中，88.16% 的人认为知情权未得到充分保障；85.44% 的人认为税收监督权未得到充分保障；77.24% 的人认为依法要求听证的权利未得到充分保障；67.64% 的人认为申请退还多缴税款权未得到充分保障；67.44% 的人认为税收法律救济权未得到充分保障。参见《新华每日电讯》第 5 版；另见新华网：http://news.xinhuanet.com/mrdx/2009-12/12/content_12636415.htm，2010 年 1 月 14 日访问。

围，但在行动上，纳税人往往囿于自身的利益，不敢或不愿与税务机关争议，情愿选择行贿、忍让等方式息事宁人。纳税人的选择当然各有理由，但是，如果太多的人一心只想“搭便车”，不愿意为争取权利付出代价，这必将影响纳税人权利保护的进程。可以说，什么样的纳税人铸造什么样的税务机关，以及什么样的税法。纳税人权利保护不是“坐而言”，而首先是“起而行”。从这方面而言，中国的纳税人权利保护任重而道远。

第二章 政府间财政关系的法律调整

第一节 宪政维度下的政府间财政分权

财政分权以独立的财政权作为前提。财政权的范围决定政府的财政职能,同时也奠定了国家与市场的分工。财政权的范围越宽,意味着政府活动越积极,市场主体受到的限制就越多。财政权的范围越窄,意味着政府活动越消极,市场主体的自由度越大。不过,财政职能无论是"宽"还是"窄",都是纳税人实现自身利益的方式,必须通过一定的方式进行选择。纳税人除了选择财政职能的内容外,需要选择的还有权力的行使方式:是将所有的财政权都集中于单一主体,还是通过一定的方式进行分权制衡?是将所有的权力都集中于中央,还是将地方也塑造为一个权力主体?如果需要分权,是在政府内部设立不同的部门,还是在政府外部设立不同的机构?除此之外,分权之后如何实现平衡,以及权力机构的内部建设等,都是本节要讨论的问题。

一、财政分权的理论基础

(一)财政权的目的与界限

从纳税人基本权的角度看,财政权本身没有独立的目的,它只是一种履行义务的手段。为了使财政得以完成其职能,必须赋予政府相应的权力。实际上,财政行使权力的过程就是在履行义务。因此,这种公共权力是不可放弃的,放弃权力即无法达到履行义务的目的。从权力的来源看,财政权也不是天然就存在的,而是来源于纳税人的授予。这种授权的过程通过一系列复杂的程序完成,如纳税人选举代表组成议会,由议会选举政府和司法机构,或者纳税人直接选举总统,由总统任命法官和检察官等。除此之外,政府预算的审批和监督过程,也非常典型地体现了纳税人的参与。从公共财政的角度看,财政权是满足公共需要的一种手段。公共需要的范围虽然有一定规律可循,但在不同的国家及不同的时期,市场主体对公共物品的需要仍然存在差别。在财政学上,这种差别主要体现在财政职能的变化,从中亦可以窥测财政权的动态变化过程。

在社会主义市场经济体制的建立过程中，财政面临的问题比历史上任何时期都更为复杂。它不仅需要解决自由资本主义时期的市场失灵问题，也要解决垄断资本主义时期的资源配置、收入不公和经济稳定，同时还要解决社会主义初级阶段的市场不足问题。在资本主义发展过程中，不同的问题在不同的阶段分别爆发，解决问题的方法也可以有的放矢。但在我国目前的市场化改革过程中，不同类型的问题相对集中爆发，而解决问题的办法本身相互矛盾，只能在一定的限度内逐步摸索和调适。正因为如此，我国目前的财政改革应当有“退”有“进”，财政职能从总体上虽然应该收缩，但是在某些薄弱环节却只能不断强化。例如，在国有企业的经营方面，虽然现有资产不一定非要全面退出，但是，至少新增投资需要十分谨慎。对于不是关系到国计民生的行业，完全可以市场为基础配置资源。而对于社会保障、基础教育、文化卫生等历史上欠账较多的领域，财政应该持续不断地增加投入，这样才能体现“社会主义”的要求及“公共财政”的本性。除此之外，在目前市场尚未十分健全的情况下，如何高效率地培育市场，也是财政不得不面对的问题。

有鉴于此，在我国财政的市场化改革过程中，财政不能仅仅限于消极的资金供给，同时也不得不积极介入社会经济生活，为经济改革所带来的各种成本“买单”。从这个意义上看，我国的公共财政虽然强调“公共性”，但不可能属于“弱”势财政，而仍然属于“强”势财政。实际上，财政的“强”“弱”与公共性并无必然联系，“强”势财政如果反映了当时的公共需求，同样是公共财政。只不过，由于“强”势财政容易取得合法性，公众难以从实体和程序方面进行监督。在造福公众、泽被人民的同时，财政权被滥用的可能性大大增加。例如，由于改革仍然处于动态过程中，稳定和成熟的方案不容易求得，政府被授予的财政权往往充满弹性，其边界很难准确界定。在这种情况下，如果没有科学的机制提取公共意志，如果没有完善的权力制约机制，如果财政权不能接受纳税人的监督，那么，财政权完全可能成为谋取私利的工具。因此，财政职能虽然有助于描述权力的界限，但这只是理论上的推理和演绎，在财政实践中如何实现这些职能，必须借助宪法和法律所设定的制度。

（二）有限政府与财政分权

路易斯·亨金认为，宪政“意味着一种有限政府，即政府只享有人民同意授予他的权利并只为了人民同意的目的，而这一切又受制于法治”。[①] 正是这种有限政府理论，决定了财政分权的必要性。

有限政府是直接针对人性的制度设计，是“最适合人的本性的政府”，“它能够压制人性中最坏的可能，调动人性中最好的东西”。[②] 这里所谓的“人性”，就是指人的自私自利以及有限理性。从整体上看，虽然政府是公共利益的代表，但是其职能都要通过具体个人行使，而这些“个人”却未必真正代表公共利益。例如，公共选择理论认为，政府的政策制定者同经济人一样具有利己心，他们在政治市场上追求着自己的最大利益，而不管这些利益是否符合公共利益。同样，选民也是有理性的经济人，由于无力支付政治成本，普通选民往往不愿意参加投票，其对特殊利益集团的制约非常有限。在这种情况下，政府往往被代表特殊利益集团的政策制定者所操纵，由此滋生了种种经济和政治弊端。[③]

从人的有限理性的角度看，即便政府决策者没有私心，完全按照真诚善意原则履行职责，仍然不见得一定能够代表公共利益。实际上，由于人类需求的多样性，如何从个人需要中提炼公共需要，这本身是一件非常复杂的事情。迄今为止，所谓的“公共利益”，最多只能停留在“大多数人利益”的层次，而小部分的利益必然因此而牺牲。例如，民主就是体现多数人利益的一种方式，其遵循多数票决定原则，可以保证决策受到多数人的拥护。不过，民主的结果也未必就符合公共利益。在一些特定的情况下，多数人的意见反而可能违反公共利益。正因为如此，不能将政府中的精英当作先知分子，不能期望政府帮助解决所有事情。在某种意义上，政府并不一定知道得比我们更多，即便百分之百的勤勉敬业，政府同样也可能犯错误。

正是因为意识到政府作“恶”的可能，洛克强调，如果掌握权威的人超越了法律所授予的权力，利用它所支配的强力强迫臣民接受违法行为，他就不再是一个官长。权力一旦失去法律约束，它就会偏离它产生和存在的宗旨，人民遭受暴政之苦便不能避免。而对于实行暴政的国家，人民可以像消灭任何野兽毒虫一样消灭它们。这种方法不仅对暴君有效，对国家大大小小的官员同样有效。[④] 也正是因为如此，卢梭不赞同霍布斯和格老秀斯式的社

① 〔美〕路易斯·亨金：《宪政·民主·对外事务》，邓正来译，三联书店1996年版，第11页。
② 刘军宁：《保守主义》，中国社会科学出版社1998年版，第103页。
③ 参见邹平学：《宪政的经济分析》，珠海出版社1997年版，第73页。
④ 参见〔英〕洛克：《政府论》下篇，叶启芳、瞿菊农译，商务印书馆1996年版，第123页。

会契约,他认为,格老秀斯的契约论的要义在于:全体人民可以转让自己的自由,使自己成为某个国王的臣民。而霍布斯的契约论主要在于教导人们,在订立契约时,要拱手将自己的一切权力奉送给君主。在他看来,人们之所以自愿订立一个契约,将自己的自由权利转让出来,形成一个最高的政治权力,其目的只有一个,那就是在“转让”了自然的自由权利之后,可以从政治权力中获得比自然的自由权利更高的社会自由权利。①

从上述论点可以得知,权力只是人类获取自由的手段,而不是最终的目的。权力虽然来源于人民的授予,但人民授予的权力却是有限的。例如,人的生存权、人格尊严、自由、财产权、言论自由、结社权等,都是人之为人的基本保障。如果人民放弃这些权利和自由,将其全部转让给国家,这样的国家完全可以为所欲为,使社会契约成为暴政的渊薮,而人民也从自己的主人变成君主的臣民。正因为如此,即便成立了国家和政府,公民仍然保留一些基本权利。这些权利通过国家根本大法予以保障,成为公民维持自己独立空间的依据,同时也成为参与和制约公共权力的基础。例如,宪法首先确认公民享有财产权,这是公民依法纳税的前提。如果公民对自己的财产没有支配权,国家就可以随意征用和充公,纳税也就成为一种不必要了。即便公民需要在财产上作出牺牲,也必须基于自己的“同意”,通过税收法定主义限制税收的课征。除此之外,税收的课征还必须遵守平等原则,且不能侵犯纳税人的生存权。这表明,政府的财政权力天然有限,不能逾越纳税人授予的界限。

从财政学的角度看,政府的职能在于提供公共产品,满足市场主体的公共需要。但是,公共需要的主体毕竟不是国家,而是市场主体本身。因此,何者为公共需要,如何实现公共需要,公共需要的范围是否变迁,这些问题只能由市场主体判断,而不能由国家或政府自由决定。更何况,在一个范围既定的社会群体中,公共需要毕竟只是社会需要的一部分。除此之外,市场主体还存在许多私人需要,它们只能通过交换的途径予以满足。从这个意义上说,国家只是弥补市场缺陷的形式,社会经济的基础仍然是市场规律。或者说,国家不可能替代市场解决所有的问题,它只能解决一定范围内的问题。也正是因为如此,从市场主体的角度看,如果需要对政府授权,也只能授予其有限的权力,以保障其恰如其分地履行职务。凡是市场能够解决的问题,就不需要通过政府的公共权力。只有市场无法解决的问题,才需要政

① 参见〔法〕卢梭:《社会契约论》,何兆武译,商务印书馆 1982 年版,第 16 页。

府公共权力的介入。可见,在公共财政理论中,政府的职能必然是有限的,这是国家与市场分权的必然结果。

有限政府并不代表权力的“强”或“弱”。权限的扩大或缩小只是政府职能的变化,或者说是纳税人实现自身利益的手段调整,并不意味着有限政府的蜕变。例如,自第二次世界大战之后,凯恩斯主义经济理论占据主流,国家的经济干预职能大幅度扩张,赤字财政甚至成为医治经济危机的良方。但到了 20 世纪 80 年代以后,从撒切尔夫人执政的英国保守党政府开始,全球范围内掀起了一股私有化浪潮,经济自由主义主张重新抬头,而政府权力的定位也不得不再次进入人们的话题。尽管如此,有限政府理论并不过于考虑权力的“量”,它更多地关心权力的来源、权力的行使方式、权力的监督和制约。如果权力确确实实来源于人民的授予,如果权力的行使遵循既定的规则,如果权力始终受到人民的监督,同时在内部存在相互制衡的力量,那么,即便权力的“量”有所扩大,它仍然是“可控”的,因而也是“有限”的。相反,如果权力不是来源于人民的授予,而且其形式过程毫无规则,也不接受任何监督和制约,那么,即便权力的“量”暂时很小,它也随时可能侵犯人民的利益。因为这种权力“不可控”,因而不是“有限”的。

可见,有限政府的核心不在于否认权力,而在于如何鉴别权力的意义,如何有效地控制权力。为了达到这个目的,有限政府理论首先要求,政府权力来自于人民的授予。人民授权的唯一合法方式是直接或间接选举。政府权力的实现须最终得到人民的同意,政府要直接或间接向人民负责。其次,政府权力的直接依据是宪法或法律。政府拥有权力的范围和实现权力的手段都由宪法或法律明文规定,权力行使遵循“越权无效”原则。一言以蔽之,政府必须建立在民主和法治基础上。以财政为例,既然财政权来源于纳税人的授予,那么,就必须保障纳税人的选举权和被选举权,同时保证代议机构在宪法上的权威,使其能够就政府的财政计划行使决策权,同时通过制定法律规范政府财政行为,并监督政府严格执行和遵守法律。从政府的角度看,不仅重大财政事项须经代议机构审批,其日常活动也必须遵循宪法和法律,不能逾越宪法和法律规定的界限。不难看出,这个过程其实就是财政分权。它主要划分的是财政权和纳税人权利,同时也在试图划分行政权与立法权,而这二者都属于财政分权的范畴。

(三)财政权的分立与制衡

财政权是一个总括的概念,它与国家的行政权实际上为一体。一般来说,行政权的对象侧重于“事”,而财政权的对象侧重于“财”。不过,“事”的完成必须依赖相应的“财”。无论是赋予政府“事权”还是相关义务,如果没有充足的财政权作为前提,行政权是不可能达到目的的。在以往的研究中,财政权往往被视为行政权的附属物,行政权成为划定政府权限的基础,而财政权无非是实现行政权的手段。在财政资源不存在稀缺的国家中,这个结论当然没有任何疑义。不过,和市场上的资源一样,在有限政府中,财政资源本身也是稀缺的,不可能完全按需分配。这样,行政权反而往往受制于财政权。例如,即便法律规定了政府的行政职能,如果不能取得充分的财政收入,这些职能也无法有效实现。警察部门没有经费则无法办案,民政部门没有经费则无法救济穷人,军队没有经费则无法保卫国家,这些都是再浅显不过的道理,不管其是否违反法定的义务。另一方面,财政权在中央和地方之间、在同级政府内部如何分配,对行政权的实现也会有很大的影响。因此,在现代社会中,财政权是一种相对独立的权力,其与行政权之间并没有隶属关系。

财政权可以从不同的角度进行分类,这是财政分权得以进行的逻辑前提。首先,财政权可以分为财政收入权、财政支出权、财政管理权。财政收入权是国家基于宪法和法律授权而获取财政收入的权力,如课税、收费、发行国债、获得投资回报等。财政支出权是指国家将财政资金用于宪法和法律规定项目的权力,如购买工程、服务,进行转移支付等。而财政管理权是指国家对国库资金以及国有资产进行管理的权力,如我国目前的国库由中国人民银行代为经理,而非金融类的经营性国有资产由国有资产管理委员会管理,非经营性国有资产由财政部管理,等等,就属于这一类型的权力分工。财政收入、支出和管理的区分是相对的,它属于政府内部的权力分工,实践中可能集中于同一个部门。如财政部门既行使收入权,又行使支出权,还行使管理权。这些权力也可能由其他独立机构分享,但不能分散到政府的各个职能机构。例如,我国行政机关普遍存在的收费权,以及预算外收入的支出权,就是一个非常不正常的现象,今后应当集中到财政或税务部门行使。

其次,财政权可以分为财政决策权、财政执行权和财政监督权。这种分工在财政行政权内部也可能存在,如财政部门在具体行使拨款职能时,也会形成决策、执行和监督的关系,但此处所谓的分工超出了政府职能本身,因而具有更宏观和根本的意义。财政决策权是指对重大财政事项的决定权,一般由代表纳税人的立法机关行使。立法机关行使财政决策权的方式有三种:第一是财政立法权,第二是预算审批权,第三是决算通过权。三者的性质和意义都是不同的。财政决策权由选民选举的机构行使,反映了财政民主主义的要求,使纳税人参与财政决策、行使税收同意权的重要途径。由于立法机关决策的过程比较繁琐,不利于财政效率的提高,财政执行权通常由政府行使。例如,具体的税费征收、发行国债、政府采购、财政补贴、社会救济等,都属于政府职权的范围。政府行使职权时比较注意效率,其程序也相对较为简便,有利于落实立法机关的财政决策。不过,政府也有可能滥用财政执行权,使立法机关的决策无法落到实处。因此,还应该设立专门的财政监督机关,如法院、审计机关等。不管形式如何,行使职权的机关必须独立于政府。

最后,财政权还可以分为中央财政权和地方财政权,地方财政权又可以根据级次再作细分。中央和地方的财政权都包括财政收入、支出、管理等权能,也都可以分为决策、执行和监督等环节。但是,即便同样是财政决策权,在不同的财政分权模式下,其内容和效力层次都是有区别的。中央一般拥有完全的财政立法权,而地方的财政立法权却可能被限制。例如,对于具有经济调控意义的税种,中央可以立法开征,但地方不得立法开征,最多只能从税收收入中分得部分利益。在单一制国家中,地方财政权往往来自于中央的授予,因此处处必须受到中央的制约和监督。如日本和韩国都制定了《地方税法》,地方立法机关如果希望开征新税种,只能按照这部法律规定的标准进行,不能在地方税法之外自行其是。但在联邦制国家中,中央和地方都是宪法上的独立主体,地方的财政权直接来自于宪法的授予,除非宪法和法律许可,否则,地方财政权不受中央的制约。例如,地方独立开征税种,独立审批预算,独立执行财政计划,独立进行财政监督。在这些国家中,联邦的财政权是有限的,只能在宪法规定的范围活动,而地方保留的权力却不受限制,只要其不违反宪法的基本精神。正因为如此,中央如果要发挥对地方的影响力,除了借助于违宪审查之外,更多地在于利用财政手段进行激励,强迫或者否决反而无法达到目的。

无论是横向还是纵向的财政分权,都只是纳税人达到财政目的的手段。在市场经济中,市场主体需要财政提供公共产品,因此自己不得不成为广义的纳税人。但是,纳税人对政府有存在不信任的态度,而政府本身又不是万能且无私的神,因此,通过一定的方式分散财政权力的占有,应该是一种比较理想的方式。尽管分权也会带来效率的降低,同时还会增加制度建设的成本,但相比财政集权可能带来的恶果,这些代价都是可以接受和容忍的。不过,在财政分权的过程中,必须考虑分权的“度”。分权过“度”可能使财政陷入低效,从而间接损害纳税人的利益。除此之外,还必须考虑分权之后的“平衡”。如果财政分权的结果不能达到平衡,而是某种权力一支独大,具有完全压倒对方的优势,这样的分权也不可能达到目的。例如,在宪法和法律规定的范围内,立法权、执行权、司法权必须互相尊重,但同时也应该互相制约。如果行政机关僭越法定的职权,不仅司法机关可以宣布其违法,立法机关也可以进行质询和调查。司法机关即便没有违宪审查权,对于不符合法律的行政法规、规章等,也应该可以在个案中拒绝适用。

只有将财政建立在民主和法治基础上,且使权力的分配实现制约和平衡,才有可能使其成为理性、自律的主体。理性固然与利益算计有关,但同时也应该自律和节制。如果财政权掌握在少部分人手中,且不受法律和其他力量的约束,就容易出现滥用和专制。正因为如此,笔者认为,财政横向分权是基础,纵向分权受制于横向分权。如果横向分权达不到效果,没有将政府建设成自我约束的主体,那么,一旦离开纵向的控制,就可能滥用权力,造成全局的混乱。在联邦制国家中,虽然地方的财政权比较大,但其内部的制约和平衡也很见效。即便没有联邦行政权力的干预,也不会出现地方财政恶性竞争的局面。在特定的情况下,如果需要联邦的干预,也主要是由联邦法院出面,通过违宪审查的方式消除歧见,实现宪法和法律的统一实施。而在我国,由于缺乏制度化的横向权力制约,除了中央通过行政权力实施干预之外,没有其他的法律途径可供利用。因此,一旦地方财政权力过大,就容易出现地方的恶性竞争,同时侵蚀中央的财政收益。如果出现这种情况,中央除了收权之外,暂时还没有其他的办法。只有增加横向的制约力量,才能使财政问题首先在本级解决,并不至于使局部问题扩散到整体。因此,在中国财政转型时期,除了继续关注政府间财政关系之外,更应当重视横向财政分权。

二、政府间横向财政分权

(一) 横向财政分权研究概述

横向财政分权是一个财政问题,更是一个宪法统制下的政治问题。也正是因为其双栖的品格,财政学将其作为政治问题通常不予研究。无论是讨论政府间财政关系,或是研究财政立法、预算审批,横向财政分权都被作为既定的前提。而宪法学和政治学只关注一般意义上的分权,如“三权分立”、“总统制”、“内阁制”等,不将“财政”分权作为专门问题研究。客观地说,财政分权以国家权力分配为基础,其间并没有太多的特殊之处。如果国家权力处于分立和制衡状态，财政分权也就会获得理想的效果。如果国家权力缺乏分权的制约，财政权力也不可能独善其身。不过，横向分权毕竟是影响财政的关键因素，不管是汲取现有的研究成果，还是从财政宪法的角度进行创新，都不能将其完全作为既定的前提。实际上，横向财政分权的任何调整或者改进，对财政法治化进程都会有很大影响。因此，无论是财政学还是财政法学，都应该将其作为专门问题加以研究。

自 20 世纪 80 年代以来，财政学和财政法学都比较关注财政管理体制，但几乎所有的学者都把财政管理体制归结为预算管理体制，然后集中在中央与地方的财政关系，即纵向的财政分权问题上。[①] 例如，有学者认为，所谓财政体制，即财政管理体制，指的是划分各级政府或同级政府之间财权和财力的根本制度。财政管理体制主要包括政府预算管理体制、税收管理体制、公共部门财务管理体制等，其中政府预算管理体制是中国财政管理体制的最主要和最基本的内容，它划分着政府内部各组成部分之间的财力，规定了预算内财力使用的范围、方向和权限，因而政府预算管理体制就是狭义的财政体制。正因为如此，无论是财政理论界，还是在财政实际工作中，人们所使用的财政体制一词，通常指的是政府预算管理体制。[②]

不过王源扩教授认为，上述主流观点存在重大缺陷：首先，在理论根据问题上，虽然从国家政体入手界定财政管理体制，但常常将政体与国家结构形式混为一谈，只注重国家结构形式对财政体制的影响，没有真正从政体的角度把握财政体制问题；其次，在内容和体系方面，只看到了纵的方面，仅仅将问题归结为中央与地方政府的财政关系，而忽略了横的方面，即权力机关与行政机关、审判机关、检察机关之间的财政关系，以及财政行政部门与政府其他行政部门之间的财政关系；最后，在指导功能方面，虽然在推动城乡财政关系的改革方面起到了重要作用，但是指导横向财政关系的改革方面，成果至今还不能令人满意。这些不足主要是历史原因造成的。首先，苏联、东欧的财政法学和财政学理论曾对我国有较大影响，与西方的公共选择理

---

① 财政法学方面，参见罗玉珍主编：《财政法教程》，法律出版社 1986 年版，第 3 章；蔺翠牌主编：《中国财政法学研究》，中国财政经济出版社 1993 年版，第 10 章；刘剑文主编：《财政税收法》，法律出版社 1997 年版，第 4 章；杨平、靳万军、窦清红：《财政法新论》，法律出版社 2000 年版，第 2 章。财政学方面，参见许毅：《财政理论与实践》，经济科学出版社 1985 年版；陈共主编：《财政学》，中国人民大学出版社 1999 年版，第 13 章；张馨：《比较财政学教程》，中国人民大学出版社 1997 年版，第 12 章。

② 参见刘溶沧、赵志耘：《中国财政理论前沿》，社会科学文献出版社 1999 年版，第 227 页。

论相比，它们对横向财政关系的研究比较落后。其次，横向财政关系具有高度的政治敏感度，由于我国政治体制改革的相对滞后，这个问题的研究困难非常大。最后，改革开放以来，国家对企业放权、中央对地方放权，是改革进程的主旋律。财政法学和财政学重视纵向财政关系，也是当时实践发展的需要。不过，到目前为止，苏联和东欧的阵营已不复存在，我国政治体制改革也有了长足进展，财政改革的重点也已经开始转移，因此，财政管理体制的内涵也应当更新。

王源扩教授认为，财政管理体制是关于一国中各级各类财政主体的财政地位、财政权限及其相互间财政关系的根本制度。财政体制作为国家制度的一部分，必然受到国家基本制度的制约和影响。这种影响包括两个方面，首先是国家性质方面的影响，即国体对财政体制的影响；其次是国家形式对财政体制的影响，包括政体和国家结构形式。政体主要影响一国财政体制中的横向的方面，即同一级次的权力机关与"一府两院"的财政关系，财政主管机关与其他行政机关的相互关系。国家结构形式主要影响一国财政体制中纵向的方面，即中央与地方政府之间的财政关系。完整的财政体制是纵、横两个方面的结合。目前，我国纵向财政体制改革早已启动，但横向财政关系存在许多与宪法及预算法不相吻合的地方。横向财政关系的核心问题，一是财政权如财政决策权、执行权和监督权等的分配，二是权力行使的程序和机制，三是责任追究制度。目前这三个方面的制度都远未完备，需要从理论上进行深入探讨。另外，财政资金的使用效益及是否公平，与横向财政关系是否规范息息相关。如果横向关系不规范、不民主，同时监督又不力，就不可能平衡各方的意见。最后，如果横向财政关系不规范，即使确定了恰当的纵向关系，其实施效果也会大打折扣。因此，横向财政关系的改革和规范化，是我国当前财政体制改革的关键。①

目前法学界对横向财政分权的认识，大都围绕着财政民主主义而进行。如王源扩教授认为，现代意义上的财政，即公共性、民主型的财政，只能产生于资本主义宪政确立之后。现代意义上的财政法，也有在民主宪政制度产生之后，才有可能产生和发展。只要国家和财政关系建立在民主基础之上，对财政关系的法律调整就不能不遵循民主原则。至于财政民主的具体内容，具体包括以下方面：(1) 财政决策的民主性。即，国家的一切财政收入

---

① 参见王源扩：《我国财政管理体制内涵新探》，载刘文华主编：《宏观调控法制文集》，法律出版社2002年版，第280—290页。

和支出活动,其决策必须经由民主程序作出,以保证真正由人民当家作主,并反映人民的利益和愿望。由人民选举产生的各级国家权力机关对财政事项的最高决策,是政府一切收支活动合法性的唯一根据。(2) 财政事务的公开性。财政民主离不开财政事务的公开;人民对财政事务的知情,是财政民主的必要条件;人民对财政事务的民主权利,包含着他们对财政事务的知情权。因此,在一定意义上也可以说,财政事务的公开程度,是衡量财政民主程度的一个重要标志。(3) 财政监督的有效性。财政民主原则不仅要求财政的民主决策和财政事务的公开,更要求对财政事务进行有效的民主监督。财政监督是为了使体现人民意志的财政决策能不折不扣地得到实现。①

在经济学界,很早就有人提出财政法治化主张。财政法治化的核心是议会掌握决定权,而政府只负责执行议会通过的法律和预算,因此,议会和政府之间的横向财政关系由此进入研究视野。例如,张馨教授认为,要政府谨慎和正确运用自己的权力,仅靠政府的自我约束是不够的。改革导致了财权财力的分散,却没有形成相应的约束、规范和制衡机制。各级政府机构和单位之间维护与扩张自身利益的争夺,导致了我国财政行为的严重紊乱,而企业和社会无力抵御政府的不正当财政行为。要克服这些问题和弊端,只有强化政府财政的法治性,对政府的财力运作进行强有力的法律约束和监督。② 张馨教授还认为,财政行为法治化的途径是预算法治化。这意味着代表市场的议会掌握预算审批权,并有能力督促政府严格执行生效预算。一旦发生违反预算法和财政预算的行为,财政监督部门能够积极发挥作用,并切实追究相关当事人的法律责任。毫无疑问,在这个过程中,议会将发挥至关重要的作用。如果没有议会对政府的制约作用,就不会产生现代意义上的政府预算,财政横向分权也就是空中楼阁。③ 笔者认为,这里所讨论的法治化问题,也属于财政权力的民主分配范畴。

财政民主主义所要求的是,人民通过一定的程序和方式,行使对重大财政事项的决定权。在现代社会中,由于人民行使权力的机构,大多是由人民代表所组成的议会。因此,财政民主主义主要表现为财政议会主义。④ 其直接的要求是,重大财政事项必须经过议会的同意,或者由议会制定法律予以

---

① 参见王源扩:《财政法基本原则研究》,中国人民大学 2001 年博士学位论文,第 42—58 页。

② 参见张馨:《公共财政论纲》,经济科学出版社 1999 年版,第 258 页。

③ 参见张馨、袁星侯、王玮:《部门预算改革研究》,经济科学出版社 2001 年版,第 115—155 页。

④ 参见熊伟:《财政法基本原则论纲》,载《中国法学》2004 年第 4 期。

规范。如果没有议会决定或法律授权，无论是财政收入还是财政开支，都可能被指责为违反人民的意志。而这种财政民主主义的贯彻和实施，其实就是财政横向分权的基本体现。而之所以提出这种要求，是因为公共性并非财政的必然结果。为了防止政府借"公共"之名，不当地追求部门及个人的私利，必须在程序上引入民主的机制，由人民自己决定何谓公共利益，公共利益应当通过何种途径实现，公共利益与个人利益冲突时如何协调，等等。[①]财政民主主义保留人民对重大财政事项的决定权，正是实现财政活动公共性的重要保障。也许，即便实行财政民主主义，由人民直接或通过代表行使决定权，也不一定能保证财政真正体现公共利益。例如，民选代表不一定能够真正代表人民利益，议会的决策也会受到利益集团的影响。但是，相比委托给财政机关自主决定而言，这种方式是最为可取的。

（二）横向财政分权的宪政体制背景

从某种意义上说，在现代民主国家中，分权不是一个理论问题，而只涉及在实践中如何操作和运用。财政横向分权也不例外。尽管在不同的政治体制背景下，议会和政府之间都会存在制衡关系，但制衡的方式和程度并不一样。因此，财政权力横向分配的模式是多元的。其合理性不仅在于人民的自主选择，同时也与各国的历史传统、政治习惯有很大的关系。归根结底，一国的宪政体制决定了财政横向分权的内容。

总体而言，国家权力主要限于立法、执法和司法，分别对应于法的创立、执行和审判过程。虽然孙中山在中国提出过"五权宪法"理论，除了上述三种权力外，还有专门的监督机构和考试机构，但是，就法治的角度来看，考试机构并无单独成立的必要，而监督检察固然体现了中国的特点，但这也没有脱离"司法"的范畴，因而也属于三权制衡的题中之意。由于司法权在法治国家超然独立，决定一国分权模式的主要是立法与执法。在这一领域，西方主要有两类不同的制度：三权分立与议会至上。与此相关的是，法院能否对立法进行审查。不同的行为模式下，自然有不同的结论。

"议会至上"也即"立法至上"，它表明议会的立法权至高无上，不受任何其他权力的控制。由于法律是由人民选出的议会代表所制定的，而法律代表了国家的最高权威，执法和司法都必须服从法律，因此，议会至上是民主和法治的集中体现。在历史上，议会至上原则源于英国近代宪政的发展，

① 参见熊伟：《公共财政、民主政治与法治国家》，载刘剑文主编：《财税法论丛》第5卷，法律出版社2004年版，第1—9页。

至今仍然是英国宪政体制的主要特征。到18世纪,孟德斯鸠提出立法、执法和司法的“三权分立”思想,并在美国和法国得到不同形式的实施。三权分立实际上是对议会至上的纠偏。按照孟德斯鸠的想法,议会也会制定错误的法律,因而有必要受到其他权力的制约。而从议会至上到三权分立的迁移,实际上反映了从法治(“立法至上”)到宪政(“宪法至上”)的过渡,因为议会制定的法律还必须符合“更高的法”。这一过程也反映出民主主义到自由主义的转变。①

与议会至上原则相适应的是“议行合一”与“责任内阁”制度。例如,内阁通过议会选举产生,首相是议会多数党的领袖,内阁部长也由首相任命本党议员产生。内阁对议会负责。国家元首对内对外名义上代表国家,但并无实际行政权力,由内阁代表国家元首对议会全权负责。元首颁布法律、法令和发布文告时,都必须由首相或有关阁员副署。内阁接受议会的监督,定期向议会报告工作。如内阁得不到议会信任,其阁员必须集体辞职,或由内阁提请国家元首解散议会,重新举行议会大选。新议会如果仍对内阁表示不信任,内阁则必须总辞职,由国家元首任命新首相组织新政府。首相(或总理)是内阁政府首脑,主持内阁会议,总揽政务,拥有任免内阁成员和所有政府高级官员的权力,负责制定和执行国家对内对外的重大方针政策。

与三权分立原则相对应的是总统制。在总统制下,总统独立于议会之外,定期由公民直接或间接选举。总统只向人民负责,不对议会负责。总统既是国家元首,又是政府首脑,还兼任武装部队总司令。总统的实际权力非常广泛。总统直接组织和领导政府。政府不对国会负责,只对总统个人负责。总统有权接受部长的辞职或解除其职务。内阁由总统指定的官员(通常为各部部长)组成,只是总统的集体顾问。国家的立法机关和行政机关完全分立,权力相互制衡。议员和政府官员不得相互兼任,国会无倒阁权,政府也无解散国会的权力。但国会行使立法权受总统的制约,如美国总统对国会通过的法案可行使否决权,但国会再以2/3多数通过,不经总统批准即可成为法律。总统的权力也受国会的制约,如总统对政府高级官员的任命要得到参议院的认可,总统和政府高级官员如违宪犯法,国会可提出弹劾。

按照“议会至上”的原则,司法权应当绝对服从立法权,司法机关的职能只是解释和适用法律,而无权审查法律本身的合法性。而按照“三权分立”的原则,司法权与立法权相互独立。法官虽然由行政长官任命,但并不向行

① 参见张千帆:《宪法学导论——原理与应用》,法律出版社2004年版,第284页。

政长官负责，且有的还实行任期终身制，不受议会和政府更迭的影响。正因为如此，在三权分立体制下，更容易发展出司法对立法的审查。例如，英国早在“博纳姆医生案”中，就出现过司法审查立法的思想，但是，这个论断并没有被法学界所接受，未能形成众人遵循的司法判例。而在美国，自从1803年“马伯里诉麦迪逊”案之后，宪法审查却逐渐成为法院的重要职能。如果国会制定的法律违反宪法，应当事人的申请，最高法院可以宣布该立法违宪，并确认其立即无效，或者要求定期修正。正是通过对“合宪”与“违宪”的审查，美国宪法虽然历经两百多年的沧桑，但仍然保持了其适应现实的能力。因此，横向分权必须将法院的职能加以考虑。

财政分权虽然只是宪政的一个具体问题，但也可以成为国家权力划分的一个侧影。例如，横向财政分权同样涉及财政立法、执法和司法的关系。在不同的宪政体制下，权力的分配和制约呈现不同的结果。在强调“议会至上”的内阁制模式中，财政立法权必然紧紧掌握在议会，而内阁和法院只负责执行法律，不能分享财政事项的立法权，不能否决财政立法，也不能宣布财政立法无效。如果内阁财政政策与议会不一致，政府应当全体辞职，或者提请元首解散议会，重新选举。而在强调“三权分立”的总统制模式中，总统并不向议会负责。即便总统与议会在重大财政问题上意见不一致，议会也不能倒阁，最多只能对总统行使弹劾权。对于议会的财政立法，总统还可以在一定范围内行使否决权。除此之外，法院对议会的立法也可以依据宪法进行审查。如果确认财政立法违宪，法院可以宣布其无效。尽管财政领域中还存在其他形式的权力分配，如预算的编制、审批和执行问题，国债发行的决定权问题，等等，但是，这些都受制于一国的宪政体制。如果不能从政体的角度理顺国家体制，财政权力分配的结果必然十分脆弱。

总统制和内阁制都是人类政治智慧的结晶，其产生和发展都离不开特定的历史背景。无论是总统制还是内阁制，其之所以能够在一些国家取得成功，无非是因为其解决了该国的特定问题。如果不能解决这些特定的问题，就有可能难以达到预期的效果。因此，总统制和内阁制本无优劣之分，只有合适与不合适的区别。对于已经达到理想效果的国家来说，研究这一课题并没有太大的现实意义。但是，对于急于在政治上变革的国家来说，是否能够找到适合本国的宪政体制，就不是一个简单的理论命题。从20世纪70年代中叶以来，一股“民主化”的浪潮席卷了世界上的大部分地区：先是南欧，接着拉丁美洲，再次东亚、东欧和苏联，最后是南非。这一空前的制度变迁激发了学者的浓厚兴趣。关于总统制与议会制在巩固民主制度方面优劣的大论战,就是在这个背景下发生的。

有些学者认为,在总统制下,总统和议会都通过选举产生,呈现合法性二元化的特点。当总统和议会意见不一致时,无法决定谁更能代表民意,容易导致民主制度的不稳定,也容易导致总统实质上的专权。除此之外,总统任期的刚性、总统选举的零和性,使反对派无法在制度内分享权力,容易导致制度外的规则博弈。议会制具有合法性一元化的特点,内阁的任期受议会的控制,而且反对派也有可能参与行政,有利于限制政府权力、维护民主基础。因此,对于新型发展中国家而言,采用议会制更为理想。相反,另有些学者认为,总统制具有更大的民主性。总统是选民直接选举的代言人,这便于分散议会的权力,防止议会专权。总统与议会的独立,也便于二者互相制约。公开透明的总统选举过程,可以保障选民的知情权。总体任期的刚性还有利于事后责任的追究。至于总统和议会之间的争议,如果有良好的宪法实施机制,自然可以获得周到圆满的解决。特别对于新型发展中国家而言,总统制与其传统行政体制较为接近,因此更有生存发展的空间。①

介于总统制与议会制之间,还有一种折中的宪政体制,即“双元首脑制”。在这种体制下,同时存在着总统和总理。总统由公众直接选举产生,拥有相当的立法及其他政治权力。总理及其内阁拥有行政权。总理虽然由总统提名甚至任命,但需要受到议会信任的制约。特别是在某些情况下,如果内阁受制于议会选举结果,而总统与内阁并非政见一致者,就容易出现事实上的“双元首脑”。例如在1986年,法国总统密特朗任命希拉克组成反对党政府,之后出现的局面就属于这种类型。这种体制虽然有利于突破“任期刚性”,使议会和政府之间的联系更加紧密,但是,当总统和总理同属于议会多数派时,这种制约实际上形同虚设。而当总理与总统分属不同阵营时,政治斗争可能严重削弱行政效率。政治文化非常发达的国家尚且如此,对于缺乏经验的发展中国家而言,更不可能达到理想的分权效果。在现实生活中,如果出现强势总统,“双元首脑制”实际上就是总统制。如果议会能够塑造一个强势总理,这种体制又会事实上演变成议会制。

按照我国《宪法》的规定,全国人民代表大会是最高国家权力机关,其职权包括:选举国家主席、副主席;根据国家主席的提名,决定国务院总理的人选;根据国务院总理的提名,决定国务院副总理、国务委员、各部部长、各委

---

① 参见崔之元:《总统制、议会制及其他》,http://www.blogchina.com/new/display/43210.html,2004年12月20日访问。

员会主任、审计长、秘书长的人选；选举中央军事委员会主席；根据中央军事委员会主席的提名，决定中央军事委员会其他组成人员的人选；选举最高人民法院院长；选举最高人民检察院检察长。就此而言，我国应属于议行合一的责任内阁制。然而按照《中国共产党章程》的规定，中央政治局才是真正的决策中心，总书记事实上成为最具实力的元首。尤其是当党的总书记兼任国家主席、国家军委主席时，这种情形更为明显。党的总书记不由全国人大选举产生，而是由党的全国代表大会选举产生。国务院总理虽然由全国人大选举产生，但同时也要服从总书记的领导。这种情形又更为接近西方的总统制。在宪政体制不明朗的情况下，不仅财政权的横向划分无所依据，整个国家权力结构都缺乏制度规范。因此，除了预算的编制、审批、执行、监督等具体问题外，如何从宏观层面上调适财政权的结构，应当成为我国财政宪法的重要课题。

（三）我国横向财政分权存在的问题

横向财政分权事关国家权力的整体架构，这既是一个经济问题，又是一个法律问题，更是一个政治问题。因此，只有先跳出财政，然后归于财政，才能形成完整的结论。如果就财政论财政，过于关注具体的财政制度，反而可能陷入“一叶障目，不见森林”的境地。笔者认为，即便在中国这个特殊的体制背景中，立法权、执法权和司法权的分立与制衡，仍然应该成为横向财政分权的主旋律。只不过，考虑到中国共产党的政治领导地位，执政党如何实现对国家财政的领导，如何科学、民主、合法地执掌政权，也应该成为财政横向分权的题中之意。另外，如何根据现行体制及其未来的发展，设计一套行之有效的宪法监督制度，这对横向财政分权的落实也意义重大。因此，本节在此也会有所涉及。通过对以上几个方面的考察，笔者所得出的基本结论是：我国立法机关的职能过于软弱，宪法监督在实践中阻力重重，对行政机关缺乏必要的制衡机制，而司法审查仍然是步履蹒跚，仅仅在很小的范围内发挥作用。最为重要的是，党的执政能力有待提高，执政方式有待规范。落实到财政分权问题上，一言以蔽之，民主和法治的水平有待进一步提高。

1. 权力机关过于软弱

按照我国《宪法》关于国家机构设置的规定，我国似乎属于“议行合一”的内阁制。全国人民代表大会是国家最高权力机关，应该拥有至高无上的权威和地位。然而事实上，全国人大必须接受党中央的领导。全国人大的地位不仅取决于宪法的规定，更取决于其委员长在党中央的地位。如果政府行为与党中央意见一致，即便其违反了宪法、法律或者相关决议，人大也很难通过监督程序予以纠正。在现实生活中,政府违反宪法和法律的现象非常普遍,法律的效力难以在全国统一适用,其权威和公信力也会因此大打折扣。以财政问题为例,《预算法》第19条第2款规定,预算收入包括税收收入、依照规定应当上缴的国有资产收益、专项收入和其他收入。这已经将所有的财政收入概括无遗。然而,自从实行分税制之后,预算外收入问题却愈演愈烈,中央部门和地方政府竞相攀比。对于这种情况,全国人大无力采取任何实质性措施,最后不得不默认其存在。

又如,根据2006年以前《个人所得税法》的规定,"工资、薪金所得"的费用扣除标准为800元。但2006年之前,许多地方实际执行标准已超过1000元。2004年2月6日,经国务院批准,财政部、国家税务总局联合发出通知指出,部分地区违反税法和全国统一规定,擅自提高个人所得税"工资、薪金所得"费用扣除标准和扩大不征税项目的适用范围,违背了依法治税的原则。[①] 尽管如此,各地依然我行我素。对于这种公然违反法律的现象,全国人大当时并没有采取任何措施。[②] 从税收法定主义的角度看,虽然个人所得税的扣除标准正待修正,但在全国人大完成立法程序之前,当时有效的法律必须不折不扣执行。立法机关对违法行为放任不管,不采取任何措施制止和惩戒,如果不是其履行职务上的懈怠,便表示其确实缺乏应有的权威。

此外,在《立法法》生效之后,虽然其第8条明确规定,有关财政税收方面的基本制度,只能由全国人大或其常委会制定法律,但是迄今为止,政府行使课税权的现象仍未得到遏制。例如,2006年4月28日,国务院制定了《烟叶税暂行条例》;2006年12月27日,国务院制定了《车船税暂行条例》;2008年11月5日,国务院修订了《增值税暂行条例》、《消费税暂行条例》、《营业税暂行条例》。此外,2008年12月18日推行的成品油税费改革,实际上也是借消费税之名行燃油税之实。更有甚者,2011年1月28日起,在《房产税暂行条例》依然有效的前提下,上海市和重庆市举着国务院授权的大旗,居然针对个人自用住房试点征收房产税。这些违背《立法法》、破坏税收法定精神的做法,全国人大不仅没有去有效制止,连一点谴责的声音都没有发出来。

人民代表大会缺乏权威的原因很多。最根本的原因在于,从这项制度

---

① 财税[2004]40号文。

② 参见 http://news.enorth.com.cn/system/2004/12/18/000927091.shtml,2004年12月20日访问。

建立之日起，其宗旨便不是真正代表选民意志，而是为了贯彻党的路线、方针、政策。无论是人大代表的选举过程，还是人大会议的议事程序，都无法做到充分汇集选民的意志。加之在计划经济和集权政治时代，人们在经济上依附于政府，在政治上缺乏独立思维和立场，人民代表大会事实上只能是"橡皮图章"，无法起到监督和制约执政者的目的。改革开放以后，政治环境逐渐宽松，经济的多元化也日趋明显。随着依法治国理念的推行，人民代表大会的职能开始强化。不过，受现行选举和人事制度的制约，许多矛盾仍然难以有效克服。其中最为关键的问题是，选民对人大代表缺乏基本的信任，人大代表也缺乏代表选民利益的动力。导致这些问题的原因在于，人大代表直接选举的层次太低，人大代表候选人的确定过程不公开，人大代表的差额选举没有真正落实，代表候选人与选民之间缺乏沟通，选民对人大代表缺乏必要的监督，非专任的人大代表缺乏履行职务的条件，等等。①

除了上述限制之外，代表的身份重叠还会导致其意志冲突。例如，作为人大代表，其必须维护选民的利益，按照选民的意志行事；作为政府官员，其必须遵从上级的指示，按照长官的意志行事；作为共产党员，其必须服从党的领导，按照党委的意志行事。一般情况下，对于兼职的人大代表而言，后两重身份更能决定其利益和前途。当选民对代表的制约软弱无力时，人大代表的职能就可能会异化，而人大则难免变成政府或党委的附庸。人大代表不履行职能固然是问题所在，但笔者以为，导致人大制度不能发挥功效的原因，还在于其工作机构的设置和管理。事实上，对于每年聚会一次的人民代表大会而言，人大常委会和各种工作机构的作用不可小视。而按照现行的干部人事组织制度，人大机构的工作人员最终由党委管理，其任职、升迁、惩戒、调动、免职等，人大代表无从干预。正因为如此，在贯彻人大代表意见和决议方面，人大工作机构实际上缺乏积极性。而在大多数情况下，许多具体的事情只能由这些工作机构承担。如果其不能端正思想、摆正位置，而只是全心全意贯彻党委意见，那么，人民代表大会要想独立发挥很大作用，也就非常困难了。

人大职能弱化对财政分权影响重大。根据《立法法》第 8 条的规定，财政、税收、海关的基本制度只能制定法律。然而《立法法》第 9 条又规定，该法第 8 条规定的事项尚未制定法律的，全国人大及其常委会有权作出决定，

---

① 关于我国选举制度的缺陷与问题，参见蔡定剑主编：《中国选举状况的报告》，法律出版社 2002 年版。

授权国务院可以根据实际需要，对其中的部分事项先制定行政法规。事实上，我国财政领域的立法除了《政府采购法》、《个人所得税法》、《企业所得税法》、《车船税法》、《税收征收管理法》之外，几乎都是国务院制定的条例、决定或命令。如果全国人大能够协调各种财政矛盾，并在各个方面树立足够的权威，那么，其通过参与财政变革的积极性便会大增，相应的立法权也不会轻易授予国务院。对于国务院擅自行使立法权的事项，更不会袖手旁观、坐视不管。全国人大专属财政立法权的旁落，除了经济改革变动性较大所致外，实力对比不平衡才是其中的主因。如果全国人大有足够的权威，其对中央预算的要求就不可能如此宽松。有关预算的制定、审批、执行、监督等，只有当立法机关拥有足够的权势时，才有可能真正走向民主和法制化。离开立法机关的建设谈论财政分权，不可能得出正确全面的结论。

2. 宪法监督阻力重重

宪政的核心在于依宪施政，宪法是宪政的基础。没有宪法固然不可能产生宪政，但有宪法的国家却未必存在宪政。宪法的生命不在于文本，而在于真正贯彻实施。当宪法制定生效之后，即成为公民权利的宣言，成为国家权力的总章程。如果没有一套有效的监督制度，制止和追究违反宪法的国家行为，那么，再好的宪法也只是一张白纸。宪政的标准可分为实体和程序两个方面。从实体方面看，宪法规定如果与现实相差太远，则表明宪法没有真正得到实施。从程序方面看，如果违反宪法的国家行为无法得到纠正，如果公民基本权利受到侵犯时无法救济，则表明宪政仍然停留在纸上。实体内容的落实固然取决于经济水平，但是，一部经过全民参与、体现全民意志的宪法，本身应当实事求是，是对公民权利的最低保障，而不是空洞的目标和纲领。因此，宪政的根本标志也就体现在程序。如果国家权力的运行能够遵守宪法程序，如果权力争议能够通过宪法程序加以解决，如果国家行为能够通过宪法程序予以审查，如果公民权利能够通过宪法程序予以保障，这即意味着“依宪施政”或者“宪政”。

我国 1949 年以来制定了四部宪法，但谁也不敢断言宪政已在中国奠立。从实体内容上看，随着我国经济水平的提升，公民权利的“质”和“量”不断增长。而随着民主和法制的进步，公民权利的实现机制不断拓宽，国家权力的限制则越来越严格。尽管如此，在国家政治生活中，违反宪法的现象仍然非常普遍。最为关键的是，除了违宪机关自觉改正之外，没有一套规范的审查纠正程序，使这种行为及时得到制止或惩戒。例如，宪法必须确保法律体系的统一实施，部门规章不得抵触行政法规，行政法规不得抵触法律，全国人大常委会制定的法律不得抵触全国人大制定的法律，法律不得抵触宪法。但在财政税收领域，地方和部门各自为政的现象屡见不鲜。作为单一制国家的中国，法令畅通本应当不难做到。而在联邦制的美国，地方封锁似乎更容易发生。然而事实上，地方与中央的矛盾在中国更为严重。这主要是因为，美国存在严格的宪法监督制度。如果州的财政立法或措施违反宪法，则会被最高法院宣布无效。而我国目前并没有一套这样的制度。

除了保证法令的效力畅通和统一实施外，宪法监督的意义更在于保障公民权利。当公民权利受到国家机关侵犯时，其一般只能根据法律寻找救济途径。如果法律已经提供充分的救济，则不需要启动宪法监督程序。例如，对于税务机关的违法征税行为，纳税人可以申请行政复议，或者向法院提起行政诉讼。但是，如果税务机关依据的法律本身违宪，无论是行政复议还是行政诉讼，都无法达到维护纳税人权利的目的。在这种情况下，只要存在宪法监督程序，纳税人即可以申请违宪审查，请求确认法律或者其中某些条款的无效。

其实，根据《宪法》第67条的规定，全国人大常委会有权解释宪法，监督宪法的实施。而根据《立法法》的相关规定，现行体制似乎也已经提供解决办法。例如，《立法法》第87条规定了改变或者撤销法律、行政法规、地方性法规、自治条例和单行条例、规章的条件；第88条规定了变更或者撤销立法的主体及权限范围；第89条规定立法备案制度；第90条规定了立法审查申请的提出和受理；第91条规定了立法审查的处理程序，等等。如果法律、行政法规、地方性法规、自治条例和单行条例、规章超越权限、违背法定程序，或者下位法违反上位法规定，由有关机关予以改变或者撤销并不存在障碍。遗憾的是，法律的制定、修改或废止的过程，并非完全遵从法律规定的逻辑，而在很大程度上属于权力博弈。由于缺乏公众参与和舆论监督，如果权力主体缺乏足够的权威，即便其拥有法律赋予的权力，也不可能达到理想的效果。更何况，《立法法》的规定本身存在硬伤，拥有变更或撤销权的主体即使无所作为，也很难在制度上予以纠正。

例如，对于全国人大常委会制定的法律，只有全国人大有权改变或者撤销。而是否能够将该项事宜列入议案，并提交一年一度的全会审议表决，其间需要经历众多的法律程序，常委会在其中仍然发挥很大作用。至于全国人大制定的法律，则根本不在效力审查的范围内。另外，在立法审查的过程中，虽然工作机构或者专门委员会可以提出意见，但它们并没有对法律的实际审查权，而只能报请人大或其常委会决定。对于紧急的权力争端，或者正在严重侵犯公民权利的案件,这种非常设的会议程序难以发挥功效。再如,《立法法》的上述规定只是一个建议程序,是否受理、处理程序、处理结果等,既不需要向申请人答复,也不需要说明理由,更不需要向社会公开。这种状况有利于权力的交易和妥协,但是不利于法治的进步,对公民权利的保护也是一大障碍。最后,根据《立法法》的规定,只有人大和政府拥有立法审查权,而专司法律适用的法院却被排除在外,这对法院权力是一种巨大的限制,对在个案中维护公民权利也非常不利。①

在财政法律体系中,既有侵犯公民财产的财政收入规范,又有给予公民福利的财政支出规范,还有涉及政府间关系的利益协调规范。何种规范应当由何种主体通过制定规则,这正是宪法最需要关心的问题。例如,税收是对公民财产的直接剥夺,其应该使用最为严格的程序。我国《宪法》第56条也规定,公民有依照法律纳税的义务。从严格的税收法定主义出发,国务院通过制定行政法规而征税,这明显有悖宪法的条文和精神。又如,政府间财政关系属于最基本的财政制度,本应由全国人大制定法律予以规范。而在未经授权的情况下,国务院1994年所推行的分税制,以及2002年所得税收入分享改革是否合宪,也是一个值得思考的问题。再如,在目前的城乡二元财政体制下,我国农民和城市市民待遇相差很大,这明显违反了宪法规定的平等原则。如果没有规范的宪法监督制度,这些问题就只能依靠政府觉悟,而无法从外部推动制度变革。可见,宪法监督对中国财政意义重大。

3. 行政机关缺乏制衡

财税机关专司财政管理,是最重要的财政行政主体。但重要的财税决策必须经过政府。除此之外,其他政府部门也是财政支出的主体。因此,财政行政的主体不限于财税机关,政府及其所属部门都包括在内。从财政横向分权的角度看,行政机关是一个整体,与其相对应的则是立法机关和司法机关。如果存在独立的宪法监督机制,则还包括宪法监督机关。就我国目前的情况而言,由于正处于经济改革过程中,社会关系复杂多变,强势政府不失为一种理想选择。不过所谓的“强势政府”,最多只能从权力的“量”上加以衡量,即赋予政府比平常更大的权力,而非意味着政府权力放任自流。

① 在洛阳代繁种子纠纷案中,主审法官认为,《河南省实施〈中华人民共和国种子法〉办法》与新修订的《中华人民共和国种子法》有关规定相冲突,因此没有适用前者,而直接适用后者作出判决。该案经过河南省人大常委会的干预,主审法官不仅被撤销了审判长职务,还被免去了助理审判员的资格。参见王磊:《法官对法律适用的选择权》,载《法学》2004年第4期。

如果行政权力完全不受限制，政府就可能异化为人民的公敌，难以维持长久的统治地位。因此，不管是正常发展时期，还是社会变革时期，行政权力必须接受监督和制衡，这是现代法治国家不变的真理。

我国行政机关缺乏制衡有目共睹。例如，按照《立法法》的规定，政府拥有很大的行政立法权。即便是专属于全国人大的立法权，如财政、税收等方面的基本制度，只要经过全国人大授权，就可以先行制定行政法规。由于没有完善的宪法监督制度，行政立法行为即使超越权限，也往往很难得到纠正。又如，在公共投资方面，政府每年耗费了大量资金，但产生的效益并不理想，甚至滋生严重的职务腐败。其原因在于，投资项目缺乏科学合理的论证，未能做到公开透明、预算控制和程序制约，容易成为劳民伤财的官员政绩工程。再如，在财政管理方面，由于预算编制过于粗糙简单，预算审查的时间过于短暂，预算的内容一直处于保密状态，人大能够发挥的作用非常有限。对于政府性基金和国有资产收益，由于其采用特别预算的形式，专款专用成为基本要求，人大在审批和监督方面如何改善，也有一个学习和熟悉的过程。

近年来，随着部门预算制度改革的深入，人大对预算的审查力度逐渐加大，政府部门的财权受到了一定限制。而在政府系统内部，随着审计机关职能的强化，特别是随着审计报告的公开，披露了财政领域中的诸多违法现象，促使政府部门不断整改，这也有助于提高财政法治化水平。不过，部门预算改变的只是预算编制形式，在人大制度没有重大改变的情况下，预算制度仍然难以脱离原来的轨道。例如，部门预算也不能成为审批的对象，而只是作为一般预算的信息补充。人大只能就一般预算表示赞成或者反对，而不能就不同部门的预算分别审批。预算编制的时间虽然延长，但人大的会期已经固定，不可能有足够的时间审批预算。再加之预算的非公开性，选民缺乏与人大代表交流的基础，也不可能监督违反预算的行为。特别重要的是，人大代表的选举仍然沿袭旧制，人大在法律地位并未根本改观，无论预算法律制度如何完备，其实际功效也会大打折扣。至于强化国家审计所到来的积极效果，这固然反映出我国法制的进步趋势，但是，其中所折射出的偶然性也不容忽视。例如，如果政府首脑不支持审计机关的工作，财政审计就会举步维艰。如果审计长缺乏魄力和勇气，不敢向财政违法行为叫板，审计工作也会寸步难行。

4. 司法审查步履艰难

在财政横向分权的结构中，法院是一个不可忽视的主体。无论是总统制还是议会制国家，法院对行政机关的制约方式大致相同，一般都体现在审理行政诉讼方面。行政诉讼的对象可分为两种，即抽象行政行为和具体行政行为。大多数国家都确立了对具体行政行为的诉讼制度，至于对不特定多数主体发生效力的抽象行政行为，有的国家则未必肯定其可诉性。法院可以确认具体行政行为违法，并予以撤销，也可以要求行政机关重新作出处理。对于抽象行政行为，如果法律允许当事人向法院起诉，法院可以撤销该行为，或者宣布该行为不具有适用效力。通过行政诉讼的途径，法院事实上行使对行政的审查权，从而体现出对行政权的制约。除此之外，在有些总统制国家中，法院还可以行使宪法监督权。如果议会制定的法律违反宪法，法院可以宣布该法律无效，或者要求立法机关限期改正。即使在议会制的英国，普通法院通过适用衡平法，事实上也会起到限制立法权的作用。至于在一些国家专门设立的宪法法院，则更是为了体现司法对立法和行政的钳制。

通过以上介绍可以得知，司法审查可以分为三个层次。最简单的司法审查仅仅针对具体行政行为，其次为针对抽象行政行为的司法审查。最高层次的司法审查等同于宪法诉讼，是一种以法院为主导的宪法监督机制。我国《行政诉讼法》第 2 条规定：“公民、法人或者其他组织认为行政机关和行政机关工作人员的具体行政行为侵犯其合法权益，有权依照本法向人民法院提起诉讼。”可见，我国法院仅能审查具体行政行为，而抽象行政行为则被排除在外。对于 1989 年制定的《行政诉讼法》来说，当时能够做到这样是很大的进步，对保护公民权利起到了积极作用。不过，我国法制发展到二十多年之后的今日，却仍然对抽象行政行为拒绝法院审查，又不能不让人感觉到该规定的落后。虽然公众呼吁扩大行政诉讼的范围，但政府由此需要放弃很大一块权力，其能否具有壮士断腕的勇气，对事件的进程会有很大的影响。果真如此的话，政府制定的财政税收文件是否合法，在特定案件中是否具有法律效力，法院就可以具备审查决定权。这对提高财政法治水平，督促行政机关依法行政大有帮助。

即便在具体行政行为的司法审查方面，我国现行财税法也存在有待改进之处。例如，《税收征收管理法》第 56 条规定：“纳税人、扣缴义务人、纳税担保人同税务机关在纳税上发生争议时，必须先依照法律、行政法规的规定缴纳或者解缴税款及滞纳金，然后可以在收到税务机关填发的缴款凭证之日起 60 日内向上一级税务机关申请复议。上一级税务机关应当自收到复议申请之日起 60 日内作出复议决定。对复议决定不服的，可以在接到复议决定书之日起 15 日内向人民法院起诉。”这相当于为纳税人设置了双重限制。如果纳税人不能缴清税款或者提供足够担保，就不能向上级税务机关申请复议。如果没经过上级税务机关的复议，也不能向法院提起行政诉讼。在《社会保险费征缴暂行条例》中，虽然没有规定缴纳费用后方能申请救济，但同样也规定了复议前置制度，一定程度上限制缴费人的行政诉权。笔者认为，这种做法虽然方便了行政机关，但对于行政相对人非常不利，同时也限制了法院的司法审查权，因此有必要通过立法予以废弃，使当事人能自由提起行政诉讼。①

至于处于最高层次的宪法诉讼，又可以分为两种基本类型：宪法权利受到私法主体的侵犯，以及宪法权利受到公法主体的侵犯。前者与法律本身的效力审查无关，而只涉及没有相应法律规定的情况下，宪法是否可以成为法院判案的依据。②后者则可能涉及法律本身的效力审查，因此，如果没有特别的法律规定，很难进入法院的司法审查程序。按照我国《宪法》的规定，最高人民法院院长由全国人民代表大会选举产生。最高人民法院对全国人民代表大会和全国人民代表大会常务委员会负责。地方各级人民法院对产生它的国家权力机关负责。大多数人的理解是，既然法院由人大产生，向人大负责，那么，其不可能审查人大所制定的法律。而在其他议会制国家，这种思维也比较常见。这样，法院就只能解释和适用法律，无权对法律的合法性进行审查。除非最高法院申请全国人大常委会变更和撤销法律，否则，即使是不合法或者不合宪的规定，法院也只能遵照执行。这样导致的结果是，法院变成了机械的法律适用者，不能在追求正义方面有更大作为。而法院对立法和执行的制衡，则只能在很小的范围内有所体现。

5. 党的执政能力有待提高

现代国家的政治很大程度上是政党政治。在西方多党制国家，当议会或政府任期届满的时候，政党必须通过选举公开竞争。谁获得胜利，谁就能执掌政权。不过，无论是议会制还是总统制国家，获胜政党并不能直接治理国家，而只能通过议会和政府行使权力。因此，政党如何通过选举获得执政地位，如何按照宪法和法律治理国家，必然成为一国政治生活的重头戏。在

---

① 参见熊伟：《税务争讼制度的反思与重构》，载《中南民族大学学报(社科版)》2004 年第 5 期。

② 我国已经出现过几起这类的案例。参见周伟：《宪法基本权利司法救济研究》，中国人民公安大学出版社 2003 年版，前言部分。也有的学者认为，宪法通过限制国家权力而保护公民权利，因此，私人之间的宪法争议不属于宪法审查的范围。只有针对公权力的争议，才有可能成为宪法审查的对象。参见张千帆：《宪法学导论——原理与运用》，法律出版社 2004 年版，第 23 页。

许多多党制国家,政党的任务主要在于赢得选举。选举结束之后,其对政权的干预并不深入。议员或者政府官员并不对政党负责,而只对宪法和法律负责。执政党通过制定法律或政策,加上本党成员的恪尽职守,就可以达到治理国家的目的。至于议会、政府本身的运作,只需遵循宪法和法律的规定即可,政党的干预不得超过法律的界限。一党制国家的情况虽然有所不同,但是,政党必须遵守宪法和法律的规定,不得逾越法定的活动范围,这应该是一条共通的原理。如果党国不分,纤微毕至,导致政党的控制无所不在,那么,民主、法治就有可能陷入空洞。特别是当政党机制严重老化,党内民主和规范程度不高时,政党集权就会成为法治进步的绊脚石。

中国共产党曾经是代表工农大众的革命党。2002 年党的十六大召开之后,从革命党转变为执政党,扩大党的执政基础,提高党的执政能力,逐渐成为全党的共识。之后,“三个代表”思想的提出,加强党的执政能力建设的决定,其实都是这方面的生动反映。按照中国共产党十六届四中全会决议,所谓党的执政能力,就是党提出和运用正确的理论、路线、方针、政策和策略,领导制定和实施宪法和法律,采取科学的领导制度和领导方式,动员和组织人民依法管理国家和社会事务、经济和文化事业,有效治党治国治军,建设社会主义现代化国家的本领。党的执政能力与对形势的判断有关。如果对形势的判断错误,就可能导致国家建设的波折或倒退。如果对形势的判断正确,国家建设就会大踏步前进。例如,科学发展观的提出,其实就是对形势判断的一种纠正,对今后的经济和社会发展必然产生极大的促进作用。不过在更大程度上,执政能力的提高在于执政方式的转变。个别结论的正误只会影响一段时期的发展,而执政方式的改进才是长治久安的源泉。

在西方多党制国家,由于政党与国家的法律关系比较清晰,立法、执法和司法足以概括国家权力体系。但是在我国,中国共产党实际上是一种独立的力量。这种力量渗透于立法、执法和司法,且在形式上具有更超越的宪法地位,事实上成为立法、执法和司法的权力源泉。有鉴于此,我国横向分权必须分两个层次考虑,第一层次是政党与国家的权力区分,第二层次才是国家权力的分配和制衡。而我国目前存在的问题恰恰在于,政党与国家的法律关系没有清晰界定,党国一体事实上成为我国政体的写照。党国一体的逻辑在于,党永远是正确的、先进的,永远代表国家的根本利益。因此,国家权力必须绝对服从党的领导。正是因为如此,党必须从中央到地方层层设立机构,即便是最基层的权力都必须掌控。而在立法、行政或司法过程中,党的决定则具有优先适用的效力,必须千方百计贯彻执行。然而,如果这样的逻辑完全正确,议会、政府和法院都没有必要存在。党的代表大会就是立法机关,党的执行委员会可以成为政府,而党的纪律监督委员会也能充当法院。而在现实生活中,国家机构之所以还需要设立,恰恰在于这种逻辑本身存在问题。

事实上,党的意志与国家意志并非绝对一致。党的意志可以通过立法转变为国家意志,但是,由于立法机关是一个独立的宪法机构,其运作受人大代表的投票结果限制,因此,党的意志并不一定完全能转化为国家意志,而已经形成的国家意志也不一定与党的意志绝对一致。特别是在某些具体问题的决策上,必须承认党的意志并非完美无缺,其判断并不一定比人大的决议更高明。即便在宏观政策的制定和选择方面,党的先进性只是过去经验的总结,并不一定表示将来永远正确。因此,允许立法机关与党的意见不一致,体现了马克思主义实事求是的观点。通过立法机关与党委机关的权力博弈,二者的决策都可能越来越接近真理,这对国家政治经济发展大有好处。当党的意志通过立法转变为国家意志之后,党的中心任务便应该转移到提倡法治。遵守法律、尊重法治的结果,其实就是在执行党的决议。如果执政党自己不尊重和遵守法律,在法律之外另外设立一套游戏规则,这其实是违背执政党自身的意志。当然,除此之外,党还可以推荐优秀干部参与执政,以保证党的意志得到贯彻执行。不过,这种推荐本身应当经过选举的考验。如果选举程序被党的机构操纵,选民不允许与党存在意见分歧,这与法治的精神也是背道而驰的。

九十多年来,中国共产党虽然历经战争与和平的考验,但仍然成功、稳固地掌握着国家政权。这说明,中国共产党确实具有非凡的生命力,并得到了广大人民的拥护。在战争年代,党通过阶级斗争树立自己的合法性。1949 年新中国成立之后,阶级斗争理论延续了近三十年,但由于经济陷入凋敝,人民日益贫困,阶级斗争理论不得不被抛弃,转而从 1978 年起开始经济建设。从此之后,中国经济走向繁荣发展,党重新取得了执政的合法性。不过,经济发展总是有限度的,不可能永远快速、稳定发展。如果合法性一直依赖经济发展,这对中国共产党来说风险很大。有鉴于此,中国共产党应当未雨绸缪,及时将其合法性基础转移到法治。法治意味着党在宪法和法律的范围内活动;意味着党通过先进性影响选民,但尊重选民自主选择的结果;意味着发挥立法机构的作用和权威,制约和规范行政权力的运作;意味着法官独立审判,除了遵从法律之外,不受外界的任何干预。而要做到这一点,党本身需要进行改革,通过民主化求得继续发展的空间。

（四）我国横向财政分权的完善建议

执政党尊重民主和法治，承认国家政权的独立性，愿意在宪法和法律范围内活动，这是我国财政横向分权的基础。否则，不管国家权力制衡如何完善，都只是执政党内部的有限分权，且随时可能被党的统一领导所突破。为了做到这一点，党应该减少对具体财政事项的干预，而侧重于制定基本的财政经济政策。至于政策的贯彻落实方式，除了在党员内部的宣传动员外，更主要的是通过立法转变为法律，使之具备国家强制力，成为全体公民共同遵守的行为规范。至于具体财政法律的实施问题，则应该完全交由政府和司法机关，党组织不需要在微观上事必躬亲。为了做到这一点，党的工作重心应当转移到组织建设，督促党员干部模范遵守国家法律，积极查处违反党风党纪的不端行为，使党的先进性能够真正被人民认同。只有这样，党推荐的干部才能顺利当选人大代表，或者当选为政府官员、检察官、法官，党的意志也才能顺利转化为国家意志，在具体的执行中获得合法性支持。只有中国共产党首先尊重法治，愿意将权力置于规则的制约下，才有可能树立立法机关的权威。而只有树立立法机关的权威，政府的行为才不至于毫无顾忌。因此，党的建设是国家权力制衡的关键。

我国立法机关实行会议议事制度，与会人员素质直接关系到会议的质量。而在目前的情况下，人大代表的选举还存在诸多的问题，人大代表的非常任制也使其难以正常发挥作用。为了改变这种状况，有必要再次修改《全国人民代表大会和地方各级人民代表大会选举法》，扩大人大代表直接选举的层次，保证选举的公开、公正和公平，提高选举过程的竞争性，强化选民对人大代表的监督，废除按单位划分选区的做法，建立专职人大代表制度，使选举真正与选民的利益息息相关。人大代表不对政府长官负责，不对党组织负责，只对选民负责。只有这样，人大才有可能积极行使财政立法权，认真行使财政预算的审批和监督权，并对违反法律和预算的行为予以追究。只要人大牢牢地掌握上述三种权力，其在权力系统中的地位就会逐渐上升，财政民主和法治才有可能真正建立。笔者以为，宪政的发展是一个尊重现实的过程。不管我国将来的政体如何发展，无论是走向总统制还是议会制，人民的代议制机构都是必不可少的。因此，加强人大的力量不是权宜之计，而是我国政治发展的长远目标。

不过，和任何国家的代议制一样，人大制度本身也非完美无缺。人大代表本身也是一个利益主体，投票时不可能做到完全大公无私。人大议事实行多数投票决定制，其结果也可能侵犯少数人的宪法权利。而按照我国《宪法》的规定，人大的权力实际上非常宽泛，所有的权力都来源于人大授予。例如，全国人大可以制定法律，选举国家主席、国务院总理，中央行政部门的首脑，最高法院院长，最高检察院检察长。如果能够做到名副其实，目前人大的权力其实颇具威胁性，而能够制约它的力量并不存在。正因为如此，在未来的宪政体制中，我国必须建立宪法监督制度。就财政宪法而言，一方面防止立法机关违反宪法，处理权力主体之间的财政争议，另一方面体现对公民财政权利的维护，受理公民对国家的宪法权利争议。宪法监督不适合由全国人大或其常委会担任。自己不能做自己的法官，这是一条简单但最具说服力的道理。在目前的情况下，宪法监督也很难由普通法院承担。笔者认为，不妨先建立一个宪法监督委员会，由国家主席、全国人大常委会委员长、全国政协主席、国务院总理、最高法院院长、最高检察院检察长组成，使其独立于现行国家权力系统。将来，随着经验的积累和程序的完善，宪法监督委员会可以向宪法法院发展。

至于司法机关的建设问题，笔者倾向于司法独立。这意味着，司法机关仅仅忠实于宪法和法律，不受任何党派、团体、组织和个人的干涉。司法机关的政治立场体现于具体的司法过程，其严格忠实地维护宪法、适用法律，本身就是在坚持党的路线、方针、政策。不仅如此，司法独立并不是法院独立、检察院独立，而是指法官或检察官独立办案，不受政党、法院或检察院的干预。唯其如此，才能真正建立法官责任制，提高司法人员的责任心。也只有这样，财政违法案件才能及时得到查处，公民的财政权益才有可能得到维护。否则，按照现行的做法，一切都由上级领导决定，即便出现错案，责任主体也非常难以确定。当然，法官独立和检察官独立需要条件。例如，法官和检察官必须高度自律，其职务过程必须高度公开，随时接受舆论和公众的监督。任何作奸犯科的情节，在新闻自由的背景下，都会遭受严格的责任追究。虽然这些条件我国目前并不具备，但也不是完全高不可攀。如果畏惧问题之所在，不敢有任何作为，这才是法治建设的悲哀。

为了强化对政府财政行为的监督，审计独立也是一个不可忽视的问题。根据我国《审计法》第 17 条规定，目前的国家审计属于政府内部审计。审计机关在政府首脑的领导下工作，并向其报告审计结果。尽管《审计法》第 4 条还规定，国务院和县级以上地方人民政府应当每年向本级人民代表大会常务委员会提出审计机关对预算执行和其他财政收支的审计工作报告，但审计工作报告应该披露哪些内容，《审计法》并没有直接的规定。除此之外，

《审计法》也没有规定审计工作报告必须向社会公开。正是因为如此,历年来,审计报告一直难以受到公众的关注,而仅仅成为人大和政府内部参考性文件。2003 年以来,审计署开始向社会公开审计报告。尽管公布的数据都经过处理,而且还只属于冰山的一角,但其中暴露的问题仍然触目惊心。审计报告一时成为社会舆论的焦点,一大批财政违法行为由此得到追究,从而酝酿出一场激动人心的“审计风暴”。

“审计风暴”虽然效果明显,但是,这场“风暴”究竟是制度的结果,还是偶然的机会所致?政府公布审计报告的动力在哪里?审计报告的内容如何保证全面客观?如果政府首脑对审计工作不支持,审计的效果还会如此明显吗?在宪政体制下,立法机关如何主动参与财政监督?等等,这些问题都在引发人们的深思。从目前国家权力结构的现实来看,政府首脑对审计工作的支持,赋予了审计机关强大的动力,对被审计机关也是一种无形的压力。因此,短期内这种体制还有存在的必要性。需要改进的是,审计机关应当扩大审计的范围,除了继续强化事后的责任审计之外,还应该积极向事前和事中的绩效审计过渡,同时进一步扩大审计报告的公开性,使一切财政违法行为暴露在阳光之下。随着我国宪政建设的深入,为了强化财政宪法的功能,笔者以为,有必要在人大建立另外一套财政检查制度。此类检查机构或者隶属于人大,或者只是向人大负责。受人大的委托,该机关可以对政府本身的行为进行审计,并将结果向人大报告,向社会公开。不过,这种检查不是经常性的,只需有目的地进行。经常性的财政检查还是可以由现在的审计机关承担,人大设立的财政检查机关只履行抽查的职责。

“审计风暴”还给了我们一个启示。事实上,历年的政府审计报告都提交人大,但直到将审计报告向社会公开,审计的重要性才真正被人们所认识。可见,财政公开是财政分权和制衡的基础。如果没有财政公开,一切都处于暗箱操作之中,本来应该相互制衡的权力,就可能从事政治和利益的交易。这主要是因为,分立与制衡并不是权力的本意,任何权力拥有者都希望从中获利。而一旦将财政的过程和结果公开,使一切权力照耀在明亮的阳光下,财政腐败和违法自然难以发生。财政公开其实是公民言论自由的要求,在我国现行宪法中就已经作出规定。财政行为的保密虽然各有其法律依据,但是,这与公民的宪法权利是直接冲突的。除非有足够的理由确认保密的必要,一般情况下,任何财政行为都必须公开。例如,除了涉及国家安全之外,预算草案的内容应当公开,供全体公民进行辩论和参与;法定预算的内容必须公开;预算执行情况的报告必须公开;政府审计结果必须公开;

重大工程的投资立项必须公开，等等。财政公开等于引进另外一股力量，一股足以对抗所有权力的力量。通过公开，公民才能真正制约政府；通过公开，权利才能有效监督权力。从另一个角度看，财政公开也是纳税人基本权的重要内容。如果没有适当的财政透明度，纳税人无法了解财政决策的过程和结果，无法监督政府财政活动的合法性与合理性。此外，自从中国加入WTO之后，政府行为的透明本身已经成为一项国际义务。因此，必须通过财政法律制度的约束，增加政府财政行为的透明度，使纳税人的宪法权利得以实现。

归根结底，财政宪法的基础仍然是财政民主。宪政虽然对民主有一定制约，但并不可能全盘否定。如果不能贯彻财政民主主义，横向财政分权就会失去依据，财政法制的宗旨也会陷入虚无，预算、审计等更不可能发挥功效。而在我国法律体系中，财政民主主义并非没有依据，它其实只是人民主权在财政法领域的体现。财政民主主义的实施，对确立财政法制的发展方向，解决现实生活中财政秩序的混乱，树立中国财政法治的形象，具有重要的现实意义。长期以来，我国财政一直是政府主导型的财政，政府在财政决策中事实上起决定作用。尽管政府一再宣称是人民利益的代表，但其与人民之间缺乏直接制衡机制，许多情况下难于脱离自己的本位。如果肯定重大财政问题经过人民同意，如果承认人民行使权力的机构是人民代表大会，那么就应当将财政民主的要求落到实处。从实际效果看，当前我国财政领域的混乱现象，如政府乱收费问题、预算外资金体外循环问题、政府间财政关系极不稳定的问题等，都与政府权力欲望过度膨胀有关。如果不从财政民主主义着眼，只是在政府内部进行利益微调，问题很难从根本上得到解决。

三、政府间纵向财政分权

政府间财政分权既是一个理论问题，也是一个实践问题。从理论的角度看，应该总结历史上财政分权的经验，分析在特定的经济政治形势下，出现特定财政分权模式的必然性，并对一国中央与地方财政权的界限，提出具有价值性和可能性的建议。从实践的角度看，财政分权又是一个利益博弈的过程。理想的分权模式只能为实践提供指引，但不可能自动成为现实的政治决策。因此，除了研究具体的分权方案之外，还应该对相关的政治决策过程进行分析。如果能够构建一种合适的制度模式，使利益主体能够进行规范的行为博弈，财政分权至少可以得到程序上的保障。笔者认为，这种制度模式应该具有民主性、法治性,使利益主体都能有机会参与决策,避免中央政府权力的过分集中。而由于其在一国政治生活中的重要性,作为根本大法的宪法对此应当有所规定。至于民主决策后形成的财政分权结果,则至少应尽可能用法律固定下来。只有形成稳定的法律规范,才能避免中央随意修改游戏规则,从而打消地方的机会主义动机。也只有这样,政府之间才能形成合作的竞争关系。就此而言,实施宪政应该是一种比较理想的选择。

(一)纵向财政分权的必要性及其限度

对实行多级财政的国家来说,分权与集权代表两种不同的取向。分权意味着更多的权力向地方倾斜,而集权则意味着中央对财政更具权威。在这个意义上,无论是分权还是集权,都只是财政分权的一种模式。二者之间虽然有量的区别,但其实并无本质的差异。例如,在分权模式下,必然存在财政集权,中央本身就是集权的表现。又如,在集权模式下,也必然存在财政分权,地方本身就是分权的结果。除非一个国家只有一级财政,否则,中央和地方的对立永远存在,分权与集权的矛盾更无法消除。很大程度上,抽象地讨论分权或者集权并无实益。在财政领域中,有些权力适合下放地方,有些权力应当由中央集中。因此,对一个具体的国家而言,分权和集权是同时存在的。理论研究应该结合各国的情况,更多地探讨如何合理分配权力。至于权力分配之后呈何种状态,这已经不是一个很重要的问题。

从财政学的角度看,政府所提供的公共产品是分层次的。受益范围局限于某一特定区域内的公共产品,属于区域性公共产品,或称地方性公共产品。国内每一个人都有机会享用的公共产品,则称为全国性公共产品。不言而喻,区域性公共产品适宜由地方政府负责提供,而全国性公共产品则适宜由中央政府负责提供。区域性公共产品的特征表现为两方面:(1)受益范围基本上被限定在本区域之内,并且这种受益在本区域内散布得相当均匀。(2)容易产生外溢性。因为一国内部各地区之间有着密不可分的政治、经济和文化联系,区域间人口迁移和流动经常发生,加上行政区域之间的界限,并非依照公共产品受益范围来划分和规定,而是历史形成的,所以,较之全国性公共产品而言,区域性公共产品的外溢性在所难免。

与中央政府满足全社会对全国性公共产品的需求相比较,地方政府是代表本地区居民利益的,它在了解本地区居民的偏好方面处于较佳的地位,这有助于地方政府更好地执行地方性经济政策和提供区域性公共产品。如果由中央政府负责将来自某一地区的税收,用于提供相应的公共产品的话,那么，由于这种征税和支出要经过若干个级次的预算过程，中央政府还要平衡不同地方的公共产品需求，所以，容易造成某一地区居民公共产品偏好与实际受益之间的差异。从这个意义上说，由地方政府提供本区域内的公共产品，其效率是最高的。因此，必须赋予地方相应的课税权力，保障其有能力提供足够的地方公共产品。

从宪法的角度看，如果一个国家承认财政分权，承认地方在财政体制中的主体地位，那么，对课税权力进行纵向分配也是必然的选择。尽管在政治体制的设计上，联邦制国家与单一制国家存在很大的不同，尽管这种差别从各个方面影响着政府间财政关系，但从各国宪法的规定来看，赋予地方相对独立的主体地位，似乎使二者的差别出现缩小的趋势。联邦制国家的财政分权一般由宪法予以确认，地方的财政权力相对于中央具有很强的独立性。例如，德国 1949 年的《联邦基本法》专辟第十章规定财政事项，对联邦和州的公共开支、税收立法权、税收分配、财政补贴和财政管理等基本事项作了明确的规定。又如，美国《联邦宪法》中关于财政的规定，也成为美国分配财政立法权力的基础，联邦议会、州议会、地方议会都有一定的权力。①

单一制国家虽然不可能赋予地方公共团体相当于联邦制中"邦"的权力，但受地方自治潮流的影响，不少国家的宪法允许地方作为自治团体而存在。自治团体的财政权力究竟来源于宪法的直接赋予，还是中央的授权，这无论在学界还是在实务部门都存在争议，并且其分歧还会影响到地方权力的范围和运作方式。但是无论如何，相对于绝对服从中央的财政体制而言，地方财政自治在财政分权方面已经进步。即便在不实行地方自治的单一制国家，除非在政治上实行高度集权专制，否则地方政府总能从与中央的博弈中得到一定的实际权力。正因为如此，有些国家干脆授予地方一定的财政权力，使其名正言顺地成为一个相对独立的主体。由此可知，从宪政发展的角度看，财政分权是宪政国家共同的发展趋势，其出现与现代国家重视权利的个性特征有密切关系。

与财政学对公共产品地域性和层次性的分析相类似，宪法对财政分权的认识也是从人民需要和政府职能的角度进行的。税收国家宪法上的人都是以自我负责、自由发展为前提的，宪法的目的不在于为人的发展设定一个固定的模式，并强加在每个人身上，而在于通过权利保护和福利给付，给人民提供一个自由的空间。正因为如此，凡是个人能解决的事情，国家不予过

---

① 参见刘剑文主编:《财税法学》，高等教育出版社 2004 年版，第 63、72 页。

问。如果个人不能解决，其首先求助的对象应是基层地方政府。如果基层地方政府仍然不能解决，则依次上行，直至中央政府。所以就保障公民的自由而言，政府只解决个人力所不及的事情，上级政府只解决下级政府力所不及的事情，中央政府只解决地方政府力所不及的事情。这样一种层级结构最有利于扩展人民的自由空间。正因为如此，地方在国家权力体系中必须占有一席之地，否则它就无法应对公民正常的权利要求。在中央和地方之间分配财政权力，也就是势所必然了。

西方学者大都认为，分权有利于促进居民参与当地事务；有利于促使地方政府对各地居民负责；有利于发挥地方政府官员的信息优势；有利于地方政府的制度创新；可以给人们更多的选择；有利于缩小政府的总体规模。不过王绍光先生主张，要使这些从可能变为现实，必须具备三个先决条件：分权的单位足够小、居民能用投票影响政府、居民能够自由迁徙。如果上面三个条件不满足，分权好处便可能落空。除此之外，还必须注意的是，分权只能提供地方性共享物品和服务，不能提供全国性共享物品和服务；分权难以克服跨地区外部效应问题；分权有时无法得到规模经济效应；分权不可能解决宏观经济问题；分权不利于解决收入再分配问题。而在集权体制下，上述问题基本上都能得到解决。集权体制的短处则在于，一是中央对地方的信息了解太粗疏，二是难以找到各方接受的平衡机制。中央往往采用强制手段贯彻政令，地方则倾向于各种机会主义。一旦中央出现重大决策失误，很难得到及时发现和纠正。正因为如此，集权和分权都存在底线。如果超出这个底线，就可能走向制度的反面。①

财权分权包括支出和收入两个方面。财政支出与政府的事权基本一致。一般情况下，提供公共物品的功能应尽可能下放，只有全国性的公共物品才应由中央政府提供。如果提供地方性公共物品会产生跨地区外部效应，应由尽可能低的一级政府负责外部效应内部化，并充分实现规模经济效应。只有当地方各级政府都无法实现这个目标时，该功能才应交给中央政府。保持宏观经济稳定的功能应完全由中央政府承担，严禁地方政府干扰中央财政政策和金融政策的实施。调节收入和财富分配的功能主要也应由中央政府承担，同时鼓励各地尽量克服本地出现的不公平现象。至于财政收入的划分，可能影响宏观经济稳定的税收应由中央负责；累进性很强的再分配税种应归中央征收；其他累进个人税种应由最有能力全面实施的政府

---

① 参见王绍光：《分权的底线》，中国计划出版社 1997 年版，第 19—31 页。

征收；税基在各地分布严重不均的税种应由中央征收；税基有高度流动性的税种应由中央征收。除此之外，只要可能，各级政府都应向公共服务的受益人收取使用费，并以此作为财政收入的一个补充来源。但这种方法主要适用于基层政府。

在绝大多数国家，中央获取收入的能力高于地方政府，其收支相抵之后大都会出现盈余。而地方政府财政收支上的缺口，则由中央政府通过各种拨款弥补。这种转移支付不仅有助于维持国家统一，同时也是中央实现职能的政策工具。不论是宏观调控经济，还是消除社会贫富差距，或者实现地区发展均衡，都离不开中央对地方的财政支出。一般情况下，中央的转移支付能力越大，经济发展的公平和秩序越有保证。地方对中央的财政独立性越强，恶性竞争和地区差距就越容易加剧。不过，转移支付能力以财政集中作为前提。如果政府财力过于向中央集中，也会导致地方政府产生依赖心理，影响经济和社会发展的效率提升。可见，分权和集权确实是一对矛盾。如果应由中央行使的权力落到地方手中，就会跌出分权的底线。反之，如果应该由地方行使的权力集中在中央手中，也会超出集权的上限。无论是前者还是后者都是不可取的。只有将权力维持在合理的限度，才有可能达到理想的效果。

（二）民主宪政与政府间财政分权

正如有的学者所言，政府间财政关系是经济性、功能性分工与政治性、民主性分工的统一。只从前者的角度讨论政府财政分工往往收益不大，必须揭示政府间经济性、功能性分工背后的民主性和政治性。民主性并不在于分工结果的可行性和可接受性，而在于纳税人通过民主机制和民主程序充分表达个人偏好，使个人多样化的、有差异的需求偏好得到充分和同等的尊重，这是民主性财政分工区别于行政性分工的根本所在。中央和地方在提供公共物品上的民主分工和民主合作，可以视为民主财政的一个方面，是广泛的纳税人进行立宪性的财政选择的结果。也正是基于这个起点，政府间财政分工可以分为“立宪型”和“行政型”两种。二者的区分标准不在于财政分工的结果，而在于财政分工的过程和程序。“立宪型”以布坎南的“财政立宪主义”为基础，强调制度对财政分工的规范作用，强调宪政框架下财政分工的民主性，强调政府间财政分工的程序保障。“行政型”以政府具有完全理性为前提，中央政府在财政分工中占有主导地位，是一种从上而下的财政分工，具有策略性、非规范性和行政性的特点，其目的主要是为了解决财政压力。[1]

在很大程度上，财政分权模式是历史发展的产物，而不是理论设计的结果。在欧洲民族国家形成之前，战争和经济竞争成为制度改革的外部压力，而宗教传统、民主意识、城市自治，以及商人作为特权阶层的崛起，成为各政治单元制度改革的内部压力。在二者的共同作用下，特别是借助为战争筹款的机会，民主财政制度逐渐得以确立。民主财政不仅体现于财政议会主义，同时也体现于财政联邦主义。以美国财政分权为例，联邦的权力来自地方的授予，而地方则保持很大的独立性。财政授权的过程体现于宪法制定中，其中充满了冲突、妥协与折中。美国宪法制定生效之后，有关联邦与地方法律地位的规定，则构成了政府间财政关系的基本准则。虽然美国宪法的条文本身十分简单，其对联邦权力的规定也不是非常清晰，但通过法院宪法审查案例的不断积累，政府间的财政关系越来越清晰。地方财政一旦超越宪法的界限，就有可能被联邦最高法院宣布违宪。联邦的财政行为如果存在违宪的情节，也会被地方起诉到联邦最高法院。可见，政府间财政关系不仅存在稳定的规则，而且还有一套成熟的司法保障体系。无论是中央还是地方，都很难在规则之外谋求利益。

在政府间财政分权的实践中，还存在一种"集权中放权"模式。在这种模式下，中央政府主导公共物品供给，地方政府成为中央政府的派出机构。为了刺激地方政府提供某些公共物品的积极性，中央政府可能进行行政性放权，在不违反统一财政体系的前提下，适当授予地方政府一定的财政权力。中国封建社会财政制度就属于这种类型，其财政管理虽然也具有预算性和计划性，但却不具有民主性和公共性，专制和垄断才是其根本特点，是一种非规范的财政分权方式。[2] 其实，和封建社会的财政分权改革一样，中国目前仍然属于"中央集权下的适当放权"。改革的决定权完全集中在中央政府，缺乏以法治为基础的制度形式，供不同的利益主体进行规范博弈。正因为如此，地方政府才会选择在预算之外，进行各种非规范的预算外收支。它不仅抵消了中央决策的预期效应，而且给市场经济发展造成很大阻力。当这种结果发展到极致时，必然会产生财政治理方面的危机，给社会经济带来灾难性的影响。

皇权统治时代的中国，其"封建"特性并不如欧洲明显。当时虽然也存

---

① 参见刘云龙：《民主机制与民主财政》，中国城市出版社 2001 年版，第 5—10 页。

② 同上。

在地主、豪绅，但其地位无法与西欧的领主媲美。当中央牢牢掌握政治统治权时，独立的地方团体无法形成，更不能出现对中央的合法抗衡。除此之外，另一个非常重要的因素是，中国长时期处于农耕经济时代，商品经济发展遭受官府扼杀，财政分权观念缺乏生长的土壤。在一个空间广袤的大国中，财政集权有利于增进资源共享，形成全国范围内的风险分担，促进农业生产的整体发展。相对而言，权力分散反而达不到这种效果。中华人民共和国成立之后，延续军事斗争时期的领导方式，一个强有力的中央已是既成事实。受当时严峻的经济政治形势影响，中央与地方不可能平等分权，而只会在政治上继续高度集权。特别是计划经济体制形成之后，立宪型分权更是失去生存空间。尽管在这个过程中，中央一直在尝试分权，但客观地说，这只不过是中央的“放权”而已。一旦出现不能接受的结果，中央随时都可以收回权力。可以说，这种状况一直到现在都没有根本改变。而如何在集权的前提下探索权力下放，仍然是我国纵向财政改革的主旋律。

从财政立宪主义的角度看，纵向分权还与国家结构形式相关。因此，任何财政改革措施的推出，都不得不考虑本国宪法的界限。在联邦制国家中，中央和地方在宪法上相互独立，各自依据宪法和法律行使权力，中央的财政影响力虽然很强大，但财政权力却不得不受到限制。地方虽然处处受到中央的制约，但是其仍然拥有相对独立的权力。而在单一制国家，地方只是被视为中央的派出机构，在宪法上没有独立的主体地位，政府间关系也缺乏明确的法律规范，中央对地方有很大的财政决定权。在这种模式下，不管地方的财政权力多大，实际上都只是中央的授权。一旦中央决定调整财政收支规范，地方的既得利益在法律上难以保有。也正是因为如此，只要中央稍有懈怠或者松弛，地方便会设法在制度外寻求收益。中央的财政权力由此被削弱，地方的财政实力也由此增强。如果没有强有力的决策执行机制，中央决策在地方实际上很难实施。这样，原本期望高度统一的财政体制，不得不通过谈判和妥协艰难推进，政府间财政关系由此陷入非秩序。

有鉴于此，即便是单一制国家，也在不断规范政府间财政关系，避免非规范博弈带来的效率损失，如制定财政收支划分法、推行地方自治、制定地方税法等。财政收支划分法旨在明确政府间财权的范围，减少各方主体事后发生无谓争议；地方自治法旨在强化地方的地位，为地方抵抗中央提供法律依据；地方税法则是为了约束地方的税收地方权，保留中央对税收立法的宏观决策权。地方只能在地方税法的范围内开征税收，有时还需要经过中央的同意或者备案。这些制度的特点在于：第一，体现了事先的规范性，便于地方预测自己的财政能力，有利于克服中央财政的随意性。第二，体现了民主和法治的精神，使国会成为解决问题的主体，避免了中央政府的利益本位，有利于增强地方政府的合作意识。第三，一定程度上引入了宪法监督机制，以解决政府间的财政收支争议，保证处理结果的权威和公正。如果地方不服中央的决策，可以通过一定的程序申诉。第四，在权力的整体配置上，仍然体现了单一制国家的特点，中央的权力优于地方。只不过，中央的权力不再毫无限制，而是处于宪法和法律的制约中。

值得强调的是，财政横向分权应是纵向分权的基础。如果不能妥善处理执政党与国家的关系，以及国家权力内部立法、执法和司法的关系，良好的政府间财政关系也是一句空话。[①] 横向财政分权的关键在于权力约束，其目的在于促进权力系统的规范运转。无论是中央政府还是地方政府，只有处于有效的横向分权制约之下，才能成为一个理性的财政权力主体。如果中央和地方政府都缺乏权力制约意识，更愿意凭借实力获取规则外的利益，那么，在政府间财政关系的问题上，规则和制度同样也会被置之不理。横向财政分权有利于培养宪法意识，真正树立一种宪法至上的财政观念。这对于处理政府间财政关系也非常重要。例如，无论是中央政府还是地方政府，大都倾向于扩大自己的权力范围，同时挤压对方的权力活动空间。在适度的范围内，这种博弈是正常的。然而一旦超过必要的限度，则不仅是对另一方主体的伤害，同时也会妨碍整个国家的发展。为了避免这种情况的发生，必须存在一种利益协调机制，使各方都能够参与规则的制定。或者应该存在一种博弈之前的规则，使得政府之间在规则的约束下展开博弈。前者体现政府间的财政民主，后者则是依宪理财的直接要求，其对政府间财政改革都会产生积极影响。

（三）我国政府间财政分权的基本情况

我国在1958年之前，中央的财权和财力都非常集中。整个"一五"计划期间，中央收入占全部预算收入的80%左右，而省、县两级收入只占20%。预算支出也由中央政府唱主角：75%的支出由中央决定，只有25%左右的支出由地方支配。在"一五"之前的三年里，中央的财政集中程度更高。不过从1958年之后，财政权力却在不断向地方下放。其间虽然经历了"大跃进"

① 在中央政府与地方政府的对应关系中，"政府"一词并非仅代表行政执法权，而是包含立法、行政与司法的整体。正因为如此，政府间财政分权不仅要考虑财政执法权，同时还要涉及财政立法权和财政司法权。

的波折,但总的趋势保持不变。到1978年改革开放之后,虽然中央有心重新集合权力,但地方势力事实上已经坐大,无法在短期之内改变现状。从这个意义上看,“放权让利”似乎是迫不得已的选择。[①] 在分级包干财政体制之下,随着经济规模的扩大,中央财政收入总量相应提高,但其可以控制的比重却在持续下降。到1993年,中央财政收入占全国财政收入的比例只有22.02%,财政收入的重头被地方政府掌握。[②] 正是在这种背景下,分税制在1994年被推上历史舞台。

相对于以前的财政包干体制而言,分税制的规范化程度有了很大提高。第一,这次改革改变了政府间的税收分成方法。地方的收入比例不再依赖讨价还价,而是直接根据税收的种类进行划分。与此同时,通过简化税种结构、统一税率,还有利于增大财政透明度,堵塞税收工作中的漏洞。第二,不再允许地方政府擅自批准减免税,减免税政策必须经过国务院批准。这有利于防止地方将收入转移到预算外,侵蚀中央政府财政收入的基础。第三,中央建立独立的税收机构,负责征收中央税和共享税。税收分成由自下而上改为自上而下,地方政府无法继续占用中央资金。

不过,为了减少来自地方的抵制,中央在这次改革中也作了妥协。首先,中央保证每省的收入不低于1993年的水准。各省1993年的留成税额被定为基数,如果改革后某省的收入低于基数,中央将贴补其差额。其次,中央保证自1994年开始,对地方的补贴将以每年全国增值税和消费税平均增幅30%的速度增长。再次,中央允许在两年的“过渡期”内,省级政府已批准的减免税项目继续有效;同时对低利企业降低所得税至27%和18%。最后,当中央财政收入达到全部财政收入60%时,不少于三分之一的收入将用作转移支付,以缩小地区差异。

1994年之后,虽然中央财政收入达到全国财政收入的50%以上,如果加上地方按照旧体制对中央的上解,这个比例还可能上升到70%以上,但是,中央并不能独立支配这些收入,而必须按照一定基数向地方返还税收。扣除中央退给地方的部分,中央收入仅占政府财政总收入的30%左右,比1993年及以前年份的比重还低。姑且不论1993年出现的基数虚增现象,仅就按基数进行税收返还而言,这种照顾富裕地方既得利益的做法,极大地削弱了中央进行均等化转移支付的能力,使地区发展差距在新体制中难以解

① 参见王绍光:《分权的底线》,中国计划出版社1997年版,第31—46页。
② 资料来源:《中国统计年鉴(2002年)》,第271页。

决。1995 年，以均等化为目标、以因素法为基础的过渡期转移支付制度虽然启动，但由于中央财力有限，其能起到的作用也非常有限。[①] 不仅如此，分税制还只适用于中央和省级政府，省以下地方政府之间财政利益的分配，由各个省、自治区、直辖市自行决定。而地方政府也会因循中央的做法，将下级的财政收入层层集中。这种做法导致的结果是，县乡财政的支付能力严重不足，农村公共产品供应受到很大限制。农村乱收费现象之所以非常严重，农民不合理负担之所以不断加码，农业经济基础之所以越来越脆弱，都与这种财政分配体制不无关系。

按道理说，政府间事权的划分是财政分权的前提。只有严格界定政府间的支出责任，划分财政收入才会有现实意义。否则，只要中央可以随意转移支付责任，就不可能制定稳固的税收体系。而我国过去历次财政改革的着眼点都是收入划分，1994 年的改革也不例外，各级政府间的开支责任仍然没有具体的、法定分配方案。而从我国财政收入的结构看，自从改革开放之后，税收逐渐成为主要收入来源。从这个意义上说，用“分税制”称呼 1994 年财政改革恰如其分。不过，中国实行的并不是真正的分税制。尽管有些税种被指定为“地方税”，地方政府无权改变其税基和税率，更无法自主开征新的地方税。地方税的开征权由中央行使，税基和税率的调整权也掌握在中央。因此，目前的这种状况并不是一种分权，更像一种中央对地方的财政“授权”。被授权人无权参与决定授权的方式和内容，而授权人则随时可以收回授权，或者改变授权的内容。2000 年开始的所得税收入分享改革，其实就是中央调整授权内容的体现。

由此可知，1994 年分税制改革最致命的缺陷在于，对中央的财政行为缺乏宪法约束。考虑到在旧体制下中央常常改变收入分成办法，地方政府有理由怀疑中央将来是否会守信誉。如果事先便能预料到中央会在事后采取机会主义的做法，地方政府只有两个选择，要么以其人之道还治其人之身，要么制定法规，使中央不得不在事后依法行事。第二种选择当然大大优于第一种。然而，如果限制中央滥用职权的机制不能建立，地方政府可能不得不作出第一种选择，这就会使中央与地方的关系重新陷入囚徒困境。要

---

① 1995 年至 2000 年采用过渡期转移支付办法的支出数额分别为 20.71 亿元、34.65 亿元、50.21 亿元、60.54 亿元、75.3 亿元、85.5 亿元，对三十多个省、直辖市、自治区来说可谓杯水车薪。而同期以基数法为特征的转移支付数额分别为 2534 亿元、2723 亿元、3322 亿元、4087 亿元、4665 亿元。差异之大，不难对比。资料来源：《中国财政年鉴(1996—2001 年)》。

消除这种可能性，只有中央和地方同意进行宪法制度的改革，以法律条文限制中央单方面改变游戏规则。有了这种制度性的约束，地方政府就不必运用谋略手法对付中央，而且征税效益一定会大大改善。在各方共同遵守游戏规则的制度下，中央和地方都会获益而出现双赢局面。换言之，限制中央的事后行为将大大提高财政体制的效率，并且有助于解决中央自身的财政问题。①

分税制改革至今将近二十年。2003 年 10 月，中共中央十六届三中全会通过《关于完善社会主义市场经济体制若干问题的决定》，提出按照简税制、宽税基、低税率、严征管的原则，稳步推进税收改革；健全公共财政体制，明确各级政府的财政支出责任；进一步完善转移支付制度，加大对中西部地区和民族地区的财政支持；深化部门预算、国库集中收付、政府采购和收支两条线管理改革；清理和规范行政事业性收费，凡能纳入预算的都要纳入预算管理；改革预算编制制度，完善预算编制、执行的制衡机制，加强审计监督；建立预算绩效评价体系，实行全口径预算管理和对或有负债的有效监控；加强各级人民代表大会对本级政府预算的审查和监督。尽管这些只是执政党意志的体现，只有转化为国家意志才具有执行力，但从改革的目标和内容上看，这些都 1994 年分税制改革的延续。只不过，现行体制如何实现这些目标，这仍然是一个有待探究的问题。从以往的经验看，如果不建立强有力的法律约束，财政改革难以跳出治乱的循环。而宪政的目标正是为了规范权力，使政府行为建立在规则基础上。因此，如果继续沿着这条路径思考，也许可以得到更多的启发。

（四）个案思考一：地方税收立法权问题

地方税收立法权是一个比较敏感的话题，在很大程度上，它关系到一国范围内税政的统一、宏观调控目标的实现，甚至国家政权的稳定。如果处理不好，其后果是非常严重的。正因为如此，在地方税收立法权问题上，不仅仅我国，任何财政分权国家都不得不慎之又慎。虽然无论是联邦制国家还是单一制国家，都有肯定地方税收立法权的先例，前者如美国、德国，后者如韩国、日本等，但如果这种权力不受任何限制，各自为政的结果势必使各地区国民的税收负担差异悬殊。为了适当公平地分配国家与地方的税源，维持国民生活条件的均衡性和国家经济秩序的统一性，又必须对地方税收立法权进行合理限制。

---

①　参见王绍光：《分权的底线》，中国计划出版社 1997 年版，第九章。

各国对地方税收立法权的限制主要表现在如下方面:(1) 对经济社会具有全国性影响的税种由中央立法,如关税、消费税等体现国家主权或宏观调控意义的税种等。而地方税的影响只能限于本辖区内。(2) 税基具有高度移动性的税种,由中央统一立法。如所得税、遗产税等税基流动性强的税种,如果划归地方立法,将导致税基的无序流动,损害税收的中性。而房屋税、土地税等税基不易流动的税收,才可能交由地方立法。(3) 课税对象具有跨区域性的税种,由中央进行立法。如对流通领域进行全环节课税的增值税,如果由地方立法,将导致稽征困难和税收秩序的极度混乱。(4) 地方税的开征不得损害国家利益和其他地方的利益,禁止地方利用税收立法权进行恶意的税收竞争。(5) 对相同种类的税目,中央和上级地方有优先立法权。如果中央或上级地方已经行使税收立法权,本地对该税目的税收立法权即被排除。(6) 地方不得对入境货物征收入境税或通过税,以增进地区间的货物流通,排除交易障碍。

为了防止地方税收立法对全国经济社会的冲击,在程序上,各国对地方税收立法权还有一些较为特殊的限制或规范。如《美国宪法》第 1 条第 8 节规定,美国最高法院权对地方政府的不适当税收课征有权作出停止的判定。美国还常常在三级政府间签订协议,规定州、地方税法必须在一定程度上同联邦税法接近,并且建立相同的税务审计程序。日本则通过"课税否决"制度控制地方税收立法权。中央先制定地方税法,对地方税的种类及其要素都作了明确规定,地方只能按照地方税法规定的税种和内容开征新税。如果需要征收地方税法之外的税收,则必须得到自治大臣的许可。韩国的地方税法也发挥着类似的作用。

从宪政的角度看,通过一定的方式对地方税收立法权加以限制当然是合理的,但谁有权进行限制和如何进行限制,也是一个需要从宪法上加以衡量的问题。在联邦制国家中,中央与地方是平等的公法团体,其权力都是由宪法授予的。在宪法授权的范围内,中央无权干预地方的事务。如果超出宪法的授权,则只能通过违宪审查机制予以弥补。即便是中央也不能通过立法限制地方的财政权。就此而言,美国最高法院对地方税收立法行使否决权是符合宪法法理的。但日本的"课税否决"制度是否合宪,则需要另一番讨论。日本虽然不是联邦制国家,地方的权力相对有限,但《日本宪法》第 8 章规定了"地方自治"。按照北野弘久教授的观点,这说明地方公共团体享有固有的财政权。这种权力是宪法赋予的,是地方公共团体自治权的自然延伸。在法律地位上,它并不隶属于中央,更不是中央授予的。[①] 正因为如此,日本的地方税法对地方而言只能是一种标准法,没有实际约束的效力。如果要限制地方的立法权,则只能通过宪法自身的规定进行,不能借助法律。

中国虽然和日本同属单一制国家,但在地方税收立法权问题上,二者的情况还很不一致。我国《宪法》第3条第4款规定:"中央和地方的国家机构职权的划分,遵循在中央的统一领导下,充分发挥地方的主动性、积极性的原则。"除了民族自治地区以及特别行政区外,不实行地方自治制度。在税收立法权方面,我国向来强调中央集权,否定地方独立的立法权。尽管目前没有相关的法律对此予以确认,但《国务院关于实行分税制财政管理体制的决定》、《国务院批转国家税务总局工商税制改革实施方案的通知》等行政决定,对此都给予了明确表述。虽然这种由中央政府决定地方税收立法权的方式并不适当,但其强调集权的精神与宪法的规定并没有明显的冲突。

而中国现实的财政情况是,一些地方政府出于地方利益的考虑,擅自变更征税范围和税率等税收要素,随意减免税或征收过头税。这种现象在全国范围内普遍存在,并且屡禁不止。另一方面,由于地方财政压力越来越大,不少地方政府也在千方百计突破现行财政体制的限制,寻求新的财政收入来源。如省级政府虽然不能开征新税种,但可以名正言顺地征收各种具有税收性质的费。由于这些费用的征收直接有利于当地财政,因此,地方政府在收费上所倾注的热情甚至超过了征税,而这正是导致当前财政秩序混乱的重要原因之一。然而,上述问题都是因为地方缺乏税收立法权吗?如果赋予地方税收立法权,上述问题是不是就迎刃而解了呢?笔者认为,答案远比我们想象的复杂,不能期望一个简单的公式能解决。

实际上,问题的发生是多种因素综合作用的结果,指望地方税收立法权能一劳永逸地解决所有的问题,是一种过于天真的想法。越权减免税当然可能导致恶性税收竞争的恶果,但赋予地方立法权后,合法进行减免税就不会导致税收竞争吗?收过头税当然不对,但如果国家的税收任务不改变其强制性特点,赋予地方税收立法权就能使过头税销声匿迹吗?地方政府乱收费当然也是一个事实,如果将来乱收税又该如何应对?如果乱收税的问题可以通过完善立法加以控制,为什么针对乱收费就不能这样做呢?如果

---

① 参见〔日〕北野弘久:《税法学原论》(第4版),陈刚、杨建广等译,中国检察出版社2001年版,第231页。

赋予地方税收立法权,那么,是承认省、市、县、乡四级地方都拥有税收立法权,还是仅考虑省级?如果剥夺基层地方的税收立法权,宪法依据又何在呢?如果承认四级地方都可以进行税收立法,其中的关系又该如何协调?这些都是我们目前在研究地方税收立法权时未能细致考虑的问题。

笔者认为,现在的地方财政危机主要是由税收收益权分配不合理造成的,解决问题的关键应当从划分税收收入的归属入手。从分税制财政体制的内容看,目前只有中央政府才是税收收益权的主体,地方政府不是权利主体。地方政府没有独立的税收利益,其收益来自于中央政府的授予。中央政府有权决定和调整地方税收收入的形式和数额,地方政府必须服从。由此可知,地方最为缺乏的并不是稳定的收入来源,而是法定的税收收益权。如果没有税收收益权,今天的地方收入,明天就有可能收归中央,地方完全缺乏与中央抗衡的法律机制。而如果赋予了地方的税收收益权,即便是中央政府也必须予以尊重,不得肆意侵犯。至于地方税收立法权问题,当前的做法不宜轻易改变。如果非要赋予地方税收立法权,除非将我国国体改为联邦制,或者实施地方高度自治。否则,地方税收立法权只能由中央授予,其本身不具有独立性。当然,从严肃、规范、稳定的法治要求出发,这种授权应该通过全国人大制定法律。除此之外,地方税收立法权也应由地方人大行使,不宜由地方政府把持。

(五)个案思考二:地方财政自治问题

根据我国《宪法》、《民族区域自治法》、《香港特别行政区基本法》、《澳门特别行政区基本法》的规定,政府间的财政关系可分为三个层次:中央与一般行政区的关系、中央与民族自治地方的关系、中央与特别行政区的关系。前文关于我国纵向财政分权的讨论,其实只涉及中央与一般行政区。至于民族自治地方和特别行政区,其分别享有不同程度的财政自治权,与一般行政区的财政地位存在差异。因此,除了讨论分税制的一般适用外,还必须对地方财政自治权有所关注。

财政自治是指在宪法和法律的框架内,地方自主决定和管理本地区财政事务的制度。[①] 财政自治的类型与国家结构形式、政治体制紧密相关,财政自治的范围和程度则受制于特定的现实背景。例如,我国属于单一制国家,财政自治只能在此前提下展开,其与联邦制国家的财政自治就有很大区

① 参见戴小明:《中央与地方关系——民族自治地方财政自治研究》,中国民主法制出版社1999年版,第43—66页。

别；再如，我国之所以在香港、澳门设立特别行政区，是为了解决祖国统一的历史遗留问题，同时解决两种社会制度的协调问题。而民族区域自治则是为了使民族地区获得平等的发展机会，同时达到维护民族团结和祖国统一的目的。因此，特别行政区与民族自治地方的自治权有很大不同。

民族自治地方的自治机关有管理地方财政的自治权，凡依照国家财政体制属于民族自治地方的财政收入，都应当由自治机关自主地安排使用。民族自治地方在全国统一的财政体制下，通过国家实行的规范的财政转移支付制度，享受上级财政的照顾。民族自治地方的财政预算支出，按照国家规定，设机动资金，预备费在预算中所占比例高于一般地区。自治机关在执行财政预算过程中，自行安排使用收入的超收和支出的结余资金。自治机关对本地方的各项开支标准、定员、定额，根据国家规定的原则，结合本地方的实际情况，可以制定补充规定和具体办法。自治机关在执行国家税法的时候，除应由国家统一审批的减免税收项目以外，对属于地方财政收入的某些项目，可以实行减税或者免税。①

民族自治地方财政虽然有一定的特色，但并没有脱离全国统一的财政体制。例如，现行分税制对民族自治地方就完全适用。民族自治地方同样没有税收立法权，同样不能发行公债，同样要划分中央税和地方税，同样要完成向中央的上缴。只不过在此前提下，民族自治地方享有更大的自主空间，同时能够依法获得更多的财政援助。为了维护民族团结和法制统一，防止出现各种分裂国家的行为，《民族区域自治法》向民族自治地方授权的同时，还特别设定了一些审批和备案程序。例如，对于财政开支标准的补充规定和具体办法，自治区制定的，报国务院备案；自治州、自治县制定的，报省级人民政府批准。自治州、自治县决定减税或者免税，须报省级人民政府批准。②

按照我国《宪法》第3条的规定，国家机构实行民主集中制的原则。全国人大和地方各级人大都由民主选举产生，对人民负责，受人民监督。国家行政机关、审判机关、检察机关都由人民代表大会产生，对它负责，受它监督。中央和地方的国家机构职权的划分，遵循在中央的统一领导下，充分发挥地方的主动性、积极性的原则。可见，我国实行建立在民主集中制基础上的单一制。这一点不仅影响民族自治地方的财政横向分权，同时也为中央

① 参见《民族区域自治法》第32、33、34条。
② 参见《民族区域自治法》第33、34条。

与民族自治地方的关系划定了界限。民族自治地方必须接受上级的领导，必须坚持全国统一的政治和法律制度。即便对具体制度有一定的变通权，也必须严格受控于上级或中央的监督。可见，民族自治地方的财政自治权非常有限。

不过，民主集中制基础上的单一制只是基本模式，它并不适合表述中央与特别行政区的关系。根据《香港特别行政区基本法》和《澳门特别行政区基本法》的规定，全国人大授权特别行政区实行高度自治，享有行政管理权、立法权、独立的司法权和终审权。[①] 就财政事务而言，特别行政区保持财政独立。特别行政区的财政收入全部用于自身需要，不上缴中央人民政府。中央人民政府不在香港特别行政区征税。特别行政区的财政预算以量入为出为原则，力求收支平衡，避免赤字，并与本地生产总值的增长率相适应。特别行政区实行独立的税收制度，自行立法规定税种、税率、税收宽免和其他税务事项。不仅如此，特别行政区还是一个独立的关税区，可以参加有关国际组织和国际贸易协定。[②] 正如有的学者所言，这种自治权“在许多方面比联邦成员的权力还要大”[③]。

特别行政区之所以能高度自治，与特定的历史背景密不可分。在回归中国之前，香港和澳门都是西方国家的殖民地。为了解决祖国统一的历史问题，邓小平同志提出“一国两制”构想，《香港特别行政区基本法》和《澳门特别行政区基本法》都是这一思想的具体落实。“一国两制”坚持了祖国统一的大前提，同时也尊重了香港和澳门的实际，因此受到了香港和澳门人民的拥戴，也得到了全国人民的理解和支持。不过，“一国两制”的适用范围非常有限，除了继续用于解决台湾问题外，也只能在香港和澳门地区实施，并且还以目前的居民制度作为前提。因此，从整体上看，特别行政区高度自治的模式不可复制。即便在实施民族区域自治的地区，其自治权也不可能达到如此的高度。

事实上，特别行政区之所以能够高度自治，与其实施的居民制度有很大的关系。目前，香港和澳门居民可以自由进出内地，但内地居民不能自由进出香港和澳门，更不可能自由选择在香港和澳门定居。如果没有这种身份

---

① 参见《香港特别行政区基本法》第 2 条、《澳门特别行政区基本法》第 2 条。

② 参见《香港特别行政区基本法》第 106、107、108、116 条，《澳门特别行政区基本法》第 104、105、106、112 条。

③ 肖蔚云：《论一国两制下中央与香港特别行政区的法律关系》，载《北京大学学报》1991 年第 4 期。

和迁徙制度的限制，香港和澳门不可能成为独立关税区，更不可能维持商品进出口的零关税。就其内地税制度而言，由于香港和澳门实行低税率政策，一旦开放居民身份和迁徙自由的管制，会导致内地居民大量涌入，超过香港和澳门的承受能力。因此，目前特别行政区的高度自治，只能在相对封闭的环境中实施。而我国内地早已经形成一个统一整体，即便是实行民族区域自治的地区，也只是在法律上享有某些特殊待遇，地理空间上根本不可能实现封锁。因此，内地不可能照抄特别行政区的经验。

至于少数民族地方的财政自治实践，在当前探索财政分权改革的背景下，应该更具有试验和参考借鉴的意义。少数民族聚居地大都比较贫困，且一般处在偏僻、边远的地区。而当前的财政体制有利于富裕地区，不利于缩小贫富差距、扶持民族地区发展。尽管民族地区能获得更多的财政补助，但补助的标准、条件、用途、责任等，同样缺乏法律的约束和规范，随意性和偶然性都非常大。在很大程度上，由于缺乏独立的财政收入来源，不能维持财政收支平衡，民族地区的财政自治很难保证。在许多人的心目中，自治变成了财政补助的代名词，自治机关与一般地方政府的区别也越来越模糊。这对增强民族地区财政能力、贯彻民族自治精神非常不利。

为了改变这种状况，同时也为了完善分税制，不妨考虑以民族自治地方作为试点，推行一些新的财政改革方案。例如，在中央的法律调控之下，允许自治区开征地方税；尝试用因素法规范转移支付行为；简化民族自治地方的收入分享制度，等等。如果条件成熟，可以向其他地区推广。由于民族自治地区在法律上具有特殊性，在人们的意识中也已经形成倾向性，即便在各民族自治地方一些特别待遇，也不会引起其他地方的反感和阻挠。况且，民族自治地方经济发展不足，人民生活水平亟待提高，最需要在政策上获得照顾和支持。如果改革措施能够成功，则有利于缩小地区差距，巩固少数民族自治的成果。即便出现不能克服的难题，也只是在可控制的范围内。因此，选择其作为改革试点成本最低，风险最小。

第二节　购房抵税、先征后返与地方财政自主权[1]

2008 年 12 月 18 日，重庆市政府出台《关于进一步采取适应性政策措施

① 本节原文发表于《月旦财经法杂志》第 26 期，台湾元照出版有限公司 2011 年版。感谢钟慧文的协助。

促进经济平稳较快发展的意见》。该意见第7条规定,从当年12月1日起,市内购买住房的个人按揭贷款本息,可抵扣产权人个人所得税的地方提留部分。2009年1月20日,重庆市政府又推出《关于扩大内需促进房地产业健康发展的实施意见》,其中第7条规定了"购房抵扣个人所得税"政策。

根据上述条款,2008年12月1日后,在重庆首次(含改善型)购买住房并以按揭方式支付的,其按揭贷款本息,可抵扣产权人当月缴纳的个人所得税地方留成部分。由于个人所得税的地方留成部分为40%,该政策实施后产权人可享受抵扣比例也为40%。抵扣个人所得税只针对首次置业者,优惠的时间范围自2008年12月1日至2012年12月31日。

实际上,这一政策并非重庆政府首创。早在1998年5月亚洲金融危机之后,为了进一步拉动内需刺激消费,上海市政府以解决商品房严重积压为突破口,出台了《关于促进本市住宅产业健康发展若干意见》,通过税收优惠鼓励个人购房,其核心即是"购房抵税"。上海的政策实施之后并未出现争议,但是,重庆的政策出台之后,却引起了中央的高度关注。

财政部、国家税务总局于2009年1月19日联合下发了《关于坚决制止越权减免税 加强依法治税工作的通知》。该通知指出,一些地区以应对国际金融危机、促进地方经济发展为名,违反国家财税法律规定,擅自出台减免税、缓缴税、豁免欠税和返还已缴纳的税收等政策,破坏了税制的规范、统一,扰乱了正常的财税秩序,应该予以制止。

这份文件虽然没有点重庆的名,但显然与其推行购房抵税有关。当时,各种新闻媒体对这项政策讨论热烈,公众的意见也很不统一。但是,他们所考虑的主要是对房地产市场的影响,而不是政策的合法性问题。财政部和国家税务总局适时出台这份文件,用意非常清楚:无论是何种财税措施,只要超越了自身的权限,就属于违法。地方政府的购房抵税政策因此也走到了尽头。

无独有偶。1994年推行分税制之后,由于国务院的严格禁止,各地不能直接进行减免税,税收"先征后返"开始流行。"先征后返"的基本特征是,以纳税人在一定期限内所纳税款为限,在归属于本级政府的收入范围内,根据一定的条件,对该纳税人作特定支付或返还。2000年,国务院明确规定,各地区、各部门不得以先征后返或其他减免税手段吸引投资,更不得以各种方式变通税法和税收政策,损害税收的权威。各地区自行制定的税收先征后返政策，从2000年1月1日起一律停止执行。①

“购房抵税”和“先征后返”都不影响中央的财政收入，为什么中央要如此严厉僵化，三令五申不允许地方这样做呢？这是因为，在中央看来，购房抵税和先征后返都属于变相的减免税。尽管中央的财政利益没有因此而减少，但是，这种做法不仅扰乱了税收秩序，违背了统一税政、集中税权的原则，而且违背了公共财政的要求，削弱了财政调控能力，甚至形成了潜在的财政风险，因此，必须采取有力措施，坚决予以制止。可见，中央看重的不是税款本身，而是税收秩序，是中央自身的权威。

但从地方政府的角度看，既然购房抵税和先征后返不涉及中央收入，中央似乎没有必要予以干涉。地方自己的钱怎么花，应该属于地方的财政自主权。《预算法》既然将地方政府作为一级独立的预算主体，允许其独立编制预算，就意味着允许其自主决定财政开支。地方政府放弃本来可以收取的收入，或者先按照税法征收入库，再按照条件返还给纳税人，这也是一种财政支出行为，地方政府应该有权决定如何做。可见，在这一问题上，地方和中央的立场未必完全一致。中央强调统一的税收秩序，地方强调自主的财政支出。谁是谁非，一时难以妄下结论。

有鉴于此，下文先对购房抵税以及先征后返的特征进行分析，找出其与税收减免的内在关联；其次，对中央的税收减免权进行考察，检索其法律依据，阐释中央不允许地方减免税的理由；再次，以税收减免权的限制为例，探寻地方财政自主权的边界，说明地方即便有《预算法》的授权，也必须受到中央财政权力的制约；最后，从财政体制改革的角度出发，针对税收减免的权限问题，对如何协调中央和地方的立场，提出相关的建议。

一、购房抵税与先征后返的法律性质

税收“先征后返”的形式千变万化，操作上也非常方便。其基本特征是，以纳税人在一定期限内所纳税款为限，在归属于本级政府的收入范围内，根据一定的条件，对该纳税人作特定支付或返还。

---

① 参见国务院《关于纠正地方自行制定税收先征后返政策的通知》。该通知指出，1994年实施的税制改革，进一步强化了税收法制，规范了税收管理，基本上遏制了越权减免税的现象。但是，最近一段时间以来，一些地方为了缓解企业困难或实现其他经济目的，违反有关规定，采取税收先征后返（也称列收列支）的办法，对企业已缴纳的税收予以返还。这种做法不仅扰乱了税收秩序，违背了统一税政、集中税权的原则，而且违背了公共财政的要求，削弱了财政调控能力，甚至形成了潜在的财政风险，必须采取有力措施，坚决予以制止。

税收先征后返之所以被认定为是一种减免税,是因为税收的征收和返还之间存在逻辑联系。返还给特定纳税人的税收,就是该纳税人自己所缴纳的,二者之间有明确的关联。按照 2000 年国务院《关于纠正地方自行制定税收先征后返政策的通知》,先征后返又被称为列收列支。税款形式上已经收取入账,甚至可能列入地方预算,但是,由于该笔款项已经有明确的用途,必须返还给缴纳该笔税款的纳税人,对于政府财政来说,这实际上是一笔不可支配的收入,只是过一下账而已,无法用于其他一般性用途,属于典型的税式支出,其与减免税毫无二致。假如切断税款的征收与返还之间的关联,税款按照正常程序征收入库,支出按照一般的标准进行评估,使其不再具有"返还"的特点,而只是正常的财政支出,就不应该归入"先征后返"的范畴了。

税收先征后返有时候是附条件的,有时候不附条件。例如,地方政府可能和纳税人约定,企业所得税征收入库之后,对属于地方政府分享的部分,40% 返还给纳税人。这属于不附条件的先征后返。纳税人缴纳企业所得税之后,16% 的税款会在一定期限内得到返还,相当于减免了 16% 的企业所得税款,企业所得税的税率因此降低到 21% 。地方政府也可能和纳税人约定,当企业的投资总额达到 1 亿时,在五年之内,企业所得税征收入库之后,对属于地方政府分享的部分,40% 返还给纳税人。企业的投资总额达到 1 亿,便属于所附的条件。与此同时,还特别限定了五年的返还期限。这种附条件和附期限的先征后返,在实务中较为常见。

税收先征后返通常见于政府与纳税人直接签订的投资协议中。通过这种一对一的谈判,先征后返的形式五花八门,所附的条件不一,所附的期限不一,用于返还的税种也不一致。不过,由政府发布通告的形式规定先征后返,也不是不可能。若干年之前,在地方政府(特别是经济开发区管理机构)发布的招商引资公告中,我们经常可以看到一些税收先征后返的规定。这些规定构成一种公开承诺,对所有进场投资的纳税人产生效力。经过长时期的治理,这种明目张胆的做法已经很少见。但地方政府仍然可能与纳税人单独谈判,通过合同或协议的形式将税收先征后返规定下来。

无论是哪一种形式,税收先征后返都必须满足下述要求,即将特定纳税人缴纳的税款按照一定条件在一定期限内返还给纳税人。只有符合这个要求的行为,才会构成实质上的减免税,并导致破坏统一的税收秩序,挑战中央的权威。在现实生活中,政府经常会对特定的企业或个人进行补贴,从经济利益来看,这种补贴与税收返还并无区别。从构成要件来看,财政补贴也需要满足一定的条件，并且也会有一定的期限限制。例如，地方政府可以设立企业发展基金，当企业的投资总额、设备的科技含量、研发水平达到一定的要求时，可以申请企业发展基金的补助。这种补助属于财政补贴，但不属于税收先征后返。

其实，企业发展基金本身可以来自税收。例如，地方政府可以规定，从企业所得税地方分成中提取 40%，即企业所得税的 16%，设立企业发展基金，用于补助符合条件的企业。尽管如此，由于没有和特定纳税人缴纳的特定税收挂钩，这种来自企业发展基金的补助，仍然不属于国务院所反对的税收先征后返。纳税人所得到的补助，可能来自于自己所缴纳的税款，也可能来自于其他企业所缴纳的税款。纳税人所得到的补助，可能超过自己所缴纳的企业所得税，也有可能只是自己所缴纳所得税的很小一部分，没有超过地方分成的 40%。正是因为征收与支出之间没有必然联系，征收和支出之间不成比例，征收和支出之间的不确定性，使得这笔资金成为真正的财政支出，而不是附条件的税收先征后返。

重庆的购房抵税政策究竟是正常的财政支出，还是一种先征后返政策，进而抵触了中央的税收减免权？重庆的做法是，在重庆首次（含改善型）购买住房并以按揭方式支付的，其按揭贷款本息，可抵扣产权人缴纳的个人所得税地方留成部分。要符合其要求，必须满足几个条件。首先，要想得到抵税的待遇，纳税人必须买房。其次，买房人只能采取按揭的方式买房。再次，只能是首次（改善型）购买住房才能抵税，第二套房不享受这个待遇。最后，买房人必须实际缴纳个人所得税，否则无税可抵。另外，重庆市刻意强调，用来抵扣的个人所得税，只是产权人缴纳的个人所得税的地方留成部分，属于中央的部分丝毫不动。这一条是天经地义的。属于中央的部分已经缴入中央国库，不可能退还纳税人或供纳税人抵扣。如果不强调这一点，地方政府就得倒贴纳税人。

从上述内容可知，作为纳税人，购房人先正常缴纳个人所得税，办理购房按揭手续之后，再用按揭贷款的本息抵扣个人所得税中地方留成部分。这种做法与先征后返其实还有所差别。先征后返要求税款先入库，然后再退还给纳税人。而重庆的购房抵税采取直接抵扣的做法，税款根本没有入库，直接就被豁免了。相比先征后返，这是一种更为彻底的减免税措施。只不过，这是一种附条件的税收减免，条件即为按揭贷款买房。如果不是按揭贷款买房，或者如果不买房，就得不到这种抵扣个人所得税的待遇。正是因为如此，在重庆的政策出台后不久，财政部和国家税务总局就下文制止，认为这是变相的减免税，侵犯了中央的税收立法权。

二、中央控制税收减免的依据和理由

我国宪法并未规定税收分为中央税和地方税，也没有规定税收开征权和减免权由谁行使，目前有关这方面的基本规定是1993年《国务院关于实行分税制财政管理体制的决定》。国务院在该决定中严格要求，中央税、共享税以及地方税的立法权都要集中在中央，各地方政府要严格清理地方政府自行制定的各项减免税政策。对于1993年6月30日前，经省级政府批准实施的未到期地方减免税项目或减免税企业，重新报财政部和国家税务总局审查、确认后，从1994年起，对这些没有到期的减免税项目和企业实行先征税后退还的办法。这项政策执行到1995年。这就意味着，1996年之后，除了法律和行政法规授权的之外，地方政府所制定的任何减免税措施都是无效的。

以上规定并非没有法律依据。1992年制定的《税收征收管理法》第3条就明确规定，税收的开征、停征以及减税、免税、退税、补税，依照法律的规定执行；法律授权国务院规定的，依照国务院制定的行政法规的规定执行。任何机关、单位和个人不得违反法律、行政法规的规定，擅自作出税收开征、停征以及减税、免税、退税、补税的决定。《税收征收管理法》虽然历经1995年和2001年的修订，但上述内容的精神和原则基本上没有改变。这说明，对于中央控制税收立法权和税收减免权，立法机关是全力支持的。在当时中国的税收体制下，这也是一种非常现实的选择。

尽管立法机关和国务院明确禁止，在实际执行中，各地方为了扶持当地的经济发展，越权减免税还是时有出现。1998年，国务院又发出《关于加强依法治税严格税收管理权限的通知》，要求强化税收法制，严格控制税收减免。对地方税的减免要在中央授权的范围内办理，不得自立章程，自行其事。其后几年出台的《立法法》对此再次予以明确。该法第8条将税收方面的基本制度列入只能制定法律的范围，第9条接着规定："本法第8条规定的事项尚未制定法律的，全国人民代表大会及其常务委员会有权作出决定，授权国务院可以根据实际需要，对其中的部分事项先制定行政法规"。《立法法》从未授权地方进行税收减免，只有国务院才有资格被授权，而且此项授权不得转授第三人。

到目前为止，从表面上看，中央和地方对税收减免权的竞争是以地方失败告终。但是，地方实际上并没有停止竞争，依然采取各种隐蔽的方式，如财政奖励等变相的税收"先征后返"的方式与中央周旋。根据现行税收减免权管理体制的规定，重庆的购房抵税政策显然欠缺合法性，作为地方政府的重庆没有减免税权。各种税收先征后返也属于减免税，同样应当予以制止。然而，中央为何要控制税收减免权？对于地方完全享有的税收，或者共享税中的地方分成部分，能否让地方自主决定如何处理？对于这两个问题，可以从法律逻辑、政策效果和体制背景三个角度进行分析。

1. 税收减免权设定的法律逻辑

税收减免权与税收立法权是一体两面。享有税收立法权的主体，也就是控制税收减免权的主体。其他主体如想分享这项权力，必须得到原始权力人的授权。

根据《立法法》和《税收征收管理法》的相关规定，目前我国的税收立法权主要集中在全国人大及其常委会。但是，经过法律或立法机关的授权，国务院可以制定行政法规，在不与法律相冲突的情况下，规定税收的开征、停征、减征、免征等事宜。地方立法机关和地方政府无权决定税收开征和减免。从这个角度而言，1993 年，国务院发布《关于实行分税制财政管理体制的决定》，规定"中央税、共享税以及地方税的立法权都要集中在中央"，与法律的精神是一致的。只不过，有关税收立法权限的内容，事关国家宪政体制，理应由立法机关来规定。如果《立法法》中不宜规定具体的税收立法问题，而"税收基本法"又缓不济急，最起码应由《税收征收管理法》来规定。国务院作为最高行政机关，直接规定税收立法权如何分配，似乎有越权之嫌。

尽管如此，对于地方政府而言，国务院的决定具有法律约束力。《宪法》第 3 条规定，中华人民共和国的国家机构实行民主集中制的原则。中央和地方的国家机构职权的划分，遵循在中央的统一领导下，充分发挥地方的主动性、积极性的原则。第 89 条又规定，国务院统一领导全国地方各级国家行政机关的工作，规定中央和省、自治区、直辖市的国家行政机关的职权的具体划分。这说明，在政府的职权范围内，只要不与法律冲突，国务院有权控制税收立法权。地方政府对此必须服从，不得挑战国务院的权威。

无论是法律还是行政法规，无论是全国人大及其常委会，或是国务院及其部委，都是代表中央。也许从严格的眼光来审视，国务院的授权立法，特别是国务院对财政部和国家税务总局的转授权，本身也存在法律问题，如授权范围过于宽泛、授权目的不明确，转授权违反禁止性规定，等等。这是我国宪政发展过程中必须直面的问题，没有必要予以否认或回避。但是，从总体上看，中央控制税收立法权的事实，已经从宪法和法律中得到确认。就立法惯例而言，新中国自成立以来，税收立法权就一直集中在中央，地方无权开征新税种。这至少说明，中央的税收立法权的合法性不存在问题。

既然税收立法权由中央行使，税收减免权当然也只能集中在中央。如果中央立法开征税收，地方可以随意设定税收减免，这就等于地方否定中央的税收立法权。对中央而言，这无论如何都是不可接受的。所以，对于地方变相减免税的行为，如购房抵税、先征后返等，中央肯定不会等闲视之，只要出现这方面的苗头，一定会坚决制止。中央考虑的不是财政利益的损失，实际上，地方减免税收对中央财政没有损失。中央考虑的是地方行为的合法性。既然地方的减免税越权，再怎么合理中央也难以容忍。

2. 税收减免权的政策效果

抛开地方越权不谈，从政策效果上看，如果中央改变目前的做法，对地方开放税收减免权，任由地方决定如何进行减免税，后果也是会不堪设想的。

我国从 1994 年推行分税制至今，几乎所有的主税种都成为共享税。例如，增值税中央得 75%，地方留成 25%；企业所得税中央得 60%，地方留成 40%；个人所得税中央得 60%，地方留成 40%。营业税名义上是地方税，但各银行总行和各保险总公司集中缴纳的营业税收入却划归中央，实际上也变成中央与地方的共享税。地方对归属于本级财政的税收如果可以自主决定减免，对全国税政的统一将会带来很大的消极影响，会给地方之间恶性竞争提供巨大的税收诱因，破坏全国统一大市场的形成，妨碍正常的经济秩序和竞争机制。

在各地的招商引资政策中，经常可以看到此类的税收减免。例如，在承接上海产业转移的过程中，长三角地区竞相推出经济开发区，吸引上海大企业落户本地。为了增加竞争力，除了硬件设施和服务质量外，税收成为了各地重要的卖点。各种减免地方税收的措施五花八门，有的甚至到了不惜血本的程度。对于现任领导来说，只要能够引来投资，就能增加当地的 GDP，提升自己的政绩。至于当地经济后续的发展如何，是否会影响国家经济的整体效果，都不在其考虑范围之内。正是因为考虑到这一点，2008 年 9 月 16 日，国务院公布的《关于进一步推进长江三角洲地区改革开放和经济社会发展的指导意见》旗帜鲜明地指出，长三角要规范招商引资行为，实行相对统一的税收政策，营造公平、开放的投资环境。① 越权税收减免再一次被叫停。

从形成全国统一大市场的角度看，地方之间的恶性税收竞争害处多多。尽管地方放弃的是自己的财政收入，并未损害中央的税收利益，但是，中央还负有建设和维护全国统一市场、维护正常的竞争秩序的职责，以及促进区域经济和全国经济长远发展的职责，因此，对于地方之间随意减免税的行为，中央必然要进行干预。客观来说，在目前的激励机制下，地方政府容易成为"市场主体"或"经济人"。如果没有外在的规则予以约束，当其他地方竞相减免税以吸引外来投资时，如果本地不努力跟进，在其他条件基本相当的情况下，招商引资就会落后于其他地方。这种诱惑非地方政府自律可以克服，只能寄望于中央的干预。

地方的越权减免税不仅导致恶性税收竞争，而且容易抵消中央的宏观调控政策，与中央的决策意图背道而驰。重庆的购房抵税政策之所以备受瞩目，就是因为在房地产发展形势不明朗之时，面对中央调控房地产的高压态势，重庆仍然出台政策刺激房地产的发展。这种顶风而上的做法，如果各地普遍效仿，完全可能将中央的决策效果抵消殆尽，与公众要求平抑房价的心理大相抵触，因此受到舆论的广泛关注甚至挞伐。从法律的角度看，宏观调控本身是一个抽象概念，代表着中央总体上的执政意图。只有将宏观调控落实到具体规则，才有可能成为地方的法律义务。如果地方的行为合法，即便不符合中央的宏观调控精神，也不应承担法律责任。但是，如果地方的行为本身就不合法，同时又与中央的宏观调控意图相悖，其结果就可想而知了。

3. 税收减免权设定的体制背景

我国目前的税收减免权设定模式来源于1994年的分税制改革。熟悉这段历史的人都知道，在此之前，地方坐大，中央财力不足，难以履行正常的职能，对地方的支配力自然大为减弱。为了聚集财力，集中税权，加强对地方的财政支配，中央才下决心启动分税制改革。在这种情形下，统一税政，上收税权是主流，只有在很特殊的情况下，中央才会对地方放权。这个背景不仅影响了税收立法权的配置，同样也影响了税收减免权的配置。不言而

---

① 参见孙小林：《国务院叫停长三角恶性招商竞争》，载《21世纪经济报道》2008年9月25日；另见新华网：http://news.xinhuanet.com/fortune/2008-09/25/content_10107179.htm，2010年10月20日访问。

喻的结论是，减免税的权力集中在中央，地方不能越权减免税。这无疑也成为1994年分税制改革的另一个亮点。

例如，国务院在《关于实行分税制财政管理体制改革的决定》中即明确提出，要妥善处理原由省级政府批准的减免税政策问题。在制止和取缔越权减免税的同时，对于1993年6月30日前，经省级政府批准实施的未到期地方减免税项目或减免税企业，重新报财政部和国家税务总局审查、确认后，从1994年起，对这些没有到期的减免税项目和企业实行先征税后退还的办法。这部分税收中属中央收入部分，由中央财政统一返还给省、自治区、直辖市政府，连同地方收入部分，由省、自治区、直辖市政府按政策规定统筹返还给企业，用于发展生产。这项政策执行到1995年。

地方减免或变相放弃本级税收收入时，虽然中央的财政利益并未受到影响，但是，中央的政治权威受到了挑战。如果不能及时制止，中央的统治力会急剧下降，最终引发政治危机。所以，从1994年至今，虽然情况发生了很大的变化，但是中央始终坚持全国税政的统一，不仅税收立法权集中在中央，减免税的权力也不能由地方分享。不难想象，如果没有良好机制保证中央的权威，如果中央对其统治力没有足够信心，如果税收立法体制没有相应的调整，税收减免权的配置仍然只能维持目前的模式。无论是直接的减免税措施，或是购房抵税、先征后返等变相减免税，只要触及中央的底线，就不可能被中央所容忍。

三、地方财政自主权的法律限制

重庆购房抵税政策成为舆论焦点之后，就其在法律上的合法性如何，公众存在两方面的观点。一种观点认为，购房抵税破坏了中央调控房地产的效果，与中央的政策相悖，因而是违法的。另一种观点认为，如何支配属于自己的税收，是地方的财政自主权。重庆的做法即便与中央的精神相悖，也不能被定性为违法。如前所述，本书主张重庆的政策违法，因为其属于越权减免税。作为地方政府，无论是重庆还是其他地方，当然享有财政自主权。但是，这种财政自主权的边界究竟在哪里，应该受到哪些限制，需要从现实层面仔细探讨，而不能仅仅满足于一个笼统的概念。

公共产品理论强调公共产品的层次性和地域性。由于地方政府了解本地居民的需求，政治上富有创造政绩的积极性，而且能够高效率地提供公共产品，所以，能够由地方提供的公共产品，最好由本地直接提供。由此形成的结论是，地方性的公共产品由地方政府提供，全国性的公共产品由中央政府提供。正是因为如此,无论是作为整体的地方,还是其中某一级的地方,都应该有自己的财政自主权,可以自主决定某些收入和支出事宜,以便履行宪法和法律赋予的职责,满足当地居民对公共产品的需求。而事实上,只要是实行多级制政府的国家,不论属于何种政治性质,不论采纳何种国家形态,也不论实行何种经济体制,地方都会有一定的财政自主权。

从法律上来看,由于在不同的国家形态中,中央和地方的政治关系不同,地方财政的权限自然也不一致。在联邦制国家中,联邦宪法是划分政府间财政权限的主要依据。立法机关制定的法律可以起补充作用,但是不得违反宪法的规定、原则和精神。在单一制国家中,宪法一般只规定中央的财政权限,地方的财政权来自于中央的授予。而在法治环境之下,中央对地方的授权往往通过立法进行,中央政府的权力本身也受到约束。尽管如此,无论是联邦制还是单一制国家,地方政府都会拥有一定的权力,可以在一定的范围内自主决定如何筹集财政收入,如何进行财政支出。

美国是一个联邦制国家,州政府在不违反宪法的前提下,可以单独开征地方税,制定收费标准,筹集地方财政经费来源,并决定地方税费的减免或停征。在财政支出方面,地方可以自主支配本级政府的收入,不受联邦政府的制约。从这方面看,美国地方享有的财政自主权的确非常高,甚至有点像“国中之国”。不过,在美国宪法中,地方和中央的权力有明确的区分,地方的行为不得违反宪法,不得侵犯联邦的权力,否则,就会被最高法院宣布违宪。例如,《美国宪法》第 1 条第 10 节规定,禁止任何州课征进出口关税。地方对此必须服从。在财政支出方面,地方政府也不是可以为所欲为,而是受到宪法和法律的限制。例如,为了保障公民的宪法基本权,如生存权、平等权、表达自由等,地方就必须进行某些财政开支,而且必须达到法定的标准。可见,即便在美国,地方政府的财政自主权也是有限的。

日本是一个单一制国家,历史上是一个中央集权的国家。现在日本实行地方自治制度,地方的财政自主权由法律予以保障。日本的税收管理体制颇具特色,中央对地方税实行严格管理。虽然地方政府根据自治原则,有权决定征收何种地方税,但为了防止地方税和中央税的重复征收,中央政府对地方税的课征控制严格。中央专门制定《地方税法》,地方只能根据《地方税法》的列举课征地方税;如计划在《地方税法》所列举的税种之外征税时,则必须得到自治大臣的许可。此外,地方政府不能独立决定税率,中央政府有权控制税率的上限,甚至还规定标准税率。这样,名义上日本地方有权征收地方税,但实际上受到中央的重重限制。日本这样做的目的在于,防止出现税收秩序混乱，以及全国不同地区的税收负担失衡。

中国也实行单一制，在处理中央和地方关系时，实行民主集中制，即便在民族区域自治地方，也是如此。如前所引，《宪法》第3条规定，中华人民共和国的国家机构实行民主集中制的原则。中央和地方的国家机构职权的划分，遵循在中央的统一领导下，充分发挥地方的主动性、积极性的原则。从条文的内容看，这里所谓的"中央"应是一个整体，概指中央政权，包括立法机关、行政机关和司法机关在内。从法治国家的理想出发，立法机关应该发挥主导性作用。不过，受历史传统的影响，我国事实上是一个行政主导的国家。在处理中央和地方关系时，除了立法机关制定法律之外，最高行政机关客观上发挥了最大的作用。《宪法》第89条所规定的国务院职权中，统一领导全国地方各级国家行政机关的工作，规定中央和省、自治区、直辖市的国家行政机关的职权的具体划分，也被列在其中，充分说明了国务院地位的重要性。

在审视地方的财政自主权时，必须充分考虑上述宪政背景。《预算法》将省、市、县以及符合条件的乡镇都作为一级预算主体，只是出于预算管理方面的便利，但这并不意味着地方是完全独立的财政主体。毫无疑问，地方必须有足够的财力，但不一定非要税收立法权不可。地方自己决定财政开支，也并不意味着可以不受中央的限制。事实上，地方的财政自治权并没有固定的实现模式。联邦制由联邦制的实现模式，单一制有单一制的实现模式。即便同是单一制国家，是否实行地方自治也可以成为一个区分标准。因此，当中央限制地方的税收立法权，或不允许随意及变相减免税时，我们不能轻易断言，中央侵犯了地方的财政自主权。必须就事论事，在现行法律、法规的框架下，将地方的财政自主权厘清，才有可能得出正确的结论。

我国自1994年之后推行分税制。《国务院关于实行分税制财政管理体制改革的决定》要求，中央税、共享税以及地方税的立法权都要集中在中央，以保证中央政令统一，维护全国统一市场和企业平等竞争。如果我们承认这份文件的法律效力，那么，中央对地方的购房抵税、先征后返政策的禁止就是合法的。即便是从财政支出的角度理解，地方也未必有这样的自主权，可以变相侵蚀中央的税收立法权，侵犯中央的政治权威。正如法治国家所要求的依法行政一样，地方政府的财政支出也必须受到约束，不得违反法律和行政法规，更不得借财政支出之名，规避中央对税收立法权的控制。从这个角度而言，如果不加以严格的界定，地方财政自主权这个概念并无太大意义，无助于财政实践中的相关案例的分析。

四、地方财政自主权的法治化前景

如前所说，中央对购房抵税和先征后返的禁止，虽然没有侵犯地方的财政自主权，但是，这是以现行法律、法规作为前提的。如果将这些法律、法规本身作为分析对象，则会发现，地方财政自主权其实有很大的改进空间。权力的大小只是问题的一个方面，如何设置权力、分配权力，如何让权力在法治的轨道上运行，才是问题的根本。

1. 谁代表中央来分配财政权力

1994年以来，国务院《关于实行分税制财政管理体制的决定》成为处理中央和地方财政关系的准则。地方的财政权究竟有多大，大体上可以从中找到答案。2002年国务院《所得税收入分享改革方案》实施后，只是税收分享作了具体调整，其他方面没有任何改变。相比以往的财政包干制，分税制实施的结果是，中央的财政权力大大加强，地方的财权和财力都被削弱。虽然从当时的经济社会情况来看，这个结果有其必然性和合理性，但是，作为一方利益主体，由国务院来决定其与地方政府的关系是否恰当？此外，国务院是否超越了自身的权限，代行了将本应由立法机关行使的权力？这两个问题，一个涉及合理性，一个涉及合法性，对地方政府都有巨大的影响。

在考虑中央与地方的财政关系时，其实国务院和地方政府都是利益主体，都希望争取自己利益的最大化。由国务院直接制定分配规则，既当裁判员，又当运动员，无疑不是一个合理的结果。我们相信，国务院在决策过程中一定会听取地方的意见，一定会综合考虑不同地方的需要，一定会作出妥协和让步，包括作出过渡性安排，以换取地方政府的支持，但是，无论如何，决策权掌握在国务院手中，地方政府实际上只能被动地接受。要想做到合理决策，必须摆脱身份混同的局面，让利益双方充分表达，互相竞争，把决策权转移给没有利益冲突的第三人。

虽然在中央和地方之间不存在第三人，但是，由谁来代表中央行使决策权，并不是只有唯一的答案。事实上，作为最高权力机关的全国人大更适合担纲，决定中央和地方之间的财政关系。全国人大的代表来自不同的地方，既能够代表中央的利益，又能够代表地方的利益。通过人大的投票表决机制，地方的意见和利益可以得到充分的表达，决策结果相对科学、公允，能够兼顾不同主体的利益。国务院单方立法虽然效率较高，但容易牺牲另一方的合理利益，给政策执行带来难以预料的负面效果。

由全国人大决策的另一个好处是，法律具有相对稳定性，不容易朝令夕改,可以保证地方政府的利益预期。国务院《关于实行分税制财政管理体制的决定》只是一个行政规范性文件,国务院可以随时改变或撤销。事实上,2002 年当国务院决定推行所得税收入分享改革时,也是凭借一纸通知,就修改了 1994 年的分税制方案。如果分税制方案由全国人大立法,即便国务院想要改变分配规则,也只能向全国人大提出议案,启动法律修改程序。来自地方的人大代表既可以同意,也可以投票反对。[①] 通过这种方案设计,可以兼顾中央和地方的利益。

从合法性的角度看,国务院是否有权作出分税制的决定呢?《宪法》第 89 条第 4 项规定,国务院"统一领导全国地方各级国家行政机关的工作,规定中央和省、自治区、直辖市的国家行政机关的职权的具体划分"。但是分税制不属于中央和地方政府之间权限的"具体划分",而属于最高国家权力机关保留的基本事项,只能由全国人大制定法律来规定。中央和地方政府间的关系与人民和国家、民族和民族、宗教和宗教关系一样,是事关国家结构形式的重要宪政问题。中央和地方政府的财政收入分配权属于国务院,还是全国人民代表大会及其常务委员会,则是事关立法机关与行政机关关系即国家组织形式的重大宪政问题。因此,分税制方案不应由国务院行使决定权,而应该由全国人大制定法律。[②]

当我们埋怨地方财政权力太小,财力不足支持其正常职能时,问题的答案往往落脚在扩大地方财力,以及要求中央更大范围地下放权力上。其实,中央本身也是一个复杂的主体,其内部有不同的意志表达形式和利益诉求,也需要接受宪法和法律的约束。因此,地方财政自主权必须楔入法治化视角。在宪法和法律允许的范围内,地方的财政自主权必须得到保障。中央政府调整地方的财政权时,无论是缩小收入还是扩大支出,都应该用法治的标准进行衡量,在宪政的框架下依法进行。地方政府行使财政权时,也应该适时考虑其法律界限,在不与法律冲突的前提下自主进行。

2. 中央标准立法与地方税收自主权

目前,地方的税收自主权来自中央授予。授权的方式大致可分为三种:第一,直接规定地方政府有权减免属于本级的税收。例如,《民族区域自治

---

① 正是因为如此,这种立法权只能由全国人大行使,而不能由全国人大常委会行使。全国人大常委会的委员大部分来自中央机关,其对地方的正当利益会较为漠视。

② 叶必丰:《经济宪法学研究的尝试:分税制决定权的宪法解释》,载《上海交通大学学报》(哲学社会科学版)2007 年第 15 卷第 6 期。

法》第34条规定，民族自治地方的自治机关在执行国家税法的时候，除应由国家统一审批的减免税收项目以外，对属于地方财政收入的某些需要从税收上加以照顾和鼓励的，可以实行减税或者免税。自治州、自治县决定减税或者免税，须报省、自治区、直辖市人民政府批准。针对企业所得税，《企业所得税法》第29条也有相同的规定。民族自治地方有了这个待遇之后，无论是购房抵税还是先征后返，就不存在合法性问题了。

第二种形式是，中央在税收法规中规定幅度税率，由地方自主决定适用税率。例如，《契税暂行条例》第3条规定，契税税率为3%—5%。契税的适用税率，由省、自治区、直辖市人民政府在前款规定的幅度内按照本地区的实际情况确定，并报财政部和国家税务总局备案。目前，在不同的地方，契税的适用税率并不一致，但都限制在被授权的范围内，因此也不存在合法性的问题。

第三种方式是，中央制定税收法规，地方自主决定是否实施。例如，在筵席税、屠宰税被废止之前，国务院曾于1994年下发通知，自1994年1月1日起，下放屠宰税和筵席税的管理权。屠宰税和筵席税下放地方管理后，各省、自治区、直辖市人民政府可以根据本地区经济发展的实际情况，自行决定继续征收或者停止征收。继续征收的地区，省、自治区、直辖市人民政府可以根据《屠宰税暂行条例》和《中华人民共和国筵席税暂行条例》的规定，制定具体征收办法，并报国务院备案。①

笔者以为，针对地方的税收自主权，上述三种模式各有千秋。第一种模式可以有效照顾特定地方的需要，但不宜全面推广，特别是针对全国普遍征收的税种，如增值税、企业所得税、个人所得税等，否则不利于全国税政的统一。第二种模式可以照顾不同地方的需要，在契税、车船税、耕地占用税、城镇土地使用税中已经广泛使用。不过，地方政府的权力其实非常有限，只能在一定的幅度中选择税率，其他内容不得有任何改变。第三种模式虽然已经不复存在，但是非常具有研究价值，也许可以成为未来中国地方税的样板。

按照第三种模式，虽然中央的税收立法仍然存在，但是并不是自动适用于纳税人，而是有待于地方政府的选择。如果地方政府选择开征，纳税人才有可能产生给付义务。如果地方政府选择不开征，尽管有中央的立法存在，纳税人并不会产生任何给付义务。与此同时，地方政府还可以制定具体征

① 国发[1994]7号，1994年1月23日。

收办法,事实上可以对中央的规定作一些调整,只不过需要报中央备案而已。这种做法非常近似于日本的地方税制度。如前所述,日本的《地方税法》制定生效之后,地方开征地方税时,只能在该法规定的范围内选择。对列举的每个税种,《地方税法》都已经规定了课税要素,实际上相当于一个标准法。如果没有地方立法的转化,《地方税法》对纳税人并不产生法律效力。

从 1994 年开始实施分税制到现在,中央的财权和财力都被大大强化,地方政府的财政压力日益显现。特别是 2007 年金融危机之后,地方的隐形负债急剧膨胀,财政风险成为一个非常严峻的话题。有鉴于此,地方的财政能力建设应当成为新一轮财政改革的重点,而地方税则可以作为一个突破口。以往在讨论地方税立法权时,总是会伴随着一些担忧,担心地方滥用权力,巧取豪夺,增加纳税人的负担,或者随意减免税收,进行恶性税收竞争,破坏全国税收秩序的统一。如果完全把权力下放地方,这种担心不无道理。但是,假如遵守屠宰税和筵席税的模式,由中央统一立法,地方选择适用,一旦有所改变,必须报中央批准,那么,既可以保证中央的权威,又能够尊重地方的自主权,应该是一个一举两得的举措。

目前,我国地方税改革正在稳步推进之中。为促进新疆经济社会发展,加强地方财政能力建设,资源税改革先从新疆试点,并逐步向全国推行。房产税改革虽然仍处于研讨阶段,但是,无论是房地产调控的客观形势,还是地方政府对税收的强烈需求来看,房产税改革应该是箭在弦上,不得不发。为了充分尊重地方的选择权,保证税制的适度灵活性,完全可以考虑标准法立法模式。中央先针对资源税和房产税制定标准法,供地方选择执行。在标准法中,税率、征税范围、税收减免等,仍然可以保持充分的弹性,给地方一定的机动空间。此外,税制设定之后,对于这种纯粹的地方税,还可以授权地方自主决定税收减免。通过这种设计,上述列举的三种模式就全部得到了体现。

3. 地方的财政支出标准由谁来决定

从行政的角度看,我国地方政府受中央政府的领导,必须按照中央制定的标准施政。例如,公务员职位的确定,行政事业单位的薪资标准,学校教育的达标,社会保障开支的额度,各种项目的量化考核,等等。只有这样,才能保证全国一盘棋,整体向前推进。一般而言,政府间财政收入的配置必须与职能相匹配,也就是通常所说的事权与财权相一致。所以,在财政收支划分的初期,地方政府的收入与支出应该会大体相当。然而,当政府间财政收支划定之后,如果不允许地方政府自创财源,一旦中央政府提高行政标准,就会给地方的财政造成很大的压力。例如,中央可能要求提高公务员工资,或者提高养老保险支付标准,或者要求加大某个特定领域的投入,但是,所有的费用都由地方财政自己承担。这种俗称“中央请客,地方买单”的现象,对地方财政自主权是一个很大的挑战。

中央设定行政标准并非完全不合理。在一个统一国家的范围内,行政标准差别太大,必定不利于国家的整体发展。但是,统一标准必须考虑资金来源。当地方政府财力既定时,增加这部分的财政开支,必定需要减少另一部分的开支。而每一项开支其实都有标准,地方不得随意减少。因此,中央在出台影响地方财政支出的政策时,必须同时考虑如何筹措这笔资金。笔者认为,这个问题可以从三个方面解决:

第一,“中央请客,中央买单”。如果中央决定提高行政标准,就必须给地方安排专项资金,以保证不增加地方政府的负担,推动这项政策的顺利执行。第二,地方自主决定是否执行中央制定的标准。也就是说,中央制定的标准是参考性标准、提倡性标准,而不是强制性标准。地方根据自己的财力和需要,自主决定是否以及何时、以何种方式执行。第三,允许地方开拓资金来源,开征新的税费,或者举借债务。只有通过这些方式增加资金,才可能在保证原有开支的前提下,增加部分项目的开支标准,或者新增开支项目。

基于目前的法律和政策限制,地方政府不能开征新税,但变相举借债务的途径并未被堵死,行政收费的渠道还相对畅通。所以,地方政府一方面大量举债,另一方面协力哄抬房价,赚取土地出让金。这两种方式的畸形发展,都为地方财政埋下了巨大隐患。尽管出现这种现象的原因,还有地方政府追求政绩的成分,但是,地方财政支出标准受中央支配,应该是其中一个重要原因。

4. 转移支付行为需接受外在的约束

2011 年,中央对地方税收返还和转移支付 39899.96 亿元,其中,税收返还 5078.38 亿元,一般性转移支付 18299.93 亿元,专项转移支付 16521.65 亿元。税收返还占中央一般性财政收入的比重为 9.8%,转移支付支出占中央一般性财政收入的比重为 67.86%。地方财政支出的 17.46% 来源于中央财政转移支付,地方财政支出的 2.5% 来自中央对地方的税收返还。[①] 如

① 参见财政部《关于 2011 年中央和地方预算执行情况与 2012 年中央和地方预算草案的报告》,http://news.xinhuanet.com/politics/2012-03/05/c_111606533.htm,2012 年 5 月 12 日访问。

此大规模和庞大的资金从中央流向地方，地方如此大比重的资金需要仰仗中央，可见转移支付在中国财政中的重要程度。然而，迄今为止，没有一部法律甚至行政法规来规范转移支付。设立哪些项目、资金分配给谁、如何分配、如何管理等，完全由中央部委自己决定，缺乏外在的决策或监督程序。

尽管一般性的转移支付也有计算方法，但其规则是财政部独家制定的，连行政规章都算不上，而且经常变化，地方政府很难建立稳定的预期。在执行过程中，每种因素和标准如何把握，还是财政部行使最终裁决权，没有一种第三方介入的复议机制。对于专项转移支付，地方政府更是不知所措。一种转移支付下达一份文件，地方可以申请，但由于决定权在中央，而且标准较为模糊，所以，地方只有借助于各种人脉关系，千方百计争取立项，以求尽可能多地获得资金。正是以为没有规则，所以民间才有"跑部钱进"的说法，地方政府才会热衷于在北京设立办事处。

从地方财政自主权的角度看，地方政府应该有自己独立的财力，大部分开支都由自己独立解决，不需要依靠中央。因此，就整体而言，财力分配应该向地方有所倾斜，降低转移支付占地方财政支出的比重，以保证地方政府的基本财政需要。另一方面，在一般性转移支付和专项转移支付之间，优先发展一般性转移支付，解决地区之间发展的不平衡问题，促进全国公共服务的逐步均等化。一般性转移支付的标准也要增强操作性，特别是可考虑引入地方政府异议机制，允许第三方居间裁断双方的争议。最后，应该大力加强转移支付的法律规范。如果目前制定"转移支付法"的条件尚不成熟，至少应该由国务院制定行政法规，规范和约束财政部及相关部委的行为，减少制度外博弈和腐败的空间。

5. 建设地方主体税种，实现分税制的初衷

分税制之所以被称为"分税"制，是因为需要在中央和地方之间划分税收，建立中央税收与地方税收体系，保证各自的财政收入需要。然而，分税制自推行伊始，就没有做到这一点。不仅如此，所得税收入分享改革之后，分税制逐渐演变成"共税"制，这可能是央地双方始料未及的。

按照 1994 年的分税制方案，增值税为按比例共享的税收，营业税和企业所得税按照纳税人的主体分别归入中央和地方，资源税按照课税对象进行划分，证券交易印花税按比例共享。消费税和关税完全属于中央，个人所得税税以及其他小税种属于地方。2002 年之后，企业所得税和个人所得税被调整为按比例共享。从征管的情况看，这些共享税有的由国家税务局征收，有的由地方税务局征收，与最初分设机构、分别征管的设想也已经有了

很大区别。

从目前的情况看,通过这种收入分享,中央实际上占据强势地位,地方的利益受到挤压。特别需要说明的是,地方本身是一个整体,其中又分为省级、地市级、县级和乡镇级。受现行分税制模式影响,地方税在省级以下政府间的分配,也大多采用按照比例共享的模式,每一级地方政府都缺乏独立的主体税种,难以在财政收入建设中发挥主观能动性。鉴于"省直管县"财政体制改革的进展,以及部分乡镇不具备预算主体资格,至少,地方政府中还有省、县两级,需要综合考虑其主体税种的问题。

笔者以为,综合考虑各级政府的管理职能,以及不同类型税收的特点,可以考虑将税收分为三类,分别对应于三级政府:第一类是流转税类,包括增值税、营业税、消费税以及关税等,由中央政府享有。这类税收涉及全国统一市场的形成,而且收入稳定、丰裕,与中央的宏观调控职能相匹配,适宜分配给中央。第二类是所得税类,包括企业所得税和个人所得税。这类税收具有一定的地域性,可以充分发挥地方培聚财源、严格征管的积极性,适合分配给省级地方政府。第三类是财产税类,包括车船税、房产税、资源税等。这类税收地域性非常明显,与地方的利益息息相关,适宜由基层地方政府享有。

各级政府的主体税种确定之后,无论是省级政府还是县级政府,就可以全心全意建设自己的财源。从地方财政自主权的角度看,这种做法十分必要。如果地方政府没有自己的主体税种,各种收入来源都与上级共享,这会影响其发展经济、创造收入的积极性。就立法而言,第一类税收完全由中央立法,地方无权参与。第二类税收也应由中央立法,但是,在税率、征税范围、税收减免方面,给予地方一定的自主空间。第三类税收可以考虑标准法立法模式。中央制定标准法,供地方选择执行,课税要素也可以保持充分的弹性。

6. 地方的财政权力如何规范化

正如哪个部门代表中央决策需要讨论一样,地方本身也是一个集合概念,需要作具体的分析。地方既可以分级,包容不同层级的地方,如省、市、县、乡等,同一级地方也包括不同的机构,如人大、政协、政府、法院、检察院等,由其分别履行不同的职能。根据《宪法》的规定,每一级地方都有健全的组织机构,有决策机构、执行机构、监督机构、仲裁机构等。当我们讨论地方财政自主权的时候,不仅要考虑地方对中央的关系,而且还要考虑地方内部的权力制衡。

目前,地方的财政自主权之所以受到限制,与地方的财政权力过于集中在政府,缺乏有效的横向监督和制约有关。例如,地方税的立法权之所以不能下放给地方,是担心地方滥用课税的权力,导致纳税人不堪重负。归属于地方的税收收入之所以不允许随意减免,包括不允许先征后返,也是担心地方滥用权力,破坏全国税政的统一。应该说,这种担心不是没有道理。任何权力都需要制衡。如果地方缺乏内部制衡的能力,来自中央的制衡和监督就是必要的。但是,我们必须认识到,无论是中央还是地方,民主和法治都是潮流。一个健全、规范的地方权力组织体系,不仅是地方自身发展的需要,也是中央完善执政方式的基础。因此,我们一方面要强调地方财政自主权,另一方面,更要强调地方财政的规范化和法治化。

要做到这一点,首先,必须突出地方人大的权力中心地位,将财政方面的重大决策权回归人大行使。例如,一旦采用标准法的立法模式,是否开征某项地方税,不应由地方政府决定,而应由地方人大决定。此外,对税率的确定、征税范围的选择等,都应该通过人大的立法程序,而不是行政机关自己决定。地方政府的举债,无论是直接的还是间接的,也应该由地方人大决定。

其次,要强调财政预算的作用,未经预算的项目一律不得开支。事实上,预算改革是从地方向中央推进的。1999 年,河北省推行部门预算制度改革,成为全国预算制度改革的样板。这至少说明,地方具备财政改革的动力和压力,而且积累了丰富的经验。只要将预算的作用切实发挥起来,地方财政的规范化程度就会大大提高。

再次,推行财政公开,提高财政透明度。财政公开有助于促进财政在阳光下运行,提高政府财政行为的规范化程度。相对全国而言,地方财政的透明度更受公众的关注。地方政府的层级越低,财政与公众的关系越紧密。2009 年,广州市在全国率先公布预算,起到了非常好的示范作用。今后,不仅地方的财政预算,财政活动的过程和结果也应该向社会公开。

最后,完善财政监督,保障地方财政的合法、效率和公正。财政自主与财政监督相辅相成。如果地方人大不履行监督职能,社会舆论麻木不仁,审计机关敷衍了事,司法机关有法不依,地方财政不可能走向规范化。当前,地方"一把手政治"过于旺盛,影响到财政监督的有效实施,对地方财政自主权的落实形成很大的负面影响。

从有关购房抵税和先征后返的争论中,笔者提炼出地方财政自主权这个话题。就现行的法律规定而言,中央制止购房抵税和先征后返,法律依据充足，也有充分的合理性，并没有侵犯地方的财政自主权。但是，目前有关地方财政自主权的规定有些僵化，不能充分照顾到地方的实际需要。有关中央和地方之间的分权规定，本身也存在合法性方面的质疑。因此，我们主张，要从法治化的层面建设地方财政，廓清地方财政自主权的范围，使地方政府与中央政府各得其所，各自发挥其主观能动性，共同为建设法治国家而努力。

第三节　中央代借代还地方债的信用、风险与责任①

2009年3月5日，在第十一届全国人大第二次会议上，温家宝总理所作的政府工作报告提出，同意地方发行2000亿元债券，由财政部代理发行，列入省级预算管理。② 至此，围绕地方债的悬念终于尘埃落定。从此后财政部公布的信息看，不仅债券的发行由财政部代理，连还本付息也是如此。对地方债券由中央代借代还的原因，财政部虽然有所说明，但并没有揭示出问题的实质。事实上，代借代还与政府的信用、风险和责任紧密相关，不是简单的助人为乐所能解释的。从2009年至今，除了个别地方获准自主发债试点外③，上述做法一直在持续进行中。

下文即以此为切入点，先回顾我国地方债的制度设计和运行实践，然后回答地方债为何需要中央代借代还，阐明代借代还的信用担保性质，对代借代还所可能带来的风险与责任进行剖析。继而，通过观察此次地方债发行的规则，剖析我国政府间财政关系的困境，说明代借代还仅仅是无奈之举，而不是一种尽善尽美的理想设计。在此基础上，下文着眼于我国地方债制度的未来走向，提出了将政府间财政关系纳入法治轨道，制定《财政收支划

---

① 本节原文发表于《财经经济评论》2011年下卷，经济科学出版社2011年版。

② 参见中央人民政府门户网站：http://www.gov.cn/2009lh/content_1259471.htm，2009年4月10日访问。

③ 2011年10月17日，经国务院批准，财政部发布《2011年地方政府自行发债试点办法》，批准上海市、浙江省、广东省、深圳市开展地方政府自行发债试点，政府债券期限分为3年和5年，试点省份需及时披露本省财政状况，发债前提前两周向财政部报送债券发行计划。此次试点发行的债券仍由财政部统一还本付息。参见http://gks.mof.gov.cn/zhengfuxinxi/gongzuodongtai/201110/t20111020_600817.html，2011年10月20日访问。从中央财政转贷地方政府，到以地方政府名义发行，但由中央财政代借代还，再到由地方政府独立发行，中央财政代为还本付息，地方债的实验一步一步在往前走。可以预料，在不久的将来，财力富裕地区可能拥有完全的发债权，自己发行，自己偿还，无需中央信用背书。西部地区还会继续借用中央信用。不过，如果地方财政收支没有稳定的保障，而是完全由中央政府单方面决定，独立地方的发债权对债权人未必公平。

分法》和《财政转移支付法》的建议。最后的结论是，在实行单一制国家结构形式的我国，仍然有可能将地方建设成独立的财政主体，使其能够在法律的指导和约束下，自主决定债务发行事宜。只有做到这一步，地方政府破产还债才有现实可能性。

一、地方债的制度设计与运行实践

地方政府能否对外举借债务，这对中国决策者来说是个难题。一般而言，政府举债主要是基于三个方面的需要。第一，解决短期资金周转问题。例如，财政收入的入库时间不均匀，但财政支出必须持续进行，因此可以发行国库券调剂余缺。第二，筹集基础建设资金，修建道路、桥梁、公共建筑，或从事水电站等项目建设。由于这些项目的受益期较长，先以举债的方式建设，后以税款或项目收入偿还，符合代际公平的要求。第三，配合积极财政政策的需要，以举债建设的方式刺激消费，扩大就业，带动相关产业的发展。等经济走出低谷后，再以税收或项目收入偿还，从中体现反周期的经济调节。要回答是否允许地方政府举债，首先需考察其是否有必要举债。

在现代国家中，中央政府确实存在上述需要，其举债权也向来被法律所承认。例如，1992 年 1 月 1 日施行的《国家预算管理条例》第 26 条即要求，经常性预算不列赤字。中央建设性预算的部分资金，可以通过举借国内和国外债务的方式筹措，但是借债应当有合理的规模和结构。这种做法被后来的《预算法》所沿袭。该法第 27 条规定，中央政府公共预算不列赤字。中央预算中必需的建设投资的部分资金，可以通过举借国内和国外债务等方式筹措，但是借债应当有合理的规模和结构。中央预算中对已经举借的债务还本付息所需的资金，依照前款规定办理。事实上，从 1950 年起，中央政府就开始发行国债。特别是 1998 年亚洲金融危机之后，为刺激国内经济的发展，中央政府的发债规模急剧膨胀。2004 年之后，积极财政政策调整为稳健财政政策，债务规模才逐渐收缩。不过，受 2008 年全球性金融危机影响，这一趋势又开始逆转。[①]

相比中央政府，在举借债务方面，地方政府的角色十分尴尬。实事求是地说，地方政府也有发债的需求。例如，在正常年份，地方政府同样存在调

---

① 根据中央政府 2009 年财政预算，其财政赤字将达到 7500 亿元，必须通过发行国债弥补。中央财政国债余额限额上升为 62708.35 亿元。参见 http://www.mof.gov.cn/mof/zhengwuxinxi/caizhengxinwen/200903/t20090316_122544_3.html，2009 年 4 月 11 日访问。

剂余缺问题,同样需要筹集资金从事大规模的基础建设。而一旦遇到经济不景气的年份,除了配合中央的积极财政政策外,地方政府为了本地经济的发展,也会存在举债扩大投资的客观需要。不过长期以来,地方政府的举债权一直受限制,甚至被剥夺。例如,《国家预算管理条例》第26条明确要求,地方建设性预算按照收支平衡的原则编制。既然必须量入为出,不允许编列财政赤字,地方举债权自然无从谈起。《预算法》实施之后,其首先要求,地方各级预算按照量入为出、收支平衡的原则编制,不列赤字。同时,它又特别强调,除法律和国务院另有规定外,地方政府不得发行地方政府债券。[①]不过,这种表述本身埋下了一个伏笔。即,如果法律另有规定,或者国务院另有规定,地方政府可以特例发行债券。

从1995年1月1日《预算法》生效至今,除本节讨论的2000亿地方债券外,没有法律另行赋予地方举债的权力,国务院也从未批准地方发行过债券。不过,这并不说明,地方政府从来没有对外举债。事实上,通过成立各种名目的投资公司或建设公司,许多地方政府早已搭建融资平台,或者向金融机构借款,或者向社会发行企业公司债或项目债。[②] 现有法律并没有对此作出实质性约束,导致地方政府以各种名目举借债务。另外,1998年到2004年,中央发行的长期建设债券中,有一部分转贷给地方政府,事实上成为地方政府的负债。目前在地方政府债务结构中,既有经常性债务,也有融资性债务;既有直接债务,又有担保性债务,以及政策性挂账;既有因公共建设所欠债务,也有因经营项目所欠债务。国家审计署公布的资料已经显示,截止到2010年,我国地方负债已经超过10万亿,全国仅有54个县未举债。[③]

由此可知,虽然法律或国务院并没有赋予地方政府举债权,但是通过成

---

① 《预算法》第28条。

② 1999年以后,国家开发银行建立了一套变通的信用结构。首先,地方政府将规划建设的一批公共物品项目打成捆,由地方政府的一个代理人——城市建设投资公司(通常是国有独资公司)作为借款人申请贷款。假如所建设的公共物品项目中有一部分是可以收费的,就要求政府把公共物品的收费权授予该公司;假如需要靠国有土地使用权的出让收入还债的,就把该转让收入的受益权授予该公司。对于收费不足以偿还贷款本息的部分,要求地方政府正式承诺安排地方本级财政预算,补贴该代理人公司(财政补贴国有企业一直是合法的,同时该公司还可以用土地进行抵押贷款),由该公司用于还债。其次,考虑到国家法律,每年的财政预算必须经过同级人民代表大会批准,所以开发银行还要求当地人大常委会出具正式文件,批准地方政府的上述承诺。在这个信用结构下,到2003年,国家开发银行向大约100个大中城市发放了建设贷款。参见敬东:《城市公共物品建设中的投融资体制》,载《现代城市研究》2004年第2期。

③ 参见人民网:http://finance.people.com.cn/GB/15008379.html,2012年5月14日访问。

立投资公司或提供担保的方式变相举债，早已成为地方政府之间竞相效仿的做法。《预算法》第28条的规定实际上已经被规避，而国务院对此心知肚明，立法机关也从未启动责任追究机制。如果这些做法本身不违法，从地方政府的角度看，以投资公司的名义举债，以政府的信誉作担保，不仅可以事实上达到目的，而且可以避开预算法的约束，将政府行为转变成企业行为，将财政行为转变成经营行为，将直接债务转变成或有债务。毋庸置疑，就局部而言，这种结果对地方政府是有利的。只要能够拥有这种权力，地方政府举债的渠道一直会很畅通。不过，从全局和整体来看，中央一方面严格禁止地方政府举债，另一方面对其变相举债不闻不问，听之任之，这会导致全国财政秩序的极度混乱，使政府债务无法得到正常的监管。其实，中央的立场顾此失彼、进退失据，本身反映出其内心的矛盾状态。在现有的约束条件下，无论朝哪个方向走，都不是理想的选择。地方债由中央代借代还也正是这种心理的体现。

不过，至少从程序上来说，本次地方债券的发行严格遵守了法律。《预算法》第28条规定："除法律和国务院另有规定外，地方政府不得发行地方政府债券。"为启动本次地方债券发行程序，国务院先行作出决定，允许地方政府发行地方债券，同时限定发行额度为2000亿元，所筹资金主要用于配套中央投资项目。但是，地方债券属于地方预算事项，在地方层面也需要履行法定手续。因此，省级政府在国务院核准的额度内发行的债券，需要提请同级地方权力机关审查批准。财政部《2009年地方政府债券预算管理办法》第6条要求，2009年度政府预算未报经本级人民代表大会审查批准的，要将本地区地方政府债券收入或者债券转贷收入和支出纳入预算，报请同级人民代表大会审查批准。2009年度政府预算已经报本级人民代表大会审查批准的，要根据地方政府债券收支计划及时编制预算调整方案，报同级人民代表大会常务委员会审查批准。①

有鉴于此，本书对此次地方债的合法性不持异议。我们所关注的，主要限于地方债由中央代借代还的原因，以及这种代借代还的信用、风险与责任。通过对以上内容的分析，会更进一步揭示地方债中所蕴含的政府间财政关系，为中央对地方债摇摆不定的立场提供一种更为宏观的注释。

---

① 财预[2009]21号。

二、地方债为何需要中央代借代还

既然是地方政府债券，为什么不由地方政府自己发行和还本付息，而要由中央政府代理进行？对于这个问题，财政部的回答是，尽管近年来我国债券市场发展迅速，但针对地方政府债券的信用评级、发行渠道等还没有建立，制定统一的地方政府债券管理制度框架尚需时日。正是因为这样，国务院才会决定，2009 年地方政府债券由财政部通过现行国债发行渠道代理发行。财政部代理发行地方政府债券，有利于充分利用财政部多年来发行国债积累的丰富经验、成熟的技术以及与投资者之间形成的良好关系；有利于降低地方政府融资成本，提高债券发行效率；有利于保障投资者按时收到本金和利息，提升地方政府债券信用等级，充分保护投资者利益；有利于根据地方政府需求和债券市场情况，统筹安排发行节奏，促进债券市场稳定。[①]

在上述四条理由中，第一条和第二条属于技术方面的原因，即充分发挥财政部发行国债的经验、技术、网络和信息，弥补地方政府在这些方面的不足。第四条属于市场调控方面的原因，即协调国债与地方债的供给，统筹安排发行节奏，维护债券市场的稳定。毋庸置疑，财政部代借代还确实能起到这样的作用。不过，如果仅仅因为地方没有经验，或者为调节发行节奏，就必须实行中央代借代还，恐怕也有点言过其实。事实上，我国证券市场经过多年的发展，债券信用评级以及发行渠道应该都不是问题。另一方面，国债并没有自己独立的发行渠道，而是借助于商业银行、证券公司等市场化主体，通过代理销售的方式与投资者建立联系。国债的二级市场也是借助于证券交易所，其性质与股票、企业债并无二致。这种做法完全可以为地方债所借鉴。而在信用评级方面，则可以借鉴企业债发行的经验。只要地方政府愿意，这些方面虽然存在一些困难，但都是可以克服的。至于第三条原因，即以中央代借代还的形式，达到提升地方政府信用等级的目的，则需要分情况而论。代借代还本身并不说明任何问题。如果中央没有担保的意思，代借代还并不足以提升地方债券的信用。

如果完全不考虑中央提供信用担保，在笔者看来，发行地方债至少有三种模式可以考虑：

第一，修改《预算法》第 28 条，直接赋予地方政府发行债券的权力。地

---

① 参见《财政部有关负责人就财政部代理发行 2009 年地方政府债券有关问题答记者问》，http://news.xinhuanet.com/fortune/2009-03/17/content_11027418.htm，2012 年 5 月 9 日访问。

方债的发行额度、发行时间、发行方式、流通和偿还等，中央政府都不加干预。假如发行地方债没有任何风险，《预算法》早就已经作了这样的规定，让地方政府享有充分的财政自主权。不过，在现行的财政分权体制下，地方债对中央确实存在巨大风险，所以这种方式并不可行。

第二，不修改《预算法》第 28 条，而是采用国务院特批的方式，允许地方政府发行债券。特批的内容包括发行额度、发行节奏、发行方式、流通和偿还等。地方政府获得特许之后，自主面向市场确定发行债券、支付利息、偿还本金，而不是采取财政部代借代还的方式。中央政府只是履行监管者的职责，地方政府必须自己直接面对投资人。如果出现偿债不能的情况，则通过地方政府破产的方式解决。

第三，对于特批的地方债务，如果确实要实行中央代借代还，财政部可以在发行之初特别声明，地方所借助的只是国债的发行经验和网络，中央不对地方债的偿付承担任何担保责任。这样，作为纯粹的代理人，中央在法律上不用承担任何风险，甚至还可以赚取一笔代理费。中央最多像证券保荐人一样，保证地方债得到充分的信息披露，其余的风险由投资人自己衡量。

对于第一种模式，笔者已经简要评述，详细内容参见本章第四部分。第二种和第三种并没有实质性差异，这是方式方法有所不同而已。不过，和第一种模式相比，由于地方债务的规模、发行、偿还都必须受到中央的节制，所以风险相对要小得多。特别是，一旦将债务分解到不同的地方政府，加上不予担保的声明，地方政府就成为债务偿还的主体，中央对地方债无需承担任何法律责任。即便是代借代还，也只是一种代理关系。被代理人才是真正的责任主体，而中央政府只是一个代理人。

不过，如果中央真的刻意与地方债划清界限，以避免将来可能产生的财政风险，又会带来另一个方面的问题。对于东部富裕地区的政府而言，由于财政收入稳定丰裕，偿债信用自然就高，发行一定规模的地方债不会存在难度，债券的利率应该也不会太高。但是，对于中西部贫困地区的政府而言，本来财政就入不敷出，必须仰仗中央的转移支付才能正常运转，如果发行债务，其信用级别必定非常之低，债务偿还的风险随之升高。对于这种债券，愿意购买的人绝对不多；即便有人愿意，也会要求很高的风险投资回报。这对发债的地方政府又会构成一种沉重负担。

事实上，最需要举债弥补赤字的，并不是富裕的东部地区，而是相对落后的中西部地区。但是，中西部地区的偿还能力较弱，市场对其信用不一定认可，债券发行就有可能失败。如果政府凭借行政权力强行推销，又有可能产生和累积财政风险，对中央政府产生负面的影响。2009年以来地方债指标的分配过程中，就遇到了这样的问题。发行地方债的目的是为了筹集中央建设项目的地方配套资金。广东、江苏等东部地区提供配套资金的能力较强，似乎可以少分配一些发债指标。甘肃、新疆等西部地区没有能力提供配套资金，似乎应该多分配一些发债指标。最后的结果确实也体现了这种指导思想。但是，从偿还能力来看，这种方案有很大的风险。如果没有足够的外部信用担保，西部地区的债券能够成功发行吗？笔者以为，这是中央设计规则时不得不慎重考虑的问题。

正是因为如此，在具体的发行方案中，针对万一地方无力偿还怎么办的问题，虽然中央从来没有正式表达过担保的意思，但是，中央也从未试图划清自己与地方债的界限，将自己完全置身于事外。客观上，代借代还本身就已经给人提供足够的联想空间。加之，财政部发言人在答记者问时指出，中央代借代还地方债，有利于保障投资者按时收到本金和利息，提升地方政府债券信用等级，充分保护投资者利益。发言人还特别指出，这种地方债的信用实际上接近于国债，很明显地表达了中央政府担保的意思，使中央政府远远超过了代理人的角色，成为2000亿地方债的总担保人。不仅如此，由于财政部承诺统一代还债券本息，而不以地方缴足还本付息资金为条件，中央政府事实上成为第一债务人，而不仅仅是一个第二位的担保人。无论中央与地方之间如何结算，债权人的利益都不会受到影响。

三、代借代还的信用、风险与责任

就地方债指标的分配而言，财政部按照国务院有关规定，在2000亿元总规模内，根据中央投资公益性项目地方配套规模、地方项目建设资金需求以及偿债能力等因素，按公式法分配各地区债券规模。具体因素包括中央投资中公益性项目地方配套数、综合财力、债务率、财力增长率、财政困难程度等，其中重点因素为地方配套需求。针对这种分配原则，广东省发改委主任李妙娟曾经提出质疑。她认为，地方债券分配与此前中央新增投资的比例相配套不合理，对受金融危机影响较大的广东不公平。“谁的偿还能力强，谁应对金融危机需要的资金多，就应该多给谁发债。”[①]不过，如果中央明示或暗示提供担保，债券指标如何分配，就无需过多考虑偿还能力。相

① 参见张潇、陈琦钿、陈红艳、尹辉、陈志龙：《广东省发改委主任：地方债分配对广东不公》，载《新快报》2009年3月6日。

反,正是因为中西部地区财力薄弱,无力为中央新增投资配套资金,才更需要发行债券筹集资金。如果完全着眼于偿债能力,中央的政策目标就会难以达成。[①]

不过,如果完全不考虑地方政府的偿债能力,对中央政府也会带来巨大的财政风险。可以作为对比的是,1998—2004 年实施积极财政政策时,中央政府曾经发行长期建设债券,并将一部分转贷给地方政府,用于国家确定项目的建设。对于投资者而言,债务人其实是唯一的,即中央政府,而不是地方政府。中央转贷地方之后,中央成为地方的债权人,地方只是中央的债务人,而不直接面对投资者。1998 年财政部制发的《国债转贷地方政府管理办法》规定,对到期不能归还转贷资金本金和利息的,财政部将如数扣减对地方税收返还。[②] 由于每年中央对地方都有大量的税收返还,如果严格执行上述规定,转贷资金的偿还根本不成问题。不过,不能偿还转贷资金的,往往就是财力不足的中西部地区的政府。中央每年除了足额进行税收返还外,还不得不进行大量的财政转移支付,才能维持这些地方财政的正常运转。如果扣减对地方政府的税收返还,必将使这些地方陷入财政危机。最后执行的结果是,对不少地区而言,转贷资金变成了中央的财政拨款。[③]

---

① 财政部新闻发言人答记者问时表示,发行 2009 年地方政府债券,主要是为了解决新增中央投资地方配套的公益性投资项目地方政府配套资金困难问题。由于中西部地区涉及民生的建设项目欠账较多,这次中央公益性投资项目向中西部重点倾斜,相应地,中西部地区配套任务较重。考虑到中西部地区政府财力普遍较为薄弱,筹集配套资金能力有限,如果中央对其分配债券规模较小,配套就会出现困难,这不利于中央既定政策目标的顺利实现。参见:http://news.xinhuanet.com/fortune/2009-03/17/content_11027418.htm,2012 年 5 月 9 日访问。

② 财预字[1998]267 号,具体见第 18 条。税收返还是 1994 年推行分税制的一种做法。为了保持当时地方既得利益格局,逐步达到改革的目标,中央财政对地方税收返还数额以 1993 年为基期年核定。按照 1993 年地方实际收入以及税制改革和中央与地方收入划分情况,核定 1993 年中央从地方净上划的收入数额(即消费税 +75% 的增值税—中央下划收入)。1993 年中央净上划收入,全额返还地方,保证现有地方既得财力,并以此作为以后中央对地方税收返还基数。1994 年以后,税收返还额在 1993 年基数上逐年递增,递增率按全国增值税和消费税的平均增长率的 1:0.3 系数确定,即上述两税全国平均每增长 1%,中央财政对地方的税收返还增长 0.3%。如果 1994 年以后中央净上划收入达不到 1993 年基数,则相应扣减税收返还数额。参见《国务院关于实行分税制财政管理体制的决定》,国发[1993]85 号。

③ 例如,2001 年,四川省 4 亿元用于天然林保护工程的国债转贷资金转为财政拨款,http://www.scly.gov.cn/article336384.html;2008 年,中央又对四川下达了 3.8 亿元的贷款转拨款指标,http://www.sc.gov.cn/zwgk/zwdt/bmdt/200812/t20081225_456299.shtml;2007 年、2008 年,中央对内蒙古部分公益性项目国债转贷资金转拨款累计达 4.5 亿元,http://www.nmgfgw.gov.cn/Content1.aspx?columnid=107&id=30061;2007 年、2008 年,财政部两年豁免海南省国债转贷本金 3.14 亿元,http://news.hainan.net/newshtml08/2008w11r28/460737f0.htm。以上均为 2009 年 4 月 16 日访问。

财政部认为，由于国债转贷地方是中央发债，地方使用，不列中央赤字，因此，转贷资金既不在中央预算反映，也不在地方预算反映，只在往来科目列示，不利于监督。同时，由于举借债务与资金使用主体脱节，责权不清，增加了中央财政负担和风险。[①] 具体而言，中央发债转贷地方的模式存在三大难题：地方政府缺少配套能力，致使已开工建设的国债项目形成大量的投资缺口；地方国债建设项目多、分布广，中央对项目的审核难以做到周密而详尽，经常出现前期准备不充分、虚报项目等情况，使项目无法执行；中央对国债资金使用的监督检查鞭长莫及。[②] 针对这些情况，此次地方债券发行不再采用转贷方式，而改用中央政府代借代还的方式。[③] 代借代还的基本原理是，在国务院核准的额度范围内，各省发行多少地方政府债券，需经同级立法机关审批通过，筹措的资金纳入本级预算管理。与此同时，地方债券会冠以发债地方政府名称。债券购买人名义上和发行债券的省份单独发生法律关系，债务人不再是中央政府，而是发行债券的各省级人民政府，以督促地方政府切实履行职责，保证资金使用的安全、经济和效率。

代借代还和转贷基本相同的地方是债务还本付息的资金保障及方式方法。正是由于这一特点，此次发行地方债券虽然在预算管理上变动很大，但最终结果与之前的转贷方法不会有实质差异。根据《2009 年地方政府债券预算管理办法》第 10 条，地方政府债券到期后，由中央财政统一代办偿还。地方财政要足额安排地方政府债券还本付息所需资金，及时向中央财政上缴地方政府债券本息、发行费等资金。如果届时还本确实存在困难，经批准，到期后可按一定比例发行 1—5 年期新债券，分年全部归还。对于未按时上缴的，中央财政根据逾期情况计算罚息，并在办理中央与地方财政结算时如数扣缴。对债券购买人而言，这段话所透露的最重要信息是，地方政府债券到期后，由中央财政统一代办偿还。如果地方政府没有按时上缴债券

---

① 参见《财政部有关负责人就财政部代理发行 2009 年地方政府债券有关问题答记者问》，http://news.xinhuanet.com/fortune/2009-03/17/content_11027418.htm，2012 年 5 月 9 日访问。

② 参见王长勇：《地方发债权仍存在争议，修订〈预算法〉存有空间》，载《财经时报》2004 年 4 月 3 日。另见：http://www.people.com.cn/GB/jingji/1037/2429479.html，2009 年 4 月 17 日访问。

③ 其实，转贷模式并没有完全消灭。《2009 年地方政府债券预算管理办法》第 3 条规定，地方政府债券收入可以用于省级（包括计划单列市，下同）直接支出，也可以转贷市、县级政府使用。这说明，省级政府获得的债券发行额度中，省级政府代县市地方政府发行的部分，仍然需要通过转贷的方式调整。例如，根据《江苏省 2009 年地方债券收支安排及省级预算调整方案》，江苏省发行的 84 亿地方债券中，省政府直接使用 40 亿元，转贷县市政府 44 亿元。44 亿元的转贷范围为 13 个省辖市和 52 个县（市）、14 个由县改成的区。参见吴昌红：《江苏 84 亿地方债明天招标发行》，载《新华日报》2009 年 4 月 16 日。

本息,中央政府仍对外承担资金偿付责任,然后再按照一定方法向地方政府追偿。这种做法和中央转贷地方并无二致。唯一不同的是,在转贷模式下,地方政府是间接的债务人,债权人无权向地方政府求偿。而在代借代还的模式下,地方政府是直接的债务人,债权人可以直接向其求偿。

既然中央政府已经承诺统一代办偿还,债券购买人就不用担心地方政府无力偿还。地方未能及时向中央上缴债券本息,那是政府系统内部的事情,不影响债券购买人的利益。所以,债券购买人不存在任何风险,有风险的是抛头露面的中央政府。事实上,中央政府对此有着清醒的认识,并提供了两条解决问题的思路。第一条思路是,到期后可发行新债券,用所募资金分年全部归还。第二条思路是,由中央财政罚息,并在办理政府间财政结算时扣回。笔者认为,这两条思路有一定的针对性。第二种思路主要针对有能力还本付息但故意拖欠的地方,罚息和扣款足以达到目的。但对无力偿债的地方政府,效果未必乐观。中央转贷地方的经验已经证明,对于财力贫瘠的地方政府,一旦到期不能偿还债务,扣减税收返还或降低转移支付都行不通。这样就只能考虑第一条思路。只不过,如果其连旧债都还不起,还有可能在市场上借到新债吗?最后估计还是得由中央政府来兜底。①

由此可知,中央代发代还地方债容易诱发道德风险。对于财力薄弱的中西部地区而言,当其决定向中央申请地方债指标时,可能根本就没想到这些钱还需要还,而只是将其视为一种中央对地方的转移支付。之前的中央财政转贷资金屡屡被豁免,已经为这些地方政府提供了充分的激励。受此影响,不少地方政府申报发债指标时,根本不考虑自己的偿还能力,而是能要多少要多少。尽管中西部地区确实需要更多的支援,但是,为了维护正常的财政秩序,不同的资金应该有不同的法律后果。对中西部地区的财政援助应该通过转移支付进行,而不能通过欠债不还的方式。转移支付的前提是地方政府欠缺基本财政能力。而地方债的法律基础是有借有还,它以地方政府具备基本财政能力为前提。如果随意将债务资金转为转移支付,很容易导致财政秩序的混乱,导致其他地方政府的攀比和效仿。事实上,富裕地区的地方政府一般没有能力对抗中央政府。如果其欠债不还,中央可以

---

① 有人甚至断言,与其发新债偿旧债,还不如让地方政府破产。如果旧债还不完,就可以发行新债,地方政府永远没有动力偿还债务,债务会像雪球一样越滚越大。而破产则会对地方政府构成一种压力。参见肖华:《发新债还旧债,还不如让地方政府破产》,http://shiping. cctv. com/20090320/109204. shtml,2009年4月17日访问。

通过年终财政结算的途径，很轻松地将借款本息收回，甚至还会处以罚息。这种结果对东部地区也不公平。

四、地方债蕴含的政府间财政关系

既然无论是采用中央转贷还是代借代还模式，中央政府都有为地方债券充当第一债务人的风险，为什么《预算法》不全面禁止地方债券或者彻底放开地方债券？笔者以为，地方债蕴含着非常复杂的政府间财政关系。在目前的财政体制下，无论是全面禁止还是全面放开，都不具有现实可能性。特例允许地方发债，但采取中央转贷或代借代还的方式，是迫不得已的办法。只不过，相对于中央转贷，在预算管理方面，代借代还的模式更加规范一些，别的方面并无实质改变。

中央之所以无法全面禁止地方举债，是因为地方政府确实有这样的需要。1994 年之后，我国开始实行分税制财政体制，财力和财权都呈现向中央集中的趋势，地方政府的财政能力很大程度上被削弱。然而在这段时期内，地方的财政支出不仅无法抑制，反而不得不大幅度扩张。首先，这段时期正是我国城市化飞速发展的时期，道路、水电、交通等基础设施急需改扩建，仅靠正常的财政收入无异于杯水车薪。其次，地方政府的第一要务仍然是经济发展，而经济发展离不开大量的政府投资，这也会让地方政府对资金产生强烈的渴求。再则，1998 年之后，为了应对亚洲金融危机，我国实行了长达六年的积极财政政策。所谓积极的财政政策，主要是通过增加政府支出，带动和刺激民间投资。由于财政开支不断扩展，而财政收入来源有限，地方政府自然会产生举借债务的冲动。特别是在 2008 年全球金融危机之后，这种冲动更为强烈。

既然《预算法》不允许地方发行债券，国务院也不会对此轻易特批，通过设立投资公司的方式变相举债，也就成为地方政府不得已的选择。如果中央无视地方政府的现实需要，对其变相举债行为严厉禁止和查处，以中央政府目前的高度权威，全面禁止地方债并不是没有可能。然而，如果不改变政府间财政分配方式，又不允许地方正常或变相举债，捉襟见肘的地方政府就会成为“维持会”，其对经济发展的贡献就会大大降低。而一旦地方经济发展不起来，全国经济发展的目标自然无法实现。因此，尽管中央对地方债务忧心忡忡，担心有朝一日演变成财政危机，但是，面对经济发展重任或其他特定需要，也只有暂时睁一只眼闭一只眼了。可以引以为证的是，北京市在 2008 年奥运会筹备期间，本来想发行 20 亿奥运市政债券，但没有获得国务院的批准。最后,市政府安排一个企业发行了20亿企业债券,并全额用于奥运场馆建设,从而成功规避了国务院的禁止令。[①] 能说国务院对此毫不知情吗?这个理由显然难以服众。真实的理由应该仍然是:非不为也,实不能也!

如果确实不能全面禁止,是否可以考虑彻底放开?早在第十届全国人大组织修改《预算法》时,就已经有人提出这种观点。支持者认为,允许地方政府在一定限制条件下公开发行地方债,可以防止地方违规举债所带来的风险;只要中央政府制定严格的准入门槛,建立有效的约束机制和管理制度,加强监管,允许地方发债不会有大的风险。财政部财政科学研究所财政部科研所所长贾康就持这种观点。他认为,从经济关系本身来说,地方政府作为一级政权,有一级财政,在接受中央协调制约的前提下,应该有一级举债权。他建议,在实行积极财政政策的框架下,改变目前中央政府代地方举债的形式,逐步转变成规范的地方政府借债;首先可在省级实行,同时接受中央宏观约束。反对者仍然担心的是,目前地方政府投资扩张欲望强烈,同时没有形成有效的行为自律、债务风险自控等机制,所以暂时不应赋予地方发债权。[②] 虽然《预算法》的修改最后不了了之,但地方能否发行债券的问题一直延续至今。从这次代借代还地方债的情况看,无疑是支持发债者占了上风,只不过这并非大步跨越,而只是碎步前进。

笔者认为,在加强地方债预算管理、提高债务资金的使用效率、控制债务偿还风险方面,此次地方债发行是一个有益的尝试。由于发债规模有限,对中央来说,财政风险也是可控的。即便有的地方政府最后无力偿还,需要中央兜底的数额也不会太大。然而,一旦取消规模和用途限制,放弃国务院的审批权,任由地方政府随意发行债券,对由此产生的财政风险,中央能否全部兜得住,就是一个大大的问题了。当然,也许不少人不以为然,认为地方债务无需中央兜底,地方政府应当学会自己负责。事情如果确实能这样发展,也就不用担忧了。然而笔者斗胆断言,如果不能将法治思维嵌入分税制,用法律来规范政府间财政关系,而继续由中央政府单方面决定财政收支划分,地方政府永远不可能对自己的行为负责,地方债务最终还是得由中央

---

① 参见虞立琪:《奥运债券变脸前后》,载《商务周刊》2003年9月2日。另见 http://business.sohu.com/63/85/article212758563.shtml,2009年4月17日访问。

② 参见王长勇:《地方发债权仍存在争议,修订〈预算法〉存有空间》,载《财经时报》2004年4月3日。另见:http://www.people.com.cn/GB/jingji/1037/2429479.html,2009年4月17日访问。

政府买单。

破产法专家曹思源不久前提出，如果地方政府还不起债，就应该让其破产，而不应该由中央来兜底。他还特别指出，地方政府破产是指地方财政破产，并不等于政府职能破产。破产之灾，也许有助于逼出一个廉价政府。[①]在国外，地方政府破产确实并不鲜见。最为典型的是美国加州橘县破产的案例。[②] 不过，破产必须有一个前提，即债务人是独立的法律主体，有独立的财产，能对自己的行为独立承担法律责任。如果债务人不是独立的主体，而是受制于第三人，破产显然不利于保护债权人利益。以全民所有制工业企业的破产为例，虽然我国《企业破产法（试行）》1986 年 12 月 2 日就已经通过，但是它特别声明，需等《全民所有制工业企业法》实施满三个月之日起才试行。之所以这样，是因为《全民所有制工业企业法》第 2 条赋予了全民所有制工业企业法人资格，使其可以依法自主经营、自负盈亏、独立核算，以国家授予其经营管理的财产承担民事责任。在此之前，企业连法人资格都没有，不能自己决定经营管理事务，又如何能让其破产？

不过，虽然法律赋予了全民所有制工业企业法人地位，但现实中企业仍然不是独立经营的实体，而是处处受到政府的影响和制约。例如，许多银行贷款是基于政府指令而进行，而不是基于企业本身的偿还能力。当企业无力还债时，如果可以轻易破产免责，这对银行极不公平。正因为全民所有制企业并非真正独立，在《企业破产法（试行）》生效后的很长时期内，企业被宣告破产的寥寥无几。即便偶尔有企业被宣告破产，政府也常常无法置身事外。只有当国有企业改革初步完成之后，当企业真正成为市场主体，能够自主支配财产，独立作出决策时，才有能力独立对外承担责任。在此之前，是否破产成为一项政策性决策。如果没有经过政府同意，法院不能宣布企业破产。可以说，一直到 2007 年《企业破产法》实施，中国才真正摆脱政策

① 曹思源：《地方政府濒临破产怎么办?》，载《南方周末》2008 年 11 月 5 日。另见 http://www.infzm.com/content/19565，2009 年 4 月 17 日访问。

② 橘县位于加州南部，是加州最富有的地区，全县 GDP 达 1180 亿美元，人均收入 7 万美元。由于投资失败，1994 年下半年，橘县财政损失了 17 亿美元，资金周转不灵，发生了支付危机。1994 年 12 月 6 日，橘县不得不宣布财政破产，进入危机状态。市政当局首先成立危机处理小组。在向州政府请求援助遭到拒绝后，危机处理小组采取了以下措施：一是裁员 2000 名公务员；二是压缩固定资产投资；三是削减公共服务项目；四是与债权人进行磋商，承诺以橘县的税收偿还债务，要求延长还债期限。诸多措施的实行发挥了效用，8 个月以后橘县结束了危机状态，脱离破产，恢复了正常。参见李春满：《美国经济的三大危机及启示》，http://www.chinamoney.com.cn/content/zongheng/guoji/200211/60TC1323020824.htm，2009 年 4 月 17 日访问。

性破产,使破产成为企业自身内生的一种风险。

这个过程是不是对地方政府的破产有所启发呢?笔者认为,根据现行分税制财政体制的内容,地方政府在财政上并不是独立主体,而只是中央政府在地方的派出机构。如果地方政府没有能力还债,破产不是解决问题的良方,反而会带来一系列的恶果。为了保护债权人的利益,维护政府的信用,中央政府只能承担最后的付款责任。

我国《预算法》虽然规定一级政府一级预算,并要求各级预算收支平衡[①],但地方政府并没有独立的收入权,而是受制于中央政府的单方面决策。可以作为例证的是,我国目前财政收支划分的依据是国务院《关于实行分税制财政管理体制的决定》。[②] 这份文件既不是行政法规,更不是法律,而只是一种规范性文件。这种形式本身已经预示了它的非稳定性。一旦有需要,国务院可以随时调整,无需经过地方政府的同意。事实证明,这种担忧不无道理。2002 年,国务院推行所得税收入分享改革,将税收进一步集中到中央,仍然是国务院单方发出一纸公文了事。[③] 更为值得一提的是,在中央和地方的财政关系中,国务院本身是一个利益主体,而不是相对独立的第三人。国务院单方面决定中央和地方的财政关系,本身就否定了地方政府在财政上的独立性,使得地方政府无需为债务承担责任。如果一方面要求地方政府独立对外承担责任,无力偿还债务就实行破产,另一方面财政收入和支出的决定权都在中央,这对地方债券的购买人非常不公平,会极大地影响债券的信用评级,以至于导致无人认购的尴尬局面。

地方政府欠债不还时,我们习惯于称之为赖账。其实,这种思维不足以解释全部。当地方政府对外发行债券时,是以自己未来收入作担保的。如果分配规则确定,这种未来收入是可以测定的。通过对未来收入规模以及借债数量的对比,信用评估机构可以对地方债券的信用进行评级,为债券投资者决策提供必要的参考。但是,如果中央政府可以随时调整分配规则,将原本属于地方的收入转归中央,将原本属于中央的开支转归地方,地方债券的信用等级就会降低,使投资者购买债券时的基本假设发生变化。然而,此时债券已经全部发行完毕,债权人并不能据此撤销契约,要求地方政府提前偿还本息。这种莫名增加的风险,并不是因为债权人的行为所致,也不是因

① 参见《预算法》第 2、3 条。

② 国发[1993]85 号。

③ 《国务院关于印发所得税收入分享改革的通知》,国发[2001]37 号。

为地方政府的行为所致，而是因为中央政府修改了财政收支划分的规则。因此，对于地方政府无力偿还债务的情况，中央政府理所应当承担偿还责任。而中央之所以能够单方面修改规则，恰恰是因为地方政府本身并不独立，在财政上只是中央的派出机构。

综上可知，受现行财政管理体制的约束，将发债权完全下放给地方不现实。一旦地方无力偿还欠债，财政风险就会转嫁给中央。就特批地方发行债券而言，无论是之前的中央转贷，还是现在的代借代还，都充分体现了中央的自知之明。毕竟，比起彻底下放举债权给地方，这两种方法风险相对较低，发行的规模也不大。一旦发生地方无力支付的情形，对中央不会构成太大的负担。不过，这些方法仍然只是治标不治本。中央为地方债兜底，这一点一直没有改变。更何况，相对于地方政府庞大的需求而言，几千亿的发债规模无异于杯水车薪。为了解决建设资金的来源问题，笔者相信，地方政府还是会一如既往，创建企业性的平台对外融资。有鉴于此，决策者不能满足于头痛医头、脚痛医脚，而应该着眼于长远战略，跳出固有思维的藩篱，从建设独立财政主体的角度思考地方举债问题。

五、我国地方债制度的未来走向

如前所述，在我国现有的约束条件下，地方债既不能完全禁止，也不能彻底放开。转贷制度虽然结果并不理想，但毕竟有助于中央控制风险。代借代还制度比转贷更进一步，它在法律上将地方政府推向前台，使其与债券投资者建立直接联系。这既可以增加地方政府的风险意识，也有利于加强对资金的预算管理。不过，既然实行一级政府、一级预算，地方政府就应该成为独立的财政主体，有明确的财政支出范围和收入来源。如果没有明确的宪法和法律的依据，中央政府不得剥夺地方的这种权利。只有将财政收支划分纳入法律的范畴，使其脱离中央政府单方面支配的境地，地方政府才有可能在财政上相对独立。如果能够做到这一点，对于地方债的发行和偿还，中央就可以无需为地方背书。地方政府只要获得本级人大的同意，且能够得到债券投资者的认可，就可以对外发行债券，不必经过中央政府的审批。

根据宪法的设计，我国是一个单一制国家，除了特别行政区之外，地方政府不是独立的法律主体，必须服从中央政府的领导。国务院统一领导全国地方各级行政机关，规定中央和省级行政机关职权的具体划分。全国地方各级人民政府都是国务院统一领导下的国家行政机关,都服从国务院。[①]不过,笔者并不认为,有了宪法授权之后,国务院就可以自主决定所有行政事项,包括与地方政府之间的财政关系。事实上,宪法赋予国务院的职权非常广泛,如果没有进一步的法律约束,就意味着国务院可以为所欲为。鉴于宪法的内容相当抽象概括,基于建设社会主义法治国家的要求,应该通过制定法律的方式将其落实。只有同时符合宪法和法律的规定,国务院行使职权行为才算是合法的。因此,比较合理的表述应该是,国务院"依法"领导地方政府,"依法"规定中央与地方之间的职权划分。

《宪法》第 89 条第 1 项要求,国务院根据宪法和法律,规定行政措施,制定行政法规,发布决定和命令。笔者认为,该项职权与同款有关国务院职权的其他规定不应并列,而应理解为一个总括性的要求。这种规定方式既是授权也是限权,它意味着,国务院规定行政措施,制定行政法规,或者发布决定、命令时,必须遵守宪法和法律。同样的道理,国务院行使具体的职权时,更应该遵守宪法和法律。这不是笔者妄加揣测,而是有实际的例证。全国人大制定《立法法》,就是这一理念的充分体现。《立法法》第 8 条明确列举了需要制定法律的事项[②],其中有些就属于《宪法》第 89 条所赋予的国务院职权的范围。例如,《宪法》第 89 条第 9 项规定,国务院管理对外事务,同外国缔结条约和协定。但《立法法》第 8 条要求,有关国家主权的事项只能制定法律。只有当法律确实还没有作出规定,而现实中又不得不进行规范时,才能采取一些过渡或变通的措施。一旦条件成熟,仍然必须制定法律加以规范。

笔者充分注意到《宪法》第 89 条第 4 项和第 110 条第 2 款。既然国务院有权决定其与地方政府之间的职权划分,既然全国地方政府都服从国务院领导,有关中央与地方之间财政收支的划分,由国务院单方面规定似乎并不为过。国务院 1993 年制定《关于实行分税制财政管理体制的决定》,以及 2001 年制定《所得税收入分享改革方案》,应该就是这种指导思想的产物。

---

① 参见《宪法》第 89 条第 4 项,第 110 条第 2 款。

② 按照该条的规定,下列事项只能制定法律:(1) 国家主权的事项;(2) 各级人民代表大会、人民政府、人民法院和人民检察院的产生、组织和职权;(3) 民族区域自治制度、特别行政区制度、基层群众自治制度;(4) 犯罪和刑罚;(5) 对公民政治权利的剥夺、限制人身自由的强制措施和处罚;(6) 对非国有财产的征收;(7) 民事基本制度;(8) 基本经济制度以及财政、税收、海关、金融和外贸的基本制度;(9) 诉讼和仲裁制度;(10) 必须由全国人民代表大会及其常务委员会制定法律的其他事项。

不过，这种做法的弊端非常明显，前文已经对此充分阐述。即便从程序正义的角度看，政府间财政关系也应该由法律来规定。虽然国务院也属于“中央”，但它不足以代表地方政府的利益。在我国现有的宪政体制下，只有全国人大才能代表地方的利益，超越国务院和地方政府之间的对立，从而对国务院起到重要的制约作用。毕竟，全国人大是一个议事和表决平台，行使表决权的代表大部分来自地方，对地方政府的利益会更加关注。如果法律草案的立场过于偏向中央，来自地方的代表完全可以投票反对。

只有通过这种设计，才能平衡政府间财政关系，并使其相对稳定，不至于朝令夕改。也只有这样，地方政府对自己的财政收支范围才能形成稳定预期，债券投资人对地方政府的偿债能力也才能合理评估。至少从财政法的角度而言，这样的地方政府才会具有“法人”资格：能拥有独立的财产，能独立行使决策权，能够独立承担责任。虽然即便按照这种模式运作，地方政府仍然要接受国务院的领导，但是，游戏规则已经改变了。国务院只能在法律规定的职权范围内，按照法律规定的程序行使领导权。如果国务院希望调整财政收支划分规则，其自身再也无权单方面作出决定，而必须提请全国人大修改法律。如果全国人大的表决结果是同意，即表明中央和地方在新的形势下达成共识。假如表决的结果是反对，原有的规则还必须继续执行。

其实，《立法法》已经对此提出了明确要求，只是国务院可能还没有意识到。根据《立法法》第 8 条第 8 项，基本经济制度以及财政、税收、海关、金融和外贸的基本制度只能制定法律。政府间财政收支划分毫无疑问属于财政基本制度，应该通过法律来调整和规范，而不应继续由国务院单方面决定。《立法法》第 9 条又规定：“本法第 8 条规定的事项尚未制定法律的，全国人民代表大会及其常务委员会有权作出决定，授权国务院可以根据实际需要，对其中的部分事项先制定行政法规，但是有关犯罪和刑罚、对公民政治权利的剥夺和限制人身自由的强制措施和处罚、司法制度等事项除外。”不过，迄今为止，就政府间财政收支划分而言，全国人大及其常委会从来没有对国务院授权。虽然《立法法》的生效时间为 2000 年 7 月 1 日，对于 1994 年分税制方案并无溯及力，但是，《立法法》生效之后，分税制方案仍然继续实施，其合法性是值得怀疑的。《立法法》实施了一年半之后，国务院又推动了所得税收入分享改革，而且照样是采用规范性文件的形式，这就不能不让人质疑其对法治的态度了。

就政府间财政关系而言，需要制定的法律主要是两部，第一部是《财政收支划分法》，第二部是《财政转移支付法》。在 2003 年第十届全国人大的立法规划中,《财政转移支付法》被列入“研究起草、成熟时安排审议”的类型。[1]《财政转移支付法》最后没有安排审议,表明有许多问题当时难以解决。而其中最大的问题是,缺乏《财政收支划分法》,政府间财政收入和支出的范围不确定,不能为财政转移支付奠定科学合理的基础。从这个意义而言,必须先制定《财政收支划分法》,然后以此为基础制定《财政转移支付法》。只要这两部法律能够制定出来,而且确实赋予了地方明确的财政权利,地方政府就可以自主决定举债问题,无需再经过中央政府的特别批准。不过,如果法律制定出来之后,只是进行政策性宣示,而具体管理仍然授权国务院,地方的财政地位又该另当别论了。

当然,地方举债本身可能产生系统性风险。为了防范这种风险,在《财政收支划分法》和《财政转移支付法》之外,立法机关还有必要对专门对地方举债作出限制,既可以考虑单独制定《地方公债法》,也可以在《公债法》中分设“地方债”专章。地方是否发债,发行多少,这应该是地方自主决定的事情。但是,债务必须经过同级人大的批准,债务资金必须用于规定的用途,这是有关地方债的法律必须要求的事情。为了防止地方滥发债务,损害投资人的合法权益,维护正常的财政金融秩序,法律还必须特别强调政府信息公开。公债不同于企业债,没有商业秘密可言。要求政府充分披露债务信息,不仅可以帮助投资者决策,而且对地方政府构成一种监督。有的学者专门研究公债对民主的促进作用,认为通过债权人对政府的监督和制约,国家行政权力会逐步学会谦卑,应该就是从这个角度而言的。[2]

基于政府间财政收支划分由法律规定,财政转移支付有法定的测算标准,基于法律对地方债务的种种风险控制,特别是相关债务信息的充分公开,地方政府已经成为独立的法律主体。对地方政府发行债务的邀约,债务人就必须仔细慎重考虑,对各种可能的风险进行评估,最后才决定是否接受。笔者想要表达的是,任何投资都有风险。地方债券虽然被誉为“银边债券”,但是绝不是毫无风险可言。但是,如果上述条件能够满足,债务人就必须学会自担风险。如果发生地方偿债不能的情况,除非事先中央政府明示担保,否则中央没有义务替地方偿还。也只有满足这些条件,地方政府破产

---

① 参见 http://www.china.com.cn/law/flfg/txt/2006-08/08/content_7064056.htm,2009 年 4 月 18 日访问。

② 〔英〕大卫·斯塔萨维奇:《公债与民主国家的诞生》,毕竟悦译,北京大学出版社 2007 年版。

才有可能被提上议事日程。如果中央基于政治考虑,愿意替地方偿还债务,那是另一回事。至少,在保护债权人利益方面,此时,破产法才能真正发挥作用。

在《财政收支划分法》和《财政转移支付法》短期内难以出台的背景下,不妨借鉴近几年来地方债限额发行的经验,修改《预算法》的相关条文,对地方政府的举债权作出如下限制:(1) 国务院可以对地方举债总额进行限制,也可以对具体地方的举债额度进行限制。只有得到国务院的批准,并在额度允许的范围内,地方政府才能对外举债。(2) 取得国务院批准的举债额度后,地方政府需将举债方案报本级人大审批。(3) 地方应当建立偿债机制,确保债务风险的可控性。(4) 举债资金的用途应受到限制,不能用于一般性财政开支,只能用于基础建设、重大投资等可能产生收益的项目。(5) 国务院对地方举债及其资金使用进行监控和评估,并及时提示其风险,为下一年度确定举债额度时提供参考。

第四节 地区间对口支援的财政宪法问题

——以对口支援汶川地震灾区为例

对口支援是一种颇具中国特色的财政制度,其基本内容是,财力差距较大的地方政府之间建立援助与被援助关系。援助方在资金、设备、物资、项目、教育、人才等方面,给予受援方力所能及的帮助。在缺乏规范的横向转移支付制度的前提下,对口支援对于解决地区之间财政不平衡,促进受援地区的经济、文化、社会发展,帮助受援地区摆脱严重的突发性困难,起到了非常重要的积极作用。不过,除了遵循市场规律的经济合作项目之外,对口支援的内容大都属于援助方的财政支出,因此必须接受财政法律、行政法规的约束,同时更要遵守宪法关于政府间财政关系的规定。

一、对口支援汶川地震灾区的基本情况

汶川大地震发生后,2008 年 6 月 11 日,经国务院同意,国务院办公厅公布了《汶川地震灾后恢复重建对口支援方案》,其基本思路是:(1) 中央统筹协调,组织东部和中部地区省市支援地震受灾地区。对口支援期限按 3 年安排。(2) 支援方为东部和中部地区的 19 个省市,以及西部地区的重庆市。受援方为四川省北川县、汶川县、青川县等 18 个县(市),以及甘肃省、陕西省受灾严重地区。按照“一省帮一重灾县”的原则,建立一一对应的援

助关系。(3) 各支援省市每年对口支援实物及工作量不低于本省市上年地方财政收入的 1%。

对口支援的内容和方式有:(1) 提供规划编制、建筑设计、专家咨询、工程建设和监理等服务。(2) 建设和修复城乡居民住房。(3) 建设和修复学校、医院、广播电视、文化体育、社会福利等公共服务设施。(4) 建设和修复城乡道路、供(排)水、供气、污水和垃圾处理等基础设施。(5) 建设和修复农业、农村等基础设施。(6) 提供机械设备、器材工具、建筑材料等支持。选派师资和医务人员,人才培训、异地入学入托、劳务输入输出、农业科技等服务。(7) 按市场化运作方式,鼓励企业投资建厂、兴建商贸流通等市场服务设施,参与经营性基础设施建设。(8) 对口支援双方协商的其他内容。

从以上内容可以看出,对汶川地震灾区的对口支援侧重于无偿援助。而所谓无偿援助,其实就是支援方的财政支出。以上海市为例,2007 年,其财政收入突破 2000 亿元。[①] 按照当地财政收入的 1% 的标准,即便不考虑增长的因素,上海对都江堰市的财政援助规模每年不能少于 20 亿,三年将达到 60 亿元。即使是财力稍差的地区如湖北,其每年的财政援助规模也不会少于 10 亿,三年将超过 30 亿元。[②] 初步测算,2008 到 2010 年三年,19 个参加对口支援省市地方财政收入的 1%,合计在 700 亿元左右。[③]

从实施效果上看,对口支援的作用和意义重大。特别是对于地震灾区而言,这种意义更是不同寻常。灾区居民之所以能够迅速得到紧急安置,与各个地方的对口支援有很大的关系。因此,对口支援具备坚实的道义基础,其政治合法性也不容置疑。不过,如果不是中国特殊的政府间关系,如果执政党缺乏强大的组织动员能力,如果没有地方政府高度的政治觉悟,对口支援方案即使制定出来了,实际上也没有办法执行。从另外一个角度而言,既然对口支援是一种财政支出,也应该接受合法性的检查,使其在法治的轨道上运行。

基于目前分税制的财政体制,假定地方财政支出的范围相对明晰,中央提倡地区间对口支援,究竟是一种法律强制,还是仅仅为政治动员? 如果是

---

① 参见 http://www.jfdaily.com/gb/jfxww/xinwen/shanghai/node38573/userobject1ai1900352.html,2008 年 11 月 9 日访问。

② 2007 年,湖北省财政收入逾 1114 亿元。参见 http://www.hb.xinhuanet.com/newscenter/2008-01/07/content_12144391.htm,2008 年 11 月 9 日访问。

③ 参见张岸元、张长海:《对口支援也是一种巨灾保险机制》,载《第一财经日报》2008 年 9 月 15 日。

法律强制,其法律依据何在？如果是政治动员,又如何能够保证实施？对口支援是否会影响到地方政府的财政独立性？如何评价执政党在对口支援中的作用和影响？对口支援是不是一种横向财政转移支付？这些问题都将在下文中予以讨论。本书还将对地区间对口支援的前景进行预测,并提出替代性的方案以供参考。

本书的基本结论是,对地方政府而言,对口支援主要是一种政治义务,而不是法律上的强制。从对口支援的实效可以看出,地方政府的财政只是相对独立。通过执政党中央的影响力,中央政府可以干预地方财政。不过,随着依法治国方略的推进,执政党越来越受到宪法和法律的约束。届时,对口支援只有转化为法律义务,才有可能在现实中付诸实施。规范的转移支付制度,辅之以应对紧急灾害的巨灾保险,才是地区间对口支援的发展方向。

二、对口支援汶川地震灾区的法律依据

汶川大地震发生之后,民政部于 2008 年 5 月 23 日发出了《关于对口支援四川汶川特大地震灾区的紧急通知》[①],要求各地对口支援四川汶川灾区,提供受灾群众的临时住所,解决灾区群众的基本生活,协助灾区恢复重建,协助灾区恢复和发展经济,提供经济合作、技术指导等。国务院办公厅 2008 年 6 月 11 日发布的《汶川地震灾后恢复重建对口支援方案》,实际上就是以民政部的上述通知为蓝本的。和民政部的通知相比,国务院办公厅文件的不同之处主要有:第一,它强调对口支援方案经过国务院同意;第二,考虑到海南的实际情况,不再将其列为支援方;第三,将对口支援的标准设定为不少于当地年财政收入的 1%;第四,将对口支援的期限设定为三年。

暂且不考虑这两份文件的效力关系,假定国务院办公厅的文件生效后,民政部的通知自动失效。我们需要考察的是,国务院办公厅文件具有何种效力？它对相关地方政府有法律约束力吗？其法律依据何在？笔者注意到,在这两份文件中,都没有援引相关的法律依据,而且也没有提到,如果没有完成任务,或者不响应号召,应该如何进行处理。不过,在国务院办公厅下发文件之前,2008 年 6 月 8 日,国务院总理温家宝签署第 526 号国务院令,公布并实施了《汶川地震灾后恢复重建条例》(以下简称《汶川重建条例》),其中有涉及对口支援的内容,也许可以给我们提供一些思考线索。

---

① 参见 http://www.gov.cn/zwgk/2008-05/23/content_990040.htm,2008 年 11 月 15 日访问。

《汶川重建条例》第 3 条提到，地震灾后恢复重建应当遵循受灾地区自力更生、生产自救与国家支持、对口支援相结合的原则。第 53 条又规定，县级以上人民政府应当通过政府投入、对口支援、社会募集、市场运作等方式筹集地震灾后恢复重建资金。其中最值得注意的是第 63 条第 1 款："非地震灾区的县级以上地方人民政府及其有关部门应当按照国家和当地人民政府的安排，采取对口支援等多种形式支持地震灾区恢复重建。"而对于企事业单位的援建，本条第 2 款使用了"鼓励"一词，而不是政府对口支援的"应当"。这种区分似乎说明，对口支援成为了一种法律义务，而不单纯是政治动员。

如果是法律义务，首先要考察是否存在法律依据。《汶川重建条例》第 1 条特别规定："为了保障汶川地震灾后恢复重建工作有力、有序、有效地开展，积极、稳妥恢复灾区群众正常的生活、生产、学习、工作条件，促进灾区经济社会的恢复和发展，根据《中华人民共和国突发事件应对法》和《中华人民共和国防震减灾法》，制定本条例。"这说明，上述两部法律是《汶川重建条例》的上位法依据，或者说，《汶川重建条例》是根据上述两部法律的授权而制定的。不过，对于非震区政府的对口支援，这两部法律是否也将其视为法律义务呢？

《突发事件应对法》第 60 条规定："受突发事件影响地区的人民政府开展恢复重建工作需要上一级人民政府支持的，可以向上一级人民政府提出请求。上一级人民政府应当根据受影响地区遭受的损失和实际情况，提供资金、物资支持和技术指导，组织其他地区提供资金、物资和人力支援。"此处只是提到，上一级政府"应当"提供资金、物资支持和技术指导，并组织其他地区提供资金、物资和人力支援。但是，这种"组织支援"只是上一级政府的职责，并没有创设其他地方政府的义务。如果没有其他法律规定，单凭这一点不足以对其他对方政府提出硬性要求。因此，很大程度上，这种所谓的"组织"，应该只是一种"动员"。

《防震减灾法》关于对口支援的规定，恐怕也只能称之为一种"动员"，而不是法律上的强制。该法第 33 条规定："破坏性地震发生后，地震灾区的各级地方人民政府应当组织各方面力量，抢救人员，并组织基层单位和人员开展自救和互救；非地震灾区的各级地方人民政府应当根据震情和灾情，组织和动员社会力量，对地震灾区提供救助。"从中我们可以看出，非地震灾区的各级地方政府虽然有义务对地震灾区提供救助，但是仅仅限于"组织和动员社会力量"去做，没有要求其直接出资出力。因此，这也不是非地震灾区政府安排财政支出的法律依据。

《汶川重建条例》本身是否可以为地方政府创设为法律义务?《汶川重建条例》属于行政法规。《立法法》第 56 条第 2 款规定:“行政法规可以就下列事项作出规定:(1) 为执行法律的规定需要制定行政法规的事项;(2) 宪法第 89 条规定的国务院行政管理职权的事项。”如前所述,从执行已有法律的角度看,强制性的对口支援显然缺乏依据。那么,国务院此举是否属于宪法赋予的职权?根据《宪法》第 89 条第 4 项,国务院的职权之一是,统一领导全国地方各级国家行政机关的工作,规定中央和省、自治区、直辖市的国家行政机关的职权的具体划分。假如地方行政机关可以决定财政支出,《汶川重建条例》相当于修改了 1994 年国务院《关于实行分税制财政管理体制的决定》,以及其后几个相关文件的内容,在特定的时期就特定的事例重新划分了地方政府财政支出的范围。然而,按照现行法律的规定,地方行政机关果真能够决定财政支出吗?

众所周知,根据《预算法》的规定,财政支出必须经过预算,而预算必须经过各级人民代表大会审批通过。如果属于法定开支项目,或者法定的开支标准,行政机关编制预算和立法机关审批预算时,都必须予以遵守。例如,《科学技术进步法》第 59 条规定:“国家逐步提高科学技术经费投入的总体水平;国家财政用于科学技术经费的增长幅度,应当高于国家财政经常性收入的增长幅度。全社会科学技术研究开发经费应当占国内生产总值适当的比例,并逐步提高。”就属于具有此类法律效力的条款。然而,《汶川重建条例》并非法律,其所提到的对口支援问题,不仅需要行政机关的决策,还需要经过立法机关的批准,因此超出了《宪法》第 89 条第 4 项的授权,对地方人民代表大会不应具有约束力。

从这个角度看,尽管《汶川重建条例》第 63 条第 1 款规定:“非地震灾区的县级以上地方人民政府及其有关部门应当按照国家和当地人民政府的安排,采取对口支援等多种形式支持地震灾区恢复重建。”这种所谓的“应当”只是对地方政府的要求。然而,由于财政开支需要经过预算审批,如果审批机关不同意这笔开支,地方政府的动议也只能作罢。因此,笔者认为,只要我们坚持认为,任何财政资金都必须经过预算,那么,《汶川地震条例》的上述规定就仍然是一种动员,而不是一种强制性的法律义务。如果地方政府从预算外资金中开支,当然可以避开预算审批的环节。但是,这本来就不是一种正常现象,违反了人民当家作主的政治原则,与《宪法》规定的人民主权原则也格格不入。因此,应当从提倡性条款的角度理解第 63 条第 1 款,而不应将其理解为强制性条款。

三、地区间对口支援方案的实施机制

无论是《汶川重建条例》还是《汶川地震灾后恢复重建对口支援方案》,都没有关于违反对口支援义务的责任条款。即便地方政府拒绝参与对口支援,也无需承担任何法律责任。然而,在国务院办公厅下发对口支援方案之前,仅仅依据民政部2008年5月23日的通知,各省市就开展了积极的对口支援准备工作。从法律效力上看,民政部更无权调动各省市的资金。民政部的方案无非也只是一种组织动员,根本无法对地方政府产生强制约束力。国务院办公厅对口支援方案确定后,地方政府的对口支援更是如火如荼,对促进灾区生活与生产的恢复,起到了非常重要的作用。

据初步统计,仅仅截至2008年8月,对口支援省市已承诺援建资金约277亿元。其中,浙江承诺三年将安排超过60亿元资金;江苏确定第一批项目估算投资30亿元;北京2008年计划安排援建资金约25亿元;上海三年计划安排80亿元;天津确定首批援建项目投入资金16.7亿元等。截至2008年8月,灾后恢复重建对口支援援建资金中,山东已到位资金6.38亿元;广东捐赠补助农户建永久性住房资金2亿元已到位;河北已到位资金3亿元;辽宁已到位资金3.7亿元;安徽已落实资金1.2亿元等。[①] 可见,非地震灾区的地方政府确实是在非常积极地参与对口支援计划,而不是一味地推诿敷衍。我们不禁要问,一份没有“武装到牙齿”的对口支援方案,对地方政府为何具有如此的推动力?如果我们再看看对西藏地区和对三峡库区移民的对口支援,这个问题就会更加强烈地冲击我们的脑海。

西藏地区对口支援政策始于1994年中共中央第三次西藏工作座谈会。除了会议的要求之外,并未见到任何法律、行政法规或者部门规章对此作出规定。然而截止到2004年,承担对口支援任务的18个省市、59个中央国家机关、17个中央企业为西藏提供了援助资金64亿多元,援建项目约1698个。[②] 对口支援三峡库区移民的依据也只有一个,即国务院办公厅1992年3月27日发布的《关于开展对三峡工程库区移民工作对口支援的通知》。

---

① 参见刘铮:《全国20省市已经承诺援建地震灾区277亿元》,载《经济参考报》2008年10月6日。

② 参见 http://politics.people.com.cn/GB/8198/50050/52280/3636709.html,2008年11月9日访问。

但截止到2008年9月底，全国对口支援三峡库区资金达到480亿元，其中经济合作类项目到位资金450亿元、无偿援助社会公益类项目资金30亿元。参加支援的主体包括全国19个省、自治区、直辖市，10个大中城市，中央40多个部、委、局等。①

笔者个人认为，对口支援虽然在《防震减灾法》中作了规定，但它远不是一项具备自执行力的法律制度，最多只是一种提倡性的法律制度，其实施并没有恰当的机制予以保障。否则，从法律的角度看，它就会与依法理财的理念相悖，与地方政府的财政自主权相冲突。在实务中，对口支援之所以不仅没有人质疑，反而产生了无法替代的社会效果，这首先是源于对口支援的道义基础，其次，也是因为法治理念在财政领域没有普及。更为主要的是，对口支援借用了执政党的政治影响力，利用了我国长期以来政策治国的传统。面对对口支援灾区的负担，地方政府如果不予理睬或消极怠工，其领导人并不担心承担任何法律责任，实际上本身并没有任何法律责任。但是，这种做法会影响其政绩，影响上级对自己的考评。正是这种压力，成为了实施对口支援最强大的动力。

笔者注意到，2008年6月5日，中共中央政治局专门召开会议，研究部署汶川地震灾后恢复重建对口支援工作，中共中央总书记胡锦涛主持会议。会议指出，要坚持一方有难、八方支援，自力更生、艰苦奋斗的方针，按照"一省帮一重灾县"的原则，合理配置力量，建立对口支援机制，组织有关省市对口支援灾区加快灾后恢复重建。会议要求，对口支援机制建立后，承担对口支援任务的有关省市要按照中央的统一部署，积极为灾区提供人力、物力、财力、智力等各种形式的支援，优先解决受灾群众基本生活条件，帮助恢复建设城乡基础设施、公共服务设施和居民住房，开展人才培训、科技支持服务等。中央将统一研究制定对口支援的优惠政策。②

由此可知，2008年6月5日《汶川重建条例》有关对口支援的内容，2008年6月11日国务院办公厅发布的对口支援方案，其实都是在落实中央的决定。虽然对口支援方案不具备自执行力，但是，通过中国共产党的组织、号召和动员，就有可能产生超越法律的效果。这是因为，根据《中国共产党章程》第10条，中国共产党按照民主集中制组织起来的统一整体。党的

---

① 参见 http://www.china.com.cn/news/txt/2008-10/23/content_16657682.htm，2008年11月9日访问。

② 参见 http://news.sina.com.cn/c/2008-06-05/135715688057.shtml，2008年11月9日访问。

民主集中制的第一条基本原则就是，党员个人服从党的组织，少数服从多数，下级组织服从上级组织，全党各个组织和全体党员服从党的全国代表大会和中央委员会。既然对口支援灾区体现的是中共中央的意志，全党各个组织和全体党员就应该予以贯彻执行。如果阳奉阴违或者拖延懈怠，虽然没有违反法律，但违反了党内的民主集中制，也是一种违反党纪的行为。

在具体的实施手段方面，除了宣传动员，发动党员和党组织自觉履行中央的决议外，各个省市的党政负责人，以及所有重要岗位的领导职位，都受中共中央组织部门的考察。任何职位的变动，或者由中共中央直接决定，或者需要中央的提议、推荐。正是通过这种人事任免机制，中国共产党才能做到全国一盘棋，保障其意志在各省市贯彻实施。就对口支援地震灾区而言，尽管不属于法定的强制性义务，但是，各个省市或者是基于人道主义，或者是基于政治觉悟，或者是基于政绩方面的追求，或者是基于人事任免方面的考虑，都在积极主动地落实对口支援方案。如果执政党没有强大的政治影响力，没有强有力的组织系统，虽然不排除人道主义的财政援助，但最后的执行效果一定会大打折扣。

古人云，徒法不足以自行。一个在法律上不具有执行力的制度，借助于执政党的各种资源，在现实中发挥了卓有成效的作用。这究竟是法治社会的正常表现，还是法治本身不成熟的体现？从理论上说，法律执行党的政策，党的政策保障法律的实施，这是一种比较理想的图景。但是，既然党的政策需要借助法律实施，就应该遵循法律本身的逻辑。就对口支援地震灾区而言，尽管这项政策的内容具有正当性，但是，在考虑通过法律贯彻其内容时，不仅要考虑法律对规范性文件的约束力，还要考虑国务院制定行政法规的职权范围，另外还需要考虑的是中央与地方的财政关系，不要让地方政府陷入合法性的悖论中。这些问题前文已经有所阐述。接下来，文章将讨论地方政府的财政自主权，然后从法治和宪政的角度出发，重新设计对口支援的替代性方略。

四、对口支援与地方政府的财政自主权

无论是作为法律义务的对口支援，还是作为政治任务的对口支援，毕竟都是中央政府在发号施令。而对口支援方案的内容往往涉及，支援方政府在常规的财政支出之外，必须额外安排一笔财政支出支援受援方。除了对等互利的经济合作项目外，支援方提供的无论是资金、物资还是人力，其实都属于支援方政府的财政支出。如前所述，如果地方政府拒不接受安排，或

者消极应付，虽然不用承担任何法律责任，但是会影响领导人的政绩和提升，对地方政府的压力远远大于一般的法律责任。因此我们接下来需要考察的是，这种“中央下令，地方买单”的模式，是否侵犯了地方政府的财政自主权。

我国地方政府的法律地位目前并不是一个很明晰的概念。《宪法》第 3 条规定，全国人民代表大会和地方各级人民代表大会都由民主选举产生，对人民负责，受人民监督。国家行政机关、审判机关、检察机关都由人民代表大会产生，对它负责，受它监督。从形式上看，既然地方立法机关、行政机关、审判机关、检察机关都由地方产生，地方政府应该具有非常强的独立性。不过该条也规定，中华人民共和国的国家机构实行民主集中制的原则。中央和地方的国家机构职权的划分，遵循在中央的统一领导下，充分发挥地方的主动性、积极性的原则。由于《宪法》中有了这两句话的限制，加上《中国共产党章程》中关于“民主集中制”的规定，中央与地方的关系远非单一制可以概括，而是呈现一种错综复杂、扑朔迷离的局面。

《宪法》中关于国家机构的民主集中制是什么？《宪法》第 3 条本身已经作出解释。第 3 条第 2 款和第 3 款阐述的是“民主”的内容，地方立法机关由地方民主选举产生，地方行政机关、司法机关由立法机关产生。而该条第 4 款强调的是“集中”的内容，即，有关中央和地方的国家机构职权的划分，要遵循在中央的统一领导下，充分发挥地方的主动性、积极性的原则。对于如何实现“中央的统一领导”，《宪法》关于中央和地方国家机构的职权规定，已经很清楚地给出了回答。例如，根据《宪法》第 89 条第 4 项，国务院统一领导全国地方各级国家行政机关的工作，规定中央和省、自治区、直辖市的国家行政机关的职权的具体划分。另外，根据《宪法》第 110 条第 2 款，地方各级人民政府对上一级国家行政机关负责并报告工作。全国地方各级人民政府都是国务院统一领导下的国家行政机关，都服从国务院。

至于如何“充分发挥地方的主动性、积极性”，除了民族区域自治以及设立特别行政区外，宪法中并没有太多的机制可以保障。另外，当民主与集中发生冲突时，究竟是民主优先，还是集中第一，宪法也没有给出明确的答案。比如，《宪法》第 110 条第 1 款首先规定，地方各级人民政府对本级人民代表大会负责并报告工作。县级以上的地方各级人民政府在本级人民代表大会闭会期间，对本级人民代表大会常务委员会负责并报告工作。可第 2 款马上又要求，下级地方政府服从上一级地方政府，全国地方政府服从国务院的统一领导。尽管执政党可以通过党内的民主集中制尽量消除这种冲突，但在实践中,针对具体的事务,这种冲突无论如何还是可能存在的。

例如,国务院办公厅下发《汶川地震灾后恢复重建对口支援方案》,要求被指定担任支援方的省市对口支援受灾地区,并且其支援实物工作量不得少于当地财政收入的1%,连续支援三年。如果按照“集中”原则,省级政府应当服从国务院的领导,应当无条件按照资金、物资和人力,不折不扣地支援受灾地区。可是,财政预算还受到“民主”原则的约束,各省市人民代表大会是否有义务通过这笔预算呢?或者说,各省市的人民代表大会代表是否有义务必须投赞成票?从法律上看,既然要履行民主程序,就不可能预测程序的结果。任何通过民主程序得出的结论,都应该受到尊重,无论从道德或政治上如何评价。随着人民代表机构和人民代表独立性的不断增强,地方民主议政和中央统一领导的矛盾将越来越尖锐。中央任何一项重大决策,只要涉及地方利益,就必须从程序上慎重考虑,以免侵犯地方的自主权。

对口支援方案是否侵犯了地方的财政自主权?从前述《宪法》条文不难看出,我国地方政府并不是一个完全独立的主体,和联邦制国家的“邦”有很大的区别,中央对地方有很大的支配权。不过,既然地方立法机关对地方事务拥有决定权,那么,中央在试图影响地方决策时,就应该在法律允许的范围内行事,遵循法律规定的程序。例如,中央可以提名地方政府的首长人选,但不能直接任命。任命权掌握在地方同级人民代表大会。同样的道理,在法律规定的范围外为地方政府设定支出义务,也应该考虑实体和程序的正当性。

由于中央和地方的关系比较模糊,中央和地方财政支出的范围自然也难以准确界定。1994年,我国开始实行分税制财政体制,其中收入的划分标准非常明确,但是支出的界定并不明晰。按照国务院1993年12月15日发布的《关于试行分税制财政管理体制的决定》,地方财政主要承担本地区政权机关运转所需支出以及本地区经济、事业发展所需支出。具体包括:地方行政管理费,公检法支出,部分武警经费,民兵事业费,地方统筹的基本建设投资,地方企业的技术改造和新产品试制经费,支农支出,城市维护和建设经费,地方文化、教育、卫生等各项事业费,价格补贴支出以及其他支出。之后,虽然2000年经历了所得税分享改革,但地方政府的财政支出范围一直没有改变。从中可以看出,对口支援不是地方政府的财政支出对象。

财政管理体制确定之后,一个地方政府没有义务去支援另一个地方政府。从财政法的角度看,抢险救灾首先是灾险所在地政府的责任。当地地方政府无力解决的,应当向上一级地方政府求助,最终直至中央政府。就汶川地震的救灾和灾后重建而言，按照现行分税制财政体制，除了四川省政府之外，中央政府是财政支出的主要主体，其他省市地方政府本身并没有这个义务。是否可以理解为，《汶川重建案例》以及国务院办公厅发布的对口支援方案，已经修改了1994年确立的地方政府财政支出范围？从法律文件的效力关系看，《汶川重建条例》属于行政法规，国务院办公厅下发的《汶川地震灾后恢复重建对口支援方案》虽然只属于规范性文件，但是经过了国务院同意，效力似乎有所增强。更何况，《汶川重建条例》要求非地震灾区的政府执行国家和地方制定的对口支援政策，又让这份方案有了特别的效力依据。1994年分税制改革的依据，不过是国务院的一个规范性文件。因此，其内容被《汶川重建条例》所修改，也不是说不过去。

然而，对于政府之间的财政收支范围，虽然在法理上的确应该由中央决定，但其决定主体却只应该是中央立法机关，而不是中央行政机关。中央立法机关中有地方的代表参与，可以体现地方的利益。中央行政机关是一个利害关系人，本身和地方政府之间存在一定的利益冲突。因此，由国务院处理中央与地方的财政关系，本身就已经饱受诟病。在收入范围不变的情况下，如果允许国务院随意调整地方的支出范围，将本应由其他地方政府负担，或者应该由中央政府支付的项目，硬性要求特定的地方政府承担，这种方式非常不妥。因此，尽管从形式要件上看，《汶川地震条例》确实有权修改分税制的内容，但是，《汶川地震条例》本身也要符合相应的授权性法律，如《防震减灾法》、《突发事件应对法》等。而如前所述，关于地区间的对口支援问题，这两部法律并没有相应的授权性规定。因此，笔者并不认为非地震灾区的地方政府因此负有对口支援的法律义务。

尽管我们在前文中已经得出结论，对口支援并不是一项强制性的法律义务，而是一种法律倡导，但是，由于国家机构的民主集中制原则，由于中国共产党是执政党，而中国共产党也建立在民主集中制基础上，加上中央在人事任免、升迁方面的影响力，对口支援已经具备了比法律效力更强硬的约束力。从这个角度而言，对口支援方案的确会影响地方的财政自主性。无论地方的民众是否愿意，无论地方立法机关是否同意，地方党政领导内心是不是接受，也无论支援方案是否合理有效，只要是中央作出的决策，地方党政领导人都会千方百计去落实。即便存在法律方面的障碍，例如预算必须经过立法机关审批，地方党政领导也会全力推动，根本无需考虑任何法律方面的风险。

这样一种体制让地方政府严重依附于中央，同时财政上的风险也需要中央共同承担。以国务院2009年批准地方发行2000亿地方政府债券为例[①],对国务院而言,这并不是一个十分轻松的决定。虽然《预算法》第28条规定,只要法律和国务院另有规定,地方政府可以发行债券,但是,如果地方政府不是一个独立的财政主体,那么,任何无力偿还的地方债务,中央政府就必须成为最终的担保人。实际上,目前中央与地方之间的收支划分权集中在国务院,而不是通过法律建立一个长期稳定的关系,因此,人们有理由预期,地方政府不过是中央政府的一个派出机构,地方政府合法发行的债务,中央政府当然是总负责人。笔者个人的结论是,要想切断中央对地方政府的债务担保,必须在法律上将地方政府确立为独立的财政主体,同时保障其对财政收入和支出的独立性。而正因为目前达不到这个水平,为提高地方债券的信用,保护投资者的利益,地方债券才不得不由财政部代借代还。[②]

从这个角度而言,中央政府要求地方政府对口支援灾区,无论其在道德上如何具备正当性,仍然是对地方财政自主权的一种干涉,使地方政府继续成为中央的附庸。美国新奥尔良2005年遭受飓风重创时,90%的地域都被淹没在洪水之中,部分城区积水达到6米深,其破坏力不亚于1945年日本广岛的原子弹爆炸。[③] 尽管如此,美国联邦政府并没有发动对口支援,要求其他城市或州援助受灾地区。因为它知道,这样做是不可能有任何效果的。美国的州或城市在财政上都是独立的,除非有法律依据,地方的财政不受联邦政府干预,也不对其他地方政府负有任何义务。也正因为如此,美国的州或城市可以发行债券,联邦政府无需为其背书或担保,债权人也不会有任何的期望值,要求联邦政府作为最后的支付人。我们同样也无法想象,在实行地方自治制度的日本,中央政府可以成功发动对口支援。尽管日本也是单一制国家,但是地方政府的权力受《地方自治法》的保护。因此,中央政府可以号召一个地方政府支援另一个地方政府,但是不能命令其这样做。否则,就会视为侵犯地方自治权。

---

① 2009年3月5日,在第十一届全国人大第二次会议上,温家宝总理所作的政府工作报告提出,同意地方发行2000亿元债券,由财政部代理发行,列入省级预算管理。参见 http://www.gov.cn/2009lh/content_1259471.htm,2009年4月10日访问。

② 有关这个问题,参见本章第三节有关"中央代借代还地方债的信用、风险与责任"的相关论述。

③ 参见 http://world.people.com.cn/GB/14549/3662082.html,2008年11月16日访问。

五、对口支援的前景预测与替代性机制

从综合性的对口支援到专业性的对口支援,从全国性的对口支援到地方性的对口支援,中国的对口支援呈如火如荼之势,成为执政党政治优势的明显例证。不过,对口支援只是中国特定国情下的特殊产物。如果不是宪法中特殊的中央和地方关系,如果不是民主集中制的特殊政治思维,如果不是中国共产党特殊的政权领导方式,加上作为执政党强大的组织动员能力,对口支援不可能在抗震救灾中发挥很大的作用。实际上,笔者更愿意从政治运动的角度理解对口支援,而不愿意将其理解为一种法律制度。尽管国务院 2008 年 6 月 8 日公布并实施了《汶川重建条例》,要求采取对口支援等形式支持地震灾区恢复重建,似乎使对口支援成为一项法律制度,让非震区的地方政府负有对口支援义务,但是,正如前文所分析的,如果遵循这种思路,《汶川重建条例》将不得不面临合法性的挑战。

尽管按照《宪法》第 110 条第 2 款,下级地方政府服从上一级政府,全国地方政府服从国务院的统一领导,尽管《宪法》第 89 条第 4 项规定,国务院统一领导全国地方各级国家行政机关的工作,规定中央和省、自治区、直辖市的国家行政机关的职权的具体划分,但是,毕竟《宪法》第 110 条第 1 款明确规定,地方各级人民政府对本级人民代表大会负责并报告工作。县级以上的地方各级人民政府在本级人民代表大会闭会期间,对本级人民代表大会常务委员会负责并报告工作。就财政开支事项而言,它不仅仅属于行政机关的职权,同时也是地方立法机关的职权。按照《预算法》的规定,地方政府只有预算编制和执行权,预算的审批权由地方人民代表大会行使。因此,国务院可以动员地方政府支援灾区。但地方政府对口支援的资金必须列入预算,并提请地方人民代表大会审批。就这个问题而言,中央政府的集中机制应当让位于地方政权的民主程序。

民主程序本身需要成本。就预算而言,只有在一年一度的人民代表大会上,才有可能提交预算草案,供人民代表审议批准。面对地震这样的突发事件,是否可以突破常规,启动紧急应对机制?比如,无需经过立法机关批准,直接由地方行政机关按照中央的安排,将资金从其他项目挪用到对口支援,或者启用各种预算备用资金?笔者认为,这样做也是不妥的。对于汶川地震这样的重大灾难,四川省政府和中央政府确实应该启动紧急程序。《预算法》第 32 条规定,各级政府预算应当按照本级政府预算支出额的 1% 至 3% 设置预备费,用于当年预算执行中的自然灾害救灾开支及其他难以预见

的特殊开支。[①] 但是，非地震灾区并不处于紧急状态，政府不能随意动用这笔资金。更何况，预备费只应用于本行政区域，不能跨区域动用，否则就会违反预留这笔资金的本意。所以，对口支援比较适宜用于灾后重建，不适合用于灾害发生时的救灾。

如果将对口支援作为一种强制性法律义务，另一个需要考虑的问题是公平。我们看到，在民政部公布的对口支援方案中，海南省也是21个支援方之一。但在国务院办公厅的方案中，支援方就只有20个省市了，海南省特别被排除在外。出于政治热情和道义的驱动，也许其他支援方不会考虑公平的问题。但是，从全国30个省市中要求一部分承担支援任务，另一部分无需承担支援任务，其根据又是什么呢？如果仅仅是能者多劳，那么，百分比本身就可以做到。云南财政收入的1%肯定少于上海的1%。为什么云南一分钱都可以不出，而上海却要每年负担20亿元？从受援方的角度看，每个县市的受灾情况不一样。受灾严重的地区需要更多的财政援助，而富裕地区的对口支援恰恰可以提供更多的资金。然而，上海的财政收入一年有2000亿元，江西的财政收入一年只有664亿元。[②] 上海支援都江堰市，江西支援小金县，将给两个地方带来不同的财政效应，这种安排是否足够体现横向公平？

对口支援实际上类似于一场政治运动，除了目的无可指责之外，方案的具体内容并不具有明确的操作性。例如，支援方提供的物资、资金、人力谁来接受，如何验收，对口支援的总量是否达到规定要求，没有一套明确的程序规则和责任机制。支援方只能凭着觉悟和道义行事，中央政府缺乏有效的监督和评价机制。就目前的现状而言，由于缺乏规范的转移支付制度，地区间财力严重不平衡，加上缺乏巨灾损失分摊机制，灾区的力量十分有限，对口支援还有存在的必要性。一旦这些条件具备，并随着财政法制化程度不断提高，对口支援将逐渐淡出我们的视野。实际上，在这次汶川大地震中，救灾重建的主体仍然是中央政府，对口支援只不过起到了补充作用。相对于灾后重建一万亿的资金需求，对口支援700亿的资金数额并不是很多。因此笔者认为最重要的是规范转移支付制度，平衡各地的财政支付能力，同

---

① 按折中的2%和基数3万亿计算，中央财政2008年的预备费应该超过600亿元。加上四川省的预备费，紧急应付地震救灾应该不成问题。

② http://finance.sina.com.cn/china/dfjj/20080104/17224368271.shtml，2008年11月16日访问。

时建立巨灾保险机制，实现重大自然灾害的损失分摊。

财政转移支付是政府间的无偿资金调动，它是基于政府间财力不平衡的事实，通过一定的法律机制，促进富裕地区的资金向相对贫困地区转移。目前，我国东部地区与西部地区财政悬殊，城市财政与农村财政财力悬殊。而财政转移支付的规模不仅小，而且极不规范。如果能够加大转移支付的力度，规范转移支付的标准和程序，就能够促进实现公共服务均等化。比如，对西藏地区的对口支援，完全可以通过转移支付的形式替代。至于对口支援是否可以改造为中国式的横向转移支付，笔者本人并不持乐观的态度。横向转移支付需要高超的操作技巧，需要复杂的保障机制（如诉讼），中国近期未必能够满足这些条件。相对而言，建立一套法制化的纵向转移支付机制，将富裕地区的资金通过中央政府转移给贫困地区，应该更具有现实可能性。在这种转移支付模式中，中央政府起到了桥梁的作用，同样可以起到平衡地区间财力的作用，而规则设计相对要简单多了。一旦地方政府财力增强，就可以提供基本的公共服务，无需其他地方政府对口支援了。将来即便有对口支援，也是地方政府之间真正基于互利合作的对口支援，无需劳动中央政府发号施令。

另一种代替对口支援的机制是巨灾保险。所谓巨灾保险制度，是指对由于突发性的、无法预料、无法避免且危害特别严重的如地震、飓风、海啸、洪水、冰雪等所引发的灾难性事故造成的财产损失和人身伤亡，给予切实保障的风险分散制度。[①] 1998 年 1 月 1 日实施的《防洪法》第 47 条规定，“国家鼓励、扶持开展洪水保险”；1998 年 3 月 1 日实施的《防震减灾法》第 25 条规定，“国家鼓励单位和个人参加地震灾害保险”；2007 年 11 月 1 日实施的《突发事件应对法》第 35 条规定，“国家发展保险事业，建立国家财政支持的巨灾风险保险体系，并鼓励单位和公民参加保险”。可见，我国很早以前就认识到了巨灾保险的重要性。然而迄今为止，巨灾保险制度在我国仍是空白。当遇到灾难性事故时，整个保险业显得力不从心，只能由政府充当“总保险人”。而当地震灾区的地方政府和中央政府财力不够时，举全国之力对口支援自然成为首选。

从承保主体看，国外巨灾保险运作大体可分为三类。一是英、德等欧洲国家较多采取的商业化运作模式，私人保险公司承担巨灾保险，政府不承担再保险责任，只在防灾减灾等方面加大投入，负责提供巨灾风险评估、灾害

---

① 吴睿鸫：《汶川地震应催化巨灾保险体系构建》，载《证券时报》2008 年 5 月 20 日。

预报及相关历史资料。二是美国等采取的政府主导巨灾保险模式。政府全面承担保险责任，保险公司仅负责销售保单，获得佣金收入，没有专门的再保险公司分散保险，损失完全由财政补偿。三是日本等采取的政府与保险公司共同承担巨灾风险模式。保险公司在承保环节承担较多责任，政府投入财政性资金购买再保险产品，帮助保险公司分散风险，并根据灾害等级，承担极度灾害情况下的损失补偿责任。有学者据此认为，灾后重建的对口支援安排具有巨灾保险性质。中央政府组织对口支援的行为类似于保险公司，参加对口支援的省市地方政府相当于参保人，1% 的对口支援投入可以理解为保费。未来如果某省市发生巨灾，地方政府同样可以期待在中央政府协调下，获得其他省市的对口支援支持作为补偿。[①]

笔者认为，巨灾保险与对口支援确实有一定的共性，即风险分担，而且都是由政府承担一定的财政责任。不过，即便中国采纳美国、日本式的巨灾保险模式，使政府在其中起到很大的作用，其与对口支援在理念上仍然存在很大的差别。首先，保险应该是一种常态模式，无论是否发生险情，投保人都应该定期支付保险费，而对口支援属于一次性支付。其次，保险资金应该累积，以应对发生险情时的巨额赔偿。而对口支援并不存在保险人，更不存在用于支付未来风险的剩余资金。再次，投保人的保费应该与风险相一致，而不应像对口支援一样，按政府财政收入的一定比例支付。最后，如果对口支援是巨额保险，那么，将来 20 个支援方省市之外的省市发生灾害，就不应期待在中央政府的协调下，获取其他省市的对口支援。而这与对口支援的理念是不符的。任何地区只要发生重大灾害，无法通过自身的能力解决，都有权请求上级政府组织非受灾地区对口支援。

笔者比较倾向于日本式的巨灾保险体制，由商业保险机构出面运营，政府承担再保险人的责任。实际上，巨灾保险的投保人仍然应该是与财产有利害关系的人，而不是作为财政主体的政府。政府本身虽然也可以投保，但只是针对政府所有的财产，如公共设施、政府大楼等，其他民间资产应该由资产所有人投保。只有通过这样的风险分摊机制，才能真正做到举全国之力，应对危急的自然灾害。巨灾保险的好处还在于，它可以做到常态运营。只要达到保险的标准，无论是重大自然灾害，还是一般性的自然灾害，都可以按照保险条款索赔。在巨灾保险中，政府虽然需要投入，包括再保险、税

---

① 参见张岸元、张长海：《对口支援也是一种巨灾保险机制》，载《第一财经日报》2008 年 9 月 15 日。

收优惠、财政补贴等，但是，这些毕竟都是第二位的责任，而且可以被列入经常性开支，将风险分摊在平常年份。而对口支援有赖于上级政府或中央政府的发动。如果没有人出面发动，或者出面的人不够影响力，对口支援的效果就会打折扣。况且，这种一次性的意外开支，很容易让支援方陷入被动，很难成为制度化的救灾抢险保障。

如果规范化的转移支付制度能够建立起来，地区之间的财力逐步实现均衡化，就可以壮大中西部地区的财政支付能力。只要这些地区的财政能力增强，其抵御自然灾害的能力就会增强，防灾抢险、恢复重建的能力也会随之增强，一般的小规模灾害完全可以自己应付。这就好比，一个人的收入增加之后，小灾小病就能自己对付，无需向政府或社会求助。如果发生重大自然灾害，超出了政府的支付能力，可以启动巨灾保险机制，动用长期积累的巨灾保险基金。巨灾保险还不能解决的问题，例如汶川大地震所带来的损失，再由中央政府动用财政资金进行帮助。按照这种思路设计，对口支援可以被巨灾保险所替代。实际上，巨灾保险中也存在地区间的互济，但这种互济不存在"对口"关系，而是所有投保人共担风险。笔者以为，与其在灾后举全国之力救灾，不如未雨绸缪，通过保险机制事先分散风险，将灾害问题引入一个制度化的平台。

综上，对口支援是中国一项特殊的财政制度。在支援西藏地区建设、支援三峡库区移民，特别是在汶川地震灾区恢复重建中，对口支援都发挥了非常重要的作用。我国《防震减灾法》、《突发事件应对法》中已经提及对口支援，在《汶川重建条例》中，对口支援被提升到前所未有的高度。不过，对口支援本身并不是一项法律义务，而只能是基于觉悟和道义。如果从强制性义务的角度理解对口支援，将会导致中央政府侵犯地方的财政自主权。受中国目前特殊的政治结构影响，对口支援实际上被赋予了很大的强制性，政府机构的民主集中制、执政党的民主集中制成为其基础。如果地方政府执行对口支援不力，其后果肯定会远远超出法律责任。然而，财政支出都必须符合民主原则，必须编列预算并由立法机关审批。从法治角度看，这一个环节比中央政府或执政党的动员更为重要，二者之间会存在冲突。因此，从长远看，灾后运动式的对口支援应该逐渐淡化，代之以制度化的转移支付以及巨灾保险。

第五节 区域经济协作与财税法制创新[①]

“十二五”发展规划纲要指出，要充分发挥不同地区比较优势，促进生产要素合理流动，深化区域合作，推进区域良性互动发展，逐步缩小区域发展差距。[②] 要做到这点，除中央政府的大力推动外，离不开地方政府之间的有效合作。1994年分税制财政管理体制实施后，地方政府日益成为独立的利益主体，地方政府之间以及地方政府与中央政府间也存在竞争关系。地方政府间能否通力合作，推动区域间经济协作，取决于能否达致各方利益的平衡。而这背后的关键，便是地方政府间财税利益的协调。

地方政府间财税协调方面的实践由来已久。早在2003年，为了解决三峡电站税收在重庆市和湖北省之间的分配问题，财政部发布了《关于三峡电站税收分配等问题的函》和《关于三峡电站税收分配有关问题的通知》。近年来，随着区域经济一体化深入发展，地方政府间的财税合作更是日益普遍。2008年6月，广东、福建、江西等九省区制定《泛珠三角区域地方税务合作协议》，在税收征收管理领域达成了合作意向。2009年2月，湖北省发布了《〈湖北省财政厅、湖北省国税局、湖北省地税局关于支持武汉城市圈“两型”社会建设综合配套改革试验财税政策〉的通知》，旨在为武汉城市圈建设提供财税领域的支持。

从形式上看，地方政府一般通过协议开展合作，协议本身不具有法律约束力，地方政府之间也没有强制执行力，内容也缺乏体系化和深层次的考虑。更为重要的是，协议尚存合法性问题，如协议主体是否具有相应权力，协议内容是否违反现行财税法律规定，等等。不过，在当前经济一体化的大背景下，能够在区域协作的前提下开展财税协调，不能不说仍然存在很重要的积极意义。至于内容和形式方面的问题，可以在实践过程中逐渐摸索解决办法，不断完善和补正。

1994年的分税制改革奠定了政府间财税体制基本框架。但是，分税制只解决了中央与地方之间的财政分权问题，对地方政府之间的财税分权语焉不详，地方政府间的财税协调更是未有顾及。这一方面为地方政府的自

---

① 本节与聂淼、王宗涛合作完成。

② 参见《国民经济和社会发展第十二个五年规划纲要》，http://news.xinhuanet.com/politics/2011-03/16/c_121193916.htm，2012年5月31日访问。

主创新提供了空间,另一方面也使得任何创新都陷入尴尬。财税问题事关政府之间以及国家与纳税人之间的利益分配,一般应遵循法律保留原则。而以上创新没有法律依据,甚至可能与现行体制存在冲突,让地方政府陷入两难。正如有学者所言,中国的地方财政困难主要源于制度缺陷,因而解困的治本之策也在于制度创新。[①] 因此,探索地方财税合作的制度创新,架构其合法性基础,已迫在眉睫。

一、地方政府间财税合作的理论框架

从公共经济学的角度,公共产品具有非排他性和非竞争性属性,由此决定了公共物品应由政府等公共部门提供。按公共物品的受益范围不同,公共产品可分为全国性公共产品和地方性公共产品。前者由中央政府提供,后者由地方政府提供。此时,公共产品提供取决于行政管辖范围。但是,受益范围是个不确定的概念,而行政管辖范围界限明确。事实上,很多公共物品的受益范围跨越特定行政区域范围,如果严格恪守按行政管辖范围提供公共物品,必然面临"搭便车"现象,造成公共物品供给失灵。从财税法的角度,跨区事务管理也是一个提供公共产品的过程。为此,有学者提出了"区域公共产品"的概念。[②]

区域公共产品是在一国国内跨越两个以上不同或相同管理层级或部门之间的公共产品。相比普通的公共物品,区域公共物品是一个更为复杂的概念,它一方面面临市场机制提供的失灵,另一方面又遭遇区域内某一个公共部门提供的失灵。因此,区域公共物品不宜由市场提供,也不宜由区域内某个公共部门提供,而应由区域内各政府共同提供。从财政法的角度,区域公共物品便是区域共同事权,区域内政府的共同行政职责,需要区域政府的共同合作承担。在共同事权前提下,需要共同的财权或财力,还需要一种利益补偿机制,可以是共同受益,也可以是相互补偿。不管如何,区域公共产品决定了区域内政府财税合作的必然,共同承担事权,共同享有财权,遵循事权与财权相一致原则。

相比区域政府共同合作,由中央政府提供区域公共产品也是一种可能性。中央政府对于全国性事权均具有承担提供的职责,尤其对于跨区域性

---

① 贾康、白景明:《县乡财政解困与财政体制创新》,载刘溶沧、赵志耘主编:《中国财政理论前沿Ⅲ》,社会科学文献出版社 2003 年版,第 272—283 页。

② 陈瑞莲主编:《区域公共管理导论》,中国社会科学出版社 2006 版,第 69 页。

的事物，在地方政府无能供给情况下，中央政府似乎有必要介入。只不过，区域公共产品的受益者是区域内人民，不包括区域外的人民。[①] 如果中央政府提供只对一定范围人民享有利益的产品，似乎有违财政公平。从民主角度来说，公共物品应先由下级政府提供，只有下级政府失灵的情况下，才应诉求于上级政府乃至于中央政府。正如葛克昌教授指出，如以民主原则而言，以人性尊严与个人基本价值为中心之民主理念，要求越与人民邻近事务，应尽可能由其自我实现、为自我决定……个人为发展自己人格，就自己居住区域，有权参与自己关系密切之公共事务，并就其自我决定，自负其责。[②]

可见，在市场不能提供，区域内某一公共部门不能提供，以及中央政府提供存在缺陷的情况下，由区域内政府合作提供公共物品是一个理想的选择。这种模式决定了在区域内事权与财权的共同化，也决定了地区政府间财税合作的必然性。本节以区域公共产品为主线，对实践中区域公共物品合作供给类型化，分别提出财税法制度构建方面的建议。具体包括：

(1) 跨区税收分配。类似于三峡工程等跨区域性的基础工程，其建设过程中区域内政府共同承担移民安置以及建设任务，投产后，必然需要对三峡工程收益在各方中共同分配。如何分享收益，这是跨区域地方政府需要考虑的共同问题。另外，要使企业在地区间顺利迁移，而不至于受到迁入地政府的恶性激励或迁出地政府的阻挠，需要迁出地政府与迁入地政府进行税收协调。

(2) 跨区基础设施建设。跨区域的基础设施，其受益范围覆盖整个区域，也需要区域政府共同完成。如何合作，涉及谁来承担财政支出义务的问题，另外，还存在基础设施建成后所带来的税收如何分配的问题。

(3) 流域生态补偿。生态环境是一个典型的区域公共物品，是一个需要多个地方进行合作的事务。对生态造成一定破坏的地区应当对其他受损害的地区给予补偿。对生态带来改善的地区政府，也有权利获得其他受益

---

① 〔美〕保罗·萨缪尔森，威廉·诺德豪斯：《经济学》（第十七版），人民邮电出版社 2004 年版，第 265 页。该书提到了地方公共品和全国性公共品的划分，其中，由于地方公共品的受益者为地方居民，所以应由地方政府负责提供；而全国性公共品的受益者则为全国居民，故应由中央政府提供。书中虽未明确提出“区域公共产品”的概念，但结合其对地方公共品和全国性公共品的论述，自然可以推导出相应的结论。

② 葛克昌：《税法基本问题——财政宪法篇》，台湾元照出版有限公司 2005 年版，第 227—228 页。

地区的补偿。

从外延上看,地方政府间的关系可以分为两大类。第一类是纵向政府间关系。主要指省级政府以内上级政府与下级政府的关系。第二类是横向政府间关系,其中又包括两种形式:(1) 地方政府间斜交的横向关系,即不同级的不同地区的地方政府间关系,比如四川省与武汉市的关系;(2) 地方政府间平行的横向关系,即同一级别地方政府间的关系,比如四川省与湖北省的关系。相比于中央与地方政府间关系以及纵向地方政府间关系,我国对横向地方政府间关系尚无明确的条文规定。但是,从宪法规定中依然可以推导出处理地方政府间关系的一般原则:

第一,没有领导关系的地方政府是平等的主体,包括平行级别的政府,也包括不同级别不同地区的地方政府。此类政府间合作协议应当遵循自愿原则而不应强制,并在平等基础上订立。合作协议的利益分配应公平合理,除非有明确的法律依据,任何一方都没有义务对另一方进行扶助。即使是上级政府主持分配财税利益,也不可偏袒任何一方。正因为地方政府相互之间是平等的主体,所以任何一方主体都不能成为纠纷的裁判者。纠纷之解决首先应先遵循自愿协商原则。在不能协商解决的情况下,可考虑由共同的上级政府居中裁决。

第二,地方政府间合作应服从上级统一领导,更应发挥地方政府的积极性、主动性。上级领导的方式多种多样,可以通过发布规范性指导意见,也可以实施具体的合作审批,还可以进行事后监督、审查撤销等。不过,更为重要的是,地方政府间的合作应充分发挥其主动性、积极性。从这个角度考虑,上级政府的领导主要体现在制定规范性指导意见,主持协调工作,或者裁决争端,最多也只是事后监督,应慎用具体个案审批的领导方式。此外,上级政府领导也应受到约束,不能随便更改游戏规则,以避免影响下级能动性的发挥。

第三,地方政府间合作应遵守事权与财权相结合原则。有多少公共事务职责,就应该享有多少财政支配权力,这是财政法的基本准则,地方政府之间的财税合作也应遵循。在区域公共物品供给上,应根据承担职责的多少确定财权。在彼此的合作关系中,对于承担事权多的政府,承担事权少的政府应给付差额补助,对于没有承担事权而纯粹受益的,也应该根据受益多少给予另一方补助。只有遵循事权与财权相对等原则,才能真正体现合作双方地位平等。

二、地方政府间跨区税收分配的规则设计

(一) 跨区基础设施的税收分配——以三峡电站为例

三峡工程建设涉及库区移民、生态维护、工程建设,除了中央三峡建设基金和地方政府对口支援外,其资金投入均由湖北和重庆两地承担。因此,通过三峡工程建成运营的税收收入来弥补前期的财力支持,是一个合理地选择。为了合理分配三峡工程的税收,中央政府下发了一系列相关文件,两地也各自组织人员研究相关问题。① 下文将对既有方案进行分析评述,并在此基础上提出相应的完善建议。

1. 三峡电站现有的税收分配方案

(1) 1993 年 6 月 29 日,国务院颁布的《长江三峡工程建设移民条例》第 31 条规定:"三峡电站投产后缴纳的税款,留给地方的部分,按照淹没土地(含坝区用地)比例分配给湖北省、四川省人民政府,用于三峡库区建设。"2001 年 2 月 21 日,国务院修改《长江三峡工程建设移民条例》(以下简称新《条例》)。新《条例》仅在第 46 条作了如下的规定:"三峡电站投产后缴纳的税款依法留给地方的部分,分配给湖北省、重庆市人民政府,用于支持三峡库区建设和生态环境保护。具体办法由财政部会同国务院有关部门制定,报国务院批准后执行。"新《条例》对留在地方的税款的用途作了说明,而关于湖北、重庆之间具体如何进行税款分配语焉不详。值得注意的是,此处的税收分配指的是"三峡电站投产后"的税收分配。而在投产前的建设阶段,三峡电站的税收是由中央和湖北省共享,不包括四川省(重庆市)。②

(2) 为落实国务院的上述规定,财政部于 2003 年 1 月 10 日发布了《财政部关于三峡电站税收分配等问题的函》(财预函[2003]1 号)和《财政部关于三峡电站税收分配有关问题的通知》(财预[2003]7 号)。这两个文件内容基本一致,前者是发给湖北省人民政府,后者则是发给重庆市财政局,

---

① 税收与税源问题研究课题组:《区域税收转移调查》,中国税务出版社 2007 年版,第 230、245 页。

② 三峡电站的税收分配分为三个阶段:在 2003 年第一台机组发电之前为电站建设阶段,这一阶段的基本建设方面的税收主要由湖北省属地管理,税收直接入湖北库和中央库;第二阶段 2003 年第一台机组发电到 2009 年全部完工,增值税及城市维护建设税和教育费附加按三峡工程综合淹没实物(含坝区)的比例,即湖北省 15.67%,重庆市 84.33% 分配;第三阶段为 2009 年完工之后,国家尚未明确具体的征管办法。

按其规定，增值税及城市维护建设税和教育费附加按三峡工程综合淹没实物（含坝区）的比例，即湖北省 15.67%，重庆市 84.33% 分配。上述分配方案实施到 2009 年，至于 2010 以后的税收分配方案将由国家另行研究决定。

（3）2002 年 2 月 4 日，财政部、国家税务总局联合发布的《关于三峡电站电力产品增值税税收政策问题的通知》（财税［2002］24 号）规定，“三峡电站自发电之日起，其对外销售的电力产品按照增值税的适用税率征收增值税，电力产品的增值税税收负担超过 8% 的部分实行增值税即征即退的政策。”在分配上，增值税税负超 8% 的部分由重庆和湖北分别退库。

上述文件出台以后直至 2009 年三峡电站建设完工，湖北省和重庆市对于该分配方案的分歧和争议从未结束。尤其是 2009 年以后，国家尚未出台新的分配方案，两地的角力持续升级。两地分别组织人员组织调研、撰写研究报告，争取在国家即将出台的税收分配方案上谋取更多的地方利益。从湖北和重庆两地国家税务局课题组分别撰写的报告来看[①]，争议主要集中在以下几点：

（1）对“属地管理”中的“地”的理解不同。在湖北的课题报告看来，按照相关规定，增值税、城市维护建设税和教育费附加均应属地管辖，湖北是三峡电站的生产地、经营地、核算地和机构所在地，理应由湖北享有相应税收。而重庆则认为，“地”是指企业的“生产地”，而三峡电站的“生产地”应包括大坝与水库两部分，虽然大坝在湖北境内，但库区的大部分都在重庆境内，故相应税收应由两地共享。而且在重庆看来，共享的范围还应包括企业所得税。[②]

（2）对是否应用三峡电站的税收来对重庆移民安置等前期付出进行补偿的看法不同。在湖北看来，无论是三峡电站建设期间还是建成以后，国家已经通过建立基金以及对口支援等形式弥补，不应再用建成后的税收来弥补。即便需要补偿，也可通过财政转移支付来实现。对重庆而言，其认为税收分配和财政转移支付是两个层面的问题，不应将本应属于地方政府间税收分配时解决的问题交由财政转移支付阶段来解决。况且，财政转移支付制度目前尚存在缺陷，不能完全实现其应有的功能。建成后的税收理应用

---

① 以下仅作简要归纳，具体内容详见税收与税源问题研究课题组：《区域税收转移调查》，中国税务出版社 2007 年版，第 230、245 页。

② 2009 年之前，三峡电站的企业所得税全部留给三峡工程开发总公司，作为三峡工程建设基金，用于三峡建设。随着三峡工程的完工，电站的企业所得税也将面临如何在湖北、重庆之间分配的问题。

做对前期移民安置的补偿。

(3) 税收分配的标准问题。在湖北看来,因三峡电站的修建本身即给重庆带来了诸如升为直辖市等利益,而且,不考虑库区与坝区的土地贫瘠程度以及湖北所承担的更大风险,按固定的比例进行分配有失公平。而在重庆看来,应按照政府承担的净支出来确定分配比例。若按照这种标准,重庆应得到比现有的84.33%更高的比例。

尽管在税收分配上,重庆、湖北两地有诸多争议,但对一些基本问题仍达成了共识。例如,两地都认为建设三峡所带来的损失应获得补偿,只是对补偿的范围和方式有争议;两地均赞同属地原则,只是对“地”的理解不同;两地均赞同事权与财权相一致原则,只是对事权理解不同。湖北认为,现有的税收分配无法满足湖北所承担的建设三峡的事权。而重庆则认为,按照以支定收的标准,其应获得更多的税收。

2. 完善三峡电站税收分配方案的建议

(1) 税收分配应注重地方政府间的协商合作

1994年分税制改革解决了中央与地方之间的财政分权问题,而没有顾及地方政府之间的横向财政分权问题,三峡电站税收分配问题集中凸显了这一缺陷。目前,两地对中央政府制定的分配方案极其不满,说明中央政府主导的税收分配方案不能满足地方政府的需要和诉求。并且,相关文件也遭遇了合法性问题,例如,文件中关于税收分配问题与《税收征收管理法》、《增值税暂行条例》等关于“属地原则”的规定不相符。如果严格遵守属地原则,三峡电站的相关税收应由湖北省享有,而不是湖北和重庆分享。

有鉴于此,在解决地方政府之间财税问题时,有必要尊重地方的主动性和创造性,引入地方政府参与机制,这也是宪法和分税制“充分发挥地方积极性和主动性”的体现。例如,在三峡工程税收分配上,应尊重湖北和重庆的诉求和意见,可以考虑由双方协商解决。2008年《财政部关于跨省区水电项目税收分配的指导意见》(财预[2008]84号)就指出,处理跨省区水电站税收分配问题应遵循的原则是,“以地区间平等协商为主,经协商难以达成一致意见的,经有关省申请,由财政部参照本意见研究办理”。可见,中央政府已经认识到了地方政府协商的重要性。

当然,对事关地方利益纠葛的问题,也需要中央政府的指导、协调和裁决。这一方面表现为合法性控制,如中央审批相关的合作协议文件,避免合作协议违反法律规定等,另一方面,对不能达成协议的事项,中央在听取各方意见的基础上,可以作出居中仲裁,除此之外,还可以对合作协议的履行予以监督，对合作纠纷作出裁决。当然，等条件成熟时，中央政府可以总结经验，制定地方政府横向税收分配的准则，为地方税收合作提供长效的指导。

(2) 重构相关利益方的事权与财权范围

前文已述及，事权与财权相结合原则是地方政府财税合作的基本原则。按照这一逻辑，首先应确定事权，根据事权范围确定财权分配。在三峡工程建设上，事权和财权划分颇为复杂。具体而言，三峡工程建设的事权包括移民补偿、移民安置、库区环境保护、库区建设、三峡工程建设、三峡工程运营管理等；而财权大致有国家移民补偿基金、对口支援基金、三峡库区产业基金、三峡工程建设基金、电价收费、税收收入等。但是，这些事权和财权并不是整体性对应，有些项目国家已经作了结构性安排。例如，对于移民补偿、移民安置，国家设立移民补偿基金和对口支援基金。《长江三峡工程建设移民条例》第45条还规定，国家从三峡电站的电价收入中提取一定资金设立三峡库区移民后期扶持基金，分配给湖北省、重庆市和接收外迁移民的省、自治区、直辖市人民政府，用于移民的后期扶持。因此，在税收分配上，移民补偿、移民安置等事权不需要特别考虑。三峡工程建设基金是三峡工程企业所得税形成的基金，按规定用于三峡工程建设。[①] 三峡库区产业基金是由中央政府转移支付而成，用于三峡库区产业发展。[②] 可见，三峡工程建设、库区产业发展这两项事权也不构成两地税收分配的依据。

《长江三峡工程建设移民条例》第46条规定，三峡电站投产后缴纳的税款依法留给地方的部分，分配给湖北省、重庆市人民政府，用于支持三峡库区建设和生态环境保护。具体办法由财政部会同国务院有关部门制定，报国务院批准后执行。可见，三峡工程税收分配的依据应该是三峡库区建设和生态环境保护。也即是说，三峡工程税收分配的依据是承担三峡库区建设和生态环境保护，否则，不得享有税收。并且，承担事权多的，就应享有多的税收；承担事权少的，应享有少的税收。因此，两地以及中央政府应根据事权与财权相结合原则，按相关规定重新梳理财权和事权，协商分配税收。[③]

① 参见《财政部关于三峡电站税收分配等问题的函》(财预函[2003]1号)。

② 参见《三峡竣工年税收50亿 重庆湖北如何分享成疑》，http://news.sohu.com/20090317/n262832512.shtml，2011年7月20日访问。

③ 从2009开始，三峡电站企业所得税由转入三峡工程建设基金转为中央与地方政府共享。其中，地方政府分享的部分是否也在重庆和湖北两地分配？如果要分，遵循什么原则？这些目前还找不到明确的依据。

《长江三峡工程建设移民条例》、《财政部关于三峡电站税收分配等问题的函》和《财政部关于三峡电站税收分配有关问题的通知》规定，根据库区淹没面积的比例确定增值税及城建费、教育费的分享比例，是一种以库区淹没面积的多少确定事权的大小，以损失的多少而确定赔偿多少的分配思路。这种思路的缺陷在于，不考虑库区与坝区的土地贫瘠程度以及湖北所承担的更大风险，简单地按淹没面积比例进行分配有失公平。其实，三峡工程给库区（主要是重庆市）也带来了诸多正面效益和新的经济增长点，如航运、养殖、旅游等新产业及产业结构改善等，甚至在政治上还促成重庆升为直辖市。可见，单纯按淹没面积确定事权进而分配财权，指标过于单一，结果有失公允。

事权确定需要考虑诸多因素，可以将各自因素分别权衡占比多少，进而确定财权分配比例。有鉴于此，《财政部关于跨省区水电项目税收分配的指导意见》（财预[2008]84 号）是一个很大的进步。该文规定，对纳入跨省区分配范围的税收，按照因素法测算省区间分配比例。对坝址不跨省区的水电项目，按照移民人口（含坝区）、淹没土地（含坝区）面积和坝址所在地为项目维护运转承担的公共支出成本三个因素测算，权重分别为 49.5%、40.5% 和 10%。对坝址跨省区的水电项目，按照移民人口（含坝区）和淹没土地（含坝区）面积两个因素测算，权重分别为 55% 和 45%。相比单纯依靠淹没面积标准，上述三因素相结合的分配方法，显然更加科学合理，更容易为相关地方所接受。只不过，税收分配涉及诸多考量因素，且各因素占比无法精确确定，因此，还是应该尽量由地方政府协商解决，由各方协商各自的事权并确定财权。

（3）按属地原则建立税收征管和入库机制

湖北省和重庆市的争议焦点是对属地原则中“地”的理解。① 一般而言，享有税收管辖权便享有了税收收益权。但是，两者并不是同一个概念。是否有税收征管权不能决定是否有税收受益权。事实上，属地原则只是税

① 按照《增值税暂行条例》，固定业户应该向其机构所在地的税务机关申报纳税。湖北省认为，湖北不仅是三峡电站的机构所在地，还是生产地、经营地、核算地，三峡电站的增值税及相关城建费、教育费税收理应由湖北省享有。依据《企业所得税法》，居民企业以企业登记注册地为纳税地点。因此，湖北省的意见是，2009 年后的企业所得税也应由湖北省享有。但是，重庆市认为，判断某地政府是否具有税收管辖权的关键在于判断它是否为收入来源地，也称税源产生地。而三峡电站的税收产生地应包括大坝与水库两部分，虽然大坝在湖北境内，但库区的大部分都在重庆境内，故相应税收应由两地共享。

收征管原则,而不是税收受益原则。1994年《增值税暂行条例》第22条规定,固定业户应当向其机构所在地主管税务机关申报纳税。《税收征收管理法实施细则》第12条规定,从事生产、经营的纳税人应当向生产、经营地或者纳税义务发生地的主管税务机关申报办理税务登记。可见,机构所在地、生产地、经营地或纳税义务发生地等关于"地"的规定,实际上是针对税收征收管理,并未涉及税收受益权。正是因为这个原因,三峡工程的增值税征管由湖北省享有,税收收益由两地共享的规定,并没有违反《增值税暂行条例》、《税收征收管理法》规定。

一般而言,从便利和效率的角度,税收征管权只能由一个机构享有,但税收收益可以由多个地方享有,只要承担了相应事权,便应享有税收收益。因此,需要建立税收征管的协调机制以及税收入库机制。《国家税务总局关于三峡电站分成税收征管问题的通知》(国税函[2003]926号)已经确认,三峡电站税收征管权归属于湖北省,有关税务登记、账簿凭证管理、发票管理、纳税申报、纳税评估、涉税事项审批、纳税检查以及其他税收管理工作,均由湖北省主管税务机关负责。与此同时,该文也赋予重庆市相应的知情权,以保障其税收受益权的实现。[①] 不过,要求纳税人向重庆市主管税务机关抄送纳税申报资料,甚至允许重庆市主管税务机关参与对纳税人的年度检查,这都超越了《税收征收管理法》的规定,其法律效力值得怀疑。

在税收分配入库环节,国税函[2003]926号文规定,三峡电站缴纳每笔分成税款(包括缴纳欠税、滞纳金、查补税款和比例性罚款)应按规定的分成比例在湖北省和重庆市之间进行分配,由湖北省和重庆市主管税务机关分别入库。重庆市主管税务机关收到三峡电站汇缴的税款后,应及时开具税款收款证明,并将收款证明转交湖北省主管税务机关,由湖北省主管税务机

---

① 该文有关重庆知情权的内容如下:(1)三峡电站向湖北省主管税务机关办理分成税收的税务登记后,湖北省主管税务机关应将税务登记代码、企业名称、开户银行、分成税收的纳税期限、申报和缴纳期限等税务登记有关资料副本转交重庆市主管税务机关。(2)三峡电站向湖北省主管税务机关办理分成税收纳税申报的同时,应将纳税申报表及其他申报资料的副本抄送重庆市主管税务机关。重庆市主管税务机关对三峡电站纳税申报资料有异议的,应通过湖北省主管税务机关与企业核实解决。(3)税务、审计和财政等部门对三峡电站税收进行审计检查时,凡涉及查补(退)税款和比例性罚款的,湖北省主管税务机关应将税务处理(处罚)决定书和审计、财政处理决定书副本及时转交重庆市主管税务机关。(4)为确保重庆市切实掌握三峡电站的纳税情况,重庆市主管税务机关一年参加一次由湖北省主管税务机关组织的对三峡电站的纳税检查。双方对检查出的问题处理意见一致的,由湖北省主管税务机关下达处理决定,报总局备案;处理意见不一致的,报总局协调解决。(5)上述信息提供和纳税检查的具体方式、时间,由湖北省和重庆市主管税务机关与三峡电站共同商定,并将商定结果报总局备案。如有争议报总局裁定。

关根据收款证明为三峡电站开具税收完税凭证。按规定由税务部门负责审批办理的应退三峡电站的税款,由湖北省主管税务机关统一审批,并将审批决定和企业有关退税材料复印件及时转交重庆市主管税务机关,按照缴纳税款时的分成比例由湖北省和重庆市主管税务机关分别办理退库。重庆市主管税务机关应将退往三峡电站的税款汇款凭证复印件及时转交湖北省主管税务机关。

在三峡电站的税收入库方面,可以考虑的方式其实不止一种。例如,可以由中央政府统筹分配,即湖北省将税收上缴中央政府,中央再根据比例划转给两地,也可以在湖北省收到税款后,直接将收入按比例划转给重庆市。相比而言,前者依仗中央政府的权威,可以保障税收分配的顺利实现。后者效率较高,但容易出现纠纷,且缺乏必要的监督保障机制。三峡电厂的做法另辟蹊径,纳税人直接按比例将税款缴入两地税务机关,两地税务机关再分别入库。不过,为了与税收征管权的归属保持一致,完税凭证仍由湖北省主管税务机关开具。这种做法兼顾了两地的需求,且在程序上中规中矩,没有加重纳税人的负担,是一种值得推广的创新举措。

(二)企业跨区迁移的财政补偿——以武汉城市圈合作为例

企业跨区迁移是指企业在我国境内从一地迁往另一地。企业跨区迁移可以优化区域间的资源配置,促进区域经济协调发展。但企业迁移会打破地方政府间既有的税收利益格局,迁出地政府的税收会减少,迁入地政府的税收则会相应增加。正因为此,迁出地政府或迁入地政府往往会采取种种恶性竞争措施,或阻挠或激发企业迁移。这些做法破坏了资源的优化配置,也不利于区域经济协调发展。因此,地方政府之间的财政协调非常有必要。

为解决武汉城市圈内部企业跨区迁移的税收协调,湖北省财政厅、湖北省国家税务局、湖北省地方税务局联合出台了《关于支持武汉城市圈"两型"社会建设综合配套改革试验财税政策的通知》。该通知指出,为了适应武汉城市圈"两型"社会建设出现的调整圈内产业布局和产业结构,对城市圈内因产业发展的需要企业自主搬迁到城市圈其他市(县)落户形成的地方分成税收转移,按照确保迁出方既得利益、调动迁入方积极性的原则,在相关政府协商一致的基础上,由省财政在相关市(县)之间划转。北京市[1]和

---

① 参见《北京市财政局、国家税务局、地方税务局、工商行政管理局关于加强企业跨区县迁移管理的通知》(京财税[2011]64号)。

上海市[①]也有类似的政策。总体的做法是,对于企业的跨区迁移,为弥补迁出地的税收损失,由迁入地给予财政补偿。本部分以武汉城市圈的企业跨区迁移为例,分析企业跨区迁移的财政补偿问题,并提出相关的制度建设建议。

1. 地区间财政补偿的合理性和合法性

一般而言,迁出地与迁入地之间地位平等、相互独立,不存在财税上依附和交叉,也没有相互补偿的义务。企业跨区迁移往往是市场逐利性的行为,由此引起的税收格局调整是市场机制自发调整的结果,由迁入地弥补迁出地的损失似乎有失公允,也扭曲了市场机制发挥作用。然而,如果站在迁出地政府的角度看,企业的迁出,特别是支柱型企业的迁出,势必给当地财政收入造成重大影响。正因为如此,迁出地政府常常采取措施阻碍企业迁移,这当然也会损害市场机制的良性运行。如果迁入地政府给予适当税收补偿,就会减少迁出地政府对企业迁移的顾虑,促进资源的优化配置与合作共赢。

在一些地方,政府为打造主体功能区、经济开发区,往往人为地整合产业资源,鼓励企业迁移到产业集中区。在企业跨区迁移导致税收分配严重失衡时,上级政府也可以通过转移支付弥补财政落后地区。不过,这种财政转移支付也要受限于上级政府的财力。有鉴于此,迁入地对迁出地政府的税收补偿,是更合理、更可行的补偿渠道。

在合理性之外尚存合法性问题。企业由迁出地迁移至迁入地,便同迁出地断绝了所有的联系,迁入地和迁出地之间也不存在任何关联。这种情况下,迁入地对迁出地的补偿,是否违背我国现行法律?我国税收征管的一般原则是属地原则,即由企业所在地政府征收与企业有关的税收。企业所在地政府为该企业提供公共服务,也应该保证其能获得一定的财政收入。没有为企业提供公共物品的一方,自然不应享有税收收益。这样看来,财政补偿似乎违背属地原则,其合法性缺陷似乎十分明显。

不过,这个问题早就超出了税法的界限,应该从横向财政合作的角度理解为宜。迁入地政府为了吸引跨区投资,减轻企业迁移的阻力,自愿与迁出地政府协商,从迁入企业所缴纳的税收中,在一定年限内按照一定的比例,对迁出地政府进行利益补偿,这其实是税法之外另一个层面的问题,只要确

---

① 参见《上海市财政局、国税局、地税局关于加强对企业跨区迁移管理通知》(沪财预[2009]21号)。

实出于双方的自主自愿,合法性障碍便可以清除。即便是在上级主持下达成的补偿协议,只要不存在强迫或压制,其合法性也是不成问题的。

现实中比较复杂的一种现象是,企业跨区迁移是在上级政府推动下进行的,迁入地政府有时只是被动的接受者,经济开发区政府、主体功能区政府往往就是这种角色,它们对补偿迁出地政府缺乏积极性,不愿意与迁出地政府协商补偿问题。笔者以为,对于这个问题,可以利用分税制赋予上级政府的权限,从迁入地政府的财政收入中分出一笔,通过财政转移支付的途径,专门用于对迁出地政府的利益补偿;或者直接由上级政府下文,要求迁入地政府按照一定的方式补偿迁出地政府。

2. 完善地区间财政补偿的具体建议

(1) 地区间财政补偿的范围厘定

地区间财政补偿的第一种情形,是迁入地政府对迁出地政府强制性的补偿。这又可以分为两种情况:第一,当迁入地政府违法招商引资时,如果企业已经落户,则在法律上认可企业的迁移行为。但此时可以考虑,迁入地企业对迁出地政府负有资助义务,以此作为对其进行恶性竞争的惩罚。第二,企业迁移将对迁出地政府税收造成重大影响时,迁入地政府有义务资助迁出地政府,以暂时矫正迁出地政府的财政失衡。这里的“重大影响”一般通过企业的规模来反映。如上海市在其《关于加强对企业跨区迁移管理通知》作了区分规定:若迁移前一年缴纳区县级税收收入超过500万或迁移前三年缴纳的区县级税收收入年度平均值超过500万的,则由上级政府在地方政府间进行强制性的调整;若未达到以上标准,则由迁入地与迁出地之间进行协商解决。武汉市发布的《关于规范企业税收征管和分税制财政体制中有关问题的通知》(武政办[2004]157号)中规定:凡是企业迁移影响迁出区税收基数超过100万元的,强制性地在地区政府之间进行税收分配。笔者以为,仅在以上两种情形之下,迁入地政府才负有强制性资助义务。前一种可理解为因非市场因素带来的企业迁移,通过财政补偿来矫正或预防扭曲的市场机制;后一种可理解为因市场因素带来的企业迁移,但企业迁移对税收格局造成大的影响,为减损这种消极效应而采取的弥补措施。

地区间财政补偿的另一种情形是,迁入地政府虽不负有资助迁出地的强制性义务,但双方政府可以协商主动提供资助。迁入地政府与迁出地政府进行协商补偿的可能性在于:迁出地政府由于担心财政收入减少和就业率下降,会采取各种手段,如给出比迁入地政府还要优惠的税收措施等阻碍企业迁出,这样在整体上并不利于产业布局的合理化。所以,应当鼓励地方政府之间进行协商，由迁入地政府提供财政资助，补偿迁出地政府的损失，以鼓励迁出地政府不干涉企业跨区迁移。

（2）地区间财政补偿的标准及期限

关于补偿的标准和期限，湖北省《关于支持武汉城市圈“两型”社会建设综合配套改革试验财税政策的通知》只是要求，“确保迁出方既得利益、调动迁入方积极性”，除此之外并无更加具体的指导意见。静态而言，这种提法存在一定的紧张性。要确保迁出方的既得利益，迁入地政府最好将迁移企业的税收如数交予迁出地政府，但这样便不能调动迁入地政府的积极性；若要调动迁入地政府的积极性，就要满足其获得迁移企业税收的愿望，但如果让其全额获得这部分税收，又不能确保迁出地政府的既得利益。不过，从发展的角度来看，企业迁移可以促进资源优化配置，可以带动迁入地经济社会发展，这种获益远远超过税收收入。在这种情况下，迁入地政府给迁出地政府一定的财政补偿，不仅保障了迁出地政府的既得利益，也会促进迁入地政府的长远发展。

具体到补偿的标准和期限，上海市《关于加强对企业跨区迁移管理通知》规定，首先，由迁出地就调整收入基数提出申请，然后由税务局对以上申请进行核实，在 5 年的时间以内由市财政局通过财力结算调减迁入地的收入基数，相应调增迁出地的收入基数。该文件对 5 年后如何进行财力补偿未作出明确规定，但可以推论出，若 5 年后仍有需要，可按以上程序进行财力的调整。武汉市《关于规范企业税收征管和分税制财政体制中有关问题的通知》规定，企业按市政府搬迁改造规划要求或因生产经营需要实施搬迁，影响迁出区税收基数超过 100 万元的，由市财政部门负责确定结算基数和划转税收收入。对一般企业以搬迁前 3 年实现税收收入平均数为结算基数，对按市政府搬迁改造规划要求搬迁的企业，以搬迁前 3 年实现税收收入平均数的一半为结算基数。企业结算基数划转按 2 年过渡期，由迁出区划转到迁入区，即企业从搬迁之日起，由迁出区按结算基数的 50% 划转到迁入区；第二年划转 75% 到迁入区；第三年全部划转到迁入区。以上两种思路均可借鉴，具体如何规定，不同地区可视不同情况而定。在程序上，由双方政府协商而定，也可以由共同上级政府统一裁定。

3. 地区间税收补偿的资金划转及监督

在资金的划转方面，可以有两种方式。一种是由上级政府在相关市（县）间进行划转，这也是目前湖北省的做法；二是由企业所在地政府征收税款，然后按照事先确定的比例和期限划转到迁出地政府。二者各有利弊，第一种有利于使财政补偿及时到位，减小监督的成本，但可能在资金划转上缺乏效率；而第二种效率可能较高，但平等主体的地方政府间缺乏权威性，可能面临实施困难以及产生纠纷。所以，以上方式并无绝对的优劣之分。至于具体采用哪种方式，应由各省区根据自己的财政结算方式来确定。

无论采取何种方式划转资金，都需要有相应的监督措施。如果是迁入地直接划转给迁出地，一般应由共同的上级监督实施，同时，迁出地也应有相应的监督权。如果是由上级政府划转，上级政府应该建立独立的机构实施，迁出地和迁入地也应享有异议权。同时，整个过程的信息应公开，满足各方政府的知情权，以保障资金划转的顺利实现。

三、跨区基础设施建设的财税法问题

发展区域经济需要完备的基础设施，尤其需要建造跨区域性的基础设施。基础设施属于典型的公共产品。跨区基础设施因其受益范围跨越行政区域，所以属于区域性公共产品。相比于一般公共物品，区域公共物品在供给上更具有复杂性。如果由市场提供，势必不能实现公共产品的有效供给；假如由区域内某一个政府提供，也会给其他政府提供"搭便车"的契机，最终导致公共产品供给失灵。在实践中，跨区域公共物品一般有两种供给机制，一是由中央政府或区域政府共同的上级政府提供，二是由区域内政府之间协作解决。

由中央政府或区域政府共同的上级政府提供是一种较为普遍的做法。这种方式的区域基础设施建设一般纳入国家或地方大型项目规划，财力来源为财政转移支付或专项基金，建设支出也由预算列支，其中涉及的财税问题均有法可依、有章可循。但是，区域政府间协作供给公共物品，相关的财税法制建设却乏善可陈。例如，如何定性区域基础设施建设合作，如何分配各方的财政支出义务，基础设施带来的税费收入如何分配，财政资金划转及程序如何设计，等等，现行财税法规范少有涉及。下文以跨区公路建设为例，探讨跨区地方政府间基础设施建设的财税合作问题，希望为财税法制创新提供些许思路。

（一）跨区基础设施建设的事权分配

跨区基础设施属于区域内政府共同事权，跨区基础设施建设首先需要分配事权。事权承担意味着财政支出责任，共同事权表明共同的财政支出责任。

《公路管理条例实施细则》第 14 规定，国道和重要省道的新建、改建，由国家和地方共同投资或者用车辆购置税和国务院成品油价格和税费改革后形成的交通资金收入给予补助。县道建设主要依靠地方投资与民工建勤的办法实施,可用国务院成品油价格和税费改革后形成的交通资金收入给予补助。乡道的建设主要由乡(镇)自办,或者以乡(镇)为主,由地方财政给予补助。边远、贫困地区的县道、乡道建设,可实行以工代赈的办法。边防、国防公路建设资金,另由国家专项投资解决。第9条规定,公路建设资金可以采取国家和地方投资、专用单位投资、中外合资、社会集资、贷款和车辆购置税等方式筹集。公路建设还可以采取民工建勤、民办公助和以工代赈的办法。此外,《公路法》第36条也规定,依法征税筹集的公路养护资金,专项用于公路的养护和改建。

以上是关于公路建设资金来源的规定。但问题在于,这些规定只能解决某一辖区内公路建设的资金来源,不能解决跨区公路建设资金如何分担的问题。以县道为例,《公路管理条例实施细则》第3条规定,县道是指具有全县(旗、县级市)政治、经济意义,连结县城和县内主要乡(镇)、主要商品生产和集散地的公路,以及不属于国道、省道的县际公路。对于县际公路,修建资金究竟如何落实,相关规定尚付阙如。

笔者以为,跨区公路建设的财政支出责任应根据受益大小来确定,受益多的政府多承担财政支出责任,受益少的少承担财政支出责任。在程序上,适宜各相关地方政府共同协商,由共同的上级政府居中裁决。不过,受益只是个抽象的概念,需要相应的衡量标准将其具体化,实践中一般以各自辖区的公路里程为依据确定财政支出。在标准化建设条件下,这种方式较为理想,因为相同里程有相同的成本支出,相同里程也代表着相同的受益。但是,公路里程标准也并非绝对合理,在分配跨区建设工程的财政支出责任时,还必须综合考虑各种复杂因素。

举例来说,A、B两地要修建一条连接A、B的公路,A地较为偏远闭塞,只有通过这条公路才能与外界沟通。在这种情形下,A地是主要的获利方。如果让A、B按公路里程来分担费用,对B而言并不公平,也会让其缺乏动力参与该项工程。因此,除里程作为受益大小的判断标准外,还需要考虑相关其他因素。由于每项基础设施的考量标准不同,最佳的解决方式还是由跨区政府共同协商,协商不成时再由共同的上级政府裁决。各相关方协商解决的好处还在于其灵活性。例如,由于各区县财力水平各异,有的地方可以难以按规定支付建设资金,但也有的地方财政丰盈,资金雄厚。如果财力丰裕的政府承担更多支出责任,那么,双方可以协商,公路建成后从运营规费中给予其补偿。

（二）跨区基础设施运营的税费分配

跨区基础设施建成运营后会产生运营收益。以公路为例，运营收益包括公路收费和税收。一般而言，谁投资谁受益。既然跨区公路由区域内政府共同修建，除中央和上级政府的应得部分之外，税费收益也应在区域政府之间分配。

1. 跨区基础设施运营收费的分配

《公路法》第59条规定，符合国务院交通主管部门规定的技术等级和规模的下列公路，可以依法收取车辆通行费：由县级以上地方人民政府交通主管部门利用贷款或者向企业、个人集资建成的公路；由国内外经济组织依法受让前项收费公路收费权的公路；由国内外经济组织依法投资建成的公路。如果是跨区的收费公路，便涉及收入如何在投资者之间分配的问题。《公路法》第64条规定，同一收费公路由不同的交通主管部门组织建设或者由不同的公路经营企业经营的，应当按照"统一收费、按比例分成"的原则，统筹规划，合理设置收费站。由此可知，多个地方政府合作修建的公路，应当统一收费、按比例分成。但问题在于，这种比例该如何确定？

笔者认为，分配运营收入需要考虑的因素很多。例如，要考虑投入资金的比例，谁投资谁受益。同时，还要考虑事后的养护责任，承担养护责任多的地方，也应允许分享多的收入。此外，还要考虑公路对不同地方的受益程度，包括交通便利的增加程度、对经济发展的带动作用等。所以，很难根据某一项指标判断不同地方对公路收入的分享比例。不同的地方通过协商确定收入分配比例，反倒是一种比较切实可行的方法。通过协商，各种不同的因素可以综合权衡，最终达到各方利益的妥适。

跨区公路收费分配还需要遵守相关法律规定，其中包括费用的征收管理、费用使用等。《公路管理条例实施细则》第49条规定，省级公路主管部门和其授权的公路管理机构按"收管用一体，统收统支，收支两条线，严格核查"的原则，负责通行费、过渡费的征收和使用管理工作。《公路管理条例实施细则》第52条规定，收取的车辆通行费，除用于收费公路或者桥梁、隧道的养护及收费人员、设施等正常开支外，只能用于偿还贷款和需要偿还的集资。

2. 跨区基础设施运营税收的分配问题

除了公路收费的收入之外，跨区基础设施运营还有税收问题。毋庸置疑，税收也应在跨区政府之间合理分配。湖北省《关于支持武汉城市圈"两型”社会建设综合配套改革试验财税政策的通知》就规定，对城市圈内新建跨区域高速公路、铁路（含轨道交通）缴纳的交通营业税，由相关市（县）按照区域内公（铁）路里程予以分享。这种按照公路里程分配营业税的方案固然有其合理性，很大程度上照顾了各方的财政需要，容易为参与建设的各方所接受，但是，项目里程并不是划分事权的唯一标准。各方的投资比例、被占用土地的面积、需要迁移的人口数量，都与其对工程的贡献息息相关。因此，分配税收时有必要更加细致，不能仅仅依赖单项指标。当然，如果税收分配能够协商确定，而不是借助于上级政府的指令，也许更会皆大欢喜。

跟三峡工程的税收分配一样，对于跨区公路或铁路而言，税收征管也只能由一个地方的征管机关负责，但是税收收入在不同地方之间分配。因此，需要协调各地政府之间税收征管与受益关系。参考三峡工程增值税征管的做法，对于跨区建设工程，应根据现行税法确定税收征管机关，赋予某一个地方政府税收征管权，同时给予其他相关地方政府知情权，建立税务信息一体化机制，保障相关地方税收利益的实现。至于税款如何在各地入库，笔者还是认为三峡工程增值税分配的方法值得借鉴。只要分配规则确定，纳税人可以直接将税款汇给不同的地方政府，无需借助政府之间的转移支付途径。当然，这种做法需要纳税人的配合，不宜采取强制性手段，否则，会导致对纳税人程序利益的侵犯。

四、区域生态补偿的财税法问题

由于其跨区域性，生态是典型的区域公共产品。这一方面决定了生态维护需由政府来保障，另一方面也表明它需要区域政府之间的合作。政府间生态补偿机制便是这种合作的重要一环。广义的生态补偿，既包括对生态系统和自然资源保护所获得效益的奖励或破坏生态系统和自然资源所造成损失的赔偿，也包括对造成环境污染者的收费。狭义的生态补偿则主要是指前者。从目前我国的实际情况来看，环境污染者收费方面已经有了一套比较完善的法规，现在急需建立的是基于奖励或赔偿的生态补偿机制，所以本书采用狭义的概念。

2007 年 8 月，国家环境保护总局发布了《关于开展生态补偿试点工作的指导意见》（环发[2007]130 号）。与此相适应，各级政府也开始积极试点建立区域生态补偿机制，如浙江、河北等地的跨区域流域生态补偿。“十二五”规划纲要更是要求，要按照谁开发谁保护、谁受益谁补偿的原则，加快建立生态补偿机制……鼓励、引导和探索实施下游地区对上游地区、开发地区对保护地区、生态受益地区对生态保护地区的生态补偿。[①]

从财政法的角度看,生态补偿的主要内容就是财政补偿。以跨区域河流生态补偿为例,上游政府河流治理为下游流域提供良好的生态水质,下游政府理应给予一定的补偿;同样的道理,上游政府破坏了流域生态,危及下游区域的生态安全,上游政府也应给予生态补偿。另外,中央政府以及区域内共同的上级政府也有辖区内生态维持的职责,由其提供一定的财政补偿也是题中之意。总而言之,区域生态补偿需要建立一种区域间财政补偿机制。

生态补偿涉及复杂的利益关系调整。目前对生态补偿原理性探讨较多,针对具体地区、流域的实践探索较少,尤其是缺乏经过实践检验的生态补偿技术方法与政策体系。下文以流域水环境保护的生态补偿机制为例[②],结合浙江、河北等地的具体做法,讨论发掘其中的财政法制问题,希望在思路方面有所突破。

(一) 跨流域水环境生态保护的事权界分

建立跨流域水环境生态补偿机制,首先应根据事权与财权相结合原则,界定事权范围。《水污染防治法》第 4 条规定,县级以上地方人民政府应当采取防治水污染的对策和措施,对本行政区域的水环境质量负责。由于河流的跨区域性,水污染防治必然涉及不同政府部门,因此,事实上是由区域内政府共同承担水环境保护这一事权。虽然各相关地方政府都应保证其辖区内的水质安全,但流域水源地和上游政府承担的责任更重。这是因为,上游政府不仅要承担更多的水污染防治任务,这种任务还会限制其经济发展。举例来说,浙江省磐安县是省内几大水系的上游地,根据《浙江省水功能区方案》的规定,"该县的 98% 以上地区均为一类水功能保护区,禁止布设工业排污口,既要关停,也要拒绝工业企业,每年放弃 1 亿多元税收"[③]。

上游政府承担了更多的事权,也需要更多的财权保障。如果由上游政

---

① 参见《国民经济和社会发展第十二个五年规划纲要》,http://news.xinhuanet.com/politics/2011-03/16/c_121193916.htm,2012 年 5 月 31 日访问。

② 《国家环境保护总局关于开展生态补偿试点工作的指导意见》提出应在几个重点领域开展创新试点:一是自然保护区生态补偿机制;二是重要生态功能区生态补偿机制;三是矿产资源开发的生态补偿机制;四是流域水环境保护的生态补偿机制。本书以流域水环境保护为例,旨在举一反三、触类旁通。

③ 参见兰坤、张朝登:《金华:异地开发破生态补偿之题》,载《中国经济导报》2006 年 8 月 26 日,另见 http://chenzhou.mofcom.gov.cn/aarticle/dxsw/200608/20060802984765.html,2012 年 6 月 4 日访问。

府自身的财政来承担河流生态维护的任务，势必加剧上游政府财政支出的紧张，影响辖区内其他公共物品的供给。因此，必须为上游政府寻找生态维护的财力来源。《关于开展生态补偿试点工作的指导意见》指出，加强与有关各方协调，多渠道筹集资金，建立促进跨行政区的流域水环境保护的专项资金，重点用于流域上游地区的环境污染治理与生态保护恢复补偿，并兼顾上游突发环境事件对下游造成污染的赔偿。具体而言，其实渠道主要是两条：一方面，尽力争取上级政府的财政转移支付，另一方面，贯彻肇因者付费和受益者付费原则，落实跨流域政府之间的财政补偿。

（二）跨流域水环境生态保护的财政来源

1. 上级对下级的财政转移支付

相对于跨流域政府之间协商补偿，财政转移支付是生态补偿最直接的手段，也是最容易实施的手段。纵向财政转移支付的依据在于，河流生态治理是上级政府乃至于中央政府的法定职责所在。《水污染防治法》第 9 条规定，国务院有关部门和地方各级人民政府在开发、利用和调节、调度水资源的时候，应当统筹兼顾，维护江河的合理流量和湖泊、水库以及地下水体的合理水位，维护水体的自然净化能力。并且，地区之间的经济发展不平衡，生态建设资金丰腴程度不同，生态维护能力差别较大，财政转移支付制度可以有效地调节差距，实现人民享有河流流域基本服务的均等化。《国务院关于落实科学发展观加强环境保护的决定》（国发[2005]39 号）也指出，要完善生态补偿政策，尽快建立生态补偿机制。中央和地方财政转移支付应考虑生态补偿因素，国家和地方可分别开展生态补偿试点。可见，财政转移支付应参与到生态补偿中，为流域生态建设提供财力支持。

就财政转移支付的主体而言，主要是中央政府和省级政府，它们具有较为丰富的财力，且具有河流生态的宏观管理职责。中央政府主要是为建立生态补偿机制提供政策导向、法规基础和一定的财力支持，同时引导建立全国性和一些区域性的生态补偿机制。地方政府是生态补偿机制的实施和责任主体，负责建立本辖区的生态补偿机制，并配合中央政府实施全国性和区域性的生态补偿。[①] 中央生态补偿财政转移支付主要针对全国性的河流流域，主要支持重点生态保护流域。省级政府生态补偿财政转移支付主要是根据本地经济发展和环境污染的实际情况，支持本辖区跨区域河流的生态

---

① 参见中国环境与发展国际合作委员会：《生态补偿机制课题组报告》，http://www.china.com.cn/tech/zhuanti/wyh/2008-02/29/content_11157887.htm，2012 年 6 月 4 日访问。

保护。

就补偿的具体操作而言，可以借鉴公益林生态补偿资金转移支付的研究成果。有学者以云南、湖南和广东三地公益林生态补偿为例，设计了分配转移支付资金的两种做法。[1] 一是以公益林所需资金占财政收入的比例为标准，算出三地的平均值，然后通过三地之间的横向转移支付来使得三地均达到平均水平。以云南、湖南和广东三地为例，2007 三省平均公益林生态补偿资金占财政收入的比例为 1.06%。云南和广东的比例则分别为 4.78% 和 0.14%。广东比平均水平低 0.92 个百分点，按这一差距的 50% 计算，即广东将财政收入的 0.46 个百分点共 10.10 亿元，转移到云南，则云南的负担率在接受转移后将下降到 2.0%。二是将全国作为一个整体，算出全国公益林所需资金，以此为标准，由高出地政府将资金上交到中央政府，不足部分由中央补足，然后在全国范围内进行调度，弥补部分地区的不足。例如，2005 年国家财政收入为 26396.47 亿元，而公益林补偿金为 817.86 亿元，全国的公益林补偿金占财政收入的比例为 3.10%。低于这一比例的省，则按其与该比例差距的 50% 计算其财政转移支付资金上交到中央财政，由国家进行统筹规划，分配给高于平均比例的地区，不足部分由中央财政负担。

值得一提的是，浙江省在转移支付操作上也有所创新。《浙江省生态环保财力转移支付试行办法》中规定，转移支付的考虑因素包括环保和财政能力两个方面。先考虑地方政府在环保方面的作为，达到一定标准的才能得到纵向转移支付资金，完成标准更高的地方将获得更多的转移支付资金。根据环保方面的作为算出补助额后，再用补助额乘以一定的系数。系数与经济发展水平挂钩，经济实力强的地方系数低，而经济实力弱的地方系数则高。笔者以为，浙江省值得借鉴的经验有以下两方面：一是将转移支付资金与地方政府完成生态保护任务的情况挂钩，奖优罚劣，激励地方政府真正将资金用于保护生态环境；二是对经济欠发达地区进行倾斜，实现财力均等化。这些创新都具有试点推广的价值。

2. 跨流域政府间财政补偿

跨区域河流的生态维护是跨区域地方政府间的共同事权，它应该在地方政府之间平等分配。如果上游政府承担了更多的事权，下游政府应给予一定的财政补偿。相应的，如果上游地区破坏了河流生态，其政府也应给予

---

① 王翊：《地区间生态负担差异及补偿分摊方式》，载《系统工程》2007 年第 5 期。

下游政府一定的补偿。这便是跨流域政府间财政补偿的基本内容。《关于开展生态补偿试点工作的指导意见》规定“谁开发、谁保护,谁破坏、谁恢复,谁受益、谁补偿,谁污染、谁付费”,就是这种横向财政补偿的体现。《浙江省生态环保财力转移支付试行办法》也指出,按照“谁保护,谁得益”、“谁改善,谁得益”、“谁贡献大,谁多得益”以及“总量控制、有奖有罚”的原则,实施区域间的生态补偿。

生态补偿关系主体包括补偿人和受补偿人。补偿人是享受了河流治理效益的地方政府,受补偿人是承担了河流治理的地方政府。受补偿人一般包括饮用水水源保护区区域和江河、湖泊、水库上游地区的地方政府,补偿人则应为流域内除以上地区外的其他地区政府。以上只是一般原则。具体到某一流域,谁承担事权必须事先具体确定,补偿和受补偿的主体也就清楚了。这可以由流域内政府多方协商,也可以由共同的上级政府确定。从整个流域环境治理角度看,上级政府主动协调比较合适,其执行效率也相对较高;如果站在水资源受益与付出角度,也可以由流域内地方政府自主协商。补偿协议达成之后,按照确定的标准和方法落实即可。

受补偿方政府有权向补偿方政府请求支付生态保护费用,其义务是保证水资源的质量达标,并承担与保护水资源相关的其他义务,如建立公益林的义务等。补偿方政府有权向受补偿方政府请求维护水资源质量,并在水资源遭到破坏时请求受补偿方政府恢复,其义务是向受补偿方政府支付因维持水资源质量而产生的相应费用。以上权利义务一般由当事方直接约定,也可以上级政府强制性规定。由上级政府规定权利义务较为固定,且标准较低,强制性强。上下游政府的约定则更具有灵活性。如果下游希望获得高标准的水源,就可与上游政府进行约定,由下游政府支付相应费用,要求上游政府保证水质。北京市与河北省约定合作即是一例,二者订立了《北京市人民政府河北省人民政府关于加强经济与社会发展合作备忘录》,约定北京市在2005到2009年5年间为河北省境内位于密云、官厅水库上游的承德、张家口地区提供一定经费,资助其进行治理水环境污染、发展节水产业等。[①]

生态补偿的标准主要以地方政府之间协商确定,涉及较多要素的考量。按《生态补偿机制课题组报告》的调研结果,补偿标准测算包括三个方面:一

---

① 庞皎明:《京冀合作在“水”一方》,载《中国经济时报》2006年10月18日。另见http://finance.sina.com.cn/roll/20061018/0935982794.shtml,2012年6月5日访问。

是以上游地区为水质水量达标所付出的努力，即以直接投入为依据，主要包括上游地区涵养水源、环境污染综合整治、农业非点源污染治理、城镇污水处理设施建设、修建水利设施等项目的投资；二是以上游地区为水质水量达标所丧失的发展机会，即以间接投入为依据，主要包括节水的投入、移民安置的投入以及限制产业发展的损失等；三是今后上游地区为进一步改善流域水质和水量而新建流域水环境保护设施、水利设施、新上环境污染综合整治项目等方面的延伸投入，也应由下游地区按水量和上下游经济发展水平的差距给予进一步补偿。①

补偿的具体操作主要有两种方式，一种是由补偿方将财政补偿资金上解共同的上级政府，再由上级政府划拨给下级的受偿政府，另一种是由补偿方直接将补偿资金划拨至受偿方。两种方式各有优劣，具体如何操作，由双方政府自主确定。

（三）跨流域生态补偿的纠纷解决

跨流域水环境生态补偿的有效实施需要有一套监督实施机制。按照《水污染防治法》第 3 条和第 4 条的规定，各级地方政府及其环境保护部门是河流生态保护的监督管理主体。对于跨流域的河流，则需要多个地方政府及部门之间的合作，搭建共同的监督管理平台，共同参与监督管理。就纠纷解决机制而言，《水法》第 56 条规定，不同行政区域之间发生水事纠纷的，应当协商处理；协商不成的，由上一级人民政府裁决，有关各方必须遵照执行。可见，裁决只是后备方案，协商才是解决纠纷的主要渠道。

对于跨区域政府财政补偿而言，协商对于解决纠纷更为重要。流域本属于上下游政府共同的管辖范围、事权职责，生态治理的权利义务双方共同承担，补偿标准及具体操作由双方约定，纠纷最好也通过双方协商处理。当然，纠纷关系到双方切身利益，协商往往不能妥善解决。在这种情况下，为了更快地了结纠纷，由共同的上级政府裁决，也不失为一种备选方案。

综上所述，在区域经济协作的过程中，必须创新政府间财税合作。虽然法律不可能预见所有的合作形式，并为其创制合作的各种细节，但是，至少可以提供一种制度框架，为当事各方协商谈判提供平台。例如，对于地方政府间签订的合作协议，其合法性效力如何，形式上如何完善，如何保证实施，纠纷如何解决，的确需要一套切实可行的规则。另外，上级政府为促成下级

---

① 中国环境与发展国际合作委员会：《生态补偿机制课题组报告》，http://www.cciced.net/ktyj_1/ktz/taskresearch3/zoologycompensate/200906/t20090630_153391.htm，2012 年 6 月 5 日访问。

政府之间的合作,也可以主动行使职权,发布具有约束力的规范性文件,在财税方面确保各方的平衡。无论基于何种形式,最终都免不了各方协商谈判,通过协议的方式解决各种细节问题。

第六节 汇总纳税与地区间财政平衡

《企业所得税法》第50条规定:“除税收法律、行政法规另有规定外,居民企业以企业登记注册地为纳税地点;但登记注册地在境外的,以实际管理机构所在地为纳税地点。居民企业在中国境内设立不具有法人资格的营业机构的,应当汇总计算并缴纳企业所得税。”这说明,在2008年1月1日之后,总、分支机构一般都必须汇总纳税。相比分支机构独立纳税的情形,汇总纳税能够实行盈亏互抵,有利于减轻企业的税收负担。同时,汇总纳税还可以减少以避税为目的的关联交易,对作为整体的政府也是有利无害。

不过,按照我国目前的财政分权体制,企业所得税并不是中央税,而是中央和地方共享税,中央得60%,地方得40%。[①] 很明显,汇总纳税对中央财政不会产生影响,地方政府则会几家欢乐几家愁。具体而言,如果没有一定的财政调整机制,总机构所在地的政府会获得更多的收益,分支机构所在地的政府则会出现税收损失。而总机构大都设在东部地区和大中型城市,分支机构一般都设在中西部地区和中小城市。这更意味着,随着《企业所得税法》的实施,地区间财政不平衡的状况将进一步加剧。

为了解决上述问题,经国务院批准,财政部、国家税务总局、中国人民银行印发了《跨省市总分机构企业所得税分配及预算管理暂行办法》[②],国家税务总局也据此制定了《跨地区经营汇总纳税企业所得税征收管理暂行办法》。基本的思路是,兼顾总机构和分支机构所在地利益,实行“统一计算、分级管理、就地预缴、汇总清算、财政调库”的处理办法,当期应纳税额的地方分享部分,25%由总机构所在地分享,50%由各分支机构所在地分享,25%按一定比例在各地间进行分配。

事实上,这套机制并没有解决所有问题。目前,只有总机构与一级分支机构所在地可以分享利益,二级或三级分支机构所在地仍然被排斥在外。另外,对于同一省份范围内的汇总纳税,还需要各省市根据情况再行制定规

① 参见国务院《所得税收入分享改革方案》(国发[2001]37号文)。
② 财预[2008]10号文。

则。如此复杂的规则，不仅带来理解上的困难，还会带来极大的执行成本。而这一切都源于企业所得税属于中央和地方共享税。从财政法的角度看，将企业所得税定性为共享税依据何在？其必要性有多大？如果将其确定为中央税，又会带来哪些方面的问题？

虽然正是这些问题促成了本节的写作，但这还并不是本书所要涉及的重点。笔者进一步思考的是，这种利益分享机制可以从根本上改变地区间财政不平衡吗？这种机制与财政转移支付有何不同？在政府间财政关系方案设计中，财政转移支付是不是更能发挥作用？二者的功能应该如何搭配？相比企业所得税在地方政府间的分配，这些问题可能更加根本，对中国财政法的发展更具有方向性意义。

有鉴于此，本节先简要探讨地区间财政不平衡的宪法意义，继而分析税法设计对地区间财政平衡可能带来的冲击。接下来，文章对比新旧企业所得税的要求，分别说明汇总纳税对纳税人和政府的影响，并结合前文提到的两个文件，详细介绍我国如何解决由此带来的财政不平衡。最后，文章分析了税收分享本身蕴含的矛盾，阐述了其对转移支付制度的补充和辅助作用，并回应宪法的要求，对如何完善地区间财政平衡提出了一些看法。

一、地区间财政不平衡的宪法问题

在地域广袤的中国，区域间财政不平衡一直是顽疾。1994 年分税制改革之后，为了平衡地区之间的财力，财政部制定了《1995 年过渡期转移支付办法》，试图通过一般性的转移支付，缩小地区间的财政差距，逐步实现财政均等化。当年用于这种转移支付的资金为 20 亿。在以后的年份中，该方案经过多次调整，转移支付资金也逐步增加。到 2002 年，《所得税收入分享改革方案》发布后，国务院承诺，中央新增资金全部用于向西部地区的转移支付。基于此，财政部发布《2002 年一般性转移支付办法》，将过渡期转移支付更名为一般性转移支付，并逐年延续下来。2006 年，转移支付的资金达到 1527 亿元，是 1995 年的 72 倍多，年均增长 47.8%，其中 94% 用于财政较为困难的中西部地区。[①]

尽管财政转移支付的规模逐步增大，但是，地区之间的财力差距并没有缩小。以上海和贵州为例。1995 年，上海市人均财政收入为 1551.69 元，贵州省则为 110.61 元，二者相差约为 14 倍；2003 年，上海市人均财政收入为

---

① 参见刘剑文、熊伟：《财政税收法》（第四版），法律出版社 2007 年版，第 100 页。

4362.78 元，贵州省则为 282.20 元，二者相差约为 15.5 倍；2006 年，上海市人均财政收入为 8680.60 元，贵州省则为 603.70 元，二者相差仍然超过 14 倍。尽管差距的倍数变化不大，但是由于基数在不断增长，二者间的距离实际上越来越大。通过财政转移支付之后，两地人均财政支出并没有人均财政收入那么大的差距，但是，相比贵州对基本公共服务的需求，这种差距仍然触目惊心。①

财政不平衡带来了严重的宪法问题。我国《宪法》第 33 条第 2 款规定："中华人民共和国公民在法律面前一律平等。"这里所谓的平等，不仅是指公民之间形式上的平等，而且应该包括实质上的平等，即国家提供的基本公共服务均等，保证公民不至于因为财力不够而无法享受宪法赋予的权利。例如：虽然公民有平等的受教育的权利，但是，受经济发展的影响，农村孩子可能会由于家境贫寒无法上学。这样，平等权的形式和实质就出现了背离。而作为国家根本大法的宪法，其着眼点不仅仅是指形式平等，更应该强调平等的实质意义。

地区间财政不平衡不仅反映政府间关系，也反映了不同地域间公民之间的关系。2006 年，北京市年人均财政支出为 8202.65 元；上海市年人均财政支出为 9892.93 元。而贵州省年人均财政支出只有 1625.34 元，湖南省年人均财政支出为 1658.72 元。② 人均财政支出意味着公民从政府享受的给付。尽管从个体来看，二者之间并不一定一一对应，但从基本趋势看，人均财政支出高的地区，居民享受到的福利高；人均财政支出低的地区，居民享受到的福利低，这应该是不言自明的。从上海的年人均接近 1 万元，到贵州的年人均刚刚 1600 元，这说明，我国财政不平衡确实非常严重。公民之间虽然形式上平等，但实质上存在着很大的不平等。

根据 2004 年宪法修正案，我国《宪法》第 33 条增加第 3 款，明确规定："国家尊重和保护人权。"人权意味着人之为人的基本权利，它不仅包括政治权利，也包括经济和社会文化权利。我国宪法旗帜鲜明地引入人权条款，无

---

① 1995 年，上海的人均财政支出为 1837.47 元，贵州的人均财政支出为 243.24 元，二者相差 7.55 倍；2003 年，上海的人均财政支出为 5306.98 元，贵州的人均财政支出为 825.31 元，二者相差 6.4 倍；2006 年，上海的人均财政支出为 9892.93 元，贵州的人均财政支出为 1625.34 元，二者相差 6 倍。资料来源："2007 年中国统计年鉴"，网址：http://www.stats.gov.cn/tjsj/ndsj/2007/indexch.htm；"2003 年中国统计年鉴"，网址：http://www.stats.gov.cn/tjsj/ndsj/yearbook2003_c.pdf；国家统计局"1996 年度数据"，网址：http://www.stats.gov.cn/ndsj/information/njml.html。2008 年 6 月 2 日访问。感谢陈杰提供帮助。

② 资料来源于前注所列"2007 年中国统计年鉴"。

疑是一个值得称道的积极进步。不过，由于区域之间财政严重不平衡，贫困边远地区政府可能无力为居民提供基本的公共服务，这对当地的人权保护会构成严重威胁。

近十年来，我国政府尝试各种方案，试图解决区域发展不平衡的问题。"西部大开发计划"、"振兴东北计划"、"中部崛起计划"等，都属于这种类型的努力。毫无疑问，随着大规模投资的引入，落后地区的经济得到长足发展，财政能力也得到极大的改善。不过，目前地区间发展不平衡的问题，有些本来就是由于财政制度造成的。只要这些制度不改变，财政不平衡就很难有根本改观。这些制度既包括税法设计本身，也包括不合理的税收分享制度，以及一般性转移支付制度的阙如。正因为如此，中国共产党第十七次全国代表大会强调指出，缩小区域发展差距必须注重实现基本公共服务均等化，使不同区域的人民生活水平的差距不断缩小。[①] 而要实现基本公共服务均等化，就必须保证各地区财政基本平衡。

二、税法对地区间财政平衡的影响

一般来说，税法只关心如何收税。至于税收如何在政府间分配，这超出了税法调整的范围，需要由财政收支划分法加以规范。不过，当财政收入划分方案既定时，税法设计会影响税收归属，从而影响政府之间的利益分配。例如，按照国务院《关于实行分税制财政管理体制的决定》，增值税属于中央与地方的共享税，中央分享 75%，地方分享 25%。这里所谓的地方，是指纳税人实际缴纳税款的地方，而纳税人应当在哪里缴纳税款，这本身又是由税法所决定的。增值税是我国第一大税种，占税收收入总额的 40% 以上，其 25% 应当分配给谁，当然为地方政府所关心。

《增值税暂行条例》第 1 条规定："在中华人民共和国境内销售货物或者提供加工、修理修配劳务以及进口货物的单位和个人，都是增值税的纳税义务人。"一件货物从生产到消费，需要经过许多环节。增值税实行全环节纳税，无论是生产、批发、零售，还是进口、委托加工，只要实现了增值，就需要缴纳增值税。纳税人根据其销售额产生纳税义务，不过，其在进货环节的已纳税款，可以在销项税额中予以抵扣，从而达到只对增值课税的目的。《增值税暂行条例》第 22 条第 1 款又规定："固定业户在其机构所在地

---

① 参见胡锦涛在中国共产党第十七次代表大会上的报告，http://news.sina.com.cn/c/2007-10-24/205814157282.shtml，2008 年 5 月 23 日访问。

纳税。”

通过这种设计，货物的生产地、销售地、进口地都可以分享税源，形式上似乎达到了非常公平的效果。然而，从目前我国的经济结构看，货物的生产地集中在东部地区，中西部地区和农村主要是消费市场。虽然消费地也能分享到部分税收，但是，相比生产地而言，其比重与其贡献不成比例。形象一点来说，尽管中西部消费者负担了大部分增值税，但现行增值税机制就像一台抽水机，将税收源源不断地从中西部汇聚到东部，很大程度上造就了东部地区的繁荣，使中西部地区在财力上先天不足。

事实上，增值税本来是一种消费税，其税款最终由消费者负担。因此，在考虑政府间税收分配时，必须充分尊重消费地的利益。在国际贸易实践中，之所以货物出口需要退还增值税，也是基于消费国拥有课税权的惯例。在现行税收分配体制不变的前提下，如果能够将增值税改为零售税，政府间的收入格局将发生很大改变。所有的地方分成都将归消费地政府，而生产地政府则被排除在外。从结果上看，虽然东部地区人口密集，消费能力强，也可以获得可观的增值税分成收入，但是，对比现行的全环节课税模式，中西部地区应该能得到更多的好处。

综合以上内容不难看出，在财政分配模式既定的情况下，税法变化会影响财政利益归属。这个问题不仅在增值税中存在，即便是完全归中央享有的消费税，在不同地方纳税也会影响到地方的利益。例如，根据 1994 年分税制方案，中央对地方以 1993 年实缴增值税、消费税、营业税为基数，实行超基数按比例递增返还的转移支付办法。哪个地方上缴的税款越多，获得的税返还也就越多。而按照《消费税暂行条例》，消费税由生产地政府负责征收。这样，生产地就能得到额外的利益。而在实行收入分享的企业所得税中，纳税人在哪里缴纳税款，也直接关系到地方分成的归属，进而影响地区间的财政平衡。

三、企业所得税汇总缴纳的由来

企业所得税汇总缴纳，即汇总纳税，是指不将企业分支机构作为独立纳税人，而要求其将收入、费用和损失并入总机构，一并计算所得数额并据此纳税。汇总纳税的好处是，企业分支机构之间、总机构与分支机构之间盈亏互抵，可以降低当期企业的应纳税款，减轻企业的税收负担。从政府的角度看，汇总纳税可以抑制企业内部的关联交易，同时提高企业的盈利能力，促进相关产业的发展。不过，由于汇总纳税涉及地方政府的利益，在 2008 年 1

月1日之前，我国并没有普遍推行这项制度，而只是允许外国投资企业与外国企业汇总纳税。内资企业一般都实行分支机构独立纳税，只有在特殊情况下才允许汇总纳税。

（一）外商投资企业与外国企业的汇总纳税

《外商投资企业与外国企业所得税法》第4条规定："外商投资企业和外国企业在中国境内设立的从事生产、经营的机构、场所每一纳税年度的收入总额，减除成本、费用以及损失后的余额，为应纳税的所得额。"这说明，外商投资企业与外国企业在中国境内设立的从事生产、经营的机构、场所不是独立的纳税人。外商投资企业当年实现的所得，以及外国企业在中国境内实现的所得，必须汇总计算，一并纳税。

《外商投资企业与外国企业所得税法》第5条又规定："外商投资企业的企业所得税和外国企业就其在中国境内设立的从事生产、经营的机构、场所的所得应纳的企业所得税，按应纳税的所得额计算，税率为30%；地方所得税，按应纳税的所得额计算，税率为3%。"通过这种税率结构，中央与地方的收入划分即告明确。该法随后规定了诸多税收减免措施，不过，它们只针对属于中央收入的部分，对于地方的财政收入没有影响。

虽然地方政府可以征收3%的所得税，但是，在总、分支机构并立，或者存在若干分支机构的情况下，这部分税由哪个地方政府来征收，《外商投资企业与外国企业所得税法》并没有提供答案。如果由总机构所在地政府征收，必然会损害分支机构所在地政府的利益。而如果由分支机构所在地政府征收，则又涉及所得在机构之间的划分，必然会催生复杂的税收分享规则。

尽管到2008年1月1日之后，《外商投资企业与外国企业所得税法》已经失效，但是，在其仍然有效之时，分支机构所在地如何分享地方所得税，笔者一直没有查询到明确的答案。由于规则不明晰，从地方财政利益出发，分支机构所在地政府一般都会要求，分支机构除了汇总纳税之外，还必须独立核算本机构的所得，以便计算缴纳当地的地方所得税。

另外一个有待明确的问题是，2002年《所得税收入分享改革方案》实施后，除少数特殊行业或企业外，对其他企业所得税和个人所得税收入实行中央与地方按比例分享。这里所谓的其他企业所得税，是否包括外商投资企业与外国企业所得税？从文本的内容看，似乎找不到明确的答案。不过，据笔者向实务部门查询，2002年之后，除了3%的地方所得税之外，外商投资企业与外国企业所得税也实行按比例分享，与内资企业所得税并无差别。

这个结论是否正确,还有待继续验证。[①]

(二)内资企业的汇总纳税

根据《企业所得税暂行条例》第 2 条,除了外商投资企业与外国企业外,所有实行独立经济核算的企业或者组织,都是企业所得税的纳税义务人。而所谓独立经济核算,是指纳税人同时具备在银行开设结算账户、独立建立账簿、编制财务会计报表、独立计算盈亏等条件。[②] 企业的分支机构只要具备上述条件,就可以成为法律上独立的纳税人,不与总机构汇总申报企业所得税。

在 2002 年之前,根据国务院《关于实行分税制财政管理体制的决定》,企业所得税不实行中央和地方共享,除地方金融机构及少数集中上交收入的企业外,中央企业所得税归中央,地方企业所得税归地方。[③] 2002 年起,根据国务院印发的《所得税收入分享改革方案》,除少数特殊行业或企业外,对其他企业所得税和个人所得税收入实行中央与地方按比例分享。

与此同时,国家允许部分跨地区经营的企业集中缴库[④],导致分支机构所在地的政府利益受损。为了解决这一问题,2002 年,财政部印发了《跨地区经营、集中缴库的企业所得税地区间分配暂行办法》,其中规定,集中缴纳的企业所得税中地方分享部分按企业经营收入、职工人数和资产总额三个因素在相关地区间分配,其权重分别为 0.35、0.35 和 0.3。[⑤] 这种方案后来虽经多次调整,但基本思路一直没有改变。不过,由于存在超缴退库等问题,这个方案并没有得到有效执行。

(三)2008 年 1 月 1 日之后的企业汇总纳税

《企业所得税法》第 50 条规定:"居民企业在中国境内设立不具有法人资格的营业机构的,应当汇总计算并缴纳企业所得税。"这说明,随着《企业所得税法》的生效实施,汇总纳税成为一般性规则,分支机构独立纳税只是

---

① 感谢广东省国家税务局傅绪桥博士提供此信息。

② 参见《企业所得税暂行条例实施细则》第 4 条。

③ 不过,何谓中央企业,何谓地方企业,该决定并没有给出明确的标准,导致实践中纷争四起、无所适从。例如,中央企业的分支机构是否还是中央企业?中央企业参股的企业是否还是中央企业?在国家工商行政管理局登记的私营企业是中央企业还是地方企业?一般的私营企业是否都应该归入地方企业?这些问题至今都找不到明确的答案。

④ 跨地区经营、集中缴库的企业所得税是指经国家税务总局批准实行所得税汇总(合并)纳税、在不同省(包括自治区、直辖市和计划单列市)设有分支机构(包括成员企业)的中央企业及地方金融企业集中缴纳的企业所得税;不包括实行独立核算的分支机构就地缴纳的企业所得税。

⑤ 财预[2002]5 号文。

作为例外存在。

如前所述,在《企业所得税法》生效之前,外国投资企业与外国企业早就已经实行汇总纳税。《企业所得税法》改变的只是《企业所得税暂行条例》的内容,对内资企业会产生影响。由于《企业所得税法》改变的只是纳税地点,内资企业本身的税负并不因此改变。但是,由于企业所得税分享的格局没有突破,汇总纳税之后,地方政府之间的利益平衡将被打破。

随着分支机构的税收向总机构转移,原本属于分支机构所在地的税收,自然也随之转移到总机构所在地。事实上,分支机构并没有从总机构所在地获得公共服务,也没有消耗总机构所在地的能源、环境等。相反,这些都发生在分支机构所在地。因此,如果剥夺了分支机构所在地分享税收的机会,无论对总机构所在地还是分支机构所在地,都是一种不公平的结果。

至于汇总纳税如何导致地区间财政不平衡,以及我国目前如何解决这个问题,下文将进行专门论述。

四、汇总纳税与地区间财政平衡

(一)汇总纳税与地区间税收转移

汇总纳税带来了严重的财政问题。不过,这并非在《企业所得税法》生效后才发生。在《企业所得税法》生效之前,这个问题就已经非常突出。

如前所述,就内资企业而言,虽然分支机构独立纳税是一般原则,汇总纳税只是例外特许,但是,由于汇总纳税允许机构间盈亏互抵,可以降低企业当期的实际税负,因此,企业总是千方百计申请汇总纳税。而按照当时的要求,只要企业提出申请,经过税务机关审批,就可以汇总纳税。实际执行的结果是,大量跨地区经营公司都在汇总纳税。这些公司一般经营规模大,纳税能力强,对地方财政的贡献不菲。一旦实行汇总纳税,分支机构所在地的税收就会外流,总机构所在地会因此得到额外利益,导致地区之间财政不平衡。

最为严重的问题是,我国目前的地区经济结构不合理。以加工制造业为主的企业一般设在东部发达地区,然后在中西部地区设立分支机构,开展跨地域的生产经营活动。企业汇总纳税之后,虽然财政部早在2002年就制定了地区间税收分享办法,但是这种办法并没有得到很好的执行。因此,原本属于中西部地区的税收,源源不断地涌向东部发达地区。即便是原来就设在中西部的企业,受东部地区总部经济政策的诱惑,也开始改变策略,将总部向东部地区迁移,中西部地区只保留生产销售基地。这样,中西部财源又会受到进一步削弱。

案例一:2006 年 8 月,陕西省经过对 12 个行业的调研发现,允许实行总机构统一纳税后,尽管不少企业的分支机构设在陕西省,并且实际从事生产经营活动,但由于总机构设在外省,陕西省不能取得相应税收。根据测算,从 2001 年到 2005 年,仅内资企业所得税一项,陕西省就转出了 101.06 亿元,平均每年转出 20.21 亿元。其中,能源和金融行业最为突出。5 年间,能源行业共转出 42.59 亿元,金融行业共转出 55.26 亿元,合计为 97.85 亿元,占 12 个行业横向税收转出总额的 96.82%。[①]

案例二:2006 年 7 月,云南省政府初步统计表明,2004 年属于中央与云南税收分享,机构总部设在云南省外,但子公司或分公司在云南省内经营的企业共 71 家,应纳企业所得税 5.43 亿元,除经批准减免部分外,在云南省属地缴纳的企业所得税仅有 0.57 亿元,汇总到省外异地缴纳的则为 3.41 亿元,仅就地方应分享的 40% 部分,就造成云南省财政收入减少 1 亿元之多。从税收转移的流向看,主要是转移到北京、上海、广东、四川、重庆,其中涉及北京的就有 60 户,约占 75%。[②]

以上数据不全是汇总纳税的问题,其中还包括企业集团合并纳税。但其至少可以说明,即便在《企业所得税法》实施之前,税收与税源的背离就已经很严重。尽管在 2002 年,财政部就印发了《跨地区经营、集中缴库的企业所得税地区间分配暂行办法》,该文 2003 年经过修改之后,又由财政部会同中国人民银行和国家税务总局印发执行,要求集中缴纳的企业所得税中地方分享部分按企业经营收入、职工人数和资产总额三个因素在相关地区间分配,但是,由于存在超缴退库和其他一些问题,这一政策并未执行到位。

《企业所得税法》实施之后,汇总纳税成为一项原则,总、分支机构独立纳税只是例外。这样,无需经过任何审批,企业只要选择分支机构这种形式,无论其消耗了当地多少资源,享受了当地多少公共服务,都无需在机构所在地纳税。这样做的结果是,地方之间财政不平衡的状态更加恶化,中西部地区的利益再一次被剥夺,地方政府之间的矛盾会更加尖锐。如果没有方法可以解决这些问题,《企业所得税法》将很难得到实施。

---

① 陕西省国家税务局课题组:《陕西省税收与税源背离研究》,载国家税务总局税收科学研究所:《研究报告》2006 年第 23 期。转引自靳万军:《关于区域税收与税源背离问题的初步思考》,载国家税务总局税收科学研究所《研究报告》2006 年第 24 期。

② 《云南省人民政府关于解决企业所得税收入跨省区转移问题的请示》(云政发[2006]108 号)。转引自靳万军,同上注。

（二）平衡地方财政利益的基本思路

为了妥善处理地区间利益分配关系，2008年1月15日，经国务院批准，财政部、国家税务总局、中国人民银行印发了《跨省市总分机构企业所得税分配及预算管理暂行办法》①，国家税务总局也据此制定了《跨地区经营汇总纳税企业所得税征收管理暂行办法》②。基本的思路是，属于中央与地方共享收入范围的跨省市总分机构企业缴纳的企业所得税，按照统一规范、兼顾总机构和分支机构所在地利益的原则，实行“统一计算、分级管理、就地预缴、汇总清算、财政调库”的处理办法，总分机构统一计算的当期应纳税额的地方分享部分，25%由总机构所在地分享，50%由各分支机构所在地分享，25%按一定比例在各地间进行分配。

（1）统一计算，是指居民企业应统一计算包括各个不具有法人资格营业机构在内的企业全部应纳税所得额、应纳税额。总机构和分支机构适用税率不一致的，应分别计算应纳税所得额、应纳税额，分别按适用税率缴纳。

（2）分级管理，是指居民企业总机构、分支机构分别由所在地主管税务机关属地进行监督和管理。居民企业总机构、分支机构的所在地主管税务机关都有监管的责任，居民企业总机构、分支机构都要办理税务登记并接受所在地主管税务机关的监管。

（3）就地预缴，是指居民企业总机构、分支机构按规定的比例分别就地按月或者按季向所在地主管税务机关申报、预缴企业所得税。总机构在每月或每季终了之日起十日内，按照以前年度各省市分支机构的经营收入、职工工资和资产总额三个因素，分别按0.35、0.35和0.3的权重，将统一计算的企业当期应纳税额的50%在各分支机构之间进行分摊，各分支机构根据分摊税款就地办理缴库。总机构应将统一计算的企业当期应纳税额的25%，就地办理缴库。剩余的25%当期应纳税额，由总机构就地全额缴入中央国库，由财政部按照2004年至2006年各省市三年实际分享企业所得税占地方分享总额的比例定期向各省市分配。以上就地所缴纳的税款，都由中央与机构所在地按60∶40分享。

（4）汇总清算，是指在年度终了后，总机构负责进行企业所得税的年度汇算清缴。总分机构企业根据统一计算的年度应纳税所得额、应纳税额，抵减总机构、分支机构当年已就地分期预缴的企业所得税款后，多退少补。补

---

① 财预［2008］10号文。
② 国税发［2008］28号文。

缴的税款由总机构全额就地缴入中央国库，不实行与总机构所在地分享。其中，原本属于地方的40%作为待分配收入，在财政调库环节一并划入地方国库，在各个地方政府间进行分配。多缴的税款也由总机构所在地税务机关开具收入退还书，并按规定从中央国库办理退库。其中，60%从中央国库中退还，40%从中央国库“待分配收入”账户中退还。

(5) 财政调库，是指财政部定期将缴入中央总金库的跨省市总分机构企业所得税待分配收入，按照核定的系数调整至地方金库。

(三) 跨区域财政平衡机制的适用范围

上述财政平衡机制适用范围有限，只适用于跨省市总分支机构企业。所谓跨省市总分机构企业，是指跨省设立不具有法人资格营业机构的企业。实行就地预缴企业所得税办法的企业暂定为总机构和具有主体生产经营职能的二级分支机构。三级及三级以下分支机构，其经营收入、职工工资和资产总额等统一计入二级机构测算。原来不实行税收分享，所得税全部归中央的企业[①]，企业总分机构缴纳的企业所得税（包括滞纳金、罚款收入）仍为中央收入，全额上缴中央国库，不实行该办法。

不具有主体生产经营职能且在当地不缴纳营业税、增值税的产品售后服务、内部研发、仓储等企业内部辅助性的二级分支机构，以及上年度符合条件的小型微利企业及其分支机构，不实行上述办法。在中国境内未跨省市设立不具有法人资格营业机构的居民企业，其企业所得税征收管理及收入分配办法，仍按原规定执行，不实行上述办法。居民企业在中国境外设立不具有法人资格营业机构的，不实行上述办法。企业按上述办法计算有关分期预缴企业所得税时，其实际利润额、应纳税额及分摊因素数额，均不包括其境外营业机构。

另外，跨省市总分机构企业缴纳的所得税税款滞纳金、罚款收入，不实行跨地区分享，按中央与地方60∶40分成比例就地缴库。分配给地方的跨省市总分机构企业所得税收入，以及省域内跨市县经营企业缴纳的企业所得税收入，中央并没有制定统一的分配方案，各省可参照上述办法制定省以下分配与预算管理办法。

---

① 包括铁路运输企业（包括广铁集团和大秦铁路公司）、国有邮政企业、中国工商银行股份有限公司、中国农业银行、中国银行股份有限公司、国家开发银行、中国农业发展银行、中国进出口银行、中央汇金投资有限责任公司、中国建设银行股份有限公司、中国建银投资有限责任公司、中国石油天然气股份有限公司、中国石油化工股份有限公司以及海洋石油天然气企业（包括港澳台和外商投资、外国海上石油天然气企业）等。

五、税收分享还是转移支付:财政平衡的新课题

(一) 汇总纳税财政平衡新旧方案对比

针对总分支机构汇总纳税的问题,和 2002 年以及 2003 年方案相比,2008 年的财政平衡方案有三个明显特点。

第一,按照 2002 年和 2003 年制订的方案,总机构和所有分支机构一样,按照一定的系数参与企业所得税地方分成部分的分配。只有当总机构资产总额大、职工人数多、营业收入多时,总机构所在地政府才能分到更多的企业所得税。如果总机构只是单纯从事管理,没有营业收入,职工人数少,且资产有限,其所在省份就无法分配到太多的份额。而按照 2008 年的方案,在归属于地方的 40% 税款中,已经预先配置 25% 给总机构,无论其资产规模、职工人数和营业收入如何。

两种方案孰优孰劣,很难断然评说。一般而言,总机构主要从事管理工作,无需太多的人员、资产,也不会有直接的营业收入。基于这一事实,2008 年的方案划定分配比例,保证了总机构所在地的财政收入,无疑体现了其积极的一面。不过,许多制造业企业设立分支机构时,本身承担了大量的生产经营职能。如青岛海尔、四川长虹等,主要的生产能力还是在总部。基于这一事实,如果总机构所在地一律只能分享 25%,似乎又欠周全。

如果能够综合上述两种方法,一方面考虑总机构从事管理的事实,为其省份保留既定份额的收入,另一方面结合总机构从事生产经营的实际,允许其所在省份依据资产总额、职工人数、营业收入,按照一定的系数参与企业所得税分配,效果应该更为理想。

第二,2002 年和 2003 年方案的设计比较简单,所有的地方分成统一按照系数在地方之间进行分配,既没有考虑总机构的特殊性,也没有考虑跨省间的综合平衡。在 2008 年方案中,除了单独考虑总机构之外,还有 25% 的收入被用于综合平衡,由财政部按照 2004 年至 2006 年各省市三年实际分享企业所得税占地方分享总额的比例定期向各省市分配。这种做法可以调节地方财政收入的起落,在一定程度上弥补了其他分配方式的不足。

由于这部分收入被归入中央国库,在中央国库中形成“待分配账户”,支出自然就是中央支出。这种从中央向地方转款的做法,在很大程度上类似于转移支付。它们都是上级政府针对下级政府的支付,目的在于实现地区间财政平衡。只不过,一般性转移支付的对象不特定,任何符合标准的省份都在其范围之内。而在汇总纳税的财政平衡方案中,只有分支机构所在的

省份可以参与分配。

第三，在2002年和2003年方案中，没有“就地预缴”的要求。集中纳税企业所得税中央分享部分就地缴入中央国库，地方分享部分按分配系数划转到地方国库，年度终了时中央和地方财政进行清算。这里所谓的“缴入中央国库”和“划转到地方国库”，其执行主体都是总机构所在地企业所得税征收机关，它们都不是分支机构所在地政府所能控制的。[①] 因此，分支机构所在地要实现收入，必须借助于总机构所在地的配合。

而2008年的方案中，就地预缴成为明确的要求。居民企业总机构、分支机构，应按规定的比例分别就地按月或者按季向所在地主管税务机关申报、预缴企业所得税。这样，分支机构所在地政府就能够根据企业本身的状况，直接享受企业所得税的相应比例，无需借助中央政府的协助。从效率的角度看，这种做法大大方便了分支机构所在地政府，有利于提高其从事税收监管的积极性。

（二）税收分享与转移支付的优劣比较

在实现地区间财政平衡方面，税收分享和转移支付是两种不同的思路。税收分享强调的是，根据地方政府对特定税收的贡献，确定当地应当留用或分享的比例，并直接缴入当地国库。这种思路不涉及中央和地方收入划分，只涉及税收如何在地方之间分配。例如，在2008年方案中，将企业所得税地方分享的40%部分，通过一定方式分配给相关地方政府，并直接纳入当地国库，就属于税收分享。这种方式照顾了当地对税收的贡献，在地方政府之间实现了财政平衡。比起转移支付，它更具有效率，更容易被地方政府所接受。

转移支付的思路与此不同。转移支付牵涉政府之间财政资金的往来。上级政府首先办理入库手续，然后作为支出办理出库手续，才能将资金分配到下级政府。在进行采取财政转移支付时，上级政府根据下级政府对收入的贡献，或者地区间财政不平衡情况，对不同的地方进行差别给付，以达到地区间财政平衡的目的。例如，在2002年和2003年方案中，企业汇总纳税之后，税收首先进入中央国库，中央再根据一定指标在地方之间分配。这就

---

① 2002年之后，为了配合所得税分享改革，企业所得税的征收管理机关也进行了调整。2002年新设立的企业，其所得税由国家税务机关征收。在此之前已经成立的企业，其所得税仍然由地方税务机关负责征收。国家税务机关虽然代表着中央政府的利益，但与地方政府有着千丝万缕的关联。

是转移支付的思路。在2008年方案中，所谓的“财政调库”，也是转移支付的微观体现。

就企业所得税而言，为了实现地区间财政平衡，无论是税收分享还是转移支付，都有一定的量化指标。只要能够遵循和执行这些指标，地方政府的利益还是能得到保障。不过，2002年和2003年方案之所以没有被继续采纳，本身就说明其存在难以克服的问题。其最主要的问题是，如果没有总机构所在地的配合，分支机构所在地很难取得应得的收入。一旦汇总纳税普遍推行，分支机构所在地的利益会严重受损。上文所提到的陕西和云南的数据，就足以说明这一事实。

从这个角度看，税收分享似乎是一种更优选择。毕竟，无论标准设计如何科学，最终必须得到落实。如果由于地方之间的配合问题，导致分支机构所在地无法实现其利益，再科学的标准也没有实际意义。税收分享的好处就在于，属地监管，就地入库。分支机构所在地政府无需借助外来的力量，就可以实现自己应当分享的份额。相比转移支付模式，这是许多地方政府梦寐以求的目标。这样不仅减少了资金往来的环节，提高了财政活动的效率，而且大大增加了地方政府对收入稳定性的预期，为其安排预算收支增加了确定性因素。

尽管按照上述机制，在确定分支机构所在地财政利益时，总机构所在地仍然占据天然的优势，但是，毕竟这种调整只涉及整体中的细节，对于分支机构所在地的影响相当有限。在大方向上，分支机构所在地的利益已得到相当尊重。即便有的分支机构没有实际盈利，但是，只要其有资产、有员工、有收入，就一定会对企业总所得作出贡献。而这三个因素的存在本身，也表明了企业与当地政府的关联，说明了地方财政分享收入的正当性。

（三）作为第二次分配手段的转移支付

既然税收分享具有如此优势，在解决地区间财政不平衡问题时，其是否仍然可以占据主导地位？如果中国仿效德国制定《财政平衡法》，财政平衡的主导机制应当是税收分享，还是政府间转移支付？笔者以为，在具体税种进行地区间分配时，税收分享具有一定的优势，可以作为第一层次的财政平衡机制。不过，就全国范围内的整体财政平衡而言，税收分享本身具有一定的局限性，转移支付仍将发挥主导性作用。

自从1994年以来，随着分税制以及所得税分享机制实施以来，中央政府的税收收入节节上升，地方政府在税收收入中所占的比重相对较低。这个事实要想取得正当合理性，必须基于一个前提，即中央将超出基本支出的收入，全部用于平衡地区间财政差异。不过，由于“税收返还”建立在“基数”基础上，大量转移支付被用于照顾地方既得利益，其平衡地区间差异的功能并没有明显体现。要想改变这种状况，仍然只能从改革转移支付制度入手，使其目标紧紧围绕地区间财政平衡，并设计出规范有效的标准和程序。

在这方面，税收分享的作用确实有限。税收分享的作用在于，对于确定由地方分享的收入，按照一定方式在地区间公平分配。而地方与中央的分配比例是否合理，税收分享制度本身无法改变。另外一个问题是，税收分享只能针对具体的税种，不能对整体财政状况进行衡量。因此，税收分享机制的作用只能限于局部，其只能对地区间财力进行微调，无法像转移支付一样发挥结构性作用。

很大程度上，税收分享只能让地方政府不至于进一步受损，而不能在地方政府间进行第二次分配。税收分享只能让地方政府得到与其贡献相应的收入，而不能根据已经不平衡的财政状况作根本性的调整。以企业所得税为例，地方政府根据职工人数、资产总额和销售收入取得相应的税款，这只是体现了政府间的相对公平。相比汇总纳税之后的税收转移而言，这种做法保障了分支机构所在地的利益。但是，这并不能改变地方间财政已经不平衡的事实。

要使税收分享在解决地区间财政不平衡方面发挥更大的作用，必须根据不同地方的财政需求，设计不同的分配指标。例如，增加一个地区变量，体现对中西部地区或者农村地区的照顾；或者根据标准财政需求与收入的对比，确定一定的分配系数。标准财政赤字越大，可以得到的税收越多；标准财政盈余越大，可以得到的税收越少。这其实是在进行财政第二次分配，相当于横向财政转移支付。其所考虑的不再是形式上的公平，即根据当地对税收所做的贡献进行分配，而是进行实质意义上的公平考量，使财力薄弱地区能得到更多的收入。

不过，为了具体税种的分配而计算标准财政需求和收入，这会使得分配方法变得异常复杂，在执行时也会存在非常大的困难。对具体执行的税务机关而言，它可以确定纳税人的个体情况，如职工、资产、所得等，但是，对于当地财政是否需要转移支付，以及需要多大程度的转移支付，这已经超出了其职权范围，需要其他政府部门的配合。况且，如果每个税种的征收都如此复杂，税务机关也会不堪重负，从而降低征税的效率。所以，从现实的角度看，税收分享只能做到形式公平，不宜代替地区间转移支付的作用。

所谓形式意义上的公平，是指根据各地对企业的贡献分配税收。贡献大的地区，分配更多的税收。贡献小的地区，得到的税收应该更少。至于如何衡量政府对税收的贡献大小，可以根据税种性质设计不同的指标，通过核算一定的系数量化分配。在三峡水电站工程运营中，根据水库淹没面积在重庆市和湖北省分配增值税①；在京津城际铁路运营中，根据京津两地投资比例分享企业所得税，根据两地实际营业里程分享营业税，就是这种形式公平的体现。②

对于实质意义上的公平目标，即如何调整地区间财政不平衡，实现基本公共服务均等化，还是应该借助于财政转移支付。形象地说，在财政法领域中，税收归属是地区间的第一次分配。税收归属确定之后，上级财政对于区域内的财政不平衡，可以通过转移支付加以解决。这属于第二次分配的范畴，其作用在于抽肥补瘦，实现地区间财政平衡。无论是横向还是纵向转移支付，其手段和方法虽然不太相同，但其目标都是为了财政平衡。这种措施具有宏观性、整体性和全局性，较之局限于个别税种的税收分享，应该具有更为重要的意义。

目前，我国只有纵向转移支付，没有横向转移支付。在纵向转移支付中，不仅包括地方对中央的上解，也包括中央对地方的税收返还，以及一般性的财政转移支付。财政上解是旧体制的产物，早就失去了存在的合理性。税收返还是为了照顾地方既得利益，减少 1994 年推行分税制的阻力，对平衡地区间财力毫无帮助。一般性转移支付目前规模仍然太小，对财政平衡起不到大的作用。虽然中央政府也意识到这个问题，提出了完善和规范财政转移支付制度，提高一般性转移支付规模和比例③，但是，相比在完善税收分享机制上投入的努力，政府对转移支付制度的重视明显不够。

地区间财政不平衡的问题积重难返，需要有足够的耐心和高超的智慧，

---

① 《长江三峡工程建设移民条例》(2001 年国务院 299 号令)第 31 条规定："三峡电站投产后缴纳的税款，留给地方的部分，按照淹没土地(含坝区用地)比例分给湖北省和四川省人民政府。"第 46 条规定，三峡电站投产后缴纳的税收依法留给地方的部分，分配给湖北省和重庆市人民政府，用于支持三峡库区建设和生态环境保护，并规定具体的办法由财政部会同有关部门制定，报国务院批准后实施。此后财税函 2002 年 24 号文件、财预 2003 年 7 号文件、财税函 2003 年 1 号文件等文件基本上确定了三峡电站在湖北省和重庆市之间的税收分配政策。

② 参见王长勇：《谁的企业所得税》，http://finance.sina.com.cn/g/20070611/17543680746.shtml，2008 年 6 月 1 日访问。

③ 参见温家宝：《2008 年政府工作报告》，http://www.china.com.cn/2008lianghui/2008-03/19/content_13046560.htm，2008 年 5 月 30 日访问。

才能在可控的范围内逐步加以解决。目前,针对企业所得税汇总纳税后的税收转移,我国已经设计出较为完善的制度,使分支机构所在地政府也能分享利益。这些规则较之于2003年确定的总机构所在地统一核算、统一分配,增加了就地预缴、属地监管的内容,对于保障分支机构所在地利益的确具有非常重要的意义。

不过,基于汇总纳税的税收分享机制,仅仅贯彻了收入与贡献相一致的原则,尊重了地方政府与税源的密切关联。究其效果而言,它保障地方政府不至于因为汇总纳税而利益受损,但是,对于业已存在的地区间财政不平衡,这种机制无法发挥第二次调节的作用。因此,本书认为,我国应当着重建设转移支付制度,促进转移支付的规范化、法制化,提高转移支付行为的透明度,在基本公共服务均等化的指引下,逐步改善地区间财政关系。

第三章　公共预算的宪政与法律问题

第一节　认真对待权力：公共预算的宪法要义[①]

一、公共财政的权力性与预算之定位

在一个国家走向现代化的进程中，公共财政、市场经济、民主政治是一系列相互嵌套的制度选择。相比于家计财政、国家财政，公共财政突出了财政的“公共性”。在收入端，财政收入面向全民课赋，“聚众人之财”；在支出端，财政支出用于执行公共职能，满足公共需要，“办众人之事”。[②] 从行为和操作上，公共财政借助一个公共性的财政运行机制，使公共财源得以配置、总量和结构得以有效安排，公共性目标也因此得以实现。而这种所谓“公共性”的机制，其实就是一种财政民主决定机制，也可以说是一种权力制约机制，财政收入和支出都要体现对人民主权的遵从和尊重。

公共财政保障人民权利、限制政府权力的禀赋，从另一个层面展示了财政的“权力性”。[③] 在世界宪政发展的历史中，财政就起到至为重要的作用。对财政权力的控制程度和运用能力，直接决定一国的民主法治和宪政水平。英国、美国、法国的宪政经验充分印证了这一点。[④] 事实上，财政是庶政之母，是一切政权运作的物质基础。财政收入源于人民缴纳的税费，直接关乎人民的财产和自由。财政支出影响公共福利，与国家权力分配息息相关，也决定着国家存在的目的和意义。因此，公共财政所谓的“公共性”，固然与财政收支的范围和结构有关，但更重要的是“谁”以“何种方式”决定财政。一个不受人民制约的政府，即便财政收入向民众有所倾斜，也不见得符合公共财政的要求。因此，与宪政相关联的“权力性”才是公共财政的本质。

---

① 本节原文发表于《政法论坛》2011 年第 5 期，感谢王宗涛提供的协助。

② 高培勇：《公共财政：概念界说与演变脉络——兼论中国财政改革三十年的基本轨迹》，载《经济研究》2008 年第 12 期。

③ 参见蔡茂寅：《财政作用之权力性与公共性——兼论建立财政法学之必要性》，载《台湾大学法学论丛》1996 年第 25 卷第 4 期，第 53—76 页。

④ 熊伟：《宪政与中国财政转型》，载《法学家》2004 年第 5 期。

中国自 1994 年确立市场经济体制以来，便开始推动与其相适应的财政体制改革。1998 年 12 月，全国财政工作会议提出构建中国公共财政基本框架。2003 年 10 月，中共十六届三中全会又决定，在建成公共财政初步框架基础上，健全和完善公共财政体制，并提出要健全公共财政体制，明确各级政府的财政支出责任。[①] 2007 年 10 月，中共十七大提出，围绕推进基本公共服务均等化和主体功能区建设，完善公共财政体系。[②] 透过公共财政改革的路线图可以发现，中国公共财政改革分三个方面逐步推进：在财政基本体制领域，完善中央地方分权和财政转移支付；在财政收支领域，推进税收改革，优化财政支出，推行民生财政；在财政管理领域，加强预算管理和监督。这些改革扭转了生产建设性财政少消费、广积累的缺陷，广大人民开始分享改革发展的成果，财政管理的效率及规范化程度也大大提高。

但不无遗憾的是，中国公共财政改革仅着眼于经济层面，尤其表现为优化财政支出结构、推行民生财政上，而忽视了公共财政的政治属性，淡化了其法治属性和保障，湮灭了其权力约束功能及宪政品格。迄今为止，中国财政的法治化程度仍然很低。大到财政体制法、税收基本法，小至转移支付法、国债法、规费法等，目前仍尚付阙如。此外，税法的规范性效力级次低、法治化程度严重不足，而预算法更是形同虚设，没有发挥应有的作用。政府主导下的公共财政体制改革，意在建立与市场经济相适应的财政体制，出发点和初衷当然极其美好，但是，如果缺乏法治化建设，缺乏对自身权力的约束，改革实践极易变形和走样，最终导向权力滥用和腐败。而要解决这一问题，必须借助于公共财政的运行机制，凸显其核心理念，充分发挥财政预算的权力制约职能。

从形式上看，预算只是政府的财政收入计划，是政府行为和职能的事先计划和安排。但是，由于预算和决算都需经代议制机关批准，预算执行要接受代议制机关的监督，并可追究政府违反预算收支的法律责任，代议制机关实际上决定政府的具体职能，以及行使职能的方式、范围和方向，决定政府的各项工作是否能获得相应的经费支持，同时监督经费的使用是否达到目的、有无浪费，等等。可见，预算不是简单的数字游戏，而是控制和约束政府

① 参见中共十六届三中全会通过的《中共中央关于完善社会主义市场经济体制若干问题的决定》。

② 参见中共十七大报告《高举中国特色社会主义伟大旗帜 为夺取全面建设小康社会新胜利而奋斗》。

的工具、方法和技术。正如学者所言,“概一国之法治,莫重于规范国家权力的运作,限权之关键,首当是对国家财权的掌控,而控财之要义,则在于支配‘国家钱包’的预算”。①

由于我国对公共财政的定位偏差,预算的作用并没有得到足够重视。形式上,预算必须经过同级人民代表大会的审批,但是,由于人民代表大会的会期短,事务多,而人大代表事前又无法接触预算草案,特别是由于预算编制过于粗糙,人大代表缺乏财经专业能力,预算审批的过程往往就是走过场,通过预算控制政府权力的愿望也随之落空。更纠结的问题是,按照现在的党委领导体制,预算草案在提交人民代表大会之前,必须经过同级党委的批准。受党委领导的人民代表大会如何去审批经过党委批准的预算,是我们必须深入思考的问题。实践中,预算草案经党委决定后,人大在审批环节的作用甚微。此外,目前人大代表的官员比例过高,且全部实行兼职,对其有效行使审批权也会有重大影响。尽管自进入新千年以来,预算改革的步伐逐渐加快,特别是地方预算改革亮点纷呈,但是就整体而言,预算在控制和约束权力的作用远没有发挥出来,预算所蕴含的宪政品质没有得到应有的彰显,认真对待权力仍然是公共预算的第一要务。

二、自我约束 vs 民主决定:中国预算改革的一体两面

虽然中国财政改革忽视了预算的法治属性,淡化了其宪政品格,但并不是说,财政权力完全失控,不受任何约束。实际上,中国共产党基于自己的执政理念,无论是从树立自身合法性的角度,还是从督促政府改善形象的目的考虑,对财政权力的约束客观存在,且的确发挥了积极向上的作用。其具体体现是,政府强化内部管理,加强财政的统一性建设,提升财政的规范化程度。另一方面,随着人民代表大会制度的完善,其代议制性质体现得更加明显,人民代表也更能代表人民的利益和意志。在这种情势下,人民代表大会对预算的控制日趋强化,财政民主主义在中国也渐渐有了实现的空间。其具体体现是,各级人民代表大会及其常务委员会逐渐强化预算控制,对预算编制、审批和执行都提出了新的要求,预算监督的力度也前所未有。在这两种因素的交互影响下,中国的预算改革正逐步向前推进,走出了一条富有中国特色的道路。

新中国在成立之初,为加强对财政资金的规范管理,政府即建立了财政

① 徐志雄:《现代宪法论》,台湾元照出版有限公司2004年版,第360页。

预算制度。不过,在1995年1月1日《预算法》生效之前,并没有任何法律规范预算行为,预算规则都是由政府制定的。例如,1991年的《国家预算管理条例》就是由国务院制定的。这本身反映出政府对预算权力的自我约束。此外,国有资本经营预算在建立之初,也完全属于政府的内部管理行为,没有法律对此提出明确要求。只是在《企业国有资产法》生效之后,上述预算才成为了法定形式。社会保障基金预算虽然没有全国性的方案,但地方政府也早就在试点和实验。[①] 此外,1996年财政部推行政府性基金预算时,一开始并不需要报送人大审批。一直到2010年财政部制定《政府性基金管理暂行办法》,政府性基金预算才正式被要求报送人大审批。可见,政府在预算改革方面一直走在立法之先。

1998年中央提出建立公共财政体制以后,预算管理改革驶入快车道,一系列改革措施纷纷亮相,如2000年部门预算制度改革、2001年国库集中支付制度改革、2001年收支两条线管理改革、2007年政府收入分类改革、2008年政府预算信息公开改革等。部门预算制度要求各部门将所有收支纳入到预算,体现了预算的完整性和统一性。国库集中支付制度有利于库款的统一调度,避免了单位挤占、挪用和截留财政资金。而通过收支两条线改革,实行收缴分离、收支分离,强化了对预算外资金的监管。至于政府收支分类改革,其核心是对政府收入进行统一分类、建立新的政府支出功能分类体系和支出经济分类体系。这些都属于政府权力自我约束的类型。

特别值得一提的是,自2008年以来,随着《政府信息公开条例》颁布实施,预算信息公开不断向纵深发展。2010年,共有74家中央部门向社会公开了部门预算收支总表和财政拨款支出预算表,18个省份的财政厅向社会公开了公共财政预算和政府性基金预算表,云南、重庆等12个省份按月度或季度公开了预算执行情况。[②] 在此基础上,财政部出台了《关于进一步做好预算信息公开工作的指导意见》,预算信息公开进入制度化阶段。2011年3月8日,财政部公开承诺,要推动各个部门公开"三公"经费,让公众有

① 例如,1998年宁波市财政局制定的《宁波市社会保障基金预算管理条例暂行办法》,即是地方政府将社会保障基金纳入预算管理的自主探索。参见 http://www.people.com.cn/item/flfgk/dffg/1998/C462003199802.html,2012年5月14日访问。

② 参见《政府预算信息公开:哪些信息最忌讳?》,http://www.rmlt.com.cn/News/201103/20110315103620198 4_1.html,2011年4月29日访问。

机会监督公车消费、公开招待和因公出国。[1] 2011 年 5 月 4 日，国务院召开常务会议，要求地方政府及其有关部门比照中央财政做法，公开经同级人大或其常委会审查批准的政府财政总预算和总决算，并做好部门预算、“三公”经费等公开工作。[2] 政府将自己的财政收支公之于众，暴露在公众的视野下，是政府强化社会监督的重大举措，也是公共权力自我约束的又一例证。

以上展现了我国公共预算的改革历程。这些改革没有立法的规定，没有人大的授权，完全是政府内部的自主创新。尽管在这个过程中，执政党的推动作用不可忽视，社会舆论的压力也客观存在，但是，政府自我约束的勇气仍然可嘉，效果也十分明显。通过这些改革，乱收费、预算外资金日益萎缩，政府浪费、腐败之风有所遏制，预算信息日益公开，财政透明度渐次提高。更为重要的是，这些成果为进一步改革奠定了基础，为实现人民通过预算对财政的控制，从制度上、观念上和技术上提供了契机。

从另一方面看，政府权力之所以能够自我约束，并非完全是出于自省，常常也是基于外在的压力，包括改善执政基础、回应舆论需求、增强政治合法性，等等。在此过程中，立法机关的推动是一个不可忽视的因素。例如，1999 年，全国人大常委会就对中央推行部门预算推出了明确的要求。2007 年，《各级人民代表大会常务委员会监督法》的实施，自然会对政府预算改革产生新的触动。此外，政府每年的工作报告需经人大审批，更会在无形中对政府产生压力。所以说，政府预算改革为实施财政民主创造了条件，而财政民主又进一步推动了政府预算改革，二者相辅相成。

尽管如此，目前我国的财政民主并未得到很好的落实，人民仍然对财政的控制缺乏有效的途径和工具。由于人民代表大会制度的内在缺陷，人大缺乏控制和监督预算的能力，也缺乏控制和监督预算的动力。人民代表是否能够真正代表人民的利益，人民代表在人民代表大会中是否能够真正发挥作用，都是值得怀疑的问题。事实上，在当前的权力结构中，执政党的权威是第一位的，政府其次，人大事实上只是第三位的政治实体。一个弱势的权力机关很难催生强势的财政民主。所以，当务之急，除了加强和完善预算

---

① 参见《财政部：今年公开公车、公务接待和出国经费等》，http://news.sohu.com/20110308/n279720991.shtml，2011 年 5 月 11 日访问。

② 参见《国务院：地方要比照中央公开“三支”支出》，http://www.infzm.com/content/58917，2011 年 5 月 11 日访问。

制度之外，更重要的方面在于完善人民代表大会制度，真正落实宪法人民主权原则。只有这样，才能让预算所蕴含的权力制约机理发挥作用，让预算成为人民管理政府的工具。

当然，与此同时，预算服务政府管理的作用也不可偏废。政府预算越精致，表明其管理能力越强。政府预算越发达，人民通过预算控制政府就越便利。例如，如果没有详尽的部门预算制度，要想深入了解每一笔财政开支就十分困难；如果没有国库集中支付制度，政府对财政资金的掌控就会十分软弱；如果没有良好的政府收支分类体系，预算项目就难以条分缕析、相互印证。从政府首长的立场出发，为充分了解自身的财政情况，让有限资金效用最大化，防止资金被隐瞒、挤占、挪用、贪污等，也必须建立强有力的政府预算。就此而言，政府逐渐压缩预算外资金，规范预算收入和支出，推行预算公开化，无疑都是值得肯定的举措，今后还应该继续加强和推广，不能一味地强调财政民主而忽视政府预算管理。

三、《预算法》修改能做的和不能做的

现行《预算法》于 1995 年 1 月 1 日正式实施。该法分配预算管理权力，设定预算管理流程，从而规范了预算行为，保障了财政管理的规范进行，其历史作用毋庸置疑。但是，随着社会发展和时代变迁，《预算法》的时代缺陷日益暴露，其中的很多规定不能适应市场经济公共财政的需要，尤其是其理念与民主法治原则有所偏离。因此，《预算法》的修改是一个紧迫而又现实的问题。

《预算法》制定于社会主义市场经济体制理论提出的初期，整个社会还笼罩着浓厚的计划经济色彩，权力至上的观念还处于支配地位，政府和民众的法治意识都比较淡薄。受此影响，《预算法》的立法重点并不在于如何加强财政民主，实现人民通过预算对政府权力的控制，其指导思想仍然承袭国务院制定的《国家预算管理条例》，旨在突出政府对预算的管理，实现政府对经济的调控作用，增强政府预算行为的规范性。[①]《国家预算管理条例》第 1 条和《预算法》第 1 条都是关于立法宗旨的规定，二者除了文字上的表述略

① 《国家预算管理条例》第 1 条规定："为了加强国家预算管理，强化国家预算的分配、调控和监督职能，促进经济和社会的稳定发展，根据《中华人民共和国宪法》，制定本条例。"《预算法》第 1 条规定："为了强化预算的分配和监督职能，健全国家对预算的管理，加强国家宏观调控，保障经济和社会的健康发展，根据宪法，制定本法。"

有差异外，其在内容上基本没有什么区别。例如，它们都强调国家预算的分配和监督职能，都强调加强国家对预算的管理，强调国家预算对经济的调控作用。至于预算对政府财政收支的规范作用，人民通过预算对政府权力的制约作用，无论是在《国家预算管理条例》还是在《预算法》中，都没有得到明显的体现。因此，《预算法》其实就是一部翻版的《国家预算管理条例》，其在立法理念上并无多少创新。

诚如李炜光教授所言，《预算法》之"老"，并不在于它的条款多么陈旧过时，而是民主法治的精神、约束政府的宪政理念未能浸润于其中，过多的未经界定的财政支配权力被赋予了行政部门以至官员本人。[①] 因此，必须明确的是，此次《预算法》的修订，应彰显预算的民主统制理念，突出代议制预算的主导地位，推动预算由"政府管理的工具"向"管理政府的工具"转变。

为贯彻这一理念，在修改《预算法》时，首先要坚持预算公开性原则。财政民主最基本的含义就是，政府的财政收支由人民做主，由人民决定、受人民监督。要做到这一点，预算信息理所当然应向人民公开。预算不仅应向人大代表公开，让他们知道并详细了解，而且应该向社会公开，便于接受公众的监督；不仅审批通过之后预算应该公开，政府报送人大审批的预算草案也应该公开，政府在预算编制阶段还应向人民征求意见。通过这些形式，预算民主不仅只借助于代议制机关，而且还可以一定程度上由全民参与，彰显直接民主的功效。当前，我国正在推行预算公开，且已经取得了明显的成效。但这种公开还只限于已批准的预算，且公布出来的数字非常粗糙，无法对应于各种具体的开支。此外，公众的参与程度也受到很大限制。因此，《预算法》修改时要继续推进预算公开，不能满足于现有的成就。

贯彻预算民主理念，还应坚持预算完整性原则。其基本要求是，政府所有的财政支出都必须纳入到预算之中，除了特别紧急的情况外，不应有预算以外的财政支出。而要落实预算完整性原则，首先必须取消预算外收入，不允许财政资金"制度性"地在预算外循环，以此杜绝预算外支出的可能性。2000 年推行部门预算改革后，预算外资金被要求编入部门预算。但实践中，人大对部门预算议而不批，部门预算并不具有法律约束力，因此其控权色彩、民主价值极其微弱。其次，对于连年的巨额财政超收，也应该借助预算制度进行规范。收入征收的依据不是预算，只要有法律依据，就应该百分之百征收，无论是否超过预算。不过，未经预算，政府不应动用超收收入。

① 李炜光：《〈预算法〉修订的突破效应》，载《双周刊》2008 年第 17 期。

只要将财政开支的口子扎紧,收入是否超过预算根本不是问题。如果做不到这一点,超收收入就会成为另一种预算外收入,事实上变成政府的“小金库”,再次破坏预算的完整性原则。

除了以上两点内容外,在完善我国预算法律制度方面,其他更为细致的制度设计还有很多。例如,为避免预算编制的粗糙,需要对收支分类科目、预算编制时间等作出规定;为了分门别类核算资金,需要对复式预算有更加细致的规定;为避免预算编制环节的公开性不足,需要对人大和社会公众如何参与预算编制作出规定;为避免预算审批走过场,需要对预算审批权限、审批程序、审批期限等作出规定;为避免预算调整过于频繁,需要更加明确预算调整的审批程序和标准;为避免预算执行过于随意,需要强化国库管理,强化“收支两条线”,完善预算责任制度;为保证预算执行必要的灵活性,也要赋予不同级次机构相应的资金调剂权;为避免决算审批过于简陋,需要对决算审批的程序、效力作出规定;等等。因此,此次《预算法》的修改确实有大量的工作可以做,该法需要增补或删减的地方非常多。

不过也应该看到,《预算法》不能脱离现有的政治权力架构,它只是一部有关预算规则的程序法,不涉及任何体制性的问题,也不涉及财政支出的预算标准。因此,《预算法》修改后,其运行效果的好坏仍然取决于各种外部因素。

事实上,《宪法》早已经奠定了预算民主原则,为《预算法》的修改提供了基本指引。《宪法》第 62 条、第 67 条和第 89 条,已经分别规定了全国人大、全国人大常委会和国务院的预算职权。如果全国人大及其常委会能够切实履行职权,充分利用预算作为工具来管理政府,中国经由预算而实现宪政未必不可能。但是,由于各级人大的政治影响力有限,由于人民代表大会制度本身存在的缺陷,要想通过人大及其常委会来制约政府,短期内难度显然很大。也正是因为如此,《预算法》在实施过程中,预算审批权能否真正充分发挥作用,并不完全取决于预算规则的完善程度,而是取决于人大是否有能力行使好这项权力。另外一个更为根本的问题是,受人大代表间接选举制度的影响,特别是人大代表普遍兼职和官员化后,人大是否能够代表广大人民的利益?如果这些问题不能得到有效解决,《预算法》的效用能发挥到什么程度,确实不好评估。

除了横向财政权力的配置外,《预算法》中还涉及一些纵向权力的分配。例如,该法第 8 条规定,国家实行中央和地方分税制。其实,分税制早在 1993 年 12 月 15 日国务院《关于实行分税制财政管理体制的决定》中就已经确立，自1994年1月1日起实施。《预算法》关于分税制的内容，只是对上述实践的确认，而非创立一种新制度。不过，中央和地方的财政关系真的是预算法所要解决和所能解决的吗？笔者不以为然。预算法重点考虑预算权的横向配置，至于预算分为几级，每级预算的收支范围如何划分，这应该是财政收支划分法或者财政基本法的任务，预算法不宜越俎代庖。正是因为这一点，《预算法》第8条的内容实际上无法落实，该法最后不得不授权国务院另行制定规则。[①] 而鉴于分税制财政管理体制早在《预算法》生效之前就已经确立，预算法的职能重在进行横向财政分权，《预算法》修改时可以删除这一部分的内容，给财政收支划分法或财政基本法留下必要的空间。

《预算法》修改时还有一个不能解决的问题，即财政资金的实体分配规则。在《科学技术进步法》[②]、《教育法》[③]、《农业法》[④]中，甚至在国务院的一些纲领性文件中[⑤]，都有一些关于财政投入的指标性要求，学理上称为"法定支出"。目前学界和实务界比较有代表性的观点是，大量的预算资金被预先指定了用途后，财政部门不能根据需要和可能灵活调度，严重侵蚀了政府的财政预算管理职能。[⑥] 不过笔者认为，不能因为支出标准存在问题，或者支出项目之间不够协调，就否认这种现象存在的合理性。事实上，预算也必须遵循一定的标准或要求，不可能完全通过投票决定资金用途。这些标准或要求既可能来自为法律，也可能来自执政党的政策，还可能来自政府的纲领、规范。政府在编制、执行预算时，立法机关在审批预算时，无论是直接还是间接，都会受到这些标准或要求的限制。

例如，经合法程序成立的国家机关，其基本公务开支必须得到保证；公务员的工资、津贴和福利必须得到保证；公务开支方面的标准或定额，必须得到遵守；国民经济与社会发展规划纲要中优先发展的项目，资金投入必须

---

① 《预算法》第20条规定，预算收入划分为中央预算收入、地方预算收入、中央和地方预算共享收入。预算支出划分为中央预算支出和地方预算支出；第21条规定，中央预算与地方预算有关收入和支出项目的划分、地方向中央上解收入、中央对地方返还或者给予补助的具体办法，由国务院规定，报全国人民代表大会常务委员会备案。这应该就是第8条所谓"分税制"的基本内容。

② 参见《科学技术进步法》第59条。

③ 参见《教育法》第54条、第55条、第56条。

④ 参见《农业法》第38条第1款。

⑤ 1993年制定的《中国教育改革发展纲要》提出，逐步提高国家财政性教育经费支出占国民生产总值的比例，本世纪末达到4%。事实上，这个目标并未实现，以至于2010年制定的《国家中长期教育改革与发展规划纲要》再次重申，提高国家财政性教育经费支出占国内生产总值的比例，2012年达到4%。

⑥ 罗春梅：《"法定支出"在中国：现状、成因及对策》，载《财政与税务》2005年第6期。

有所倾斜；政府在限制财政消费性支出或增加民生支出方面所作出的承诺，应该得到信守；法律对政府举债的额度、年限、结构有所限制时，预算也不得违反。凡此种种，均体现出预算程序之外的因素对预算结果的影响。虽然不排除利益集团的游说或影响，导致这些法定支出本身可能不够合理，但是，这并不能说明这种制度本身不合理。况且，法定支出本身代表更严格程序，体现着更广泛的意志，财政预算受法定支出的约束理所当然。从另外一个角度看，法定预算也体现为一种经验总结，有助于提高预算协商的效率，避免预算过程中利益集团的过分影响。正因为如此，除了关注预算法律制度的完善之外，还应该大力加强预算支出的规范化建设，使一些常规化的财政支出受到定额的限制。

总之，《预算法》在中国财政法中的地位虽然重要，但是，毕竟它只是一部相对具体的程序法，其技术性大于政治性，所以，不宜对《预算法》的修改期望太高。正如现行《预算法》没有解决所有的问题一样，《预算法》无论怎么修改，将来也不可能解决所有的问题。与预算功能发挥、预算资金分配息息相关的几个问题，如预算权力的配置、政府之间的财政关系、财政支出的标准或定额等，《预算法》都无能为力，必须借助于其他法律的配套。《预算法》修改时重点关注的，还是一些相对微观的程序性问题。因此，不宜将预算法修改等同于预算体制改革。预算体制改革是一个持续的过程，在修改《预算法》外，还需要财税法领域乃至于宪法等其他法律领域的配合与协调。

四、认真对待权力：预算与政治的共同话题

从表面上看，预算是一个由项目和数据组成的表格，是一个颇为复杂的技术问题，或者是让人乏味的会计问题。但实际上，预算是各方主体博弈下的公共资源的配置机制，它决定了政府行为的范围、方向和政策。此外，通过预算的过程，可以观察一国权力的配置方式，透视国家之体制、政府之性质。因此，预算是一个国家极其重大的政治问题。认真对待权力，是预算和政治的共同话题。

在现代国家中，预算不仅是“政府管理的工具”，通过预算分配财源，安排政府的行为活动，实现调解宏观经济和社会稳定的目标，同时，预算更应是“管理政府的工具”。议会通过预算管理政府的财政收支，控制政府的“钱袋子”，控制政府的范围和边界。因此，认真对待权力，就是要认真对待预算，既要坚持预算的政治管理职能，更要注重预算管理政治的职能，彰显预算“管理政府的工具”的品质。正因为如此，预算既要保障正常的行政需

要，又要尊重法律的约束、人民的意愿，由人民决定、受人民监督。

预算民主统制的着力点在于代议制。通过代议制机关的作用，人民的意志和利益被植入预算之中。然后，中国的人大似乎不堪重负。《宪法》明文规定，人民代表大会及人民代表由人民选举产生，人民代表大会是国家最高权力机关，其他一切机关由其选举产生，对其负责，受其监督。但是，人大代表在选举过程中缺乏充分有效的竞争，很大比例的人大代表是政府现任官员，在代表民意上显然大打折扣。此外，相比于西方的专职议员或代表，中国的人大代表不是专职政治家，不需要任何政绩的支持，没有积极履行代表职责的动力或压力。加之于预算过于专业和技术，人大代表往往缺乏专业性知识，又不能建立独立的工作室，或自行聘请专业人员，人大审查预算实际上容易流于形式，基本上谈不上控制政府财政权、约束和监督政府。

在现阶段，相比于人大，政府的作用显然更值得关注。实际上，中国政府一直扮演改革的倡导者和推动者的角色，预算改革也不例外，其成绩也有目共睹。无论是为了通过预算更好地实现理性管理，还是通过预算内部控权、约束权力，事实上，政府都是在自我约束。无疑，政府通过自我削权的方式改革，在前期阶段、局部地区会产生良好效果。不过，当改革进入深水区，真正触及利益集团的切身利益时，改革往往陷入被动。例如，无论民众如何怨声载道，“三公”消费规模庞大、国家机关的楼宇和设施极尽奢华、经济资源被少数国有企业所垄断、公共工程重复建设、政府官员贪污腐败等问题，总是无法得到根治。可见，政府本身的改革动力有限。要想推动预算改革走向深入，实现民主理财、法治财政，必须借助于外在的动力和压力。

在笔者看来，这种“外在的动力或压力”除来自舆论和人民代表大会之外，主要来自中国共产党。毋庸讳言，中国是一党制国家，这是中国最大的政治实际。中国共产党领导立法机关、行政机关和司法机关，这是宪法所确认的基本政治制度。为了体现自己的进步性，巩固和扩大执政基础，执政党在推动预算改革方面会有相当的积极性。事实上，政府每一项预算改革的背后，也的确都有中共中央的推动和支撑，以至于可以说，预算改革、公共财政体制的推行及力度，直接取决于执政党的意志。例如，中国公共财政体制的路线图，正是来源于执政党的两次决议，一次是 2003 年 12 月中共十六届三中全会作出的《中共中央关于完善社会主义市场经济体制若干问题的决定》，另一次是 2007 年 10 月中共第十七次全国人民代表大会作出的《高举中国特色社会主义伟大旗帜，为夺取全面建设小康社会新胜利而奋斗》。中国公共财政体制以及预算制度改革的定调、方向及力度，也是这两次决议的结果。

在公民社会发育尚不够完善、人民代表大会暂处于弱势的今天，在推进预算改革、实现财政民主方面，人们有理由对执政党寄予更多的期望。我们也相信，为了维护自身的执政合法性，为了实现自身的执政利益，执政党有足够的决心和动力推进改革。但是，当现代预算强调人民参与、强调议会主权、强调管理政府时，执政党也必须在宪法和法律的框架下活动。如何将“党治”、“政治”、“民治”融入宪政之中，实现建设社会主义法治国家的目标，这是我们不得不深入思考的问题。

在理论上，无论是执政党、政府或者议会，都会声称自己代表人民的意志和利益，客观上，这些主体都有一定机制收集和汇聚民意。可是，只有当人民的意志和利益通过恰当的方式表达出来，才有可能被政治机构及人物所倾听，最后成为制度演进的动力。如果人民只是一些原子化的个体，没有公民意识，没有权利观念，除了个人或家庭的柴米油盐之外，对社会事务漠不关心，无论官方的民意收集机制如何健全，都很难发挥推动制度进步的作用。因此，就长远和根本而言，现代预算制度除了执政党、政府及议会的努力外，更是一个全民动员和参与的过程。

以推动预算公开为例，深圳公益人士吴君亮及其“公共预算观察志愿者团队”利用《政府信息公开条例》实施之机，从 2008 年 5 月起一直以“公民申请”方式执着地推动政府部门预算公开，虽然屡屡碰壁，但是坚持不懈，终于促成广州市财政局首开全国先河地在网上公开了广州市 114 个部门的预算。[①] 目前，预算公开的进程如火如荼，虽然这是多种力量综合作用的结果，但是，公民社会的参与无疑功不可没。因此，当我们宣称认真对待权力时，千万不能忽视每一个公民的存在，不能忽视公民社会的建设。

总之，认真对待权力是预算和政治的共同话题。预算固然有其技术性，体现为数字和表格，但是，预算程序充分反映了一国的权力架构，预算过程充分体现了一国的政治博弈，所以，预算其实就是数字化的政治，预算的权力性与技术性如影随形。中国预算改革应当认识这种复杂性，充分调动各种政治力量的作用，在宪政框架下实现各自的合理利益。

---

① 严丽梅：《吴君亮：预算公开凿冰人》，载《羊城晚报》2010 年 4 月 3 日；另见：《吴君亮预算公开凿冰人》，http://news.sina.com.cn/o/2010-04-03/142317319713s.shtml，2011 年 5 月 1 日访问。

五、谨慎评估中国预算改革的进步空间

新千年伊始,中国就启动了大规模的预算改革。从规范预算外资金到推行部门预算,从收支两条线管理到国库集中收付,从政府收支科目改革到推行预算公开,各种预算改革措施纷纷亮相,而且确实取得了良好的规范效果,为更进一步改革奠定了制度基础。时至今日,正值全国人大启动《预算法》修改程序之时,人们似乎有理由期待,借该法修改的东风一劳永逸地解决所有的预算问题。然而,正如前文所示,预算体制与一国的政体、国体息息相关。当整体的权力结构和政治架构并无改进时,指望通过预算改革实现财政的根本转折,解决财政权力的民主性和法治性问题,无疑是一种不切实际的幻想。

预算不仅仅涉及政府管理的技术,更是一个权力问题和政治问题。谁控制了预算,谁就控制了一切。预算固然具有民主、宪政精神,也是实现民主政治的重要途径,但是,这并不意味着中国《预算法》可以担当此等重任。事实上,《预算法》更侧重于政府的预算管理,对如何发挥人大的审批权制约政府,并没有给予足够的重视。我们已经观察到,目前立法机关对预算的控制力非常弱,不仅预算审批流于形式,预算执行也存在很大的问题,政府违反预算的行为比比皆是。而造成这个结果的原因,并不在于《预算法》不完善,主要在于人民代表大会的政治力量过于薄弱。如果人民代表大会有足够的政治权威,即便没有制定《预算法》,凭借宪法赋予的预算审批权,也足以驯服政府财政权力这匹野马。而在当前的政治体制下,通过政府的威权和执政党的运作,预算草案几乎不可能被否决,《预算法》形式上无论怎么完善,都难以产生多大的实际作用。

预算改革要想取得实质性的突破,必须要寻求政治体制改革的配合。在当前的政治背景下,要想建立一个民主式的现代预算,需要完善人民代表大会制度,重塑人大的权力中心地位,构造一个"预算议会"。而要实现这一目标,需要执政党的勇气和魄力,需要政府显示出必要的谦卑,更需要民众的参与和推动。在民主政治成为主旋律的现代社会,即使是实行一党制的政治体制,也需要寻求执政的合法性和正当性。而预算恰恰是财政民主统制的有效形式,可以在不改变政治体制的前提下汇聚民意,实现执政党意志与人民意志的统一。如果二者出现分歧,一方面,政府可以加强宣传和说服工作,充分展示预算方案的合理性,而执政党则可以启动政党组织程序,支持政府提出的预算方案;另一方面,执政党和政府也应该学会妥协和退让,

对大多数民众不同意的方案或计划，及时进行修改和调整，以争取预算审批获得通过。

正如季卫东教授所言，强化最高国家权力机关的预算权，是中国建设民主宪政国家的一个良好选择。这条道路温和、渐进，不至于风雨飘摇、颠簸动荡，可以使政治改革与经济改革相衔接，缓和对人民代表大会体制以及政治体制进行根本性重构所带来的冲击和动荡，并有利于各种利益群体和政治势力在编制和审议单纯的财政预算的程序中学会妥协的技巧，学习和实践民主，培养民主文化和素养。[①] 当执政党、政府、人大代表和人民都表现出理性与合作时，当人民选出的人大代表确实能够代表人民的利益时，当人民对人大代表、政府和执政党的监督真正到位时，预算将成为中国政治力量博弈的一个法律平台。在这个平台上，有争斗也有妥协，讲力量也讲规则。人们必须学会在实现自己利益时，也努力尊重他人的合理利益，任何违反预算法规的行为都要被追究法律责任。在这个平台上，还要重视社会利益的多元化，不仅强势阶层可以实现自己的利益，弱势群体也有机会发出自己的声音。果能如此，这既维护了中国共产党的领导地位，又真正实现了人民当家作主，还有助于建设社会主义法治国家，确实是一种非常理想的治国之策。

从历史的经验看，虽然英国 17 世纪的预算改革成就了世界上第一个宪政国家[②]，美国 20 世纪初期的预算改革催生了其“进步时代”[③]，但是，政治改革的经验往往不具有可复制性，其成功或失败常与偶然性因素相连。中国的预算改革十年前就已经起步，政府预算管理的能力因此大大提升。而近期如火如荼的预算公开实践，又为政治体制改革开启了一扇大门，给人们带来更多的期待。不过，预算改革能否带给中国一个更加光明的未来，除了《预算法》的作用外，更取决于执政党的智慧、胆识和勇气，取决于公民社会的发展和成熟程度，取决于各种政治力量的合作意识及妥协精神。当后面这些因素暂时无法提供确切的导引时，目前只能谨慎评估中国预算改革的进步空间，将其局限于技术规则层面进行分析和讨论。

---

① 参见季卫东：《网路社会中的有限宪政改革——中国政治改革与组合最优化的制度设计》，http://vip.chinalawinfo.com/NewLaw2002/SLC/SLC.asp? Db = art&Gid = 335579459，2011 年 5 月 6 日访问。

② 参见刘剑文、熊伟：《财政税收法》（第五版），法律出版社 2009 年版，第 120 页。

③ 王绍光：《美国进步时代的启示》，中国财政经济出版社 2002 年版，第 1—6 页。

第二节　从超收收入看预算法的规制重心[①]

一、超收收入与《预算法》的内在效力冲突

所谓预算超收收入，是指年终实际财政收入超过年初预算收入的部分。据统计，2004 年中央财政收入比预算超收 2537.71 亿元，2005 年中央财政收入比预算超收 1619 亿元，2006 年中央财政收入比预算超收 2600.77 亿元，2007 年中央财政收入比预算超收 4199.02 亿元，2008 年中央财政收入比预算超收 1080.2 亿元，2009 年中央财政收入比预算超收 704.23 亿元。[②] 2000—2009 年在财政部编制的预算草案中，全国财政收入预算增长分别为 8.4%、10.3%、10%、8.4%、8.7%、11%、12%、15%、14%、9.8%，而实际增长达 17.6%、22.2%、15.4%、14.7%、21.4%、19.8%、24.4%、32.4%、19.5%、11.7%，除 2008、2009 年外，预算增速与实际增速误差达一倍左右，超收收入年均也在 3000 亿元左右。[③] 可见，预算执行的结果产生大量超收收入，已经是中国财政领域一个普遍的现象。

客观来说，预算超收或短收都是正常现象。毕竟，预算只是一种事先的估算，不可能做到百分之百准确。但是，像中国这么大规模的预算超收，却又是一种不正常的现象。特别是，如果对超收收入的使用没有任何约束，可以任由政府自由裁量和支配，将大大降低政府资金使用的规范性，与预算所体现的财政民主和法治理念背道而驰，同时还会激励政府人为地降低预算的准确性，千方百计增大超收收入的规模，用超收收入超支，以逃避立法机关的审批和监督。因此，无论是从规范政府行为的角度，还是从防止资金浪费的角度，或者从增加财政透明度的角度，这种情况都是不正常的，需要有效的对策予以解决。

预算超收问题曾经引起学界的高度重视。学者们往往立足于问题产生之原因、着眼于问题之解决来展开探索。大多数学者的观点认为，预算本身

---

① 本节与王宗涛合作完成，本节原文发表于《安徽大学法律评论》2010 年第 2 辑。

② 数据来源于财政部历年公布的《中央财政收入决算表》及《国务院关于中央决算的报告》，经整理而得。

③ 数据来源于财政部历年的《关于上年度中央和地方预算执行情况与本年度中央和地方预算草案的报告》，经整理而得；参见王蕴：《财政超收条件下的预算政策研究》，载《宏观经济研究》2009 年第 8 期。

编制的不科学性、审查监督的流于形式,客观上现实经济情势波动、突发事件发生,主观上收入压力型政绩评价机制、政府为扩大超收资金自由支配权而有意低估,等等,都是预算超收收入的发生原因。而要解决这个问题,一方面,需要强调预算编制环节的制度建设,强化立法机关对财政预算的约束,从源头上减少预算超收收入的数量,另一方面,对既已产生的预算超收收入,必须强化立法机关的审批监督,并通过特别预算加强对超收收入的管理。[1]

和前面所列的视角不一样,我们所关注的是,从预算超收收入这个话题中,可以观察到我国预算法中的一个结构性问题,即收入预算的法律效力问题,以及由此所引发的预算审批的尴尬之处。预算超收收入之所以成为问题,是因为收入预算本身的问题,还是因为它会影响到预算支出的管理?财政预算是预算执收部门组织财政收入的依据吗?如果实际收入超过或者不足财政预算,是否构成一种预算违法行为?在政府管理的层次上和民主统制的层面上,收入预算的作用有什么不同?收入预算一定要经过立法机关的批准吗?对这些问题,有必要先从收入预算的法律效力开始分析。

我国《预算法》第 9 条规定,经本级人民代表大会批准的预算,非经法定程序,不得改变。而这里所谓的"预算",应该既包括支出预算,也包括收入预算。这是因为,在《预算法》所规范的预算流程中,从预算编制、预算审批到预算执行和决算,预算收入都是重要的内容。预算职权部门不仅要编制收入预算,而且要执行审批通过的预算,组织预算收入。以上内容似乎说明,收入预算经过立法机关审批通过之后,也应该具备一定的法律效力。既然收入预算"非经法定程序,不得改变",预算执收单位应该按照预算的要求,不折不扣执行预算确定的收入总额。多收或者少收,都可能违反收入预算。按照这个逻辑分析,预算超收收入岂不是不应该存在?答案似乎不言自明。

可是,《预算法》第 45 条又规定,预算收入征收部门,必须依照法律、行政法规的规定,及时、足额征收应征的预算收入。《税收征收管理法》第 3 条也规定,税收的开征、停征以及减税、免税、退税、补税,依照法律的规定执

---

① 参见马蔡琛:《中国政府预算超收资金的形成机理与治理对策》,载《财贸经济》2009 年第 4 期;马岭:《我国预算大幅"超收"的法律原因分析》,载《法学》2010 年第 9 期;王延春:《预算法修改建言:超收收入先审后用》,http://www.ce.cn/new_hgjj/guonei/zhbd/200503/12/t20050312_3302249.shtml,2010 年 12 月 1 日访问。

行；法律授权国务院规定的，依照国务院制定的行政法规的规定执行。可见，预算执收单位组织财政收入时，并不是依据立法机关通过的收入预算，而是依据相关的法律和行政法规。正是因为如此，才有可能造成实际收入超过预算，形成超收收入的现象，或者实际收入达不到预算的额度，出现预算短收的现象。而无论超收或短收都属于正常，执收单位无需承担法律责任。既然预算对收入不产生约束力，立法机关审批收入预算的意义，就是一个值得审视的问题了。

从这个问题开始，下文先着手探索预算的两种功能，即政府管理层面的功能和民主统制层面上的功能，说明收入预算在两个层面所起的不同作用。在此基础上，我们试图论证，从财政民主统制的角度出发，收入预算的功能呈现弱化之势，可以考虑取消立法机关对收入预算的审批。通过这种设计，笔者意在突出支出预算的作用，加强对政府财政支出的控制，实现预算民主统制的真正价值，解决中国国目前财政支出约束不够的问题。此外，如果预算的理念要作调整，必然会影响到《预算法》中的规则设计，例如，收入预算的编制是否照常进行？收入预算报送立法机关审查？支出预算的民主性如何凸显？等等。下文对这些问题都将有所涉及。

二、财政预算：从政府管理的工具到管理政府的工具

从形式上看，预算按照一定标准将财政收入和财政支出分门别类地列入特定表格，使人们清楚地了解政府的财政活动，其功能首先是反映政府的财政收支状况。但从实际内容来看，预算编制是政府对财政收支的计划安排，预算执行是财政收支的实现过程，决算则是预算执行的总结。因此，预算反映政府活动的范围、方向和政策。[①] 不过，以上表达的都只是预算的工具效应，即预算帮助政府实现其职能的作用。而在现代社会中，预算还具有民主统制的功能，体现了人民对政府活动的监督。因此，从价值理念的角度来把握，预算可以分为政府预算和代议制预算两个层面。前者体现了预算作为“政府管理的工具”的功能，后者体现了预算作为“管理政府的工具”的功能。

政府预算由来已久。我国周朝的“九赋九式”制度，就是一种收支对口、量入为出的财政计划，体现了政府预算的雏形。[②] 政府可以通过预算收支安

---

① 刘剑文、熊伟：《财政税收法》（第五版），法律出版社 2009 年版，第 120 页。
② 参见《周礼·天官冢宰》。

排自己的活动,实现管理各部门、下级政府的职能,提高财务行政管理效率,并通过预算的公共资源配置机制,实现调节宏观经济和维护社会稳定的职能。作为“政府理性管理的工具”,预算的主体是政府,科学和效率是其追求的目标。通过财政预算的作用,可以实现政府活动的科学性,提高政府行为的效率和质量。政府如果没有财政收支计划,意味着其没有明确的施政纲领,政府活动就会陷入混乱和无序。所以,无论是粗还是细,无论是年度性的还是长期性的,一个政府要想获得稳固的执政基础,财政预算的作用不可或缺、无可替代。

另一方面,在代议制预算层面上,预算又是人民“管理政府的工具”,具有民主统制的价值。所谓“管理政府的工具”,是指人民(具体表现为代议制机关)通过预算支配和控制政府财政收支活动,对政府收支行为予以事前审查、事中监督、事后追责,建立起控制政府财政权之完整的、系统的约束机制,进而划定政府职能的范围和边界。从这个意义上说,预算是控制和约束政府的工具、方法与技术。作为“管理政府的工具”,预算的主体是人民或代议制机关。代议制机关主导预算过程,可以实现对财政行为的民主统制,将其纳入到人民主权、人民意志的控制之中。所以,预算是一种民主统制的工具,具有民主价值。

从政府管理的角度看,量入为出是一个基本的要求。无论是以收定支还是以支定收,都必须考虑到收入的现实规模以及增长前景。因此,政府必须对来年的收入情况进行预测,并据以确定开支的规模和方向。即便没有发展到民主统制的阶段,政府无需向立法机关报送预算,供其审批,从政府管理的效率和科学性的角度,收入预算也是必要的。从预算审批的角度看,立法机关要确定预算支出是否合理,也必须参考收入预算的情况。预算收入高于预算支出,或者预算支出高于预算收入,都不是正常的财政现象,必须通过特别方式予以处理。因此,一般情况下,财政预算都分为两个部分,一部分是收入预算,另一部分是支出预算。不仅如此,预算法通常会有收支平衡的要求,这样更需要对比收入和支出,才能得出收支是否平衡的结论。

从这个意义上说,无论是作为政府管理的工具,还是作为管理政府的工具,预算在形式上似乎没有任何区别,都必须包含收入预算和支出预算两个部分。从内容上看,政府本身要追求预算的科学和效率,让预算尽量贴近现实,提高预算执行的准确率,实现政府的各项计划。而这些本身也是立法机关审查的重要内容。因此,政府预算和代议制预算的区分,似乎只是理念层面的事情,在财政预算实施的各个阶段,并没有太多的现实意义。政府编制收入和支出预算,向立法机关报送审批,立法机关既审批收入预算,也审批支出预算。预算执行的时候,收入和支出也都是重要的考核指标。上述过程看起来环环相扣,似乎没有任何不妥的地方。不过,如果观察一下国有资本经营预算的例子,就会发现二者确实存在一些理念上的差异。而正是这种理念差异,左右着预算的基本价值和品格走向。

在中国目前的预算实践中,既存在作为政府管理工具的预算,也存在作为管理政府工具的预算,国有资本经营预算是一个很典型的例子。在《企业国有资产法》生效之前,根据国务院《关于实行国有资本经营预算的意见》[①],各级政府要试行国有资本经营预算制度,由财政部门会同国有资产监管机构编制国有资本经营预算,报本级政府审批。中央本级国有资本经营预算从2008年开始实施,2008年收取实施范围内企业2007年实现的国有资本收益。2007年进行国有资本经营预算试点,收取部分企业2006年实现的国有资本收益。各地区国有资本经营预算的试行时间、范围、步骤,由各省、自治区、直辖市和计划单列市人民政府决定。按照本节的理解,在这个阶段上,国有资本经营预算限于政府层面,无需接受立法机关的审批和监督,因而只是政府理性管理的工具。

确实,各级政府为了提高管理水平,提升财政收支的科学性、合理性,对国有资本的收支预先作出计划,这是政府管理越来越成熟的表现。不过,政府自己编制预算,自己审批预算,自己执行预算,与现代社会中民主法治原理相悖,因此这种状态只能作为过渡阶段,不能持续太久。到了2009年5月1日,《企业国有资产法》开始施行。该法第60条即要求,国有资本经营预算按年度单独编制,纳入本级人民政府预算,报本级人民代表大会批准。可以说,从国有资本经营预算报送立法机关审批开始,这种预算就从政府预算上升到了代议制预算的层面。通过预算审批这个环节,人民才可以通过自己选举出来的代表,对预算的内容进行审查,对预算是否可行进行评价,对是否同意预算进行投票。

从国有资本经营预算这个例子可以看出,同一种预算在不同阶段代表不同的理性。在政府管理的阶段,预算是一种技术性工具,是政府管理的一种手段。相比没有预算的状态,国有资本经营预算制度的推行,可以有效提升政府对国有资本收益的管理水平。即便预算编制、审批和执行也通过法律来规范,但是其目的仍然着眼于效率,是为了让政府把事情管理得更好。

---

① 国发[2007]26号文。

这种理念古已有之，今天仍然很重要。但是，从民主和法治的眼光看，这并不是一种先进的理念。为了实现人民对预算的控制，实现政府为人民服务的职能，人民必须参与预算审批，通过代议制投票的形式决定预算是否通过。只有到了这个阶段，预算的民主统制功能才能真正发挥出来，使预算成为人民管理政府的工具。

因此，在现代民主法治社会中，预算的主流理念是民主统制，是人民通过代议制的形式"管理政府"，实现对财政权的控制和制约。概一国之法治，莫重于规范国家权力的运作，限权之关键，首当是对国家财权的掌控，而控财之要义，则在于支配"国家钱包"的预算。[①] 但是，在代议制预算层面，收入预算与支出预算面临不同的定位。支出预算具有民主控制的功能和价值毋庸置疑，政府必须按照审批通过的预算进行财政开支。而对于收入预算而言，它能起到限制政府财政收入权的作用吗？在对收入实行民主控制方面，财税法律和法规已经在发挥着作用。如何处理好两种民主控制程序的效力，成为预算法上一个不得不面对的问题。

三、收入预算的民主统制功能之弱化

财政收入是政府行政的物质基础，古今中外概莫能外。在现代国家中，政府获取财政收入的来源很多，如税、费、地租、罚没收入、国有企业利润等。以我国中央政府为例，2009 年，其财政收入为 39412.69 亿元，其中，税收收入为 33364.15 亿元，占总收入的 84.65%；一般预算中的非税收收入为 2551.56 亿元，占总收入的 6.47%；政府性基金收入为 2508.28 亿元，占总收入的 6.36%；国有资本经营收入为 988.7 亿元，占总收入的 2.51%。[②] 非税收入和政府性基金收入的主体是行政收费，其中也包含着国有资产收入，如石油特别收益金等。地方的收入结构与中央基本相同，只是收入形式有所区别而已。

每一种财政收入形式的法律依据是什么？是经过立法机关审批通过的

---

① 徐志雄：《现代宪法论》，台湾元照出版有限公司 2004 年版，第 360 页。

② 2009 年中央国有资本经营收入 988.7 亿元及其占比 2.51% 并不具有代表性，因为其中包含了电信企业重组专项资本收益 600 亿元。而 2007、2008 年收入仅为 139.9 亿元、443.6 亿元，2010 年预算收入也只是 440 亿元。参见财政部网站《关于 2009 年中央决算的报告》，http://www.mof.gov.cn/zhengwuxinxi/caizhengshuju/201006/t20100628_324488.html；《国有资本经营预算编制情况》，http://www.mof.gov.cn/zhengwuxinxi/caizhengshuju/201005/t20100511_291391.html，2010 年 11 月 9 日访问。

收入预算，还是相关财税收入方面的立法？《预算法》对这个问题已经作出了回答。《预算法》第 45 条规定，预算收入征收部门，必须依照法律、行政法规的规定，及时、足额征收应征的预算收入。不得违反法律、行政法规规定，擅自减征、免征或者缓征应征的预算收入，不得截留、占用或者挪用预算收入。这一方面意味着，法律、行政法规未作规定的收入项目，即便财政预算中已经做了规划，预算执收部门也不能擅自征收。另一方面，这也意味着，人民依据法律、行政法规负担公共开支。没有法律、行政法规作为依据的税费，即便财政预算中已经作出规定，且经过立法机关审批，人民也可以拒绝缴纳。

以税收为例，我国虽然还没有做到彻底的税收法定主义，即所有的税收课征都必须通过立法机关制定法律，以体现代议制民主的要求，但是，课税必须有专门的行政法规作为依据，这早已成为惯例并且经过法律的确认。《税收征收管理法》第 3 条规定，税收的开征、停征以及减税、免税、退税、补税，依照法律的规定执行；法律授权国务院规定的，依照国务院制定的行政法规的规定执行。没有法律和行政法规依据的税收，不仅税务机关不能征收，纳税人也可以拒绝，这种观念在中国早已深入人心。仅凭预算所确定的税收指标，就要求纳税人缴纳税款，在法律上完全不可行。税收预算对政府机关的约束力如何，我们在后文再做探讨，但是，完全可以肯定的是，税收预算对纳税人没有任何约束力。

事实上，税收预算也不可能落实到纳税人。纳税人什么情况下应该缴税，缴什么税，什么情况下可以不缴税，只能通过具体的税法予以规定，税收预算中不可能解决上述问题。税收预算最多只能预测哪些行业、哪些地区会产生多少税收，最多将这些指标分解到可能产生收入的地区，责成相关的税务局努力完成预算收入。但是，税务局不可能再将指标分解到具体的纳税人。这是因为，纳税人的生产经营情况变动不居，纳税人的收入情况每年也不一样，必须根据实际情况进行核实，不可能事先作出准确的预算或估计。而如果要将预算作为征税的依据，又必须做到将预算落实到纳税人。否则，就意味着赋予了税务机关恣意征税的权力。可见，控制政府征税权的途径并不是财政预算，而是税收法定主义的要求。

在历史上，税收法定主义出现的时间远远早于财政预算。在 1215 年英国的《大宪章》中，就已经出现了税收法定主义的雏形。但是，直到 1801 年，英国首相威廉·皮特才在议会提出年度预算。[①] 其他资本主义国家的预算制度发展更加缓慢。法国在大革命时期的《人权宣言》里对预算作出了规定，到1817年时，才规定立法机关有权分配政府经费。美国纽约市在1908年推出了美国历史上第一份现代预算。到1919年，全国已有44个州通过了预算法。1921年，国会通过《预算与会计法》，预算制度才真正在联邦建立。[②]

由于税收具有财产无偿转移的特点，对公民的财产权构成威胁，所以最需要对其进行民主统制，由纳税人通过代议制形式行使同意权。“无代表无纳税”的法谚就是由此而来。其他财政收入对财产权的侵犯性不一，法律保留的程度可以不太一样。例如，对于行政收费中的政府性基金，如机场建设费、三峡建设基金等，由于其涉及面广，与缴费人没有直接受益关系，且属于强制征收，因此宜接受较为严格的法律规制。[③] 而工本费、检测费等行政规费，理论上属于使用规费的范畴，是为了弥补政府公共服务的成本，与纳税人的受益存在直接关联，因此，可以考虑较低程度的法律规制，法律只需考虑政府决策的程序性要求，以保证收费的公正、透明和可救济。至于土地使用费、投资利润分配等资产收入，如果纯粹通过市场等价交换的形式获取，法律不宜过多干涉，可以委由政府相机决定。

然而，不管何种收入形式，预算都不足以成为征收依据。即便预算经过严格科学的程序编制，经过立法机关深入细致的审查和批准，收入预算无论对政府还是对民众，都不具有法律约束力。政府不能根据收入预算征收收入，民众无需依据收入预算贡献财产。[④] 由于财政收入的法律依据独立于预算，因此，预算执行的结果无论是超收还是短收，都属于正常现象，预算编制或执行部门无需承担法律责任。人们可以批评预算编制不科学，预算审批

---

① 参见 http://en.wikipedia.org/wiki/William_Pitt_the_Younger，2012年7月10日访问。

② 参见刘剑文、熊伟：《财政税收法》（第五版），法律出版社2009年版，第121页。

③ 根据《国务院关于加强预算外资金管理的决定》（国发[1996]29号），征收政府性基金必须严格按国务院规定统一报财政部审批，重要的报国务院审批。基金立项的申请和批准要以国家法律、法规和中共中央、国务院有关文件规定为依据，否则一律不予立项。地方无权批准设立基金项目，也不得以行政事业性收费的名义变相批准设立基金项目。

④ 台湾大学法律学院蔡茂寅教授认为，对于有法律规定的财政收入形式，预算对收入征收不产生约束力。但是，对于现行法律没有规定的收入形式，如果立法机关通过了此类预算，政府可以直接根据预算征收该种收入。本书以为，这种观点似乎有欠妥当。无论是收入预算还是支出预算，都只对立法机关和政府产生效力，对一般民众不产生效力。即便先有收入预算，且经过立法机关审批，如果不存在具体的法律依据，该预算也不应该具有可执行性。参见蔡茂寅：《预算法原理》，台湾元照出版有限公司2008年版，第76—79页。

不严谨,或者预算执行不力或违法,但是,在预算法的层面上,不能称之为预算违法行为。当然,在政府内部,作为一种工作责任制,可以将预算的收入总额作为考核指标,分解量化到每一个收入执收部门或单位,要求其在法律允许范围内尽力完成。如果不能完成,政府可以追求相关单位或个人的责任。只不过,这不是一种外在的法律责任,而是政府内部的行政责任。

既然经过立法机关审批通过的预算,对政府及其执收部门并无法律约束力,至少在财政收入领域,预算的民主统制功能就销蚀殆尽了。众所周知,预算民主统制的基础是公众的同意权。公众通过代议制的形式行使同意权,决定政府预算收入及支出的规模及方向。代议机关的审批不是一般性的授权,意味着政府可做可不做,更不是一种程序上的审议,只是满足于知情或了解,实际上也是在课与政府义务或负担。预算因此被赋予相应的法律效力,如无特殊原因并经特别程序,政府必须按照预算执行相应的事项,包括收入和支出。正是基于这种考虑,我国《预算法》第 9 条才规定,经本级人民代表大会批准的预算,非经法定程序,不得改变。然而,事实上,收入预算并不具有这样的效力。《预算法》的规定强人所难,反而无形中让预算审批陷入无意义,使立法机关的法定行为失去了价值。

还是应当承认,即便收入预算不具备民主统制方面的效力,其对政府或立法机关乃至公众都具有意义。比如,政府需要遵循理性管理原则,必须对收入有大致的估计,并将任务分解到下属单位甚至个人,以保证完成预计的财政收入,保障财政支出的资金需要。政府向立法机关报送支出预算时,必须提供收入预算,以说明支出预算的合理性,争取立法机关的同意。立法机关审批支出预算时,必须参考收入预算的数据,才能评价财政支出是否具有可行性。此外,公众评价支出预算的合理性时,往往也有量入为出方面的考虑。如果政府不编制收入预算,不向立法机关提供收入预算,或者不向公众公布收入预算,无论是政府管理还是预算审批,或是公众的知情权,都会受到很大的妨害。因此,从以上诸方面观察,收入预算仍然具有存在的意义。

但是,这些意义或价值都与预算的民主统制无关。收入预算纵然经过立法机关的审批,对政府也不具有任何法律约束力。收入预算之所以还有必要存在,或者是出于政府管理方面的考虑,或是为了便于立法机关行使审批权,以及为了满足公众的财政知情权,提高政府的财政透明度。现代国家并非不需要对财政收入进行民主统制,但不是通过财政预算的形式,而是根据财政收入的类型,分门别类确定民主统制的形式。总体来说,每一种财政收入都必须有法律或行政法规作为依据。对于严重侵及公民财产权的收入形式，如税收，应当通过立法机关制定法律。对于政府性基金，至少经过法律的授权，并经最高行政机关立法。对于其他行政规费，可考虑制定统一的行政规费法，授权不同级别的政府行使审批权。通过这种设计，财政收入的民主统制已经实现。预算法中再要求立法机关批准收入预算，就不是一件必要的事情了。

在一些国家或地区的年度预算案中，财政收入事项也可能会涉及。例如，2010 年 2 月 24 日，香港特别行政区政府发表的 2010—2011 年度财政预算案中，提到了包括薪俸税、利得税、印花税等在内的多项税务措施。预算案实行有增有减的税收调整政策，整体上以减税为主，目标都集中于关注民生、关爱社会、确保经济复苏成果、发展经济。[①] 新加坡 2010 年 2 月 22 日发表的预算声明中也提到，要推行一系列惠及个人和家庭的税务优惠措施，其中包括从 2011 年起实行“累进房地产税制”，即房地产年值越高，须缴付越多的房地产税。[②] 这些收入事项经过立法机关批准后，即产生修改已有税法或创制新税法的效力。这对本书所形成的结论似乎是一种挑战。但仔细探究一下就会发现，其实不然。

在以上两个例子中，政府提交的预算案其实包括两方面内容，一方面是政府支出预算计划，另一方面是税法修正案或者税法草案。立法机关批准预算的过程，一方面是在批准政府的财政支出计划，另一方面也是在行使立法权，对税法进行修改或进行新的税收立法，即根据收入预算的大致计划，修改税法，以保障收入符合大致计划。毫无疑问，这种收入预算经过立法机关批准后，必然对政府及民众产生法律约束力，因为这本身就是一个立法过程，体现了立法机关对财政收入的民主控制。只不过，这种立法，实际上不是对收入预算的立法（审批），而是税法的制定或修改。这种收入预算的约束力，实际上是税法的约束力，体现了立法机关对课税的民主统制。而中国对收入预算并没有这样的内容，只是基于现有的财政收入立法，以及国民经济发展状况，对未来一年的财政收入进行预估。这种收入预算即便经过立法机关批准，也没有任何实质性意义。

---

① 参见陈双专：《香港 2010—2011 年度财政预算案有关税务措施评析》，载《涉外税务》2010 年第 6 期。

② 参见蔡添成：《系列税务优惠，惠及个人家庭》，http://www.zaobao.com/special/singapore/pages4/budget2010100223a.shtml，2010 年 11 月 14 日访问。

四、支出预算论：逻辑错误还是理念更新？

诚如蔡茂寅教授所言，预算乃是议会与行政部门各自行使制衡作用下的产物，其内容虽然涵盖财政收入与支出的全部，但其效力主要仍然集中在支出部分。法定预算经过立法机关批准成立后，固然产生授权政府进行支出的效果，但却不因此授权政府依据预算征收收入。国家的主要收入仍然以税课为大宗，而税收征收因其侵害行政性的性格，必须受严格的税收法律主义的拘束，因此必须在个别实定法上寻找法源，不能只以预算为其唯一的法律依据。因此，一般而言，收入预算并不能取代法律，单独赋予国家强制性收入的权限。[①] 基于此，本书提出支出预算论，强调预算的作用在于控制政府支出，而不是在于控制政府的财政收入。从前文的论述可知，这个提法并不是一个新观点，而只是在陈述一个事实。这个事实与预算法的价值追求也是一致的，体现了预算对政府的控制，彰显了预算的宪政内涵。

众所周知，财政包括收入和支出两个方面。财政收入事关公民的财产权，必须要对其进行民主统制。而通过立法机关单独对其进行立法，可以比较好地解决这个问题，无需再通过预算来加以规制。财政支出虽然也可能单独立法，以体现对某些特别支出的关注，但在现代社会中，这种做法在实践中并不常见。即便存在此类立法，一般也只是规定支出的方向、标准等。至于资金如何具体分配到居民或企业，仍然需要借助支出预算的作用。例如，《教育法》第 54 条就属于此例。该条规定，国家财政性教育经费支出占国民生产总值的比例应当随着国民经济的发展和财政收入的增长逐步提高。全国各级财政支出总额中教育经费所占比例应当随着国民经济的发展逐步提高。

另外一种情况是，政府在收取特定财政收入的同时，法律、法规就已经为其设定了用途。例如，《城市维护建设税暂行条例》规定，城市维护建设税应当保证用于城市的公用事业和公共设施的维护建设。由不在市区、县城或镇的纳税人所缴纳的税款，专用于乡镇的维护和建设。[②] 此外，对于应当归入政府性基金的收费项目，一般也都有用途的限制。《国务院关于加强预算外资金管理的决定》规定，基金（收费）收支在预算上单独编列反映，按规

① 参见蔡茂寅：《预算法之原理》，台湾元照出版有限公司 2008 年版，第 9—10 页。

② 参见《城市维护建设税暂行条例》第 6、7 条。

定专款专用，不得挪作他用，也不能平衡预算。[①] 这说明，在预算之外，通过立法机关制定的法律，或者最高行政机关制定的规范性文件，也能对财政支出进行一定程度的控制。

然而，以上毕竟只是特例，不是财政支出的一般现象。在预算实践中，同一笔钱投向哪个领域，哪里该花钱，哪里不该花钱，哪里该多花，哪里该少花，政府在编制预算时有充分的自由空间。即便财政支出存在法定限制，这种限制只是指明了大方向，具体方案的安排仍然取决于政府。如果没有外在的制约和监督，财政支出的效率可能难以提高，法律上应当保障的权利可能疏于保障，弱势群体的利益也就可能受到侵害，导致国家政权的正当性受损，影响到执政党执政基础的稳固。从这个角度看，预算不能满足于仅仅充当政府管理的工具，更应该站在公众的立场上，从民主和法治的高度来管理政府。此时，预算所起的作用就不仅是一份报告书，或者一份财政收支计划，而是实现主权在民、控制政府的一种有效手段。

有学者提出，现代国家中正经历从税收国家向预算国家的转型。[②]税收国家强调财产权对国家课税权的限制[③]，而预算国家理念的提出，不仅强调对收入的民主控制，更强调对支出的民主控制。事实上，预算国家必须建立在税收国家基础上。只有先通过税收国家理念保护财产权，实现纳税人对政府课税权的控制，树立税收法定主义的信仰，才有可能进而考虑如何控制政府支出。从历史逻辑来看，英国宪政最早也是源于税收法定主义。当收入问题基本解决之后，财政支出才开始进入公众视野。[④] 在中国近三十年的财政改革史中，其实也可以发现一条类似的脉络，即先规范收入行为，再规范支出行为。财政收入领域的改革主要是税制改革，而财政支出领域的改革则以预算改革为代表。

例如，1984、1985 年，国有企业实行“利改税”，并逐步建立工商税制；1994 年开始，以“统一税法、公平税负、简化税制和合理分权”原则，初步建立了以流转税、所得税为主体的复合税制度体系；2003 年开始，以“简税制、宽税基、低税率、严征管”为原则，以统一企业所得税、增值税转型和取消农

---

① 国发[1996]29 号文。

② 王绍光：《从税收国家到预算国家》，载《读书》2007 年第 10 期。

③ “税收国家”是熊彼特提出的概念，被用来指称一国财政收入的绝大部分依靠税收的体制。参见〔日〕北野弘久：《日本国宪法秩序与纳税者基本权——租税国家的宪法保障装置》，陈刚、雷田庆子译，载《外国法学研究》1998 年第 2 期。

④ 参见张献勇：《预算权研究》，中国民主法制出版社 2008 年版，第 47—55 页。

业税为核心,启动了新一轮税制改革。在财政支出领域方面,主要体现在预算制度改革,具体脉络为:1991 年《国家预算管理条例》引入预算制度,1994 年《预算法》确立复式预算制度,1999 年推行部门预算制度改革, 2001 年推行国库集中支付制度改革以及“收支两条线”管理改革,2002 年推行政府集中采购改革, 2007 年推行政府收支分类改革,2009 年推行预算公开,等等。正是通过前期的税制改革,收入的规范化程度有所提高,政府才有可能转而腾出精力,通过预算对财政支出进行规范。

以上,我们只是在解读这样一个事实,即,预算只是在支出领域发生约束作用。这个事实与预算的历史演变过程相一致,与预算所要彰显的宪政价值也是一致的。不过,预算不仅仅是一种理念,更需要实践。要使预算发挥其民主统制功效,还需要借助于良好的制度设计,营造开明的政治环境,培育成熟的公民心态。仅就制度设计而言,预算对政府支出的控制作用,与以下三方面的因素息息相关:

第一,预算草案公开,收集和听取公众意见。

无论现代国家的代议制如何完善,如果预算草案在被批准前不公开,只是满足于权力机构之间的内部操作,就难以起到控制政府支出的作用。毕竟,人民代表也需要听取民意,才能更好地为公众服务。而公开预算草案,征求公众的意见,正是以民为主的恰当表现。以香港特区政府为例,其建立了专门的官方网站来公示预算,且分为预算案演说辞、预算案重点、网上广播、咨询漫画、图片集及过去财政预算案等多个栏目,方便不同需求公众查询、阅读。[①] 每年 2 月底 3 月初,特区财政司司长会把提案向立法会报告。前一年 12 月前后,司长会通过报章、网络、开公众咨询会,来听取公众意见,持续大概两个月时间。香港普通市民可通过网络或直接写信给财政司长、参加咨询会等方式来了解财政预算。[②] 只有通过这种公开向社会征求意见的方式,才能真正体现人民通过预算控制政府,才能体现预算的民主性,体现对政府权力的限制和对公民权利的保护。

第二,健全完善的预算审批制度,使代议制真正代表人民意志。

从政府管理的工具到管理政府的工具,预算的作用之所以发生如此大的转变,主要是因为代议制机构对预算案的审查和批准。相对于政府而言,

① 参见 http://www.budget.gov.hk/2012/sim/speech.html,2010 年 11 月 15 日访问。

② 参见贾钥:《中央部委预算公开要向香港学习什么》,http://politics.people.com.cn/GB/1027/11403317.html,2010 年 11 月 15 日访问。

代议制机构是一个外在的力量，行使着同意或否决的权力。因此，政府提出的预算案不仅必须科学合理，而且还必须富有说服力，才有可能得到立法机关的通过。在现代国家中，立法机关一般都是代议制机构，由民众选举出来的议员或代表组成。作为政治家，议员或代表本身就是一种职业，其在任期内需要业绩支持，才有可能在任期届满之后竞选成功，继续连任。正是基于这种选举方面的压力，议员或代表才有动力积极履行职责，认真审查预算支出的必要性和可行性，充分听取选民和公众的意见，谨慎行使投票权。除了上述因素之外，预算编制和审批制度本身是否完善，也会影响预算作为控制政府工具发挥作用。如果政府编制的预算很粗糙，只是满足于大类的列举，无法深入到资金的具体用途，如果立法机关没有足够的时间审查预算，无法充分辩论和质询，预算审批也就是走走过场，起不了大的作用。

第三，严格的预算执行制度，以维护支出预算的效力。

预算审批通过之后，即产生法律约束力，政府不得随意调整。虽然年度预算不同于法律，不产生后法优于先法的效果，不能通过预算的形式修改法律，虽然收入预算不具有法律约束力，不是政府执行收入的法律依据，但是，支出预算对政府的法律约束力无疑存在。例如，如果要增加政府支出的总额，必须要编制预算调整案，另外报立法机关审批。如果情况发生变化，财政资金需要在不同项目之间调剂，也必须履行政府内部的审批程序。对于已经预算开支的项目，因为情况发生重大变化，政府能否相机决定停止或放弃，这取决于如何理解支出预算的法律性质。如果预算理解为对政府的授权性文件，政府当然可以相机决定如何行权。如果将预算理解为一种义务性文件，政府就不能随意改变或者放弃计划。[①] 本书认同后一种理解。对于经过预算批准的重大项目，如果政府希望改变或者放弃，应该向立法机关报告并征得其同意。只有坚持如此严格的预算执行制度，支出预算的法律效力才能得到维护，也才能真正体现预算对政府的控制。

毋庸讳言，以上方面中国都处在努力过程中，尚未达到很高的发展水准。例如，我国虽然正在推行预算公开，但是还只限于公开已经批准的预算，预算草案尚未能公开，更谈不上征求公众意见。即便是已经公开的预算，内容也非常粗线条，未能深入到具体项目，公众无法进行监督和评议。又如，我国人大代表不是专职政治家，选举过程缺乏充分的竞争，且很大比例是政府现任官员，因此缺乏监督政府支出的动力。再如，由于预算编制不

---

① 参见熊伟：《宪法视野下的预算：预算法律说批驳》，载《江苏行政学院学报》2007 年第 4 期。

尽合理,预算内容不能完全公开,加上责任追究不到位,预算执行的随意性自然比较大。不过,罗马城不是一日建成的。我们相信,只要沿着这个方向继续努力,支出预算的作用会越来越明显,预算国家的理想会逐步实现的。

五、支出预算论如何在《预算法》中体现?

由注重控制财政收入转向控制财政支出,日益突出预算国家理念,强化预算由收支控制转向集中于支出控制,不断完善支出控制的技术手段,是中国公共财政改革的大趋势所在。支出预算论的提出契合了这一时代需求,对我国的财政法治化改革必将起到积极的推动作用。然而,如何让这个理念通过法律表达出来,这是一个必须要考虑的现实问题。例如,我们必须要回答,既然收入预算的民主统制功能弱化,政府是否还有必要编制收入预算?政府的收入预算编制完毕之后,是否有必要报送立法机关批准?如果没有收入预算,预算法所强调的预算平衡原则如何实现?如果没有收入预算,立法机关如何判断支出预算的可行性与合理性?所有这些问题看起来只是技术问题,其实都关系到支出预算论的成败。

目前,我国《预算法》正在修改过程中。如果支出预算论不用触动其中任何条文,或者对现有条文作出与众不同的解释,说明其相比原有理念并无实质性突破。而本书认为,现行《预算法》其实已经体现了支出预算论,只不过不是非常明显而已。为了突出支出预算论,同时消除《预算法》中的一些矛盾或含混之处,我们还是尝试结合《预算法》的条文和实践,对其中可能需要调整的内容进行阐述,希望对中国《预算法》的修改有所裨益,对中国的公共财政改革有所推进。

首先,是否有必要编制收入预算?

我们在前文中已经阐明,预算可以从两个层面上理解。一方面,预算是政府管理的工具,另一方面,预算也是管理政府的工具。作为政府内部管理的工具,收入预算不仅是必需的,而且还会产生一定的约束力。为了满足支出预算的需求,必须完成收入预算的指标,否则就会出现资金短缺,导致政府陷入财政困境。因此,从政府的角度看,收入预算是支出预算的物质基础。为此,政府完全可能将收入预算作为工作任务,分解到下属各个部门和单位,要求其按时按质按量完成指标。此时的收入预算之所以产生如此功效,是因为这是政府的内部管理事项。法律不能强迫政府完成收入预算,但是,政府可以借助行政手段,通过内部管理措施予以激励或惩罚,督促下属部门及员工完成工作任务。故此,从政府管理的角度看,收入预算有必要存在，而且可以发挥比较大的作用。所以，在预算编制的环节，政府仍然有必要编制收入预算。

其次，收入预算是否有必要报送立法机关？

将预算草案报送立法机关审批，这既是我国《预算法》对政府的要求，也是财政民主和财政法治的具体体现。而如前文所述，既然收入预算并不能体现对财政收入的民主统制，经过立法机关批准的收入预算，也不对预算执收单位产生法律约束力，那么，是否可以考虑仅将收入预算限制在政府内部管理的层面，无需将其报送给立法机关呢？我们认为，这种做法虽然在法律上对支出预算不会产生影响，但是，会影响到立法机关对支出预算的审议。毕竟，一项支出是否合理，不仅要考虑支出本身的效益，也要考虑资金的来源是否充足。如果不报送收入预算，对收入来源作出科学预测，立法机关都无法判断支出预算是否可行。此外，如果不报送收入预算，财政收入的信息就会处于秘密状态。这自然也会影响到社会公众对支出预算的判断，无法就其内容提出合理化建议或批评。所以，收入预算编制好后，应该和支出预算一起，报送给立法机关，同时向社会公开征求意见。

再次，立法机关是否有必要审批收入预算？

审批包括审查和批准，目的是赋予被审批对象相应的法律效力。例如，按照《行政许可法》的观念，审批相当于行政许可。不经过行政机关审批，行政相对人就不能从事特定行为。在预算法中，立法机关对预算审批的效力如何，学理上存在一定的争议。有的人认为，预算审批的程序与立法程序无异，因此，经过审批的预算就相当于法律本身。有的人认为，预算审批的程序与立法程序还是存在区别，况且，预算具有年度性的特点，且适用于具体的事务和对象，与法律的普遍性、抽象性不同。另外，如果预算等同于法律，还会产生年度预算修改法律的效果，对维护法律的稳定性、权威性不利。我们虽然不赞同将预算等同于法律，但是，经过审批通过的预算必须具有法律效力，可以约束政府的行为。[①] 然而，对于收入预算而言，尽管按照现行《预算法》的规定，其需要经过立法机关的审批，但是，这种审批并不产生任何约束力，对政府及其部门不构成法律义务。因此，我们主张，为节约立法资源，提高审批效率，不必将收入预算提交立法机关审批。

不过，我们仍然主张，政府有必要将收入预算提交给立法机关。政府将收入预算提交给立法机关的目的，是为了说明和论证支出预算的合理性，说

① 参见熊伟：《宪法视野下的预算：预算法律说批驳》，载《江苏行政学院学报》2007 年第 4 期。

服立法机关批准预算。收入预算本身不具有独立的价值,而是服务于支出预算的审批。从人大代表的立场来看,要判断支出预算是否合理,除了观察支出项目本身之外,也需要考察资金是否有保障,从何种渠道获得资金来源,等等。在这方面,收入预算是一个重要的参考依据,可以帮助人大代表作出正确判断,确定其对支出预算是赞成还是反对。基于这个考虑,在立法机关审批的层面上,所谓的预算应该只包括支出预算,而不包括收入预算。虽然立法机关也会收到政府提交的收入预算,但是,那些只是供立法机关决策时做参考,本身并不是需要审查批准的对象。如果非要铺设一个过渡性程序,让收入预算在《预算法》找到一席之地,我们建议引入"审查"机制,使收入预算成为立法机关的审查对象,但不是批准对象。

从"审查和批准"转换成"审查",从而避开程序运行的法律效力,使其纯粹成为一种满足知情权的方式,在预算法的实践中早已存在先例。在《预算法》生效之前,《国家预算管理条例》曾规定,财政部将中央预算草案和地方预算草案汇编成国家预算草案,由国务院审定后,提请全国人大审查和批准。由于这种做法违反了一级政府一级预算的原则,因此,《预算法》将其改为,全国人大审查中央和地方预算草案及中央和地方预算执行情况的报告,但只批准中央预算和中央预算执行情况的报告,对地方预算草案及地方预算执行情况的报告只进行审查,不作批准。[①] 上级人大对下级地方预算草案和预算执行情况的报告亦同。遵循这种思路,人大对政府的收入预算报告可以只作审查,无需批准。这样既满足了收入预算的工具价值,又可以解决收入预算的法律效力问题,符合法律逻辑,因此是一种可行的方案。

最后,《预算法》如何突出支出预算论的理念?

总体来说,我国《预算法》还只是停留在技术层次,满足于从编制到审批、执行,将预算程序一步步走完,在形式上实现法律对预算的控制。《预算法》第1条规定:"为了强化预算的分配和监督职能,健全国家对预算的管理,加强国家宏观调控,保障经济和社会的健康发展,根据宪法,制定本法。"这是关于《预算法》立法宗旨的概括,开宗明义,言简意赅,但是,其内容过分强调了预算的管理职能,对于预算的民主统制功能明显忽视。而如前所述,预算的民主统制功能主要表现为支出预算,收入预算有另外一套民主统制机制。因此,在《预算法》的立法宗旨中,就应该直接将其规制的侧重点表达出来,使支出预算成为控制政府支出的有效途径,凸显预算法的民主法治基

① 参见《国家预算管理条例》第36条、《预算法》第38条。

础。笔者建议,《预算法》第 1 条可以修改为:"为强化对政府财政支出的监督,保障政府正常履行行政职能,规范财政预算的编制、审批和执行,保障经济和社会的健康发展,根据宪法,制定本法"。

综合所述,自从预算制度诞生以来,预算重点规制的对象就不是财政收入,而是财政支出。在民主统制的层面上,收入预算仅仅具有信息提示功能,帮助立法机关履行对支出预算的审查和批准职能。政府执收部门只需要根据相关财税立法组织收入,不需要考虑收入预算所定的指标或额度。财政支出虽然也可能借助于单独的财政立法,为其设定标准、资金来源以及支出程序,但是,总体来说,预算在其中仍然发挥着重要的作用。支出预算经过立法机关审查批准后,虽然不能产生等同于法律的效果,但是会对政府产生法律约束力。政府必须按照预算的要求进行财政支出。未经预算的事项,政府不得随意开支。已经预算的事项,政府不得随意废弃。如果违反支出预算的要求,又不履行相应的补正程序,行为人必须对此承担法律责任。因此,本书建议,立法机关只对收入预算进行审查,无需批准,而对支出预算则既要审查又要批准。此外,为强化预算对财政支出的约束力,《预算法》的立法宗旨也要作相应调整,以体现预算的民主统制性。

第三节　在理想与现实之间:《预算法》修改的中庸之道①

预算既富有政治性,又充满技术性。如何有效设计预算法律规则,使预算建立在法治国家的基础上,充分发挥约束和激励政府的作用,是立法者必须审慎衡量的议题。《预算法》从 1995 年 1 月 1 日实施至今,国家的形势发生了重大变化,不仅经济飞速发展,社会民生日益改善,而且政治体制改革稳步推进,民主和法治意识有了明显提升。不仅如此,在财政实践中,诸多预算改革举措被证明行之有效,急需通过法律形式予以确认。因此,《预算法》的修改无疑是必要而且可行的。

事实上,早在 2003 年,《预算法》的修改就被第十届全国人大常委会列入立法规划,成为本届任期内审议的法律草案。不过,由于问题过于复杂,争议太大,第十届全国人大常委会未能完成《预算法》修改。② 2008 年,在第

---

① 本节原文发表于《江西财经大学学报》2011 年第 4 期。

② 参见新华网:http://news.xinhuanet.com/zhengfu/2004-01/09/content_1268128.htm,2011 年 4 月 1 日访问。

十一届全国人大常委会的立法规划中,《预算法》的修改又被列入任期内提请审议的法律草案。[①] 目前,《预算法》修正案几经修改,各项争议和难点都在积极斡旋中,相信本届全国人大常委会能不孚重望,优质高效完成《预算法》修改的任务,为规范财政行为提供坚实的法制基础。

不过,《预算法》的修改难以脱离现实国情。总体来说,中国目前仍然是一个行政主导的国家,要想将预算从"政府管理的工具"转变成"管理政府的工具",实现立法机关和行政机关的相互制衡,无疑还有很长一段路要走。从技术上看,目前人大监督政府的能力及政府的自我管理能力都有待提高。总体来说,政府管理的法治化和科学化,需要综合各个方面的努力,包括人民代表大会制度本身的完善,而不仅仅是预算规则的更新。所以,在理想与现实之间,《预算法》的修改只能采中庸之道,兼顾需要与可能,不宜过于激进。

一、取消预算外收入和支出,将全部财政纳入预算管理

允许预算外收支的存在,是《预算法》久遭诟病的原因之一。该法第 29 条第 2 款规定,按照规定必须列入预算的收入,不得隐瞒、少列,也不得将上年的非正常收入作为编制预算收入的依据。言外之意,并不是所有的收入都必须列入预算,只有"按照规定必须列入预算的收入"才受《预算法》的调整和规范。这使得大量的收支合法游离于预算之外,无需接受立法机关的监管,政府内部的财务管理也难以规范。预算外资金即以这种方式,将《预算法》撕开一个大大的豁口。本应在财政法中举足轻重的《预算法》,其地位和作用也因此大打折扣。

此次修改《预算法》,首先要解决的问题是,取消预算外收入和支出,将所有的财政收支纳入预算管理。如果《预算法》仍然允许预算外收支存在,继续容忍政府财政行为不受监督,将是此次《预算法》修改的一大败笔。本书提出这个要求,不仅仅是基于法治理想,也已经充分照顾目前的现实。从实现预算民主统制的角度看,坚持预算的完整性理所当然。一部分财政资金游离于预算之外,不接受代议制机构的制约和监督,意味着人民失去了对政府的控制,这与现代预算制度的原理背道而驰,也与我国宪法的人民主权原则相冲突。从现实可能性来看,我国政府通过近二十年的努力,预算外资

① 参见中国人大网,http://www.npc.gov.cn/wxzl/gongbao/2008-12/26/content_1467452.htm,2011 年 4 月 1 日访问。

金的规模不断缩小,其规范性程度也不断提高。在这种背景下,取消预算外收入,实现预算的完整性,回归预算的应然之理,可谓水到渠成。

从立法渊源上看,承认预算外收支并非《预算法》首创,1991 年《国家预算管理条例》早已对此明文规定。[①]《预算法》1994 年立法时,因暂时无力解决预算外资金,才因袭原有的做法,将《预算法》的适用范围予以限缩,允许一部分资金在预算外循环。不过,该法第 76 条特别要求,各级政府、各部门、各单位应当加强对预算外资金的管理。预算外资金管理办法由国务院另行规定。各级人大要加强对预算外资金使用的监督。事实上,在立法和行政机关的共同努力下,经过长期的不懈探索和总结,预算外资金的规模确实在逐步缩小,其规范化程度也在逐步提高。奠定了这个基础,取消预算外收入才具有现实可能性。

早在 1993 年,中共中央办公厅、国务院办公厅就转发了财政部《关于对行政性收费、罚没收入实行预算管理的规定》[②],要求将 83 项行政性收费项目纳入财政预算。1996 年,国务院又要求,将养路费等 13 项数额较大的政府性基金(收费)纳入财政预算管理。地方财政部门按国家规定收取的各项税费附加,从 1996 年起统一纳入地方财政预算,不再作为预算外资金管理。[③]从 2001 年 12 月起,公安部、最高人民法院、海关总署、工商总局、环保总局按规定收取的预算外收入(不含所属院校的收费)全部纳入预算,全额上缴中央国库。从 2002 年起,地方公安、法院、工商、环保、计划生育等执收执罚部门的预算外收费收入也全部上缴地方国库,纳入预算管理。[④]

上述例证可以说明,通过中央和地方各级政府的努力,预算外收入的规模的确在逐渐缩小。留存的预算外收入,也由于"收支两条线"和部门预算改革,其规范性程度得到进一步提升。"收支两条线"要求,执收单位的预算外收入,必须全额纳入财政专户,其支出由财政统一安排,不得坐支。财政专户由财政部门负责管理,其他执收单位无权动用专户中的款项。"收支两条线"甚至要求收缴分离,执收单位只负责下达收入指令,并不直接收取款项,缴款人根据指令直接将款项缴入财政专户。而部门预算改革则是强调,

---

① 该条例第 27 条第 2 款规定,"按照规定必须列入预算的收入,不得隐瞒、虚列,不得将上年的一次性收入作为编制预算收入的依据。"

② 中办发[1993]19 号文。

③ 参见《国务院关于加强预算外资金管理的决定》(国发[1996]29 号)。

④ 《国务院办公厅转发财政部〈关于深化收支两条线改革进一步加强财政管理的意见〉》(国办发[2001]93 号)。

各部门将各种收入统一规划,统一安排。所有的财政性资金,要么进入财政专户,要么进入本级国库。即便是预算外收入,也不能由各个单位自行其是,必须纳入预算外资金收支计划,其支出须经政府行政首长批准。

严格来说,此处所谓的“部门预算”并不是《预算法》第5条所指的部门预算,其外延有所不同。《预算法》第5条所指的部门预算,无疑只包括预算内收入和支出。而实践中推行的部门预算则是一种综合性预算,不仅包括预算内拨款收支计划,也包括预算外资金的收支计划。1999年《全国人大常委会关于加强中央预算审查监督的决定》要求,预算外资金的收支情况要向全国人大常委会报告。就形式而言,报告可能是事前的,也可能是事后的,这种要求相对宽松。但从2000年起,根据全国人大常委会的要求,财政部开始试编中央部门预算,报送全国人大常委会审议。从程序上看,审议无疑只能事前进行,相比之前的报告制,其要求逐渐严格,显现出立法机关对预算外收支的审查力度在不断加大。

2010年6月,财政部制发《关于将按预算外资金管理的收入纳入预算管理的通知》,规定自2011年1月1日起,中央各部门各单位的全部预算外收入纳入预算管理,收入全额上缴国库,支出通过公共财政预算或政府性基金预算安排。地方各级财政部门要按照国务院规定,自2011年1月1日起将全部预算外收支纳入预算管理。相应修订《政府收支分类科目》,取消全部预算外收支科目。一年多来,中央部门和地方财政部门积极贯彻落实通知要求。中央部门对按预算外资金管理的各项收入进行了清理,自2011年1月1日起,根据各项资金的性质,分别纳入公共财政预算和政府性基金预算管理,地方省级财政部门也对预算外资金进行了清理核实,并结合当地实际情况,对本级部门和下级财政部门全面取消预算外资金提出了具体要求。①

从上述实践进展可以看出,在治理预算外收入方面,我国已经取得了突破性进展。不过,断言此举意味着预算外资金概念已成为历史,也属为时过早。事实上,社会保障资金目前仍然属于“预算外资金”。虽然按照国务院的要求,我国从2010年起试编社会保险基金预算,但是,这种预算仍只是在政府内部审批,无需经过立法机关的审议和批准,因此不是《预算法》意义上

① 参见人民网:http://finance.people.com.cn/GB/70846/17082641.html,2012年5月14日访问。

的预算，与现代预算制度的要求还有距离。[①] 即便是已经列入国有资本经营预算和政府性基金预算的资金，由于其所具有的专款专用特性，预算审批和监督方面如何真正发挥作用，仍然需要进一步的探索和研究。毕竟，在将财政资金形式上纳入预算管理不是目的，预算的真正价值在于实现人民当家作主，规范和控制政府的财政权力。

正因为如此，笔者认为，应借助《预算法》修改的大好时机，果断废止预算外收支这个怪胎，将所有财政收支全部纳入预算。《预算法》除了规范公共预算之外，也要规范特别基金的预算，不能让这些资金游离于《预算法》之外，仍由国务院另行规定。国务院可以在《预算法》基础上制定实施条例，但是，即便是特别基金预算，也要遵循现代预算的一般法理，如经过立法机关审批、财政透明和信息公开等。

二、改革预算审批制度，强化预算审批的权威性

早在 2001 年，笔者就曾经建议，将预算审批由综合审批方式改为分项审批。[②] 所谓综合审批，是指所有的预算收支全部集中在一个综合预算表中由人大代表投票通过。目前的预算审批就是这样的模式。这种做法当然简化了预算审批程序，但相应带来的问题是，对于部分不合理的内容，人大代表该如何投票表决？如果让草案中不合理的内容得以通过，会损害下一年度的预算执行效果；倘若否决整个预算草案，同样也会影响下一年度的预算执行。这种非此即彼的选择实际上弱化了预算审批的科学性，让预算成为一种冒险而不是精心计划。而分项审批可以在很大程度上解决这个问题。

所谓分项审批，是指预算审批时，根据开支的部门和性质将全部预算草案分解为若干个预算议案。预算编制部门分别就各个议案作出说明，人大预算工作机构分别就各个议案举行听证会[③]，分别就各个议案进行初步审议和正式审查，人大代表当然也必须对各个议案分别投票表决。这种审批方式虽然程序繁琐一些，但相比综合审批却具有无可比拟的优势。人大代表

---

① 参见《国务院关于试行社会保险基金预算的意见》(国发[2010]2 号)。

② 参见刘剑文、熊伟：《预算审批制度改革与中国预算法的完善》，载《法学家》2001 年第 6 期。

③ 包括河北省在内的三个省，在地方预算审查监督条例中规定，人大初审预算，可以“就重大问题举行预算听证会”。2005 年 11 月 29 日，河北省人大常委会举行了涉农三个部门的预算听证会，开启了国内地方人大预算听证的先河。从 2008 年开始，上海市闵行区人大常委会连续两年组织预算听证会，对政府预算进行把关。预算听证会成为了公众参与民主、监督权力运行的有效平台，成为人大常委会预算初审的重要环节，为人民代表大会审批预算奠定了重要基础。参见李锋、晨雨：《预算改革渐入佳境》，载《法治与社会》2010 年第 5 期。

可以只对明显不合理的预算议案投反对票,而其余的议案则能顺利通过审批。

随着中国预算编制制度的改革,复式预算的形式必将更加丰富,预算覆盖的范围越来越全面,同时,部门预算也会越来越精细。在这种形势下,实行预算分项审批水到渠成,不会有很大的工作难度。不仅如此,笔者认为,预算分项审批制度的改革与预算编制制度的改革可以相互促进、相辅相成。分项审批会使人大代表更容易对某项议案投反对票,这将给预算编制部门带来更大的工作风险。在这个压力的推动下,预算编制的改革才会加快进度,政府也会更加积极地配合预算审批,这对双方都是有利无害的。

时至今日,改革的时机应该越来越成熟。"预算外收入"这个科目被取消后[①],部门预算与政府综合预算的口径即将统一。可以考虑将部门预算作为独立的审批对象,政府综合预算只是作为统计或分析之用。这样一来,真正具有执行效力的不是综合预算,而是部门预算。同时,政府性基金预算、国有资本经营预算以及社会保障预算等,也可以分别作为单独的预算案审批。这些分项的预算草案全部得到批准,也就意味着政府预算顺利过关。即便部分预算草案不能通过审批,也不会影响全局。相比预算整体被否决的结果,分项审批其实会降低政府的风险。

与预算审批制度相配套的是,《预算法》应该规定预算被否决的补救机制。在中国现行的政治体制下,虽然预算案被否决的可能性并不大,但是,随着普通民众民主法治意识的提高,随着人大代表参政议政能力的增强,即便几率很低,预算草案被否决还是有可能发生。[②] 一旦发生这样的情况,在目前的《预算法》框架下,预算编制部门和审批部门都会束手无策。而一个国家的政治经济生活中,对如此重大的情事,法律没有事先提供应对之策,的确十分不正常。

如果预算案被否决,可以考虑的补救措施有:(1)经常性项目暂按上一预算年度的标准执行。资本性项目先行冻结,除上年结转的项目确需拨款

---

① 在2011年3月7日下午第十一届全国人大第四次会议举行的"财政政策和有关问题"记者会上,财政部部长谢旭人表示,未来的财政体制改革中将取消"预算外收入"这个科目。http://finance.sina.com.cn/roll/20110308/10189490473.shtml,2011年3月23日访问。

② 1995年,河北省饶阳县人大审议预算时,针对预算安排不能保证教工人员工资,以及出现赤字的问题,两度审议,两度否决,如此反复了三个多月时间,到第三次审议时,人大方予以批准预算。2002年1月,湖南省沅陵县人代会否决了政府财政预算报告。过了四个月,加开了一次县人代会,才批准了预算报告。参见李锋、晨雨:《预算改革渐入佳境》,载《法治与社会》2010年第5期。

外，待预算案正式通过后再执行。(2) 被否决的预算议案经预算编制部门修改后，报人大常委会审批。人大常委会的审批以三分之二多数通过为宜。(3) 新预算从该预算年度的起始日开始生效。已经按照上年度预算标准拨款的部门和项目，其拨款额高于生效预算确定的标准的，在剩余期限内逐期核减该部门或项目拨款数额；其拨款额低于生效预算确定的标准的，在剩余期限内逐期核增该部门或项目拨款数额。有了这些规定之后，宁愿长期备而不用，也算是未雨绸缪，有备无患。

至于立法机关的预算修正权，鉴于人民代表大会制度的改革尚未启动，此次《预算法》修改可暂时不予考虑。预算修正权首先要考虑人大与政府的力量对比。在人大的政治影响力尚不够强大时，赋予其太大的权力未必能够实际发挥作用。其次，从技术层面考虑，如果赋予人大预算修正权，就必须设计提案、表决等程序。实务中，由于每年人大会议的会期短、议程多，用于预算审议的时间本来就不多，再增加对预算草案的修正程序，不太具有可操作性。再则，预算修正涉及政府的职权和责任的独立性，即便赋予人大预算修正权，其边界和范围也不可能毫无限制，需要进一步实验和研究。

其实，如果能够推行分项审批制度，人大的预算审批权已经扩张很多，预算修正权制度可以放到第二步。等人大代表的选举制度、人大会期和议事制度改革启动之后，再来考虑立法机关的预算修正权也不迟。现行《预算法》中有一个初步审查制度。在人大会议召开一个月之前，预算草案要交给人大工作机构初步审查。虽然《预算法》没有规定初步审查的程序、效力等，但是，对于人大工作机构提出的修改意见，政府还是会审慎考虑的。这个程序不同于人大的预算修正权，但一定程度也会起到类似的作用，而且其政治协商的色彩更浓，与国家目前推行的和谐策略相符，因此可以考虑让其继续发挥作用。

三、稳步推进预算信息公开，真正实现对财政的民主监督

预算信息公开是预算的应有之义。现代预算不能仅仅满足于“政府管理的工具”，还要同时成为“管理政府的工具”。而没有预算内容的公开，人民通过预算来管理政府，实现对财政的民主监督，是一件十分困难的事情。

作为政府管理的工具，预算要做到科学、合理、规范，理清财政资金的来龙去脉，帮助实现政府的施政计划。在这个层面上，预算可以只是一个内部行为，就如同企业的财务预算一样，无需外界的参与，预算信息公开不是必然的要求。尽管这种预算也是政府施政的重要策略，但是，政府更多地会强

调预算的执行力，而不是接受外在的监督。毕竟，无论是预算审批还是预算公开，对政府都会形成巨大的压力。

然而，在现代社会中，预算更是人民管理政府的工具，预算公开是其必然的要求。如果预算信息仅仅在政府内部流通，人民及其选举出来的代表都不知情，无论政治上如何标榜民主，这种民主也仅具有象征意义，很难产生实质性效果。这是因为，没有预算信息公开，对政府的施政计划，人们就无从了解其过程，更谈不上参与和决定，政府行政很容易陷入神秘。没有预算公开，政府行政也会缺乏必要的压力。既然资金从哪里来，投向哪个领域，公众都不知情，政府完全可以操控财政。人民管理政府，也就会成为一句空话。

在现行《预算法》中，预算信息公开并未成为一个明确的要求，这是一个非常重大的缺陷，必须借《预算法》修改之机予以纠正。不过，预算信息公开本身只是一个原则性要求，基于目前的预算管理水平，其如何体现为具体的规则，必须进行综合全面的考虑。政府也许会强调，将预算草案递交给立法机关，供人大代表审议，这在某种程度上也是一种公开。此外，政府所作的预算报告会向社会公开，这更是一种预算信息公开，尽管所公布的信息内容十分有限。确实，通过上述过程，加上新闻媒体的报导，社会对预算会有一个大致了解。但是，本书强调的预算信息公开，是指将全部预算信息向社会公开，任何不特定的人都可以查询，与有选择的对特定人公开部分信息，内容和形式上都有很大的不同。

在目前的情况下，要贯彻这种预算公开原则，必须审慎考虑以下问题：

1. 预算公开的主体

从内外有别的角度看，预算草案能够突破政府系统，进入立法机关的审批环节，供人大机关及代表审议，这确实具有一定的公开性。人大代表既然是由人民选举出来的，代表人民的意志和利益，那么，向人大代表公开预算草案或报告，也是向人民负责的一种体现。不过，按照现行的保密规定，即便是人大代表，也只能在人大开会期间才能见到预算草案。会议结束之后，预算草案按规定应该收回，否则会被视为泄密。① 在不到半个月的会期里，

---

① 1997 年，国家保密局会同财政部、国家税务总局等八部门出台了《经济工作中国家秘密及其密级具体范围的规定》（国保发[1997]5 号）。该文件指出，财政年度预、决算草案及其收支款项的年度执行情况，历年财政明细统计资料等属于国家秘密，依照法定程序确定，在一定时间内只限一定范围人员知悉，不得向社会公开。2008 年《政府信息公开条例》实施之后，预决算草案仍然不在公开之列。

会议议程如此丰富,而财政预算又如此复杂,要求人大代表充分行使代表的权责,确实不是一件容易的事情。因此,这种公开本身有很大的局限性。

更何况,既然预算草案要经过立法机关审批,就必须向人大机关和代表公开相关信息。因此,这种公开并不是一种真正的公开,不属于本节所讨论的预算信息公开。人大代表和人大机关是特定主体,而且要严格遵守保密方面的规定,不能泄露所了解的预算信息。而本书所期望的预算信息公开,是对不特定人的公开,是对全体民众的公开,是信息可以自由传播的公开,是公众可以随时查询的公开。预算公开的义务主体是政府,而权利主体则是不特定的公民。任何一个公民,都有权利了解预算信息,关心政府财政收支情况。只有按照这种方式理解预算公开,《预算法》确认预算公开原则才有意义。

2. 预算公开的对象

预算公开的意义不仅仅在于监督政府,也在于参与决策。虽然一般的民众不能直接参与投票,决定预算草案是否能够通过审批,但是,就理论上而言,人大代表可以反映选民的意志,而选民也可以影响人大代表的投票。所以,预算公开的对象除了审批通过的预算外,法理论上还应该包括预算草案。

目前,我国在立法实践中,无论是全国人大制定法律,还是国务院制定行政法规,甚至国务院部委制定规章,都已经做到将草案向社会公开,征求公众对立法的意见。根据公众所反馈的意见,立法机关对草案作相应调整,再付诸最后的表决或者决定。国家之所以要这么做,就是为了吸纳公众参与决策,破除闭门立法,让法律、法规和规章更能体现人民的意志,更具有科学性和可行性。

上述原理应该同样适用于预算。公布审批通过的预算,只是公布了决策的结果,让公众可以监督预算的执行。但是,预算草案是否合理、可行,由于无从了解信息,一般民众难以表达自己的意见。所以,真正的预算公开,首先是指预算草案的公开,而不仅仅是指审批通过的预算。

根据《政府信息公开条例》第 9 条,涉及公民、法人或者其他组织切身利益的政府信息,以及需要社会公众广泛知晓或者参与的政府信息,行政机关应当主动公开。笔者认为,预算草案同时符合上述两项的要求,当然属于政府应当公开的信息。在第 10 条列举的需要重点公开的信息中,虽然只提到财政预、决算报告,但是,这并不意味着预、决算草案被排除。就法律解释的可能性而言,预算草案完全可以被《政府信息公开条例》第 9 条所包容。

既然如此，此次修改《预算法》，除了要求公开审批通过的预算之外，是否还要求政府公开预算草案？笔者以为，尽管大方向如此，但改革不妨循序渐进，不宜贪功求大。公开预算草案对政府而言确实难度较大。从策略上考虑，《预算法》修改时，不宜明确要求政府公开预算草案；政府需要公开的，是经过人大审批的全部预算信息，包括政府的综合预算，也包括政府各个部门的预算，以及附属单位的预算；包括一般性的公共预算，也包括各种特别基金预算。如果能够做到这样，相比仅仅是公开预算报告，已经是一个很大的进步了。

不过，在观念上必须明确，《预算法》要求政府公开经过审批的预算，并不意味着禁止政府公开预算草案。对于有利于民主法治建设的事情，政府完全可以走在法律的前面。等到条件和时机成熟时，结合《政府预算公开条例》的要求，政府可以主动公开预算草案，以求得公众对预算案的参与和支持。果真如此，等到《预算法》再次修正时，就可以要求政府公开预算草案了。

3．预算公开的程度

如果说预算公开的范围反映了预算公开的广度，预算公开的程度则决定着公众对预算信息知情的深度。就现实而言，预算公开的程度首先取决于领导人的政治魄力，看其愿意提供多少信息让公众知晓，另一方面也取决于预算编制的精细化程度，看是否可能提供足够的信息让公众知晓。

目前，我国预算支出科目既按经济性分类，又按功能性分类。功能分类反映政府的职能活动，如搞教育、办小学；经济分类是对各项具体支出进行剖析和核算，如办小学的钱究竟是发了工资，还是买了设备、盖了校舍。在编制预算时，这两套标准必须独立，不能出现混同。每一笔具体的开支，既要按经济性进行分类，同时也要按功能性进行分类。只有这样，预算公开后，人们才能通过统计、对比和计算，准确地了解各种不同开支的数目。

此外，中国的预算收入设有“类”、“款”、“项”、“目”四个层次的科目，预算支出科目则分为“类”、“款”、“项”、“目”、“节”五级。也许政府编制的预算已经做到很细致，但是，目前公布出来的预算，无论是综合预算还是部门预算，大多只限于类或款这一级。例如，2010年向社会公开的中央本级支出预算表和中央对地方税收返还和转移支付预算表，就只做到了按款级科目进行细化。尽管相对于2009年这已经是一个进步，但是，相对于公众了解政府预算信息的需求，其结果远远没有达到让公众满意的程度。

虽然《预算法》不宜直接规定预算应公开到什么程度，但是完全可以要求政府，所有审批通过的预算全部向社会公开。审批通过的预算细化到什么程度，公布出来的预算就细化到什么程度，没有必要对社会公众遮遮掩掩。

四、规范预算变动程序，强化预算法律效力

预算是建立在合理的假定和预期的基础上。在行政机关组织实施的过程中，如果经济形势发生了变化，致使预算的前提条件不复存在，不可避免要对预算作一定的调整，以保持预算在本财政年度的平衡。目前，世界各国对何种预算变动属于预算调整，预算调整履行何种法定程序等，都因国体、政体的不同而各异。一般来说，追加预算是典型的需经立法机关审批的行为，而其余的变动则可以由政府自行决定。如在日本，预备费管理者是大藏大臣，各省、厅长官如要使用预备费时，必须请求大藏大臣批准。不过，预备费支出必须在下次国会例会上得到追认。当因预备费不足而需要追加预算时，可编制补充预算经立法机关批准。又如德国，在预算执行中如需调整收支，联邦政府可在 9 月份提出追加预算报告，要求联邦议会批准执行。年度终了后，财政决算需经账目法庭或审计局审核，然后才能提交联邦议会审批。①

我国《预算法》对预算调整做了较详细的规定。预算调整是指经各级人大批准的预算，在执行中因特殊情况需要增加支出或者减少收入，使原批准的收支平衡的预算的总支出超过总收入，或者使原批准的预算中举借债务的数额增加。各级政府对于必须进行的预算调整，应当编制预算调整方案，报本级人大常委会或人大审批。细分之后不难发现，这里所谓的预算调整包括两种现象，一是追加预算开支，其收入来源或者是增收，或者不得不举借债务。二是在不追加预算开支的情况下举借债务，其原因主要是减收。其实，举借债务应该有独立的规制程序，遵循公债法的相关审批规定。虽然政府也应该制定举债方案，报送立法机关审批，但是，只要举债不导致预算开支的变化，只是为了弥补预算收入的不足，预算的这种变动似乎不宜归入预算调整。

在实践中，预算超收收入的问题比较严重，甚至一度成为社会关注的热点，并引起了立法机关修改《预算法》时的注意。其实，预算超收是一个正常

---

① 参见孙尚清、于中一等主编：《国际商务惯例总览（财政税收卷）》，中国发展出版社 1994 年版，第 84 页。

的现象,无需预算法对其进行过多干预。只要政府严格执行预算,立法机关严格审批预算调整,预算超收收入本身不是一个问题。真正需要引起立法机关注意的,是政府利用超收收入在预算外开支。严格来说,《预算法》的重点不在于管制预算平衡,而是为了控制和规范政府开支。[①] 政府从预算超收收入中直接开支,虽然没有破坏预算收支的平衡,但是逃避了公众和立法机关对政府的监督,与《预算法》的立法初衷背道而驰。所以,即便《预算法》不修改,要想动用预算超收收入,必须编制预算调整方案,报送权力机关审批。

1999 年 12 月 25 日通过的《全国人民代表大会常务委员会关于加强中央预算审查监督的决定》提出,要加强对预算超收收入使用的监督。中央预算超收收入可以用于弥补中央财政赤字和其他必要的支出。中央预算执行过程中,需要动用超收收入追加支出时,应当编制超收收入使用方案,由国务院财政部门及时向财政经济委员会和预算工作委员会通报情况,国务院应向全国人民代表大会常务委员会作预计超收收入安排使用情况的报告。笔者以为,用超收收入弥补赤字当然值得提倡,但是,如果将其用于其他必要的开支,全国人大常委会的要求似乎偏离了《预算法》第 54 条,给国务院提供了过于宽松的空间。毕竟,这里所说的"向人大常委会报告",还是不同于《预算法》第 54 条所要求的"经人大常委会审批"。[②]

从 2007 年开始,中央财政开始设立"预算稳定调节基金",资金主要来源于预算超收收入。2008 年 3 月 8 日,财政部新闻发言人胡静林接受"两会"访谈时透露,从 2008 年起,年度执行中如有超收,原则上都列入中央预算稳定调节基金,转到以后年度经过预算安排使用。这样做有利于规范预算管理,增强预算的约束力;有利于提高预算的透明度,提高依法行政和依法理财的水平;更重要的是,有利于全国人大及其常委会和公众对超收收入安排的监督。[③] 不过,所谓"转到以后年度经过预算安排使用",其准确含义究竟为何,至今未见任何规范性文件予以说明。如果可以理解为,中央预算稳定调节基金的使用,必须在年初列入预算,报全国人大审批,或者在年中

---

① 参见熊伟、王宗涛:《收入还是支出:预算法的规制重心解析》,载《安徽大学法律评论》2010 年第 2 期。

② 参见乌日图:《关于财政预算稳定调节基金的几点思考》,http://www.npc.gov.cn/npc/bmzz/caizheng/2008-03/10/content_1411809.htm,2011 年 3 月 31 日访问。

③ 参见 http://www.china.com.cn/2008lianghui/2008-03/08/content_11998011.htm,2011 年 3 月 31 日访问。

编制预算调整方案，报全国人大常委会审批，这才是一种真正的预算管理。否则，“预算稳定调节基金”有可能成为另一笔预备费。①

《预算法》第56条还规定，在预算执行中，因上级政府返还或者给予补助而引起的预算收支变化，不属于预算调整。因上级政府返还或给予补助而引起的预算收支变化，确实不应该属于预算调整的范畴。这种现象与我国预算编制制度的不完善有关，也与政府之间的转移支付制度不完善有关。按照现行《预算法》的规定，接受返还或者补助款项的地方政府只是向本级人大常委会或人大报告有关情况，对转移支付款如何使用无需经过人大的审批，这很容易让转移支付资金在预算外循环，成为事实上的“预算外资金”。如果上级政府能够及时确定对下级的转移支付，让下级政府在预算编制时就将上级拨款列入预算，这个问题就迎刃而解了。因此，《预算法》修改时应该明确，转移支付资金列入下级政府的预算，接受人大的审查、批准和监督。当然，接受上级返还或者补助的地方政府，应当按照上级政府规定的用途使用款项，不得擅自改变用途。这对下级政府的预算本身也是一个限制。

此外，《预算法》第57条要求，不同预算科目间的预算资金需要调剂使用的，必须按照国务院财政部门的规定报经批准。不过，科目流用并非仅为政府内部事务。不同预算科目之间的资金调剂，实际上也是一种预算变动，有可能影响预算目的的实现。因此，《预算法》不宜授权国务院财政部门规定，而应该对其直接加以限制。以中央预算为例，可以考虑结合部门预算进行设计。对部门内部的支出项目变更，只要不影响部门预算的平衡，且不超过部门预算总金额的一定比例或固定的金额，可以赋予部门一定的权限，由其自行决定。超过这个限额的，报同级财政部门审批。部门之间的资金调剂，设定一定的比例或金额，在此限额内的由同级财政部门决定。超过限额的，只要不涉及总开支增加，则由国务院决定。通过这种设计，既坚持了原则性，又照顾了灵活性，相比《预算法实施条例》第62条，其合理性和可行性

① 《海南省本级预算调节基金管理暂行办法》第5条规定，省本级预算稳定调节基金的使用原则上纳入年初预算管理，在编制预算时从预算稳定调节基金调入与其他预算收入统筹安排，接受省人大及其常委会的监督。这种做法应该是一种比较规范的预算管理。但是，第7条同时又规定，年度执行确需动用省本级预算稳定调节基金安排支出的，省财政厅提出使用方案报省政府常务会议审定后，按本省规定向有关机关报批并向省人大有关专门委员会或省人大常委会财经工作机构通报情况，接受省人大及其常委会的监督检查。这种“通报制”与审批制有很大的不同，事实上还是政府自行决定如何使用资金。http://www.hq.xinhuanet.com/hngov/2008-10/27/content_14743245.htm，2011年3月31日访问。

更加明显。

较之于《预算法》,《各级人民代表大会常务委员会监督法》(以下简称《监督法》)对预算变动增设了一个要求。该法第17条第2款规定,预算安排的农业、教育、科技、文化、卫生、社会保障等资金需要调减的,国务院和县级以上地方各级人民政府应当提请本级人大常委会审查和批准。其实,上述资金调减既可能是预算变更,会影响到预算总收支的平衡,也可能只是预算科目之间的资金调剂,属于科目流用。《预算法》对二者设计了两种不同的程序,预算调整的审批更加严格,科目流用则由政府酌情决定。但是,农业、教育、科技、文化、卫生、社会保障等资金具有特殊性,其涉及国家需要重点保障的民生支出,《监督法》对之设置更加严格的审批标准,确实具有充足的合理性。《预算法》修改时应将此项内容增补进去。

上述条文还可以引发追减预算的话题。在预算执行过程中,因为国家经济形势发生变化或者出现紧急情况,导致财政收入无法达到预算要求时,政府一般有两种方式加以应对。第一是保持预算支出不变,用举债的方式弥补资金的不足。这一点在《预算法》第54条中已经有所反映。如果举债不能,或者不宜举债,就必须采用第二种方式,即削减预算开支,导致追减预算。《监督法》已经规定,农业、教育、科技、文化、卫生、社会保障等方面的资金追减,必须履行预算调整程序,由县级以上人大常委会审批。对于一般性的预算追减如何审批,无论是《预算法》还是《监督法》都没有规定。笔者以为,这种情况在实践中完全可能出现,立法机关对其应该有所预见。《预算法》修改时,可以扩大预算调整的外延,将预算追减纳入其中,要求报送人大常委会审批。

《预算法》需要修改的地方很多,以上只是涉及其中的四个方面。总体来说,无论是法律的制定还是修改,都不是建立在空中楼阁基础上,而必须总结实践中的经验教训,考虑需要与可能,在条件允许的前提下循序渐进。毫无疑问,在规范政府财政行为方面,《预算法》可以发挥重要的作用,对其修改寄予厚望也属情有可原。然而,预算的运作过程与国家权力结构息息相关,无论是预算编制、审批,还是预算的执行、监督,政府与议会的关系始终是一条主线。如果再把执政党与国家机构的关系考虑进来,财政预算的问题会更加复杂。所以,指望《预算法》解决所有的问题,明显不现实。也正因为如此,本书提出,要在理想和现实之间探索《预算法》修改的中庸之道。

第四节　预算的法律性质及其拘束力

我国《预算法》第 9 条规定："经本级人民代表大会批准的预算，非经法定程序，不得改变。"有些学者据此以为，预算被通过之后即成为法律，具有和法律一样的效力，对行政机关和公民都具有拘束力。更多的学者还未意识到这个问题，只是单纯强调预算应具有约束力。那么，立法机关按法定程序通过的预算究竟是不是法律？如果是，它与其他的法律有何不同？如果不是，又应该归入哪一类型？预算的约束对象是否仅限于行政机关？普通公民或单位是否有权根据预算请求给付？对政府不执行预算的行为应该如何追究责任？这些问题对我国预算法会产生很大影响。不过迄今为止，无论是法学界还是经济学界，很少有人投入精力进行研究，对域外成果也缺乏介绍和评注。可以说，这是一片有待开发的处女地。

我国台湾地区学者蔡茂寅在《预算的基本原则与法律性质》文中介绍了日本学界对上述问题的看法。在《由释字五二〇号解释检视"我国"的预算法制》一文中，台湾地区学者陈新民教授介绍了德国从拉班德(P. Laband)到安舒茨(G. Anschutz)再到奥托・迈耶(Otto Mayer)的观点演变过程，同时还对台湾地区第 520 号"宪法"解释案进行了评述。这两篇文章资料较为翔实，作者的评述和结论都言之成理，为本节研究提供了有益的启迪。不过，笔者认为，学术应着眼于解决本土实际问题，不能从理论主张出发裁剪现实。因此，综合《预算法》及当前改革实践，本书尝试解决我国预算的性质和效力，为预算的有效执行提供一个法律视角。

一、德国学界关于预算性质的研究综述[①]

（一）预算的法律性质

在魏玛宪法实施以前，古典宪法学大师拉班德认为，"法"(Recht)的概念不能从广义上理解，只有具有外部规范力、能拘束国家与人民的规范，才能被称为"实质意义"的法律。至于只具有法律之名，并无规范力的"形式法律"，则不能视同"法"。例如，国会通过的年度预算法，不能视同"法"，而是一个形式意义的法律(formelles Gesetz)。预算法通过国会的三读审议程

① 参见陈新民:《由释字五二〇号解释检视"我国"的预算法制》,http://old.npf.org.tw/PUBLICATION/CL/090/CL-R-090-015.htm,《国政电子通讯》宪政(研)090-015 号报告。

序，取得了法律的外衣，但实质上却是对政府编列预算这个行政行为所作的“确认”(Feststellungsakt)。因此，预算法不能视同一般法律，只是国会的同意权表示而已。国会通过预算案，表示国会许可政府执行任务，履行财政上的支付义务。法定预算即成为授权行政机关的法律。

在魏玛宪法时代，拉班德的观点一直延续下来。例如，安舒茨教授认为，预算法不能视为一个实质意义的法律，而只是规范联邦机关之间(如联邦财政部长与其他政府机关，联邦政府与联邦议会)关系的法律。实质意义上的法律应当规范联邦与其所属人民之间关系。因此预算法不能创设第三人或利害关系人的请求权。安舒茨同时认为，预算法虽然有一个形式法律的外表，但仍是一个“行政行为”。因此，国会在审查与确认预算案时，并无“立法的裁量自由”，而必须遵守所有法治国家中行政权本质上所应遵守的法律原则。易言之，在行使审查与确认权限时，议会应受到实证法律的限制，以及为了维持必要的法定机构，和履行联邦法定义务所需的限制，不享有毫无限制的同意与拒绝预算案的权限。

安舒茨将预算法视同行政行为的观点，意在限制国会的预算审议权，防止国会恶意干扰行政权，造成国家与人民的损害。这种观点已经被《德国联邦基本法》所采纳。例如，该法第 110 条 1 项规定：“如果会计年度即将结束，而次年的预算法尚未通过，联邦政府有权在该预算法生效前，支出下列三款所需的费用：(1) 为维持法定机构及执行法定措施；(2) 为履行联邦法定义务；(3) 为了执行前一年度所编列预算目的所需的继续兴建、提供及其他服务与协助等所需之费用。”《德国联邦基本法》这种授权规定可避免国会滥权，导致国家机器发生财力断档的危险，也使前一年度的预算执行不至于落空。不过，将国会通过的预算案视同行政行为，已经混淆了国会作为立法机构的性质。这种将预算当作实质行政行为的传统理念，已不再为德国学界所采纳。

德国法学界“二元法律观”的产生，正是因探讨该国预算法的法律性质，以及其与一般法律的异同而起。拉班德在 1871 年发表的一篇论文中，首先提出了这种概念上的区分。这篇长达 83 页的论文探讨的是普鲁士 1850 年《宪法》(Preusischen Verfassungsurkunde)第 99 条与 1867 年的《北德联盟宪法》(Verfassung des Norddeutschen Bundes)第 69 条有关预算法的效力，而这两个宪法是日后 1871 年《德意志帝国宪法》的前身。这两个条文，也为该宪法第 69 条所继承。因此，拉班德对预算法的法律性质见解，同时适用在当时三个宪法相关条文诠释之上。

拉班德撰写该文的时代，正值德国在德法战争获得大胜，德意志帝国成立，德国完成了近代史上第一次统一，德国上下充满了高涨的民族主义。同时由于德意志帝国将采取立宪政体的责任内阁制，国会各政党将成为领导国政的主要成员。在这一过程中，普鲁士国会经常与政府发生预算争端。拉班德撰写该文的目的，即在于澄清国会和政府的权力界限，以财政为中心理顺德国的宪政体制。拉班德认为，新的宪政体制让立法机关可以拥有“议决”任何事项的权力，但立法机关按程序通过并称为“法律”的，其内容却不必然具有法律规范力，可以界定人民的权利义务与政府的职权。因此，法律可以区分为“形式意义”及“实质意义”。而预算法属于典型的“形式意义”上的法律。

为了消除预算对行政的强制拘束力，拉班德奠定了“二元法律观”的理论基础，认为预算法只是纯粹的行政授权条款。否则，一旦行政机关因情势变迁不执行预算、未完全执行预算、超出预算以及追加预算等，都会构成违反法律的行为。但这种法律秩序却无法通过法院追究和维持。所以拉班德认为，预算法是形式意义的法律，不具有强制执行力。各机关为执行其职权，依据相关法律的授权即可动支预算。预算法不过是为避免政府和议会在某些特定支出上发生争端所作的事前协调。因此，政府动支预算的权限并非靠着预算法才“产生”(konstituirt)，而只是向议会“申报”(deklarirt)，要求得到议会的“确认”而已。

拉班德的法律观具有明显的目的取向，是为了解决预算法的效力问题而创造。这种“法律二元论”提出后，在德国法学界迅速获得广泛响应，成为德国主流的理论。不过，同时代的德国行政法学开山始祖奥托·迈耶却对此提出怀疑。奥托·迈耶认为，强调整个行政权力应该受到法律的拘束，因此，任何“合宪法律”都有“产生法规范的创造力”。在这种法律观下，奥托·迈耶否认形式意义与实质意义的法律区分，认为应只有一个合宪的法律概念，这便是拉班德所指的形式意义法律。至于拉班德所谓的实质意义的法律，只是纯粹的学理罢了。

除此之外，卡尔·施密特(Karl Schmidt)也提出，法治国的特征在于一切依法律而治，而法律应具有相当的品质，例如尊重权力分立与人权保障等，否则不能与专制国家相区别。在此基础上，法律概念可以分为“法治国家的法律概念”与“政治性的法律概念”两种。如预算法的通过、各邦邦界的调整、宣战媾和案、联邦总统长期不能执行职务而由总理代行职权等，虽然必须以法律的方式为之，但都属于政治意义的法律，这与拉班德所主张的形式意义法律一致。卡尔·施密特也认为,这种政治性意义的法律,基本上不被视为是法律,只是宪法与习惯法所形成的一种政治制度,但是,政治意义的法律仍必须遵守权力分立原则,属于司法权与行政权的事件不能纳入法律之内。而拉班德不受限制的形式法律概念容易造就立法者的独裁。除此之外,卡尔·施密特还认为,法治国家应该结合民主理念,由合宪的法律构成法治国家的法律概念,从而可以将大部分政治性法律包容在内。

卡尔·施密特虽然对于通说理论加以批评,但实质上还是采纳拉班德的二元论,只不过将形式意义法律改为政治意义法律观。与卡尔·施密特同时代的黑勒(H. Heller)教授则提出全盘扬弃二元论。1928年,在德国公法教授年会上,黑勒提出了一篇“宪法中法律概念”的专题报告,认为光有法律之名、却毫无拘束力的形式意义法律不存在。即使国会通过的条约只能拘束国家间关系,或是拘束行政机关,也不可说其与人民权利无涉。因此,将形式法律排除在法律概念之外,是对法规范概念作“恣意”的限缩。而所谓的实质法律概念,将行政处分、法院裁判等具有实质规范力的国家行为都纳入其中,也是“恣意”扩张了法律的概念。而按照现代的“实质法治国家”理念,法律应该由代表人民公意的国会所制定,并且可以维护法治国理念的两大支柱——自由与平等。因此,法律应该只采用一元论。

尽管拉班德提出的二元论遭到学界的质疑,但到目前为止,德国公法学著作多半仍会提及拉班德的观点。按照卡彭(Karpen)教授的分析,目前德国法律的概念有下列四种:(1)最狭义的法律:这是指符合实质与形式要件的法律,也是可以限制人民权利义务,且由国会通过的法律。(2)狭义的(实质)法律:这是指实质意义的法律而言,包括由法律授权而产生的法规命令、自治法规及有拘束力的行政规则。(3)形式意义的法律:这是指预算法,以及只规定国家间的权利义务,而不涉及人民权利义务的“条约法律”。如两国间的司法协助、财政关系及军事同盟等。(4)最广义的法律:包括一切具有规范力的法规。这是由法律原理所推敲出来,包括成文法规、法院解释、判决先例及习惯法等。

而按照《德国联邦基本法》第20条3项的规定,“行政权与司法权应受法律及法的拘束”,将行政与司法的拘束力来源定为法律及法。这里所谓的“法”,是指能够确实发挥拘束力、导正行政权力运作的宪法理念、公法及其他法律原则。这说明,拉班德所提出的实质与形式意义的法律的区分,在实践中已逐渐丧失了说服力。德国著名公法学者奥托·巴赫夫(Otto Bachof)教授甚至认为,《联邦基本法》实施以后,只有一种法律,即合宪的法律。至于人民能否借由法律获得权利，仅仅涉及法律内容的解释。即便法律不能对客观法律秩序作出强制性规定，也不能径行认定其不属于法律。所以，形式意义法律的见解是过时的产物，而二元论的法律观，也许只具有阐释的功能，没有任何政治上与法律上的意义。

（二）预算的法律效力

拉班德的“法律二元论”是构成预算法无拘束力的理论基础。据此，预算法仅仅是国家未来财务情况的一种“预估”(Voranschlag)，而不是法规范。行政机关通过预算法获得一个可以自由裁量的授权，但是预算法并不能产生任何强制力量。在预算法的拘束力方面，拉班德进一步认为，既然预算法只是授权性质，而且按照宪法的明确规定，唯有追加预算才需经过国会的同意，所以行政机关如果不执行预算，则无须国会同意即可为之。其次，一旦行政机关不执行预算，事务官和政务官都不必担负起责任。特别是在对于国会的政治责任问题，拉班德认为，国会最多只能依据宪法来进行弹劾。依《普鲁士宪法》第 61 条的规定，国会只能因为部长有三种犯罪行为时(侵犯宪法、贿赂及叛国罪)，才能提起弹劾。不依预算法执行预算不在此列。万一国会要通过一个强迫部长忠实执行预算的法律，这个法律无异是将部长不遵照预算法的行为，认定为“侵犯宪法”的行径。拉班德认为这误解了宪法原意。

以上是拉班德的早期观点，拉班德后来更正了这种见解。在论及政府对于国会通过的预算法不执行时，拉班德虽然重申预算法在宪法上只是授权政府而已，一旦不执行或删减部分来执行，不需负起任何法律责任及获得国会同意，但值得注意的是，和以往见解不同，拉班德认为政府应该负起“政治责任”。不仅如此，如果某些预算已被议会认为必要且有用，政府一旦不执行此预算时，应说明不执行的正当理由。拉班德的上述见解，明确地扬弃了以往行政机关可以视预算法为无物，遵守与否悉听尊便的看法。

拉班德的法律二元论以及行政权免责论虽然屡遭批评，但预算法“原则上”具有授权的性质，仍为德国学界和立法所共认。德国现行《联邦预算规则》第 3 条 1 项规定，预算案授权联邦政府进行支出及负担义务。这是德国将预算法理解为授权条款的明白规定。另外，该法第 38 条 1 项也规定，联邦的行为，若在未来年度中会产生给付义务，则仅有在预算案中得到授权才能为之。本条文也是明白的授权条款。不过，这种授权仅限于执行预算的岁出部分，岁入部分仍须依照其他实体法律，以符合法律保留原则。除此之外，该法第 3 条第 2 项还规定，经预算案不能产生或解除请求权。这说明预算主要是针对行政机关所为,与人民的权利义务并无直接关联,人民因此不能依据预算法提起请求权利。正因为如此,目前德国学界仍有不少人认为,预算法只具有形式上法律的性质。

德国虽然普遍认为预算法乃具有授权性质,但任何行政裁量权必须遵守授权的界限,因此预算法应具有"外部界限",政府执行预算时不能逾越预算法的限制。同时,预算有无法规范的效力问题,近年来又成为德国公法学的注意焦点。其核心在于,行政机关在为给付行政时,是否只要存在预算法的根据,即可以满足"依法行政原则"的要求。德国联邦行政法院早期的判决及极大多数学界见解都表示,只要不涉及侵犯其他第三者的权利,就可以采纳肯定说。因此,预算法虽具有所谓的"内部法"(Innenrecht)的特征,但仍具有拘束行政权的效力。至于预算法通过后,政府能否拥有执行预算的自由裁量权,拉班德改变旧有立场后认为,"特殊案例"经国会确认有其必要时,行政机关应当执行。但拉班德没有阐述何种目的符合这个条件。我国台湾地区陈新民教授认为,安许茨教授曾提出,维持法定机关存在运作及履行国家义务所需的预算,国会不得随意删减。这虽然是为了防止国会滥用预算审议权,但在防止政府滥用预算执行权问题上,同样具有参考意义。

二、日本学界关于预算性质的研究综述①

台湾大学法学院蔡茂寅教授认为,预算自编制、审议、执行乃至决算,经历了不同权力机构的参与,有的是单个机构作成的,有的是不同权力机构协力完成。因此判断预算的法律性质时,必须选定一个特定时期作为参照。如果以概算为对象,预算应属内部行政行为;如果以预算案为对象,则其应属行政机关对立法机关的提案,是以行政行作为发动立法权的机制。但法定预算是由行政机关提案,由立法机关议决而成的,其法律性质如何,需要从不同的角度加以研究。日本学界在这方面的讨论较多,蔡茂寅将其分为预算行政说、预算法规范说以及预算法律说。其主要内容列举如下:

(一)预算行政说

日本在明治宪法时代,虽然预算也以行政权与立法权的互动为前提,必须经过议会议决的程序,但因为议会的立法权限十分薄弱,只是被视为天皇的附庸机构,因此被议决的预算仍被视为一种行政行为。预算行政所又分为训令说和承认说两种。

---

① 参见蔡茂寅:《预算的基本原则与法律性质》,载《月旦法学教室》第7期,第128—132页。

训令说认为预算是天皇对于行政机关的训令,具有内部规范的性质,但不具有法规范性。第二次世界大战之后,日本国体转化为“象征天皇制”,天皇不再具有实权,训令说于是将训令权人从天皇转移到国会。但为何议会透过立法程序议决的预算,只是内部行政行为,训令说仍然无法解答。所谓训令,无非是指上级机关对下级机关,或者长官对属下所发布的职务命令,只发生对内的拘束力,没有对外的法律规范力。但对于立法权与行政权互动产物的预算,以其在民主政治制衡机制中的重要性,以及对国民经济所产生的影响,将其视为内部行政行为,实在难有任何说服力。因此,在第二次世界大战之后,训令说已经失去其影响力。

承认说主要由美浓部达吉教授主张,认为预算是国会对政府一年期的财政计划的承认,仅在国会和政府之间存在法律效力。预算虽然经过国会的承认,但其性质上仍然是一种行政行为,而不是一种法律。首先,法律是国家对国民所为的意思表示,预算则为议会对政府所为的意思表示。法律是一种创造法规范的行为,而预算只不过是国家机关对其他机关行为的事先承认。其次,法律对国家与国民之间都具有拘束力,而预算的效力仅发生于议会与政府之间,既不能拘束国家,更不及于人民。再次,法律具有永续性,未被后法变更或废止前,原则上永远有效;而预算的效力只存在于预算年度内,原则上以一年为限。最后,根据“后法优于先法”的原则,新法可以排除后法的适用;但预算并无变更法规的效力,新的预算无法取代旧法。

在第二次世界大战之前,预算行政说在日本之所以成为通说,其原因在于当时特殊的时代背景。战前日本天皇不仅地位崇高,而且拥有若干实权,而财政向来被视为天皇的权力。因此,将预算理解为行政行为顺理成章。然而时至今日,财政民主主义早已成为现代国家的主流,如果仍然将预算理解为内部行政行为,或者对政府行政行为的承认,则是明显不合时宜的。蔡茂寅教授甚至认为,训令说被学界抛弃自不待说,承认说的论据也仅仅只是说明,预算与一般法律存在区别,无法使预算行政说正当化,反而使预算法规范说获得契机。

（二）预算法规范说（特殊国法形式说）

预算行政说虽然是旧时代的产物,但就预算的法律效力而言,其与典型的法律毕竟存在差别。因此,如果直接将预算等同于法律,仍然会受到质疑和批判。而预算法规范说正好介于预算行政说与预算法律说之间,其在理论上属于一种折中的观点。预算法规范说认为,预算是国家在预算年度内的财政行为准则,主要以岁入岁出之预算准则为内容,是经国会议决所订立的国法形式。作为财政行为准则的预算,不是通常所谓的岁入岁出估价单,而是规律政府行为的法规范。易言之,预算虽然与法律存在差异,但仍然不失为法规范的一种,其名称即为“预算”。由于日本战后宪法采纳财政民主主义,预算法规范说取代预算行政说成为通说,其代表人物为清宫四郎、宫泽俊义、芦部信喜等。

(三)预算法律说

预算法律说认为,预算是法律的一种。预算法律说的论据,主要来自对预算行政说的批判。除此之外,该说还认为:第一,从比较法的观点而言,世界主要国家如英、美、法等都采预算法律说,曾经被英美联军占领并据此建立现代法律制度的日本也无须例外。第二,《日本宪法》第 59 条规定了法律案的议决程序,第 60 条规定了预算的议决程序,恰好是原则与例外的关系。第三,透过财政议会主义、财政法治主义的强化以贯彻财政民主主义,是日本国宪法的基本精神。有鉴于此,预算作为法规范的权威性、拘束力应该尽可能提高,而法律说最符合这一要求。第四,如果采纳该说,则预算审议就可如审议法律一般,除宪法和宪政原则外,不再具有修正权的界限。预算与法律不一致的问题也可以一并解决。

预算法律说最符合财政民主主义的要求,但其是否能解决预算与法律的不一致,是否能够一举解决预算效力的范围与内容,蔡茂寅教授认为,由于预算仍然存在特殊性,似乎难以从其法律性质机械式地导出结论,而应该在详细研讨之后再作判断为佳。该说虽然尚未居于主流通说的地位,但近年来其影响力日益增加,得到了手岛氏、小岛氏、吉田善明、北野弘久、安泽喜一郎等学者的支持。由于预算与法律之间的差异难以一概否认,特别是两者在法律效力方面难以协调,因此预算法律说在日本并未取代预算法规范说。

三、中国学界关于预算性质的研究综述

蔡茂寅教授认为,法律与预算存在很大的差异:(1)法定程序。法定预算的成立过程,有许多与法律相异之处。如预算提案权通常专属于行政机关;国会审议预算时通常只能为减额修正,不能作增额修正;预算成立后,还需经过决算,程序才算完成。而法律一经成立,其立法程序即属完备。(2)名称与规范形式。按照各国立法法的规定,法律一般特定的名称,预算很少被包括在内;法律大都以文字表示规范意图,预算则以数字体现财政计划;法律规范的结构为“构成要件—法律效果”,预算则不具有这种结构。

(3)本质性要素。法律一般应该具备社会性、一般性、强行性、外部性。就前三个特性而言,法律与预算之间都存在一些差异。例如,预算只拘束执行机关,对一般国民没有直接效力,因此其社会性不及法律;预算不具有在相同条件下反复实施的一般性,其因对象特定、事项具体而具有一次性的具体性特征;预算虽然对行政机关具有法律拘束力,但是无论是收入还是支出,都不能要求行政机关绝对遵守,因此其只具有部分强行性。

蔡茂寅教授认为,以上各方面检讨的结果都可以肯定,预算与法律存在相当程度的差异。不过,这种差异不是绝对的,而是相对的。例如,预算经过议会议决通过之后,如果不承认预算具有某种程度上拘束行政机关的效力,则不但意味着议会的民主正当性不具有实质意义,财政民主主义将不免空洞化、形骸化,而且财政作用将如脱缰野马一般,容易狂行失控,给国家造成不可回复的损害。因此,预算具有法律拘束力具有重要意义。[①] 虽然预算只具有部分社会性,但只要这种规范与全体社会具有有机联系,其法规范性仍然应该被承认。在台湾地区大法官会议释字第 391 号解释中,预算已经被明确称为"措施性法律"。这说明,一般性不是法规范的本质要素,预算虽然只是针对具体事项的年度规范,但是其仍然具有某种程度的法规范性。另外,预算虽然不以国家强制力作为担保,但透过预算执行中的审计监督,以及对执行人员的事后惩处,仍然可以担保法定预算被遵守。因此,预算虽然不是法律,但仍然是一种特殊的法规范。[②]

焦建国教授认为,预算具备法律的基本特征。例如,预算须经立法机关决议批准,规定了政府、纳税人各自的权利义务;政府对成立的预算有遵照执行的职责和义务;政府必须将预算执行结果报立法机关审批,立法机关享有全面监督的权力。预算规定了权利义务关系,其强制力显然存在。即便执行中有一定弹性,也是立法机关赋予政府的,且必须遵守法定的程序,政府不可以随意增减或调整。某些紧急项目如果来不及事前审批,事后也必须经立法机关确认。预算的法律效力虽然具有期限性,但这也是在立法中确定的。所以,"预算是年度立法"之说恰如其分。至于预算的施行不通过司法机关,这也不代表预算不是法律,并非所有的法律都由司法机关施行。况且,预算先由行政机关执行,后向立法机关报告结果,这也是立法规定的程序。因此,它与其他法律只是形式不同,本质上是一样的。另外,从主体

---

① 参见蔡茂寅:《预算的基础概念》,载《月旦法学教室》第 5 期,第 94 页。
② 参见蔡茂寅:《预算的基本原则与法律性质》,载《月旦法学教室》第 7 期,第 134—138 页。

上看，预算主体是作为政治权力主体的行政机关；从利益上看，预算关系到整个社会的公共利益；从对象看，预算规范、约束的是公共权力的行使；从社会生活关系看，预算既是经济关系也是政治关系。因此，无论从哪一个角度看，预算都属于公法的范畴。[①]

张馨教授主张，政府预算通过相应的法律程序确立后，即受到法律的约束和限制，其本身又是国家法律的组成部分，具有法律的权威性。因此，违反政府预算是违法行为，将受到法律的追究和制裁。正因为如此，法治性是政府预算的灵魂。即使是预算的计划性，实质上也具有法治性内容。因为预算计划的制订和执行过程，本身也就是法律的制订和执行过程。在计划经济时期，我国虽然引入预算制度，但其计划性被大大强化，而法治性则被极度弱化，无法发挥对财政行为的决定和约束作用。随着市场取向改革的进展，我国政府预算必将产生的变化是：弱化其经济性而强化其法治性。只有强化政府预算的法治性内容，对政府的财力运作进行强有力的法律约束和监督，才能纠正政府的不当行为，避免政府对财力的滥用。这样，政府预算的法治性就具有了特殊的重要性。

张馨教授虽然强调预算的法治性，但并没有将预算等同于法律。预算法治性的核心内容在于，政府预算必须受到法律的制约和监督，包括预算编制和审批过程遵守法定程序，也包括预算审批通过之后应当严格遵照执行，不能随意变更、调整，更不能弃之不理。至于预算究竟是否等同于法律，预算与法律的效力冲突如何协调，预算对行政机关的约束力如何定性，第三人能够根据预算获得金钱请求权等，还必须以预算法治性作为起点，继续从法学的视角进行探究。

笔者认为，研究预算法律性质的目的，并不在于简单地贴上一个标签，便于人们学习时的记忆和理解。其更重要的意义在于，通过某种程度的定性研究，明确预算的功能和效力。例如，如果将预算定性为行政行为，其制约行政权力的功能必然减弱。如果将预算定性为法律，则最符合财政民主主义的立场。除此之外，明确预算的性质还有助于法律解释。如果预算完全等同于法律，当预算与法律发生冲突时，按照后法优于前法的原则，预算就可以修改或废止法律。预算的性质还会影响到预算实施的方式。如果预算既是行政机关的义务，也是预算用款人的权利，那么，当行政机关不按预

---

① 参见焦建国：《日本政府预算制度研究》，财政部财政科学研究所 2001 年博士学位论文，第 45 页。

算拨款时，用款人应当享有某种救济途径。

不过，正如蔡茂寅教授所说，既然立法机关以与制定法律相同的程序审议预算，预算之审议也成为权力制约的重要机制，并且具有由人民代表同意政府年度财政计划的形式和实质，那么，强言这种财政计划与法律相比只具有较低的法规范性，不能成为法律的一种或者特殊的法律，在理念上仍然有不能令人释怀之处。因此，即使采纳"预算法规范说"的立场，也应个别检讨这种法规范的法效性，而不能草率地认为其法效性十分低下。同样的道理，如果采纳预算法律说的立场，也不能径行认定预算与法律毫无差异，而必须谨慎区别其异同，尤其在效力上应该分别岁出预算与岁入预算，以求得客观、可行的结论。[①]

四、预算的法律性质及其拘束力之我见

笔者认为，在考察预算的法律性质和拘束力时，首先必须明确实然与应然的区别，将避免将事实状况混同于理论主张。例如，德国学者讨论预算的性质和拘束力时，是基于德国宪法和联邦预算规则的内容。日本学者讨论预算的性质和拘束力时，也首先是基于日本宪法及财政法的规定。用德国法律评判日本预算的法律性质，或者用日本法律评判德国预算的拘束力，都无法从实然状态得出正确结论，最多属于研究者的理论主张。有鉴于此，在研究中国预算的法律性质和拘束力时，只能从中国宪法和预算法的内容出发。其次，考察预算的法律性质和拘束力时，必须充分考虑政府预算行为的特质。例如，预算属于"年度"财政收支计划，不能在其他预算年度产生拘束力；预算是对财政"预先"和"具体"的安排，在预算执行过程中必定会产生一些变数。不管预算属于何种法律性质，这些特质都不会改变。而预算应当具有何种拘束力，也不得不以这些特质为前提。

在德国，预算审批程序与立法程序并无二致，联邦预算经议会审批通过之后，即直接被称为预算法，并必须在联邦法律公报上公布。为了否认预算法是一种法律，解除预算对行政机关的约束力，拉班德才提出"法律二元论"。拉班德将法律分为形式和实质两种后，通过主张形式意义的法律不是法律，从而将预算定位为对政府的纯粹授权。虽然政府必须在预算规定的上限范围内活动，但政府不执行预算确定的财政开支时，并不需要承担法律责任，最多只是承担政治责任。不仅如此，由于预算不是实质意义上的法

① 参见蔡茂寅：《预算的基本原则与法律性质》，载《月旦法学教室》第7期，第138页。

律，不能处理国家与人民之间的关系，只处理议会与政府之间的关系，因此，人民不能根据预算获得财政支出请求权。日本的预算审批过程虽然不同于立法，但是，日本宪法直接规定了预算审批程序，这至少为日本产生“预算法律说”提供了一定空间。如果完全脱离本国的法律规定，直接谈论预算的性质和效力，很容易导致玄谈和空论，不能让大多数人信服。

我国《宪法》既没有规定立法程序，又没有规定预算审批程序。但根据《宪法》第62条的规定，全国人大有权制定和修改刑事、民事、国家机构的和其他的基本法律，同时审查和批准国家的预算和预算执行情况的报告。而在第67条规定的全国人大常委会的职权中，制定、修改法律的职能也区别于审批预算调整。可见在立宪机关的意识中，法律和预算不是重合的。这一点在《立法法》中也可以得到印证。《立法法》第2条规定：“法律、行政法规、地方性法规、自治条例和单行条例的制定、修改和废止，适用本法。”这里所谓的“法律”，毫无疑问也不包括预算。

从预算审议的程序看，尽管预算和法律都由立法机关审议，但二者的法律依据及内容完全不同。预算的审议程序由《预算法》规定，法律的审议程序由《立法法》规定；可以提出法律案的主体包括全国人大主席团、全国人大常委会、国务院、中央军委、最高法院、最高检察院、全国人大各专门委员会，一个代表团或者三十名以上的代表联名，也可以向全国人大提出法律案。可以提出预算案的主体则只有国务院（由财政部代表），不仅其他公务机关和普通公民不能提出预算案，就连全国人大及其常委会也不享有该权力。对比《预算法》和《立法法》的规定还不难发现，全国人大审议法律的程序比审议预算更为严格。可见，预算和法律在性质上存在区别。如果将预算完全等同于一般的法律，则很难解释二者之间如此多的不同点。

不仅如此，就预算本身的特质而言，其与法律之间也有难以逾越的鸿沟。如果预算等于法律，那么，当预算与法律发生效力冲突时，就必须根据相关法理予以解决。例如，法学上强调特别法优先于一般法，后法优于先法。但是，这些规则不仅不能解决预算和法律的冲突，反而可能使事情变得更糟糕。例如，税务部门在征收税款时，究竟遵循税收法定原则，还是遵守预算收入的限制？按照税收法定原则，税务部门应当应收尽收，最后的结果大于或者小于预算收入，都属于正常现象。但如果后通过的预算优先于先制定的税法，特别的预算法优先于一般的税法，那么，税务部门就必须受到预算收入的约束。超出预算总额征收税款的行为违法，税收收入达不到预算要求，同样也是一种违法行为。

就财政支出而言,如果预算本身就是法律,那么,预算支出项目的增加,即意味着创设一项新的政府职能,即便缺乏组织法或行为法的支持,政府的行为也属于合法。而预算支出项目的删减,即意味着政府的职能被否定。即便在此之前有相关的法律依据,这种法律也已经通过预算被修改或废止。这样一来,看起来强化了预算的法律效力,但现有的法律体系也将被年度预算粉成碎片。无论是行政机关还是司法机关,包括普通的企业和公民,每年都必须关注预算对法律的修改,法律的稳定性和可预测性荡然无存。不仅如此,如果预算有如此强劲的效力,可以直接修改已经制定的法律,那么通过这个过程,立法机关也可以间接修改宪法。只要直接删掉某个部门的预算,即便是依照宪法而设立的机关,也无法实际履行职能。

有些学者可能认为,尽管预算和法律之间存在区别,仍然不妨碍将预算作为特殊的"法律"。例如,预算只在一个年度内发生效力,预算只在议会和政府之间发生效力,这与预算作为法律并不矛盾。法律也可以有施行期限,长短只是量的区别,而不代表质的不同。法律也可以只对特定主体生效,如行政组织法等。至于预算的审议与立法程序不一致,只要公众的认识能够逐渐统一,通过修改立法就可以消除差异,国外并不乏这方面的先例。对这些论据,笔者并不持异议。确实,这些不是预算和法律的根本区别。如果认为现行的认识和做法不当,通过宣传和修改立法可以解决问题。但是,预算和法律之间所存在的效力冲突,确是预算成为法律的根本障碍。如果否认预算具有修改法律的效力,而仅将预算作为第二层次的法律,其内容不能与一般的法律相冲突,那么,这样的法律其实已经不是法律了。

日本的预算法律说认为,透过财政议会主义、财政法治主义的强化以贯彻财政民主主义,是日本宪法的基本精神。有鉴于此,预算作为法规范的权威性、拘束力应该尽可能提高,而"法律说"最符合这一要求。况且,如果采纳该说,则预算审议就可如法律一般,除宪法和宪政原则外,不再具有修正权的界限。尽管笔者并不赞同预算法律说,但是这段话却激发了笔者的进一步反思。日本学者的"预算法律说"有明确的目的,中国学者主张"预算法律说"意在何为?如果也和日本学者一样,是为了突出财政民主主义,强化预算的法律效力,确认立法机关的预算修正权,那么笔者认为,即便预算不是法律,也未必不能达到上述目的。如果能够通过其他途径达到目的,并能消除预算与法律之间的矛盾,何必一定要将强行将预算归入法律?

实际上,预算虽然不是法律,但仍然具有法律效力。例如,我国《预算法》第9条规定:"经本级人民代表大会批准的预算,非经法定程序,不得改变。”这里所谓的“改变预算”，按照我国《预算法》的规定，既包括政府进行预算支出的科目流用，也包括影响总收支平衡和增加债务规模的预算调整。只不过，二者需要履行的法律程序不一致而已。又如，我国《预算法》第八章规定了决算程序。从法律上看，决算既是监督预算执行的途径，也是解除政府预算责任的程序。如果决算得以通过，说明立法机关基本肯定预算执行的结果。如果决算被否决，则意味着政府需要为此承担责任。再如，我国《预算法》还规定了过程控制机制。人大有权就预算、决算中的重大事项或者特定问题组织调查；各级政府应当在每一预算年度内至少两次向本级人大或者其常委会作预算执行情况的报告，等等。如果预算没有法律效力，而仅仅是行政行为的备案，那么，又何必设计这些机制加以规范？

不过，仅仅表明预算具有法律效力，并不足以解决全部问题。如果不能明确预算的效力范围，同样会导致执行过程中的偏差。笔者以为，预算的效力主要表现在以下几个方面：

（1）预算的效力只限于审批机关和执行机关，对普通的企业和公民没有法律效力。这即意味着，尽管预算支出已经确定受益项目，但企业和公民并不能据此请求支付。即便政府不执行这项开支，其只需要对审批机关承担责任，而不需要对企业或公民承担支付义务。当然，如果该项开支属于法定项目，公民或企业已经根据法律获得请求权，那么，政府当然有支付义务。但是，这种支付义务的产生与预算无关。

（2）按照部门预算的原理，预算审批通过之后，预算单位的用款数额应当确定。对于这种确定的用款数额，虽然财政部门和预算批复单位可以调节用款的进度，但是，却没有权力否定预算单位的用款权，也不能将该笔款项移作他用。预算单位虽然不能通过诉讼、仲裁等途径请求支付，现行预算法也缺乏相应的救济渠道，但是，从政府行为法治化的理念出发，将来应该在这方面有所考虑。

（3）预算没有修改法律的效力，相反，其必须按照法律组织收入和安排支出。例如，税务机关征收税款时，不必考虑预算确定的税收收入，只需要根据税法应收尽收。实际征收的税款超过预算后，税务机关仍然应该继续履行职责。实际征收的税款达不到预算的要求，税务机关也不需要承担预算法上的责任。而在财政支出方面，如果预算违反法律的强制性规定，同样不能取得合法性。这说明，预算不能取消法定的支出项目。至于预算安排法律不禁止的项目，这虽然可能会扩充政府职能，但已经不是预算修改法律的问题了。

（4）不执行预算应当承担法律后果。可以肯定的是，预算不是一种行政行为，而是对政府的法律约束。因此，对于重大的预算支出项目，政府不能擅自加以否定，而必须通过一定的程序取得审批机关的同意。目前我国《预算法》更多地关注增加开支，但对政府不执行预算的行为重视不够。特别是将科目流用权赋予政府之后，只要不影响预算总收支的平衡，政府在不同科目之间的资金调剂，不受审批机关的制约。这种做法导致政府执行预算时随意性过大，因此在修改《预算法》时有待纠正。

从上述内容可以得知，即便预算不是法律，但只要准确界定其法律效力，同样可以起到贯彻财政民主主义的功能。从财政法治的角度看，预算是不是法律并非最重要的，预算的法律效力才是发挥作用的因素。即使将预算定位为法律，但是，如果预算的法律效力仍然十分低，无法与一般的法律并驾齐驱，那么，这种法律也只是名义上的，不能发挥实质上的作用。而鉴于预算的特质，预算无法取得与法律一样的效力。因此，笔者主张仅仅将预算定位于一种经过立法机关审批的法律文件，而不是法律。

至于预算草案的修正问题，如果将预算等同于法律，审批机关当然可以享有不受限制的权力。预算审批机关可以删减预算的内容，也可以直接增加预算开支项目。不过，这在理论上有利于财政民主主义，但是从技术上看，如果审批机关的预算修正权完全不受限制，是否不利于发挥行政机关的比较优势？审批机关是不是也可能会利用增加预算而获得交换利益？如果审批机关的预算修正权没有界限，其极致是不是就等于拥有预算编制权？而从各国预算法制的发展和演变看，预算编制权大都分配给政府，以充分发挥政府的信息优势，减少预算执行中的障碍和问题。所以，即便预算等同于法律，也不见得需要赋予审批机关完全的预算修正权。更何况，在否定预算法律说的前提下，审批机关也可以获得预算修正权。因此，预算是不是法律，并没有如此重要的意义。

第五节　回归宪法与法律
——国有资本经营预算之嬗变

国有资本经营预算，是国家以所有者身份依法取得国有资本收益，并对所得收益进行分配而发生的各项收支预算。国有资本经营预算是中国特定财政背景下的特有产物。根据2007年9月8日国务院《关于试行国有资本经营预算的意见》[①]（以下简称"2007 年试行办法"），中央本级国有资本经营预算从 2008 年开始实施，2008 年收取实施范围内企业 2007 年实现的国有资本收益。2007 年进行国有资本经营预算试点，收取部分企业 2006 年实现的国有资本收益。各地区国有资本经营预算的试行时间、范围、步骤，由各省、自治区、直辖市和计划单列市人民政府决定。这标志着国有资本经营预算在我国正式实施。

国有资本经营预算的意义如何，不仅需要考察其具体内容和实施方式，而且需要根据宪法进行整体衡量。只有首先确定国有资本合乎宪法，才有必要讨论如何对其进行管理。在此基础上，为何要将国有资本经营纳入"预算"，预算可以起到什么样的作用，什么样的预算才叫做真正的预算，才会成为不可回避的问题，成为后续论题的前提和基础。明确和解决了这些方向性问题之后，进一步讨论国有资本经营"如何"预算，以及对现行的国有资本经营预算办法进行评析才有意义。

有鉴于此，本节首先介绍国有资本经营预算的基本知识，说明其有别于一般性公共预算以及其他特别预算的特性，继而介绍国有资本经营预算的适用对象、收支范围，以及编制、执行、审批等问题。在此基础上，结合预算法的一般原理，揭示国有资本经营预算存在的法律难题，重点说明其对预算实践可能产生的影响。之后，依据宪法关于社会主义公有制的要求，着力挖掘国有资本经营预算的宪法意义，意在从制度上建立其与公共预算的关联。

一、国有资本经营预算有何特别之处?

国有资本经营预算承继复式预算的思路，但又与传统的复式预算有很大不同，是基于中国国情的特殊制度设计。

复式预算是相对于单式预算而言。单式预算制是将政府的全部财政收支汇编在一个统一的预算表之中，从整体上反映年度内政府财政收支情况。20 世纪 30 年代以前，世界各国均采取单式预算制。它符合自由资本主义时期"健全财政"的原则，与当时国家职能简化、财政活动范围狭小，以及人们对财政计划透明、公开、简单的要求是合拍的，因而在当时的历史条件下也起到了监督和控制政府财政收支的作用。

复式预算是把预算年度内的全部财政收支，按收入来源和支出性质不同编成两个或两个以上的预算，经常性预算和资本性预算是最常见的区分。

---

① 国发[2007]26 号文。

从内容上来看,经常性预算主要包括政府一般行政经费支出,而其收入来源主要包括各项税收收入以及一部分非税收入。在一般情况下,经常性预算的收支应保持平衡并力争结余;如有结余,则转到资本性预算的收入项目。资本性预算主要包括政府的各项资本性支出,如政府对国营企业的投资、对公共工程项目的投资、战略物资储备、政府贷款以及偿还国债和国外借款等支出,其收入来源主要包括经常性预算的结余、国债收入和国外借款收入等。

复式预算的出现与政府开支大幅度增加有直接关系。20 世纪 30 年代世界性经济危机爆发后,凯恩斯主义和积极干预的财政政策得到奉行。由于政府活动范围扩大,财政开支也随之增加,正常收入已不能满足支出的需要,政府只有通过借债来弥补。对于财政债务,政府不仅要还本,而且要支付利息,因此,用债务收入安排的支出应该是有收益的项目。这样,政府支出就被划分为一般性支出和资本性支出。不同的支出分别用不同的收入来源予以保障。复式预算应运而生。

事实上,在以私有制为基础的资本主义国家,政府的基本职能是提供公共服务,所谓的"资本性项目"支出,不过是政府履行职能的一种方式而已。例如,私有制国家也有国有企业,如公用企业、电力企业、交通企业等,但是,这种企业其实只是"公营企业",是政府提供公共产品的一种形式,而不是以营利为目的,与中国的国有企业有很大的不同。从财政的角度看,西方国家的财政都是公共财政。即便是其中的资本性支出,也是公共财政的组成部分,其仍然服务于政府的公共职能。

在中国,除了以税收为支撑的经常性项目之外,资本性项目还需要根据其目的进一步细分。对于公路、机场、城市建设、公共设施而言,其存在的目的不在于营利,而在于提供公共产品,因此,政府对其投入的资金可以归入公共预算。但对于大多数的国有企业而言,其存在的目的就在于营利,并通过资产保值增值夯实公有制的经济基础,它与公共财政就有很大的不同。除了国有企业之外,矿山、土地、草原等国有资源也属于此类。有关这些资产的预算就是国有资产经营预算。它与传统的公共预算有很大的不同。

在国有资产经营预算中,政府在履行财政职能时,无论是收入还是支出,并不是凭借政治权力,而是行使所有者职能。而在公共预算中,政府行使职能是基于政治权力,而不是所有者的身份。例如,公共预算的主要收入来源是税收,而国有资产经营预算的收入来源是资产收益,如土地出让金、国有资本分红、矿产开采费等；公共预算主要支应公共性的开支，即提供财政学上所谓的“公共产品”，如治安、国防、教育、环保等。而国有资产经营预算的开支主要用于国有资产的保值和增值，以及国有资产价值的实现。

政府以政权拥有者的身份，还是以资产所有者的身份参与财政，成为划分公共预算与国有资产预算的基本标准。除了这两重身份之外，随着社会保障事业的发展，政府的社会管理者身份也开始凸现。养老保险、失业保险和医疗保险等基金的设立，成为这个结论的有力佐证。对于政府而言，筹集、保管和发放社会保险资金，其身份有些类似于商业性的保险公司。不过，政府不能通过社会保险基金营利，反而通过公共预算不断投入资金，并且为社会保险资金的发放承担担保责任，这又是其区别于商业性社会保险的地方。

我国早在 1992 年就提出了复式预算的要求。该年 1 月 1 日生效《国家预算管理条例》第 26 条规定，国家预算按照复式预算编制，分为经常性预算和建设性预算两部分。不过，由于建设性预算既核算非营利性投资项目，又核算营利性投资项目，政府身份的差异并没有明显体现出来。对国有资产单独核算的构想，最早见于 1993 年 11 月 14 日通过的《中共中央关于建立社会主义市场经济体制若干问题的决定》。这份决定要求改进和规范复式预算制度，建立政府公共预算和国有资产经营预算，并可以根据需要建立社会保障预算和其他预算。

在执政党的推动下，1994 年 3 月 22 日全国人大通过的《预算法》第 26 条规定，中央预算和地方各级政府预算按照复式预算编制。1995 年 11 月 2 日国务院通过的《预算法实施条例》第 20 条进一步要求，各级政府预算按照复式预算编制，分为政府公共预算、国有资产经营预算、社会保障预算和其他预算。不过，无论是《预算法》还是《预算法实施条例》都提出，复式预算的编制办法和实施步骤，由国务院另行规定。而截止到 2007 年 9 月 8 日，国务院并没有作出过此类规定，复式预算仍然只是停留在观念层面。

国有资产预算推行之后，尽管从实态上看，我国财政已经呈现“三元”结构，即公共财政、国有资产财政和社会保障财政，但由于社会保障预算尚在试点阶段，预算管理仍然只是“双元”结构，即政府公共预算和国有资产预算。[1] 前者核算以税收为核心的公共资金，后者主要核算国有资产收益和支出。不过，在政府公共预算和国有资产预算内部，根据资金性质的不同还可以进一步细分。

在我国的公共预算中，经常性项目和资本性项目的差异仍然存在。经常性预算负责提供一般性的公共产品，如秩序、安全、国防、教育等，其收入以税收为主，其开支以行政性费用为主。而资本性预算对应基本建设项目，如修桥建路、供水供电、城市基础建设等，其收入除了经常性预算结余之外，还包括公债和项目本身的收入。不过，在长期的预算实践中，经常性预算与建设性预算的区分依然被延续。而建设性预算的标准并不明确。一些以营利为目的的固定资产投资，包括对国有企业的资本金开支也被归入其中，造成公共预算与国有资本预算界限的混淆。国有资产预算实施之后，公共预算的范围将更加明晰。

除了公共预算之外，国有资产经营预算也可以进一步细分，如分为国有资本收益预算、国有资源收益预算和政府投融资预算等。国有资本收益预算以政府对企业征集的资本收益为收入来源，其支出以国有经济为对象，依据产业政策进行营利性投资。国有资源收益预算的收入主要来源于"地租"性质的资源要素报酬，如资源使用收入、资源级差收入、资源节约收入等，其支出以资源耗竭补偿费等为主要用途。政府投融资预算是作为资产所有者的政府采用借贷方式筹集与运用资金而建立的预算，其收入主要以发行公债来取得，其支出主要以政府贷款方式，安排用于固定资产投资和企业的更新改造等方面。[2]

根据《国务院关于试行国有资本经营预算的意见》确定的适用对象和收支范围，2008 年正式施行的国有资本经营预算并不是《预算法实施条例》所提到的国有资产经营预算的全部。有关国有资源方面的收益和支出，以及财政融资贷款的企业项目，都不在国有资本经营预算的范围之内。这样，在具体的执行过程中，就必须厘清国有资本经营预算的界限，使不同类别的财政资金不至于混同。同时，鉴于财政统一性的要求，还必须明确国有资本经营预算与其他预算的联系，为财政资金在不同预算形式之间的往来提供法律依据。另外，即便国有资本经营预算推行之后，仍有一部分国有企业游离

---

① 参见叶振鹏、张馨：《双元结构财政——中国财政模式研究》（第二版），经济科学出版社 1999 年版，第 1 页。

② 同上书，第 225 页。

于其外。国有资本经营预算的残缺不全,可能破坏其自身的法律逻辑。诸如此类的问题如何解决,都有必要进一步加以探讨。

二、国有资本经营预算的具体内容

1. 国有资本经营预算的适用对象

根据国务院《关于实行分税制财政管理体制的决定》①,对 1993 年底以前注册的多数国有全资老企业实行税后利润暂不上交的办法。对于不在此范围内的国有企业,财政部、原国家国有资产管理局、中国人民银行专门制定了《国有资产收益收缴管理办法》。②不过,1994 年之后新设立的国有企业,绝大多数由 1993 年前设立的老国有企业出资或改制而来,它们仍然享受税收利润不上缴的待遇,因此,这份文件的适用范围其实非常窄。

国有资本经营预算试行之后,各级人民政府及其部门、机构履行出资人职责的企业,即一级企业,如中国石油天然气集团公司等,必须向财政上缴利润或者红利。一级企业转投资形成的企业,如中国石油天然气股份公司,不属于国有资本经营预算的直接适用对象。不过,按照公司治理的原则,一级企业直接或间接投资的企业,可以通过股利分配获得相应的回报。所以,财政只需要对一级企业收取红利,无需介入更下层企业的利润分配。

根据试行方案,适用国有资本经营预算的中央企业只包括国资委所监管企业和中国烟草总公司③,而不是中央国有企业的全部。例如,中国投资公司④和中国邮政集团公司没有包含在其中。另外,铁道部事实上还是一个政企合一的机构,除了专有国资委监管的部分资产之外,仍然直接管理着大量经营性国有资产。没有列入国有资本经营预算的企业是否需要向财政上交红利;如果需要的话,如何上缴,暂时都没有明确的答案。

2009 年 5 月 1 日生效的《企业国有资产法》虽然单章规定了国有资本经营预算,但是并没有阐明详细的方案,其仍然授权国务院就国有资本经营预算的具体方案和实施步骤另行规定。因此,在国务院制定新的国有资本

---

① 国发[1993]85 号。

② [94]财工字第 295 号。

③ 目前,国资委直接监管的企业有 117 家。参见国资委网站,http://www.sasac.gov.cn/n1180/n1226/n2425/index.html,2012 年 7 月 10 日访问。

④ 中国投资有限责任公司 2007 年 9 月 29 日成立后,中央汇金公司成为该公司的全资子公司。这样,中国投资有限公司就成为直属国务院的金融类国有资产代表机构。

经营预算条例之前，“2007 年试行办法”的内容依旧有效，只有一部分企业被纳入国有资本经营预算的事实不会被改变。

2. 国有资本经营预算的收支范围

国有资本经营预算的收入是指各级人民政府及其部门、机构履行出资人职责的企业（即一级企业，下同）上交的国有资本收益，主要包括：(1) 国有独资企业按规定上交国家的利润。(2) 国有控股、参股企业国有股权（股份）获得的股利、股息。(3) 企业国有产权（含国有股份）转让收入。(4) 国有独资企业清算收入（扣除清算费用），以及国有控股、参股企业国有股权（股份）分享的公司清算收入（扣除清算费用）。(5) 其他收入。[①] 从形式上看，土地出让收入、矿产资源收入，以及财政贷款利息都不包括在内。因此，所谓的“国有资本”经营预算只是“国有资产”经营预算的一部分，而不是全部。

为配合国有资本经营预算试点，经国务院批准，财政部已经和国资委制定《中央企业国有资本收益收取管理暂行办法》[②]，国企分红的比例将区别不同行业，分三类执行：第一类为烟草、石油石化、电力、电信、煤炭等具有资源型特征的企业，上交比例为 10%；第二类为钢铁、运输、电子、贸易、施工等一般竞争性企业，上交比例为 5%；第三类为军工企业、转制科研院所企业，上交比例 3 年后再定。为了积累经验，减少改革的阻力，上述办法还特别规定，2007 年试行范围内的国有资本经营预算收益减半收取。[③]

国有资本经营预算的支出主要包括：(1) 政府根据产业发展规划、国有经济布局和结构调整、国有企业发展要求，以及国家战略、安全等需要，安排

---

① 《企业国有资产法》第 59 条规定，国家取得的下列国有资本收入，以及下列收入的支出，应当编制国有资本经营预算：(1) 从国家出资企业分得的利润；(2) 国有资产转让收入；(3) 从国家出资企业取得的清算收入；(4) 其他国有资本收入。国务院“2007 年试行办法”的内容与此完全一致，并不存在法律冲突。

② 财企[2007]309 号文。

③ 2010 年 11 月，经国务院批准，财政部发布《关于完善中央国有资本经营预算有关事项的通知》（财企[2010]392 号），决定扩大中央企业国有资本经营预算实施范围，将资源类企业上交比例提升至 15%，一般竞争企业提升至 10%，军工和科研企业维持 5% 的比例。2012 年，经国务院批准，财政部决定继续扩大中央国有资本经营预算的实施范围（财企[2012]3 号）。值得一提的是，在 2012 年 5 月举行的第四轮中美战略与经济对话中，中方还承诺，将稳步提高国有企业红利上缴比例，增加上缴利润的中央国企和省级国企的数量，将国有资本经营预算纳入国家预算体系，继续完善国有资本收益收缴制度。参见 http://news.sina.com.cn/c/2012-05-06/035424373394.shtml；全国政协委员、中国（海南）改革发展研究院院长迟福林将国有企业收入分红比例提高到 50% 左右，投入到教育、医疗、社会保障等公益领域，缓解公共服务投入资金的短缺。参见 http://www.hi.chinanews.com/hnnew/2012-03-12/216622.html，2012 年 5 月 14 日访问。

的资本性支出。例如,新设企业需要投入资本金,已有的企业也可以增资扩股,这些都属于资本性支出。(2) 用于弥补国有企业改革成本等方面的费用性支出。例如,企业破产或者关闭时,用于员工的安置费用,就属于此类开支。(3) 其他支出。具体支出范围依据国家宏观经济政策以及不同时期国有企业改革和发展的任务,统筹安排确定。必要时,可部分用于社会保障等项支出。①

3. 国有资本经营预算的编制、审批和执行

国有资本经营预算单独编制,预算支出按照当年预算收入规模安排,不列赤字。在国有资本预算单独编制之前,它只是公共预算中的一个预算科目②,不需要履行独立的编制、审批程序,也不需要单独执行。各级财政部门为国有资本经营预算的主管部门。各级国有资产监管机构以及其他有国有企业监管职能的部门和单位,为国有资本经营预算单位(以下简称预算单位)。试行期间,各级财政部门商国资监管、发展改革等部门编制国有资本经营预算草案,报经本级人民政府批准后下达各预算单位。各预算单位具体下达所监管(或所属)企业的预算,抄送同级财政部门备案。

国有资本经营预算收入由财政部门、国有资产监管机构收取、组织上交。《中央企业国有资本收益收取管理暂行办法》第 5 条更是明确规定,中央企业国有资本收益由财政部负责收取,国资委负责组织所监管企业上交国有资本收益。国有资本经营预算资金支出,由企业在经批准的预算范围内提出申请,报经财政部门审核后,按照财政国库管理制度的有关规定,直接拨付使用单位。国有资本经营预算执行中如需调整,须按规定程序报批。年度预算确定后,企业改变财务隶属关系引起预算级次和关系变化的,应当同时办理预算划转。年度终了后,财政部门应当编制国有资本经营决算草案报本级人民政府批准。

不过,在《企业国有资产法》生效之后,上述内容因与法律发生冲突而归于无效。《企业国有资产法》第 61 条规定,国务院和有关地方人民政府财政部门负责国有资本经营预算草案的编制工作,履行出资人职责的机构向财政部门提出由其履行出资人职责的国有资本经营预算建议草案。这一规

---

① 《企业国有资产法》第六章“国有资本经营预算”中并没有关于国有资本经营预算支出用途方面的规定,只是要求国有资本经营预算支出按照当年预算收入规模安排,不列赤字。

② 参见《国有资产收益收缴管理办法》([94]财工字第 295 号)第 8 条。

定延续了“2007年试行办法”的要求，将国有资本经营预算编制权主要归于财政部门，国资委和其他履行出资人职责的机构行使建议权。不过，“2007年试行办法”只是要求，国有资本经营预算草案报经本级人民政府批准即可。而《企业国有资产法》第60条明确规定，国有资本经营预算按年度单独编制，纳入本级人民政府预算，报本级人民代表大会批准。这个重大的转变，反映了国有资本经营预算向法律的回归。

三、国有资本经营预算的政策难题

《预算法》和《预算法实施条例》都规定，复式预算的编制办法和实施步骤，由国务院规定。《预算法实施条例》还特别规定，国有资产经营预算与政府公共预算、社会保障预算并列，成为复式预算体系的三大组成部分。既然如此，如何设计国有资本经营预算，如何保证其独立性，同时在一定范围内又与其他预算相通，就成为一个政策选择的问题。就目前国有资本经营预算的内容看，虽然国务院已经视情况作出了选择，但这种选择本身只是妥协的产物，对有些相关问题的认识也不全面。具体而言，可以从以下几个方面进行探讨：

1. 适用对象残缺不全，破坏了其自身的逻辑

实施国有资本经营预算的原因，很多人对这个问题认识并不深入。可能有的人会从技术层面思考这个问题，认为国有资本经营预算是复式预算的要求，而复式预算是《预算法》及其实施条例的要求。也有的人会从国企分红的角度思考这个问题，认为国有资本经营预算的目的就是为了分享国企的投资收益。笔者认为，国有资本经营预算的意义不仅在于核算财政收入，同时也在于核算财政支出，使全体人民通过预算程序行使广义上的决定权，使国有资本真正回归到全民所有制的思路上来。

因此，在推行国有资本经营预算时，所有的营利性国有企业都应该被纳入，无论其目前实际上是否盈利。目前，基础性的公用企业虽然也是以国有企业的形式存在，但其存在的目的在于提供公共产品，可以不将其列入国有资本经营预算的核算对象。但是，对于银行、保险公司、证券公司，以及邮政、铁路行业中的营利性国有企业等，没有理由将其排除在外。也许在这些行业中，虽然部分企业存在一定的盈利，但是，政府仍然需要源源不断投入

资金。[①] 所以,似乎没有必要将其纳入国有资本经营预算。

不过,正如笔者前文所说,预算的意义不仅在于核算收入,也在于核算支出;不仅在于对资金的会计核算,更在于尊重人民的知情权和决定权。因此,无论企业是否实际盈利,无论政府是否需要对该行业继续注资,所有财政投资的收入和支出都应该列入预算。目前国有资本经营预算的适用对象残缺不全,至少金融类国有资本没有包含在内,这不符合预算的逻辑,也不符合国有资本经营预算的宗旨,因此有待完善和改正。

2. 财政部门与国资监管部门的分工定位

2003 年国资委成立后,即力推国有资产经营预算立法。2005 年,它曾计划起草《国有资本经营预算条例》,后因分歧太大,最终亦未能进入实质立法程序。2006 年 2 月,世界银行一份关于国企分红的报告获得业界广泛关注。该报告指出,尽管国资委是国有股东的代表机构,但国有企业的红利和私有化收入应该上缴财政部,纳入正规的预算程序;国资委所有开支应由预算拨款支持。这一看法逐渐赢得共识。2006 年初,财政部启动了国有资本经营预算的起草工作,国资委主导国有资本经营预算的想法未能实现。[②]

根据国务院《关于试行国有资本经营预算的意见》,各级财政部门的主要职责是:负责制(修)订国有资本经营预算的各项管理制度、预算编制办法和预算收支科目;编制国有资本经营预算草案;编制国有资本经营预算收支月报,报告国有资本经营预算执行情况;汇总编报国有资本经营决算;会同有关部门制定企业国有资本收益收取办法;收取企业国有资本收益。财政部负责审核和汇总编制全国国有资本经营预、决算草案。

各级国资监管部门的主要职责是:负责研究制订本单位国有经济布局和结构调整的政策措施,参与制订国有资本经营预算有关管理制度;提出本单位年度国有资本经营预算建议草案;组织和监督本单位国有资本经营预

---

① 中央汇金公司 2003 年 12 月 16 日成立之后,先后对若干银行和证券公司注资。2003 年 12 月注资中国银行 225 亿美元;2003 年 12 月注资中国建设银行 200 亿美元;2003 年 12 月注资建银投资公司 25 亿美元;2004 年 6 月注资交通银行 30 亿人民币;2005 年 4 月注资中国工商银行 150 亿美元;2005 年 6 月注资银河证券公司 100 亿元人民币;2005 年 7 月注资中国进出口银行 50 亿美元;2005 年 8 月注资申银万国证券公司 25 亿人民币另提供贷款 15 亿人民币;2005 年 8 月注资国泰君安证券公司 10 亿人民币另提供贷款 15 亿人民币;2005 年 8 月注资银河金融控股公司 55 亿元人民币;2005 年 9 月注资光大银行 100 亿元人民币;2006 年 12 月注资光大银行 200 亿人民币;2007 年 12 月注资国家开发银行 200 亿美元。参见 http://baike.baidu.com/view/711288.htm,2008 年 5 月 10 日访问。

② 参见张宇哲:《国有资本预算框架初定,国资委定位或将相应调整》,http://finance.ce.cn/macro/gdxw/200710/01/t20071001_12651235.shtml,2008 年 5 月 10 日访问。

算的执行;编报本单位年度国有资本经营决算草案;负责组织所监管(或所属)企业上交国有资本收益。

上述方案实际上强调了财政部门的主导地位,国资监管部门只是起配合或协助作用。这种定位与《预算法》是一脉相承的。《预算法》第16条规定,国务院财政部门具体编制中央预算、决算草案;具体组织中央和地方预算的执行;提出中央预算预备费动用方案;具体编制中央预算的调整方案;定期向国务院报告中央和地方预算的执行情况。地方各级政府财政部门具体编制本级预算、决算草案;具体组织本级总预算的执行;提出本级预算预备费动用方案;具体编制本级预算的调整方案;定期向本级政府和上一级政府财政部门报告本级总预算的执行情况。

虽然《预算法》第17条也规定,各部门编制本部门预算、决算草案;组织和监督本部门预算的执行;定期向本级政府财政部门报告预算的执行情况。如果将国有资本经营预算理解为部门预算,由国资监管部门具体负责其编制、执行,在法律上还是可以接受的。但实际上,国有资本经营预算并不是组成公共预算的部门预算之一,而是与公共预算独立的另一个预算,所以其并不能适用这一条款。

当然,《预算法》第18条还规定,各单位编制本单位预算、决算草案;按照国家规定上缴预算收入,安排预算支出,并接受国家有关部门的监督。各级国有资产监管部门当然是这里所谓的"单位"。不过,作为"单位"的国资监管部门只能编制本单位的预算,如本单位人员开支、办公性开支、行政事业性收费等,而不是编制其所监管的国有资本的预算。这种单位预算是编制部门预算的基础,而部门预算则是政府预算的依据,它们都不是独立的一类预算。

从合理性的角度看,如果允许国资监管部门编制、执行国有资本经营预算,国有资本经营预算容易成为一个独立王国,其与公共预算的关联就可能会被切断,而财政部门对国有资本的监管也将失去意义。毕竟,所有以国家为主体的资金行为,包括投资或收入,都属于政府财政行为,应该由财政部门统筹安排,通过预算途径接受人民监督。国资监管部门虽然也是政府代表,但只是一个被授权从事监管的机构,并不是直接的投资人。财政部门才是代表政府投资的主体。更何况,目前国资委系统只负责监管部分国有资本。如果由其主导国有资本经营预算,就无法协调不再其监管范围内的国有资本。所以,国有资本的收入、支出等预算事项,还是应该由财政部门主导为宜。

《企业国有资产法》第61条的规定实际上不仅巩固了"2007年试行办法"的模式，而且为国资委管辖外的企业如何被纳入国有资本经营预算定下了基调。今后，当金融企业、铁路企业等也被纳入国有经营资本预算时，代表国家对这些企业投资的主管机构也只能对如何编制国有资本经营预算行使建议权。编制国有资本经营预算的主管部门仍然是财政部门。

3. 国企红利分配为何要确定比例

从财政的角度看，如果要进行国有资本经营预算，应当将当年国有企业所创造的全部利润列为预算收入，将全部投资性开支列为预算支出，这样才能准确核算出国有资本的规模和效益。如果允许从企业利润中直接开支，相当于企业坐收坐支，这与财政所要求的"收支两条线"明显不符。不过，在私人投资的企业中，为了保证企业的再投资能力，股东大会有权决定利润是否分配，以及分配的比例。股东只能从待分配利润中获得相应比例，其余部分留给企业拓展发展空间。

对比上述两种思维，我们似乎看到了国有企业面临的矛盾。从财政核算的角度看，国有企业不应成为独立的市场主体，无论是收入还是支出都应该履行财政程序。而从市场经营的角度看，国有企业必须具有独立性，能够独立决策，独立投资。如果一切事宜都要通过财政预算，程序的漫长将无法保证及时决策，国有企业将因此丧失市场主体地位，无法和私营企业公平竞争。长此以往，国有企业无论如何强调其"营利性"，其在整体上还是无法盈利，国有资本经营预算也就无法维系。

自从改革开放以来，国有企业改革的具体措施虽然经常调整，但是总体方向始终如一，即将国有企业塑造为真正的市场主体，使其具备完全的市场竞争能力，积极主动地参与市场竞争，以扩大社会主义的经济基础，维护公有制的主导地位。如果这个方向不变，那么，财政程序就不能代替企业自身的投资决策，国有资本预算就不可能集中所有的国有资本收益，剥夺国有企业自主投资的资金实力，而只能遵循市场规律，按照国家经济战略布局进行相对调整。

就此而言，在获取投资回报方面，必须根据不同的情况分别处理。对于国有控股或参股的企业，企业的股东大会在决定如何分配利润时，就已经考虑到了企业的再投资问题。因此，企业分配多少利润，财政就应该收取多少。而对于国有独资企业，则需要根据不同的情况确定分红比例。企业上缴的部分由财政进行第二次分配，而留给企业的部分则由企业自主进行再投资。只有这样处理，才能保证国有企业的独立自主地位，同时兼顾财政分享收益的需要。

4. 国企红利的确定方法

目前被纳入国有资本经营预算的企业都是一级企业，即由财政直接投资的国有独资企业，以及国有控股、参股公司。一级企业投资设立的企业不再分配范围之内。既然如此，国有企业似乎存在规避红利分配的可能性。具体的操作手法是，国有独资企业先设立一个全资企业或控股公司，再以这个全资企业或控股公司的名义对外投资。一旦投资获得收益，全部累积在全资企业或控股公司名下，不对国有独资企业进行分配，或者只进行很小比例的分配。这样，虽然国有独资企业向财政的分配比例固定，但是由于总量不足，实际能够得到的数额也就微乎其微。

为了解决这个问题，《中央企业国有资本收益收取管理暂行办法》第8条第1款规定，国有独资企业拥有全资公司或者控股子公司、子企业的，应当由集团公司（母公司、总公司）以年度合并财务报表反映的归属于母公司所有者的净利润为基础申报。这说明，在确定用于红利分配的利润总额时，并不是依据国有独资企业的实际分配利润，而是依据应该得到的全部收益。例如，通过合并财务报表，可以将全资子公司的利润并入作为母公司的国有独资企业。这样，即使子公司决定不分配利润，财政也可以从国有独资企业中获得收益。

之所以对国有独资企业的全资公司或控股公司特别处理，是因为国有独资企业对其拥有绝对的支配权。被投资企业虽然依据公司法独立作出利润分配决议，但是，这实际上是作为股东的国有独资企业的决定。因此，即便被投资企业不分配利润，财政也不能放弃其获得收益的权利。当然，如果国有独资公司只是参股其他企业，财政分配的对象则只能是其所获得的实际收益。毕竟，参股不会带来绝对的支配权，因此不能将两个企业的利润合并计算。

另外，《中央企业国有资本收益收取管理暂行办法》第8条第2款还规定，企业计算应交利润的年度净利润，可以抵扣以前年度未弥补亏损。这也和一般的企业会计原则相一致。即，先弥补往年的亏损，如果剩余再用于利润分配。这样，国有企业当年所实现的利润，未必就是当年可以分配的利润。往年没有弥补的亏损还必须予以考虑。

5. 资源类资产与资本性资产如何分别核算

目前，国有资本经营预算只核算国有资本开支和收益，并不核算国有资源的收益。土地出让收益、矿产资源收益以及水资源收益等，并不属于国有资本经营预算的对象。但是,由于我国土地划拨制度和国有资源无偿使用制度的存在①,国有企业所获得的利润其实部分来自于国有资源收益。

国有企业公司制改造之后,考虑到投资主体越来越多元化,土地、矿产等国有资源有的被量化为股份,有的则被要求支付资源使用费。资源使用费直接由财政收取,它不涉及企业利润分配的问题。但是,被股份化的资源,其收益就可能转变为资本性收益,从而使得国有资本经营预算难以保持其纯粹性。这样,在企业的产权(或股权)转让收入中,同样也可能包含国有资源性收益。

从现有的情况看,财政直接投资的国有企业大多年代较久,其土地一般来自划拨,其所占有的矿产资源一般免费取得。只是当其转投资其他企业时,或者出资设立新的国有企业时,资源性资产如何作价才会进入议事日程。不过,这已经不是国有资本经营预算的考虑范围。国有资本经营预算需要考虑的是,财政投资的一级企业通过无偿占用国有资产所获得的利润,其实并不是纯粹的经营利润,而是资产租金和经营利润的混合。企业产权(或股权)转让收入中,也包含部分的资源性收益。

由于我国并没有独立的国有资源预算,国有资源收益如果独立获得,事实上只能进入公共预算。例如,尽管长期以来,土地出让金一直没有纳入预算,但是,从目前的制度设计来看,一旦需要将其纳入预算,它不可能被归入国有资本经营预算,而只能归入政府公共预算,由其管辖范围内的全体人民享受,并通过人民代表大会决定其开支。其他资源类收益也只能照此办理,无法进行独立的财政核算,与复式预算的要求还有一定的差距。

随着国有资本经营预算的推行,国有资产方面的复式预算体系应当逐步完善。除了国有资本经营预算之外,针对土地、矿产、水、草原等国有资源也需要单独进行核算。为了达到这个目的,国有企业所占有的国有资源必须缴纳资源使用费,而不能继续坚持免费使用的方法。只有这样,国有企业的利润才能反映其真实的经营业绩。如果国有资源用于入股,也应该独立核算其成本和收益。

6. 与社会保障资金的关联性有待清晰

国务院《关于试行国有资本经营预算的意见》要求,国有资本经营预算

---

① 根据《矿产资源法》第5条,国家实行探矿权、采矿权有偿取得的制度。但是,国家对探矿权、采矿权有偿取得的费用,可以根据不同情况规定予以减缴、免缴。《土地管理法》第2条也规定,国家实行土地有偿适用制度,但是,国家在法律规定范围内划拨土地使用权的除外。

具体支出范围依据国家宏观经济政策以及不同时期国有企业改革和发展的任务，统筹安排确定。必要时，可部分用于社会保障等项支出。事实上，2000年全国社会保障基金成立之后，国有股减持划入资金就成为基金重要的资金来源。[①] 从2000年到2006年，通过国有股减持而由财政拨入的资金达到458亿元，位居基金收入来源的第二位。[②] 国有资本经营预算实施之后，既然国务院确定其收入可以投向社会保障，就有必要澄清二者的内在联系，以及预测这种开支的未来走向。

按照国务院《预算法实施条例》的设计，国有资产经营预算和社会保障预算并列，共同对应于政府公共预算。国有资产经营预算的收入来源于国有资本、资源，其开支一般也只包括资本性支出或资源性支出。社会保障预算的收入一方面来源于个人和企业的缴费，另一方面来源于政府的财政拨款，其支出覆盖所有的企业、事业单位员工，无论其为国有、私有还是外商投资。这里所谓的财政拨款，是指基于公共预算的拨款，而不是国有资产经营预算的支出。因此，一般来说，国有资本经营预算和社会保障预算没有直接关联。国有资本经营预算的盈余可以转给公共预算，公共预算再对社会保障预算拨款。但是，国有资本预算没有理由直接对社会保障预算拨款。

不过，在我国社会保险制度建立之初，随着国有企业的转制，大批员工的养老开支转由社会保险负担。由于国家并没有拨入相关费用，社会保险机构不得不动用在职员工缴纳的社会保险费用，形成了明显的"寅吃卯粮"的局面。从财政的角度而言，虽然国有企业的老职工没有缴纳过社会保险费用，但是，国有企业长期实行低工资，并辅之以养老、医疗方面的保障。因此，当这些员工退休之后，无论继续采用原来的保障方法，还是采用社会保险的方法，这笔费用都应该由政府负担。国有资本经营预算推行之后，之所以可以对社会保障进行支付，应该属于弥补欠账的性质，而并不意味着国有资本经营预算有义务对社会保障预算进行开支。

既然属于弥补欠账，当欠账还清之后，二者之间的直接联系应当切断。

---

① 全国社会保障基金是中央政府集中的社会保障资金，是国家重要的战略储备，主要用于弥补今后人口老龄化高峰时期的社会保障需要。财政部、中国人民银行2001年12月13日公布的《全国社会保障基金投资管理暂行办法》规定，全国社会保障基金的来源包括：(1) 中央财政预算拨款；(2) 国有股减持划入资金；(3) 经国务院批准的以其他方式筹集的资金；(4) 投资收益；(5) 股权资产。

② 参见全国社保基金理事会网站，http://www.ssf.gov.cn/web/NewsInfo.asp? NewsId = 682，2008年5月10日访问。

具体而言,随着国有企业老职工养老、医疗问题的解决,国有资本经营预算不应继续向社会保障开支。如果国有资本经营预算存在盈余,可以转入政府公共预算。而当社会保障预算发生支付问题时,才由政府公共预算提供帮助。这样做的好处是,根据资金性质确定支出对象。事实上,在社会保障开支中,社会保险主要借助于企业或职工缴纳费用,政府公共财政只是起到担保的作用。而社会救济、社会优抚、社会福利都需要公共预算直接拨款。在这个过程中,国有资本经营预算最多和公共预算发生关联,其与社会保障预算不应发生直接的资金往来。

四、国有资本经营预算的法律缺陷

1. 国有资本经营预算的定位不明

国务院《关于试行国有资本经营预算的意见》特别强调,建立国有资本经营预算制度,对增强政府的宏观调控能力,完善国有企业收入分配制度,推进国有经济布局和结构的战略性调整,集中解决国有企业发展中的体制性、机制性问题,具有重要意义。

这种意义主要通过红利分配制度体现出来。由于长期不收取国有企业红利,企业内部累积了巨额的投资能力,在固定资产投资方面产生了强烈的冲动。当政府采取宏观调控经济的措施时,这部分投资能力实际上游离于监管之外,可以抵消或削弱政府的宏观调控效果。通过国有资本经营预算的形式,可以削弱企业的投资能力,调整国有资本的投资方向,达到对国有资本的布局进行战略性调整的目的。

通过设置不同的红利收缴比例,也可以体现政府的宏观经济战略。对于需要支持和鼓励的产业,政府收取红利的比例可以降低。对于夕阳产业或者一般的竞争性产业,政府收取红利的比例则可以提高。对于垄断性国有企业或者占用国家资源的国有企业,为了促进公平竞争,也可以设置比较高的红利收缴比例。通过这种安排,资源可以向更高效率的产业转移,企业之间的竞争也会更加理性。

不过,即便没有国有资本经营预算,只要恢复向国有企业收取红利,上述功效一样可以得到实现。因此,国有资本经营预算的意义并不在于经济调控能力。和其他任何财政预算一样,国有资本经营预算的意义仍然在于其民主法治效应。

诚然,财政预算不仅是一种政府会计,同时也是一种政策工具,可以成为贯彻政府意图的手段。不过,现代预算的起源足以证明,预算的意义远远超越于政府会计。它不仅服务于政府，更成为民众监督和控制政府的法律武器。如果不能将财政权驯服在预算之下，无论是民主还是法治，都只能是画饼充饥。

正因为如此，国有资本经营预算不能仅仅着眼于收缴国有企业的红利，更应着眼于控制针对国有企业的财政开支。所以，在国有资本经营预算的视野中，政府对国有企业的控制只是皮毛，而人民对政府的控制才是根本。只有从这个角度出发，国有才能回归其全民所有的本质，国有资本经营预算和政府公共预算的联系也才能建立起来。

而恰恰在这一点上，国有资本经营预算“2007 年试行办法”的定位出现了偏差。它过于强调预算的工具性效应，而对于其民主和法治价值避而不谈。在具体内容上，它更多地关注国有企业的红利上缴，而对于相应的财政支出重视不够。在程序设计上，无论是预算的编制、审批，还是预算的执行、监督，都在政府部门内部循环，完全没有外在力量进行监督。也正是因为这样，才会引发笔者关于其法律适用的疑问。

《企业国有资产法》生效后，虽然预算必须经过本级人大的批准，践行了民主程序，尊重了《宪法》所赋予的人民当家作主的权利，但是，《企业国有资产法》仍然只是从技术层面理解国有资本经营预算的。该法第 58 条规定，国家建立健全国有资本经营预算制度，对取得的国有资本收入及其支出实行预算管理。可见，对于立法者而言，预算只是一种管理财政收支的技术手段，其民主和法治价值明显被忽略。

2. 收入和支出从“预算外”转为“预算内”，体现了民主和法治的进步

《预算法》第 1 条规定，为了强化预算的分配和监督职能，健全国家对预算的管理，加强国家宏观调控，保障经济和社会的健康发展，根据宪法，制定本法。从这条规定来看，所有的财政资金似乎应该被纳入预算。不过，该法第 76 条又规定，各级政府、各部门、各单位应当加强对预算外资金的管理。预算外资金管理办法由国务院另行规定。各级人民代表大会要加强对预算外资金使用的监督。结合这一条的内容不难看出，财政资金实际上分为预算内和预算外两个部分。《预算法》并不适用于预算外收支。

对比这一条款，我们不禁要问，国有资本经营预算是《预算法》意义上的预算吗？国有资本经营预算收入是预算内收入还是预算外收入？国有资本经营预算支出是预算内支出还是预算外支出？回答这个问题的标准非常简单。如果国有资本经营预算需要经过权力机关审批，国有资本经营预算收支就属于“预算”内收支。否则，这种预算就不是严格意义上的预算，而只是

政府的一种自我核算形式，属于政府的内部管理范畴。国有资本经营预算收支就仍然属于"预算"外收支。

如前所述，国务院《关于试行国有资本经营预算的意见》已经清楚的规定，试行期间，各级财政部门商国资监管、发展改革等部门编制国有资本经营预算草案，报经本级人民政府批准后下达各预算单位。国有资本经营预算执行中如需调整，须按规定程序报批。年度预算确定后，企业改变财务隶属关系引起预算级次和关系变化的，应当同时办理预算划转。年度终了后，财政部门应当编制国有资本经营决算草案报本级人民政府批准。

既然预算和决算的审批权都掌握在本级政府，无需经过作为权力机关的人民代表大会，这就足以说明，国有资本经营预算并不是《预算法》意义上的预算，国有资本经营预算收入也不是预算内资金，而是预算外资金。这个结论也许令人吃惊，但它并没有违反法律逻辑。对比一下国家近年来在治理预算外收入方面的努力，我们不难得出结论，国有资本经营预算的这种做法是在逆潮流而动，而不是在原有基础上的进步或改善。

所谓预算外资金，是指国家机关、事业单位和社会团体为履行或代行政府职能，依据国家法律、法规和具有法律效力的规章而收取、提取和安排使用的未纳入国家预算管理的各种财政性资金。预算外资金的大量存在，本身是一种无奈之举，反映了我国法治的缺陷。《预算法》生效之后，在承认预算外资金合法的前提下，政府也在不断采取措施，将预算外资金纳入预算管理；对一时难以纳入预算管理的资金，则实行"收支两条线"制度，实行财政专户统一管理，一定程度上切断执收部门与该项资金的利益联系。

在 2007 年之前，国有企业上交的红利，以及财产转让收入、资产清算收入等，并没有相关依据使其成为预算外资金。无论实务中具体如何执行，从法理上说，这部分资金应当纳入预算管理。而针对国有企业的资本性开支也的确是从公共预算中拨付。这说明，在国有资本经营预算制度建立之前，与国有企业相关的收入和开支仍然有可能纳入预算管理。而在国有资本预算实施之后，这些项目的收支都无需经过权力机关，更不需要向社会公众公布，成为地地道道《预算法》之外的行为。在《预算法》生效 13 年之后，国有资本经营预算居然还是"预算"外预算，不能不说是一个巨大的反讽。

好在 2009 年 5 月 1 日生效的《企业国有资产法》改变了这一做法，要求国有资本经营预算报本级人大审批，使得国有资本收支成为预算内收支。不过，这一要求只能适用于 2010 年之后的国有资本经营预算，2009 年的预算仍然是内部审批。即便 2010 年之后的预算，只要"2007 年试行办法"不改变,其覆盖的企业范围仍然十分有限。不在此范围内的企业,其收益和支出如何在预算中反映,至今都找不到答案。

3. 国有资本经营预算与《预算法》相冲突

和部门预算一样,国有资本经营预算如何处理与《预算法》的关系,也是一个非常棘手的法律问题。

根据《预算法》第4条到第7条,中央政府预算由中央各部门的预算组成。地方各级政府预算由本级各部门的预算组成。各部门预算由本部门所属各单位预算组成。单位预算是指列入部门预算的国家机关、社会团体和其他单位的收支预算。从这些规定可以推论出,单位预算的综合构成部门预算,部门预算的综合构成本级政府预算。当政府预算经过立法机关审批之后,也就意味着相应的部门预算和单位预算审批获得通过。

前财政部副部长楼继伟曾撰文认为,根据国际经验,部门顶算是由政府各部门编制,财政部门审核、经政府同意后报议会审议通过的,全面反映部门所有收入和支出的预算。结合中国的实际,部门预算就是既要反映一般预算的收入和支出,又要反映基金预算的收入和支出。在部门一般预算中,既要反映预算内收支,又要反映预算外收支。在预算内收支中,既要反映财政部门直接安排的预算拨款,又要反映有预算分配权的部门安排的资金。①

其实,上文所谓的结合中国实际,是指中国预算外资金合法存在的实际,是指《预算法》不适用于预算外资金的实际。而当中央和各级地方政府推行部门预算时,部门预算的范围已经拓宽到预算外资金。这样,《预算法》意义上的政府预算,就不再是本级政府部门预算的综合,后者的范围远远大于前者。正因为如此,尽管全国人大常委会要求国务院编制并提交部门预算②,但是,由于部门预算的资金覆盖了预算外资金,所以,全国人大常委会只能对其进行"审议",而不能对其进行"审批"。这与《预算法》所要求的"预算由本级人民代表大会审批"存在明显的差距。

国有资本经营预算也存在同样的尴尬。核心的问题就是,国有资本经营预算是《预算法》意义上的预算吗?《预算法》第26条规定,中央预算和地方各级政府预算按照复式预算编制。复式预算的编制办法和实施步骤,

---

① 楼继伟:《加快财政支出管理制度改革推进建立公共财政体制》,http://www.fjcz.gov.cn/manage/gcs/template0.asp? ID=1060,2008年5月13日访问。财政部《关于改进2000年中央预算编制的通知》中关于部门预算编制的要求,与上文完全一致。

② 参见《全国人民代表大会常务委员会关于加强中央预算审查监督的决定》第1条。

由国务院规定。《预算法实施条例》第20条规定，各级政府预算按照复式预算编制，分为政府公共预算、国有资产经营预算、社会保障预算和其他预算。复式预算的编制办法和实施步骤，由国务院另行规定。然而，这里所谓的"由国务院另行规定"，是否意味着公共预算之外的其他预算形式不适用《预算法》，还是说，国务院必须根据《预算法》实施其他形式的预算制度？从国务院的立场和实践看，答案似乎是前者。

国务院在《关于试行国有资本经营预算的意见》中，既没有提到根据《预算法》制定该意见，也没有援引适用任何《预算法》的条款。特别是在审批权的设置问题上，国有资本经营预算方案与《预算法》存在根本性差异。在试行国有资本经营预算期间，各级财政部门商国资监管、发展改革等部门编制国有资本经营预算草案，报经本级人民政府批准即可，无需经过同级人大的审批。年度终了后，财政部门编制国有资本经营决算草案报本级人民政府批准，同样不需要经过同级人大审批。

从文义解释的角度看，《预算法》第26条既然提到中央预算和地方各级政府预算按照复式预算编制，而《预算法实施条例》第20条继而规定，复式预算分为政府公共预算、国有资产经营预算、社会保障预算和其他预算，这就说明，《预算法》所规制的预算，不仅包括政府公共预算，而且包括国有资产经营预算和社会保障预算。国务院不仅有义务制定国有资产经营预算的实施方案，而且只能在《预算法》规定的框架下进行。国有资本经营预算也许确有一定的特殊性，但是不能违背预算制度的基本宗旨。否则，预算就失去其本意，成为一种纯粹的技术性工具。

《中华人民共和国宪法》第62条将审查和批准国家的预算和预算执行情况的报告的权力赋予全国人大，这本身就体现了政府权力受人民监督。否则，政府自己编制预算，自己审批预算，自己执行预算，在程序上岂不更为简便？《预算法》第1条也规定，为了强化预算的分配和监督职能，健全国家对预算的管理，加强国家宏观调控，保障经济和社会的健康发展，根据宪法，制定本法。这里所谓的"监督职能"，应该是指政府之外的力量对政府的监督；这里所谓"健全国家对预算的管理"，从根本上说，并不是指政府利用预算来治理国家，而是指人民利用预算制度约束政府权力。

确实，由于国有资本经营预算适用于国有资本，所以，有关预算编制、预算收支范围，预算执行程序等，一定会和一般的预算存在差异。例如，在编制和执行预算时，国资监管部门作为程序主体参与进来，预算收入和支出都与国有资本经营有关，都是其区别于公共预算的地方。不过，预算的审批和决算的审批由国务院进行，并不是国有资本经营预算的必要条件。和其他所有的预算一样，立法机关代表人民行使审批权，应该是预算牢不可破的共性。坚持这一点，并不会损害国有资本经营预算的特性。但是，如果缺乏这一点，国有资本经营预算就不再具有预算的灵魂了。

也许，国务院也有不得已的苦衷。毕竟，国有资本经营预算还只是处于“试行”阶段，之前没有任何经验可供借鉴，外国也没有相关实例可以参考。试行若干年之后，待预算编制、执行问题理顺，国务院可以继续推进，要求将国有资本预算提交给立法机关审批。但是，《宪法》第 5 条明确规定：“中华人民共和国实行依法治国，建设社会主义法治国家。国家维护社会主义法制的统一和尊严。一切法律、行政法规和地方性法规都不得同宪法相抵触。一切国家机关和武装力量、各政党和各社会团体、各企业事业组织都必须遵守宪法和法律。一切违反宪法和法律的行为，必须予以追究。任何组织或者个人都不得有超越宪法和法律的特权。”策略上有需要，就可以置宪法和法律于不顾？

更何况，如前所述，国有资本经营预算即便真的需要变通，也只需要考虑预算的编制和执行程序，与预算审批程序无关。国有资本经营预算由同级人大审批，丝毫不会影响这种预算本身的运行。如果国务院对此有所顾虑，应该不是这项制度本身的需要，而是权力不愿接受监督的本性使然。不难想象，一旦提交人大审批，每年的预算报告和决算报告中，就必须向公众公布相关的数据。如果人大不同意政府编制的预算，政府必须进行相应的调整或修改。万一审批不能获得通过，政府还将承担政治和法律责任。只要能够将审批权控制在政府内部，一切问题都可以内部消化，不存在需要对外承担责任的问题，实施起来也可以极尽变通之能事。这样一个结果，对政府是万幸，对人民则是什么呢？

好在《企业国有资产法》及时对此进行了制止，国有资本经营预算必须经过本级人大的审批。虽然国有资本经营预算的具体办法和实施步骤仍然授权国务院制定，但是，国务院只能在法律规定的框架内行事，无权突破法律的规定。因此，自从 2010 年之后，国有资本经营预算都必须经过本级人大审批，这是一个不容动摇的要求。不过，如果《预算法》不修改，其与国有资本经营预算及社会保障预算的冲突一直会存在。事实上，目前《预算法》的内容主要适用于公共预算，很难适用于上述两种特殊预算形式。将来修订《预算法》时，总论部分的内容当然适用于所有预算形式，但是，国有资本经营预算的编制、执行，可以授权国务院另行制定规则。而国有资本经营预算的审批,则必须在《预算法》中单独作出规定,不容国务院置喙。

4. 国有资本经营预算的约束力缺乏刚性

《预算法》第9条规定,经本级人民代表大会批准的预算,非经法定程序,不得改变。这说明,预算虽然不是法律,但是具有法律约束力。预算一旦获批通过,就不能随意变更或调整。为此,《预算法》规定了严格的审查程序,对预算调整和科际流用进行规范。国有资本经营预算既然不适用《预算法》,自然无需遵守上述严格的程序约束。国有企业、国资监管部门、财政部门在执行预算时,存在着很大的自由裁量空间。例如,国务院《关于试行国有资本经营预算的意见》第11款规定,国有资本经营预算执行中如需调整,须按规定程序报批。这里所谓的程序,并没有在国务院的意见中列明,也没有说由哪个机关来规定,更没有说由谁来批准。将来即便制定出明确的细则,预算调整的审批权也只会在政府内部分配,不会出现外在的监督和制约。因此,国有资本经营预算的约束力本身就缺乏刚性。《企业国有资产法》生效之后,既然预算的审批权回归本级人大,那么,预算的调整同样也要经过审批机关的同意,而不应当继续由政府行使审批权。

五、国有资本经营预算的宪法评析

1. 问题概说

国务院《关于试行国有资本经营预算的意见》要求,既要保持国有资本经营预算的完整性和相对独立性,又要保持与政府公共预算(指一般预算)的相互衔接。从技术层面而言,单独编制国有资本经营预算,本身已经体现出其相对独立性。而它和政府公共预算的相互衔接,主要是通过资金交流而体现出来。

如前文所述,国有资本经营预算的收入是指国有资本收益,主要包括:(1)国有独资企业按规定上交国家的利润。(2)国有控股、参股企业国有股权(股份)获得的股利、股息。(3)企业国有产权(含国有股份)转让收入。(4)国有独资企业清算收入(扣除清算费用),以及国有控股、参股企业国有股权(股份)分享的公司清算收入(扣除清算费用)。(5)其他收入。本来,"其他收入"可以作比较宽泛的解释,但是,这种解释不能超出国有资本收益的范围。因此,在收入方面,国有资本经营预算与政府公共预算的关联似乎被切断,政府公共预算似乎不得向国有企业进行新的投资,或者投资设立新的国有企业。

国有资本经营预算的支出主要包括:(1)资本性支出。根据产业发展规划、国有经济布局和结构调整、国有企业发展要求，以及国家战略、安全等需要，安排的资本性支出。(2) 费用性支出。用于弥补国有企业改革成本等方面的费用性支出。(3) 其他支出。具体支出范围依据国家宏观经济政策以及不同时期国有企业改革和发展的任务，统筹安排确定。必要时，可部分用于社会保障等项支出。不难看出，这里所谓的“其他支出”，也是指与有关企业有关的其他支出。即便是用于社会保障支出，也是为了弥补国有企业的欠账，而不是投入一般性的社会保障事业。因此，在支出方面，国有资本经营预算与政府公共预算的联系似乎也被切断。

笔者认为，这种设计不仅违背了国有资本经营预算的指导原则，而且与《中华人民共和国宪法》有关社会主义公有制经济制度的规定相冲突，因而有必要从合宪性的角度作一个评估。

《宪法》第 6 条规定，中华人民共和国的社会主义经济制度的基础是生产资料的社会主义公有制，即全民所有制和劳动群众集体所有制。社会主义公有制消灭人剥削人的制度，实行各尽所能、按劳分配的原则。国家在社会主义初级阶段，坚持公有制为主体、多种所有制经济共同发展的基本经济制度，坚持按劳分配为主体、多种分配方式并存的分配制度。第 7 条接着规定，国有经济，即社会主义全民所有制经济，是国民经济中的主导力量。国家保障国有经济的巩固和发展。如果这两条的内容不存在问题，国有资本经营预算就必须和政府公共预算保持一定的关联。

2. 国有资本经营预算：收入的宪法问题

将国有资本经营预算收入严格限制在国有资本收益可能带来两方面的效果。如果国有企业经营非常景气，盈利性非常好，以现有的国有资本存量来看，每年都会有非常可观的收益。将这些收益继续用作国有投资，国有经济成为国民经济中的主导力量，并不是一个遥不可及的目标。如果这些收益只能用于国有投资，国有经济一定会越来越壮大，社会主义公有制的经济基础则会越来越牢固。

但是，如果遭遇经济不景气，或者因为经营管理不善，国有企业的盈利能力变弱，国有资本经营预算收入就会减少，以至于可能难以应付正常的国有企业开支需要。在这种情况下，国有企业的资产总量不仅会缩减，其实际控制力也会逐渐下降。而在我国国有企业改革的设想中，国有企业的数量可以减少，国有企业的资产总量也可以相对下降，但是，国有企业的控制力绝对不能放弃。否则，从宪法的角度看，社会主义公有制就会受到损害。

因此，笔者认为，国有资本经营预算收入应该保留一个通道，允许政府公共预算直接向国有资本经营预算开支。这笔资金计入政府公共预算的开支,列为国有资本经营预算的收入。只有这样,当国有经济面临困难、需要帮助时,才能有合适的法律途径提供资金。而此时国有经济的资金来源,从资金核算的角度看,已经不再是政府公共预算,而是国有资本经营预算了。

事实上,目前实务中公共财政直接向企业投资的例子并不少见。这种投资通常列为政府公共预算的开支,但没有列为国有资本经营预算的收入。一旦投资产生收益,收益却会转入国有资本经营预算。这种做法带来的问题是,资金核算体系紊乱,无法真实反映财政资金的来源、性质和使用情况。

当然,上述设计只是一种法律机制,并不代表政府的现实决策。在财政实践中,是否需要从公共预算中拿出资金,将其投资于国有经济,取决于立法机关的政治衡量。一般情况下,国有资本经营预算的收入足以应付国有经济的开支。只有当确实发生了意外,国有资本经营预算本身入不敷出时,才会动用公共预算的收入。

由于公共预算需经立法机关审批,相比目前的国有资本经营预算,任何资金动用都要履行相对严格的程序,因此,没有必要担心这种联系被滥用。事实上,公共预算开支一般要求具有公共性,其受益面不能局限于某一类经济成分。而当立法机关打破常规,同意向国有资本经营预算投资时,一定也会基于某种公共利益,而不单纯是为了获得回报。

3. 国有资本经营预算:支出的宪法问题

一旦切断国有资本经营预算支出和政府公共预算的联系,意味着国有资本收益永远只能投向国有经济,不能用于公共财政的用途。国务院《关于试行国有资本经营预算的意见》第6款规定,国有资本经营预算单独编制,预算支出按照当年预算收入规模安排,不列赤字。这更表明,即便国有资本收益异常丰厚,也都会全部用于国有经济支出,不会安排任何资金用于非国有经济项目。

国有资本收益不能用于公共财政项目,这符合《中华人民共和国宪法》的精神吗?要回答这个问题,必须先明确两个方面的内容。第一,公共财政与社会主义是否冲突?第二,国有经济、公有制和社会主义存在什么关联?

公共财政来源于英文 Public Fiance,它强调财政的公共性,包括收入的公共性和支出的公共性。所谓收入的公共性,是指公共财政平等分配负担,不因公民身份、地位、性别、种族等而区别对待,也不因企业的所有制性质或资本来源而区别对待。在公共财政收入中,税收是其中最主要的来源。国家根据纳税人的负担能力课税,如果没有政策方面的原因,不能对纳税人采取差别待遇,以保证税收的公平。所谓支出的公共性,首先是指财政提供公共产品,即社会确实需要,但无法通过市场获取的产品,如治安、国防、环境保护等。由此也可以推知,公共财政不能从事营利性项目,不能投资设立国有企业。另一方面,公共财政支出也强调平等性,不能对歧视私营企业,也不能优待国有企业。

由于社会主义强调公有制,强调国有经济的主导地位,公共财政似乎与其存在不协调。不过,社会主义财政是一种双元结构财政,既包括公共财政,又包括国有资产财政。公共财政取之于民,用之于民,它强调的是财政的共性,反映了社会主义财政与其他类型财政的共性,是人本身最基本需求的反映。特别是在社会主义市场经济条件下,这种特征表现得尤为明显。而国有资产财政只是社会主义的特色。从这个角度而言,公共财政和国有资产财政是内在相通的,二者都是社会主义财政的有机组成部分。公共财政与社会主义自然不存在冲突。

国有资本收益虽然来自于特定的国有经济,但是,在一定的范围内,经过一定的程序,将这种收益用于公共财政,应不违反社会主义的本质特征。毕竟,这种开支如果符合公共性,它本身就是为了全体人民的利益。一旦将国有资本预算孤立,不允许国有资本收益用于公共财政,这才是对社会主义人本精神的违背,使得国有经济本身失去了意义和目标。

由此我们可以转到第二个问题,国有经济的目的和意义是什么?国有经济与社会主义何以内在相连?

《宪法》第6条明确规定,中华人民共和国的社会主义经济制度的基础是生产资料的社会主义公有制,即全民所有制和劳动群众集体所有制。社会主义公有制消灭人剥削人的制度,实行各尽所能、按劳分配的原则。《宪法》第7条又规定,国有经济就是社会主义全民所有制经济。由此可以推知,国有经济之所以符合社会主义,就在于其属于全民所有。而全民所有之所以符合社会主义,就在于其消灭剥削,实行各尽所能、按劳分配的原则。

消灭剥削,各尽所能,按劳分配,这是多么美好的图景!这才是社会主义的本质和意义。然而,国有经济真的消灭了剥削吗?至少在形式上没有。只有通过一定的制度转化,才能最终实现这一目的。而将国有资本收益用于公共财政,就是实现这一转化的制度阀门。

按照马克思主义剩余价值理论,资本主义经济之所以存在剥削,就在于资本家没有将工人劳动所创造的价值全部分配给工人。工人所得到的只是其中的一部分,剩余部分被资本家占有。资本家只投入了资金,资本本身不创造价值。所以,当资本家占有剩余价值时,这就意味着剥削。

回到中国国有经济的现实。无论是计划经济时期,还是市场经济时期,国有企业的工人都没有得到了他们所创造的价值的全部,剩余价值由代表国家的政府占有。这是不是一种剥削?如果政府是某一个人的政府,如果国家是某一个人的国家,这当然就是一种剥削。但是,如果政府通过一定的机制,将所获得的剩余价值真正用到全民头上,这就不能算是剥削了。正因为如此,我们主张,国有资本预算如果存在盈余,应当转给公共财政,由政府用于公共项目。这样,才能真正体现国有经济的社会主义性质。

如果国有投资的常态是亏损,不能财政提供收入来源,这样的投资就会失去存在的意义。既然国有资本是用于营利性投资,而不是用于非营利性的公共项目,就应该源源不断产生稳定的收益。目前,我国国有资本总规模仍然非常巨大。各地国有企业改革之后,虽然资产的相对数量有所减少,但由于股份公司制度的推行,国有经济的控制力反而不断加强。因此,国有经济维持现在的规模即可,无需将国企收益全部再投资于国有经济。

具体就国有资本经营预算而言,只要国有企业利润的收取比例恰当,一定会经常出现巨额财政盈余。这些盈余要么留在国有资本经营预算,继续用于国有投资经营;要么转到公共预算,由全体人民共享国有企业的收益。笔者以为,较之于继续用于国有投资,全民分享国企红利,应该更能体现我国的社会主义性质,更符合设立国有企业的目的,更符合公有制的本质要求。

将国有资本经营预算盈余用于公共财政,可以增加全民的福利,减轻全民的财政负担。毕竟,国有资本本身也是取之于民,而不是国家本身所固有的。既然如此,将国有资本受益用之于民,应该是国有经济的本来目的。可以形象地说,全国人民都是国有企业的股东,因此,全国人民都应该分享国有企业的红利。财政向国有企业收取红利,并不意味着全国人民就能实际享受到。如果将国有资本受益长期在国有资本预算内部循环,这笔资金的收益对象仍然是国有经济,而不是全国人民。因此,按照宪法的要求,从社会主义公有制的本质出发,国有资本经营预算的支出不能将公共财政排除在外。

据《上海证券报》2010 年 4 月 7 日报道,由财政部起草的《国有资本经营预算条例(征求意见稿)》已经成形。《条例》指出,县级以上人民政府应当设立国有资本经营预算,国有资本经营预算收入将增加上级政府补助收入以及政府公共预算调入两项,其支出也将纳入补助下级政府支出和向政府公共预算调出支出。同时，国有资本经营预算支出还将向社会保障预算等预算进行调出支出。征求意见稿表示，中央和地方国有独资企业、国有独资公司利润具体收取比例将分别由国务院和省级人民政府确定。笔者认为，这种互通体现了《宪法》关于社会主义公有制的要求，是一种值得提倡的做法。不过，公共预算向国有资本经营预算的调出应当受到限制，一般情况下不采用。而国有资本经营预算向公共预算的调出则应当大力推行，以体现人民对国有资产的所有权。

六、国有资本经营预算的改革方向

国有资本经营预算不仅是一种政治程序，也不仅是一种资金核算方法，同时也是一种财政法律制度。在现有的《宪法》、《预算法》以及《企业国有资产法》的框架下，国有资本经营预算应当如何运作，本节作出了有益的探索。提出的观点可能非常不成熟，正好可以借助方家的批判，激发学界和公众的讨论热情。

根据目前的方案，国有资本经营预算并不等于国有资产经营预算，它只是国有资产经营预算的一种，土地、矿产、石油等国有资源收益无法纳入其中。在适用对象上，也只是部分国有企业被覆盖。国有资本经营预算制度还有待深入推进。

通过阐述财政部与国资委的职能划分，通过讨论国企红利的上缴比例和方法，笔者展示了国有资本预算推行过程中的一些政策性难题。例如，之所以允许国有资本经营预算支付社会保障支出，不是因为二者之间存在天然的联系，而是为了弥补欠账。一旦解决了国企改革初期老职工的退休问题，国有资本经营收入就不应直接用于社会保障项目。

本节还揭示出一个尖锐的法律矛盾。国有资本经营预算并不是依照《预算法》实施的，而是国务院单独立法的结果。无论是编制、审批还是执行、监督，国有资本经营预算都不必遵照《预算法》，造成其法律适用方面的困境。《企业国有资产法》解决了这一问题，但是，《预算法》的内容无法适用于国有资本经营预算，这本身也是一个事实，有待通过修改《预算法》来解决。

目前，国有资本经营预算孤立运行，无论是收入还是支出都被封闭，无法和公共预算实现互通，这种做法可能违反了财政统一性，同时也与宪法关于社会主义公有制的要求不相一致。因此，笔者认为，一般情况下，国有资本收益应当交由公共财政使用。但在特殊情况下，也应该允许公共预算投资于国有经济。

而釜底抽薪的做法是，将国有资本经营预算纳入公共预算的范畴，取消其作为独立预算类型的地位，让国有资本收入成为一般性预算收入，不再专款专用。新的资本性开支如果确有必要，也只能从公共预算中开支，履行一般性预算的审批程序。只有这样，才能体现国有企业为全民造福的宗旨，与社会主义公有制的本质吻合。有关这个内容的详细论述，参见第四章“专款专用的政府性基金及其预算特质”部分，此处不再赘述。

第四章　法治化视角下的税费制度改革

第一节　专款专用的政府性基金及其预算特质

政府性基金尽管不是一种特有的财政现象，却是中国特有的财政名词。近年来，各级政府不仅每年公布政府性基金项目目录，而且对政府性基金进行特别预算，政府性基金预算成为复式预算的类型之一。然而，政府性基金到底是何种财政工具，它在政府财政收入体系中占据何种地位，其与行政事业性收费、税收的法律特征有何不同，对其进行合法性审查时其密度应如何设计，基金预算相对于普通预算有何特别之处，对于这些问题，法学界和财政学界长期无人问津。学者们津津乐道的往往只是政府文件里已经表述的内容，至于这些内容的合理性、合法性如何，其内在的逻辑根基在哪里，是否存在改进的空间，是否有替代性方案，等等，很难检索到十分有建设性的成果。正因为理论研究方面的贫瘠乏力，财政实践也未出现实质性突破。到目前为止，政府性基金的内涵并不清晰，在不同场合其外在范围亦不一样，更不用说对其加强法律控制了。

本节首先检索与政府性基金有关的法律文件，从中发现政府性基金的概念、设立程序、资金用途、管理规则等，旨在勾勒出一幅政府性基金的全景草图，同时提炼出本节需要研究的问题。其次，本节引入德国和我国台湾地区财政法上的特别公课概念，探讨了政府性基金缴费义务人与基金目的的特殊关联。再次，本节专门研讨政府性基金的法律保留问题，结合其作为补充性财政工具的特点，说明对政府性基金从严控制的必要性。最后，从政府性基金预算的角度，笔者将廓清政府性基金在财政收入工具与预算法意义上的不同含义，呈现政府性基金在这两个向度上的交集与冲突，并对我国复式预算体系的重构提供建议。在本节的末尾，笔者反思了本节的不足之处，对政府性基金未尽的课题作了简单归纳，希望以此抛砖引玉，推进学界对政府性基金的研究。

一、政府性基金的相关法律规定

在日常生活中，我们可以接触到各种各样的基金，例如，在慈善公益事业方面，有青少年发展基金、贫困妇女儿童救助基金、红十字基金；在资本市场投资方面，有股权基金、债权基金；在社会保障方面，有养老基金、医疗基金；在促进科学研究方面，有国家社会科学基金、国家自然科学基金；在物业管理方面，有住宅专项维修基金；在促进教育事业方面，有各种类型的奖学基金、奖教基金。凡此种种，不一而足。

仅从文义上看，这些基金都有一个共同的特点，即为兴办、维持或发展某项事业而筹集的资金，专款专用，不能用于规定范围之外的用途。不过，仔细甄别之后又会发现，上述基金仍然呈现显著的类型化差异。例如，有的基金来自于自愿性的社会捐赠，有的来自于强制性的公共课征，还有的来自于一般性财政拨款；有的基金完全由民间运作，有的则直接由政府管理；有的基金对缴费人体现出很强的受益性，有的则纯粹只是一种单方行为，缴费人与基金支出没有任何利益关联。

以上这么多基金，哪些是政府性基金，哪些不是政府性基金？是不是只要有政府参与，就是政府性基金，其他则属于民间基金？事实上，我们可以看到，同样是有政府参与的基金，政府参与的方式也有不同。这主要体现在筹措资金的方式上，例如，有的基金要向公众专项课征，有的则是通过公共财政拨付。此外，在资金的使用方面，有的基金必须遵守事先规定的标准，甚至只能对缴费人进行支付，有的则任由政府管理部门裁量，只要符合基金规定的宗旨即可。既然如此，到底哪些属于真正意义上的政府性基金呢？

财政部发布的《政府性基金管理暂行办法》（财综[2010]80 号）第 2 条规定："本办法所称政府性基金，是指各级人民政府及其所属部门根据法律、行政法规和中共中央、国务院文件规定，为支持特定公共基础设施建设和公共事业发展，向公民、法人和其他组织无偿征收的具有专项用途的财政资金。"可见，政府性基金是各级政府及其所属部门对公民、法人和其他组织的无偿征收，其与从公共预算直接拨款设立的基金，与政府变卖国有资产或收取经营利润而成立的基金[①]，以及通过捐赠成立但由政府管理的基金，都有明显的区别。

例如，根据《育林基金征收使用管理办法》第 2 条，凡采伐林木的单位和个人应按照本办法规定缴纳育林基金。根据《新型墙体材料专项基金征收

---

① 政府向国有企业收取的利润单独预算后，由于其开支仍然局限于国有企业内部，不能像税款一样将其用于一般性公共用途，这些资金事实上形成了一种"政府性基金"。后文对这个问题会有专门阐述。

使用管理办法》第5条,凡新建、扩建、改建建筑工程未使用《新型墙体材料目录》规定的新型墙体材料的建设单位,是新型墙体材料专项基金的缴纳义务人。而国家社会科学基金、预算调节基金等则没有具体的缴费义务人,而是从公共财政中直接拨付相应款项。[①] 中国妇女发展基金会、中国青少年发展基金会、中国慈善总会等组织也在设立基金。这些基金虽然与政府关系密切,但其资金确主要是来自社会募捐,政府资助并不是必须的。

除了以上特点之外,政府性基金也具有一般基金的共性,即具有特定目的。政府性基金的目的,是为了支持特定公共基础设施建设和公共事业发展。例如,教育费附加是为了发展地方性教育事业,扩大地方教育经费的资金来源。国家重大水利工程建设基金是国家为支持南水北调工程建设、解决三峡工程后续问题以及加强中西部地区重大水利工程建设而设立的政府性基金。正因为如此,其资金具有专项用途,必须做到专款专用。从这一点出发,政府性基金也可以大致区别于行政事业性收费和税收。行政事业性收费虽然有特定的征收对象,但其主要是为了弥补成本,收入进入公共预算,无需规定特定的用途。税收在理论上更属于一般性收入,用于满足政府一般性支出,收支通常都无需特定的限制。

《政府性基金管理暂行办法》还规定,设立政府性基金时,必须有法律、行政法规和中共中央、国务院文件作为依据。法律、行政法规和中共中央、国务院文件明确规定征收政府性基金的,但没有明确规定征收对象、范围和标准等内容的,则需要按规定报批。国务院所属部门、地方各级人民政府及其所属部门申请附加在税收、价格上征收,或者按销售(营业)收入、固定资

---

① 在我国的财政实践中,还有一个叫做"财政专项资金"的概念。它不是政府性基金,但其作用与政府性基金并无实质性差别。例如,根据《交通和车辆税费改革实施方案》(国发[2000]34号),车辆购置税收入具有专项用途,不作为经常性财政收入。为此,财政部和交通运输部还专门制定了《车辆购置税用于交通运输重点项目专项资金管理暂行办法》(财建[2011]93号),将车辆购置税收入设立"车辆购置税用于交通运输重点项目专项资金",用于地方交通运输项目重点支出。专项资金按项目管理,实行财政专项转移支付,不得用于平衡一般财政预算。不过,车辆购置税是"费改税"的产物,是直接从车辆购置附加费转变而来的。国务院1985年发布的《车辆购置附加费征收办法》(国发[1985]50号)只是说,将车辆购置附加费作为公路建设专用的一项资金来源。1996年财政部发布的《车辆购置附加费管理办法》(财工字[1996]440号)则已经明确,车辆购置附加费是指经国务院批准征收的专项用于国家公路建设的政府性基金。在缴纳主体和缴纳标准基本未变的情况下,尽管用途也没有发生任何改变,但仅仅将"费"改成了"税",这笔资金的性质就从"政府性基金"变成了"财政专项资金",确实令人费思量。另外,根据《排污费征收使用管理条例》第18条,排污费纳入财政预算,进入环境保护专项资金进行管理。其实,排污费完全符合政府性基金的特征,是一种建立在肇因者付费原则基础上的特别公课。公共预算内的"财政专项资金"与政府性基金因此被人为割裂。

产原值等的一定比例征收的政府性基金项目，由国务院所属部门或者省级政府提出书面申请，经财政部会同有关部门审核后，报国务院批准。其他情况下由财政部审批。法律、行政法规和中共中央、国务院文件已经明确政府性基金征收对象、范围和标准等内容的，财政部可以会同有关部门负责制定具体征收使用管理办法。①

相比以往的设立审批要求，《政府性基金管理暂行办法》无疑有很大的进步。1990 年，中共中央、国务院《关于坚决制止乱收费、乱罚款和各种摊派的决定》提出，设立各种基金的审批权集中到财政部，由财政部会同有关部门审批，重要的报国务院批准。1996 年，国务院《关于加强预算外资金管理的决定》②同样要求，征收政府性基金必须严格按国务院规定统一报财政部审批，重要的报国务院审批。至于何为重要基金，这两个文件都没有列明。《政府性基金管理暂行办法》实际上对此进行了解释：凡附加在税收、价格上征收，或者按销售（营业）收入、固定资产原值等的一定比例征收的政府性基金项目，都属于需要国务院审批的对象。

以上就是现行规定中关于政府性基金的基本情况。总体而言，我们从中可以了解政府性基金的大致轮廓，对于为什么要设立政府性基金，资金从何而来、用于何处，程序上如何规范和管理等，也能找到简略的答案。不过，一番仔细研读和思考之后，笔者发现，还是有一些疑团挥之不去，让人产生继续深入探究的兴趣。例如，政府性基金的缴费义务人是任意选取的，还是与基金事业存在某种事实或法律上的关联？政府性基金是否要遵守法律保留原则？政府性基金的审批是否可以有更加明确的准则？政府性基金作为补充性财政工具，如何保证其补充性？政府性基金与政府性基金预算有何关联？政府性基金预算的对象是否仅限于政府性基金？等等。顺着这些问题，下文将依次展开，期冀能带动政府性基金研究渐入佳境。

二、缴费义务人与政府性基金的特殊关联

如前所述，按照目前官方的说法，政府性基金是为支持特定公共基础设施建设和公共事业发展，向公民、法人和其他组织无偿征收的具有专项用途的财政资金。不过，是不是只要为了支持特定公共基础设施建设和公共事业发展，就可以向任何公民、法人和其他组织无偿征收政府性基金呢？易言

① 《政府性基金管理暂行办法》第 11 条、第 12 条。

② 国发[1996]29 号。

之，被选择作为缴费义务人的公民、法人和其他组织，究竟是面向全社会的不特定公众呢，还是与特定公共基础设施和公共事业有关联的特殊主体？如果是前者，政府性基金与特别目的税有何区别？如果是后者，政府性基金与行政事业性收费又有何不同？

从比较法的角度看，我国的政府性基金相当于特别公课。特别公课最早发源于德国。作为一种新兴财政工具，特别公课起初只是被作为一般公课的对称，用于概括有别于传统财政工具的收入类型。直至 1943 年德国学者维尔纳·韦伯(Werner Weber)以“特别公课”作为表达后，经实务判决及法学界援引，这种有别于受益负担①、税收的公课类型，才被正式冠之以“特别公课”的名称。随着特别公课在实务上被广泛运用，其重要性也日益显著。1980 年，德国联邦宪法法院在“职业训练公课”中提出了特别公课的合宪性要件。此后，德国学界借由对实务运作的观察，开始对特别公课进行深入研究，其构成要件和特征日益清晰。②

据我国台湾学者辜仲明的总结，特别公课的规范内涵大致如下：(1) 特别公课不仅是为了实现政府的财政目的，而是为了追求特定的经济或社会目的，其收入不能用于一般性的国家任务。(2) 特别公课的负担群体因该特别任务而具有共同的利益状态。(3) 特别公课的负担理由与其金钱给付义务之间存在特殊的法律关联，以及以具有“事务密切性”及“群体责任”作为基础。(4) 特别公课的课征，国家不需要提供相应的对待给付。陈清秀教授也认为，特别公课并非为满足一般财政需要而对一般国民所课征，而是为满足特定任务的财政需要而对于特定群体的国民所课征，其经常流入特别基金，而不流入公共预算中。③

对比政府性基金的定义可以发现，特别公课有三点和政府性基金重合：第一，都是为了追求特定的经济或社会目的；第二，所筹资金只能用于特定

---

① 受益负担包括受益费和规费两种类型。受益费以公共事业未来可能受益为理由，面向特定范围内的居民强制征收，以筹集公共事业的建设发展资金，如工程受益费等。受益费并不考虑缴费义务人是否真正受益。规费则以政府提供具体的服务为前提，是为了弥补政府服务的成本而征收，贯彻费用填补原则或成本回收原则，具体包括行政规费(如证照工本费)和使用规费(如道路通行费)两种类型。规费必须以缴费义务人现实受益为前提。参见陈清秀：《税法总论》，台湾元照出版有限公司 2010 年版，第 71—78 页。我国的行政事业性收费相当于规费，受益费目前还没有见到典型的例子。

② 参见辜仲明：《公课法制与水资源管理——财税法学发展之新兴课题》，台湾翰芦图书出版有限公司 2009 年版，第 39、40 页。

③ 参见陈清秀：《税法总论》，台湾元照出版有限公司 2010 年版，第 79 页。

的用途;第三,都具有无偿性,政府无需提供对价。差异之处在于,特别公课的概念强调,负担特别公课的人是一个特别群体,其与特别公课所要实现的事业具有特殊关联。而政府性基金的定义中没有出现这个要求,似乎被课征对象可以是任意的公民、法人或其他组织,无需关注其与基金事业的特殊关联。

如何理解特别公课与公课义务人的特殊关联?有学者提出,公课义务人有别于一般的公众,他们对公课所要达成的事业具有群体责任,公课收入的使用也会潜在地有益于公课义务人。例如,像残疾人就业保障基金一样,特别公课可以因为公法上义务的免除或不履行而征收;像空气污染防治费一样,特别公课可以作为损害公共利益的对待给付;像工业区开发管理基金一样,特别公课起到类似于受益负担的效果。[①] 在上述情形下,公课义务人的范围的确都很特别,与特别公课的设立具有某种关联。而特别公课资金的使用,或者为免除公法上义务创造了可能性,或者是类似于行政法上的代履行,或者直接就是为了公课义务人的共同利益。

政府性基金不需要考虑这种关联性吗?基于《政府性基金管理暂行办法》第 2 条的文义,答案似乎是肯定的。在界定缴费义务人时,第 2 条只是提到"公民、法人和其他组织",没有对其施加特别的范围限制。然而,如果任何人都可以成为政府性基金的义务主体,完全不考虑其与政府性基金的目的有何关联,政府性基金与税收又有何区别?税收就是一种面向一般性公众而征收的,资金用于一般性用途的财政收入工具。即便现实中出现个别的特别目的税,如城市维护建设税,其资金使用受到特别限制,只能用于特定的用途,但是,纳税人仍然是一般的公众,其对税收的支出项目并无特别义务。况且,要求毫无关联的主体缴纳政府性基金时,也容易激起缴费义务人的抵制心理,其遵从方面的实践效果未必理想。

其实,观察具体的政府性基金项目可以发现,其在设计时已经意识到缴费义务人与基金目的的特殊关联,并且体现在相关规则和要求中。例如,森林植被恢复费的预缴义务人是勘查、开采矿藏和修建道路、水利、电力、通讯等各项建设工程需要占用、征用或者临时占用林地的用地单位[②],基金专款用于被破坏的森林植被之恢复。新型墙体材料专项基金的缴纳义务人是新建、扩建、改建建筑工程未使用《新型墙体材料目录》规定的新型墙体材料的

---

① 参见陈清秀:《税法总论》,台湾元照出版有限公司 2010 年版,第 80—84 页。

② 参见财政部、国家林业局《森林植被恢复费征收使用管理暂行办法》第 4 条。

建设单位。[①] 港口建设费的缴费义务人是经对外开放口岸港口辖区范围内所有码头、浮筒、锚地、水域装卸(含过驳)的货物的托运人或收货人。[②] 这些政府性基金,或者属于缴费义务人损害公共利益的对待给付,或者属于免除公法上义务的对价,或者类似于受益负担,缴费与基金目的之间关联性十分明显。

基于上述原因,笔者以为,在定义政府性基金时,不能完全照搬《政府性基金管理暂行办法》第 2 条的内容,而应该在此基础上有所改进,突出缴费义务人与基金目的的特殊关联。

尽管如此,政府性基金与行政事业性收费的区别仍然非常明显。行政事业性收费,是指国家机关、事业单位、代行政府职能的社会团体及其他组织根据法律法规等有关规定,在实施社会公共管理,以及在向公民、法人提供特定公共服务过程中,向特定对象收取的费用。行政事业性收费的前提是,公法机构为特定对象提供了具体的公共服务,收取费用是为了合理补偿管理或服务成本。[③] 以城市路桥通行费为例,其缴费义务人是使用特定城市路桥的车辆使用人。车辆使用人使用特定城市路桥时需要缴费,不在特定路桥上行驶时就不需要缴费。[④] 收费标准也是以弥补成本为原则,缴费人与公法人机构所提供的公共服务之间,现实的直接的受益关系非常明显。

政府性基金的缴费人虽然也和基金项目之间存在利益关系,但是这只是一种潜在的受益关系。例如,可能正是因为征收和使用了基金,缴费义务人才得以免除自己的公法义务,或者对所造成的对公共利益的损害,可以不用亲自去治理或弥补。也可能正是因为征收和使用了基金,在基金所指定的群体范围内,缴费义务人可以获得更好的发展机会。这些都是政府性基金体现出来的潜在受益,也可以说是在理论层面上存在的受益,其跟行政事业性收费类似于市场交易的直接受益关系确实有很大不同。

---

① 参见财政部、原国家经济贸易委员会《新型墙体材料专项基金征收和使用管理办法》(财综[2002]55 号)第 5 条。

② 参见财政部、交通运输部《港口建设费征收使用管理办法》(财综[2011]29 号)第 5 条、第 6 条。

③ 参见国家发改委、财政部《行政事业性收费标准管理暂行办法》(发改价格[2006]532 号)第 3 条、第 5 条。

④ 近年来各地都采用年费的形式征收城市路桥通行费。缴费人在固定期间内可以无限次通行特定路桥,而即便其一次都不通行,其所缴费用也不予退还。这种年票制与按次缴费的方式明显不同,在理念上更接近于政府性基金。

三、从法律保留看政府性基金的设立依据

财政部《政府性基金管理暂行办法》第 11 条规定，申请征收政府性基金，必须以法律、行政法规和中共中央、国务院文件为依据，法律、行政法规和中共中央、国务院文件没有明确规定征收政府性基金的，一律不予审批。这条规定并非新设，1996 年《国务院关于加强预算外资金管理的决定》（国发[1996]29 号）就已经要求，基金立项的申请和批准要以国家法律、法规和中共中央、国务院有关文件规定为依据，否则一律不予立项。两相对比可以得知，财政部不过是贯彻国务院的决定而已。

十四年前，国务院决定加强预算外资金管理，是因为当时有的地方违反《预算法》和国务院有关规定，擅自将财政预算资金通过各种非法手段转为预算外资金，有些部门和单位擅自设立基金或收费项目，导致国家财政收入流失，预算外资金不断膨胀。同时，由于管理制度不健全，预算外资金的使用脱离财政管理和各级人大监督，乱支滥用现象十分严重。在这种情况下，国务院要求，基金立项的申请和批准必须以国家法律、法规和中共中央、国务院有关文件规定为依据，这在当时无疑是一个巨大的进步，对规范预算外收支产生了积极的效果。十四年后，财政部仍然将其套用到《政府性基金管理暂行办法》上，因为时过境迁，就很难再用“进步”来形容了。

如前所述，政府性基金是一种无偿的征收。尽管缴费义务人与基金目的之间存在着特殊联系，尽管基金开支对缴费义务人有着潜在的受益性，但是，这些都不足以冲淡或抹杀政府征用私人财产的本质。正因为关系到公民、法人和其他组织的财产权，政府性基金的立项和审批必须十分慎重，贯彻和落实法律保留原则。考虑到行政事业性收费、政府性基金和税收之间的差异，法律对其控制的程度可以有所区别。例如，对于税收，必须贯彻严格的税收法定主义，课税要素只能由立法机关规定，不能进行授权立法。而对于行政事业性收费，如果暂时做不到法律保留，最起码要做到行政法规保留，由国务院制定行政事业性收费的目录，并根据收费的重要性程度，决定要经过何种机关审批。

政府性基金介于税收与行政事业性收费之间，其征收依据如果可以比税收宽松，至少也要比行政事业性收费严格。笔者认为，政府性基金应该落实法律保留原则。能不能设立一项政府性基金，只能由法律作出明确规定。没有法律的明确规定，就不能设立政府性基金。至于政府性基金的具体征收内容，如缴费义务人、征收对象、征收比率、征收期限等，可以由国务院相

关部委或地方各级政府申请,制定方案后报国务院进行审批。需要在全国统一征收的,则由国务院制定行政法规。在这方面,财政部只能是一个执行机关,不能成为审批机关。通过这种设计,一方面坚持了立法控制,另一方面又尊重了灵活性,兼顾部门和地方的特殊需求。

在国务院发布国发[1996]29 号文之后的第四年,全国人大制定了《立法法》并于同年 7 月 1 日生效。财政部制定《政府性基金管理暂行办法》时,《立法法》对其是有约束力的。根据《立法法》第 8 条第 1 款第 8 项规定,基本经济制度以及财政、税收、海关、金融和外贸的基本制度只能制定法律。什么样的政府性基金可以征收,其收入和支出要达到何种目的,这关系到政策方向和财产权的保护,应该属于财政方面的基本制度,只能由法律加以规定。即便援用该法第 9 条①,将设立政府性基金作为财政制度方面的"部分事项",授权国务院制定行政法规,政府性基金的设立依据也不至于像《政府性基金管理暂行办法》规定的那样广泛。众所周知,国务院文件不等于行政法规,对这一点《立法法》也已经提供答案。至于中共中央的文件,从党政分离、建设法治国家的角度看,更不宜直接作为政府性基金的设立依据。

有意思的是,就算是遵照国发[1996]29 号文和《政府性基金管理暂行办法》规定的标准,对照现行有效的政府性基金项目,也会发现很多项目缺乏规定的设立依据。《政府性基金管理暂行办法》第 9 条规定,财政部于每年 3 月 31 日前编制截至上年 12 月 31 日的全国政府性基金项目目录,向社会公布。各省、自治区、直辖市人民政府(以下简称省级政府)财政部门按照财政部规定,于每年 4 月 30 日前编制截至上年 12 月 31 日在本行政区域范围内实施的政府性基金项目,向社会公布。基于此,财政部 2011 年 1 月 20 日发布财综[2011]4 号文,公布了 2010 年 12 月 31 日之前有效的全国政府性基金项目目录共 32 项,并在附表的第二列示明了其设立依据。

在上述 32 项政府性基金项目中,法律设立的有 7 项,行政法规设立的有 1 项②,国务院文件设立的有 15 项。③ 其余 9 项都是国务院部委下文设

---

① 《立法法》第 9 条规定:"本法第 8 条规定的事项尚未制定法律的,全国人民代表大会及其常务委员会有权作出决定,授权国务院可以根据实际需要,对其中的部分事项先制定行政法规,但是有关犯罪和刑罚、对公民政治权利的剥夺和限制人身自由的强制措施和处罚、司法制度等事项除外。"

② 另外两项同时也有法律依据,如新菜地开发建设基金、教育费附加,本书统计时以最高法律效力的文件为准。

③ 以国务院文件为依据设立的政府性基金,其发文形式也是五花八门,其中国发【xxx】xxx 文有 10 种,国阅【xxx】xxx 文有 1 种,国办发【xxx】xxx 文有 3 种,国函【xxx】xxx 文有 1 种。

立，这些文件或者表明是根据国务院的文件精神而制定[①]，或者表明经过国务院同意及落实国务院的要求。[②] 其实，国发[1996]29 号文的要求非常明确："基金立项的申请和批准要以国家法律、法规和中共中央、国务院有关文件规定为依据，否则一律不予立项。"这里所谓的立项依据应该是指，法律、行政法规和中共中央、国务院文件中已经明确，可以征收某种政府性基金，而不仅仅是提出发展某项特定事业的要求。否则，只要想申请政府性基金，不存在找不到依据的情况，有关基金设立方面的要求就会成为一纸空文。

财政部对这个细节应该也是心知肚明。《政府性基金管理暂行办法》第 17 条从正反两方面提出要求，"……申请征收政府性基金，必须以法律、行政法规和中共中央、国务院文件为依据，法律、行政法规和中共中央、国务院文件没有明确规定征收政府性基金的，一律不予审批。"然而，从财政部自己公示的目录就已经发现，在全部 32 项政府性基金中，足足有 9 项从法律、行政法规和中共中央、国务院文件中找不到明确的征收依据。低到如此程度的设立要求尚且不能满足，自己定的规矩自己不遵守，这个结果的确令人心寒。政府性基金的上述问题虽然只是个案，也在很大程度上反映了我国财政法治的落后。[③]

当然，《政府性基金管理暂行办法》也有亮点。之前的国务院文件只是要求，重要的政府性基金报国务院审批，其他的由财政部审批。《政府性基金管理暂行办法》则更进一步明确，对于需要报批的政府性基金，凡附加在

---

① 例如，高等级公路车辆通行附加费（海南）的征收依据是财政部、国家发展和改革委员会、交通运输部、监察部、审计署制定的《关于公布取消公路养路费等涉及交通和车辆收费项目的通知》（财综[2008]84 号），这个文件的起首即强调，是根据《国务院关于实施成品油价格和税费改革的通知》（国发[2008]37 号）而制定。

② 例如，水利建设基金的征收依据是财政部、国家发展改革委、水利部《关于印发〈水利建设基金筹集和使用管理办法〉的通知》（财综[2011]2 号），通知首先声明，《水利建设基金筹集和使用管理办法》经过国务院同意。而《水利建设基金筹集和使用管理办法》第 1 条更是强调，根据国务院关于充实完善水利建设基金的要求，制定该办法。

③ 2012 年 3 月 17 日，财政部发布的财综[2012]17 号文提出，"为规范民航发展基金征收使用管理，促进民航事业发展，根据国务院有关批示要求，制定《民航发展基金征收使用管理暂行办法》"，自 2012 年 4 月 1 日起实施。该办法第 2 条规定，民航发展基金由原民航机场管理建设费和原民航基础设施建设基金合并而成。财政部在对外宣传时也再三强调这一点。笔者以为，尽管这是一个事实，但在法律上并无意义。相比民航机场管理建设费和民航基础设施建设基金，民航发展基金的名称、缴费义务人、缴费标准、资金使用范围都发生了变化。作为一个全新的政府性基金项目，民航发展基金应该重新寻找设立依据，重新履行审批程序。此外，在民航发展基金中附征旅游发展基金，这种"搭便车"的行为也是不对的。每一种基金都有独立的目的，特定的资金使用范围。如果要对国际乘客征收旅游发展基金，必须有不同于民航发展的理由，制定单独的征收办法，独立报批。用一种基金的名义去征收另外一种基金，这种纯粹以政府便利为出发点的做法当止！

税收、价格上征收，或者按销售（营业）收入、固定资产原值等的一定比例征收的，由国务院审批，其他情况则归财政部审批。实践中大部分基金都满足这个要求，财政部事实上是在从严解释审批标准，不能不说这是一个积极的信号。只不过，现实生活中政府性基金的征收方式五花八门，有的并不在上述列举的范围内。例如，森林植被破坏恢复费按被破坏森林植被的面积征收。如果仅仅因为这个原因，就确定其无需国务院审批，这种差别对待缺乏正当性。所以，上述标准仍有待改进空间。

四、复式预算体系中的政府性基金

政府性基金预算要预算什么，看起来这是个非常幼稚的问题，在我国却未必不值得一问。例如，财政部2012年3月5日向第十一届全国人大第五次会议提交的《关于2011年中央和地方预算执行情况与2012年中央和地方预算草案的报告》显示，2011年全国政府性基金收入41359.63亿元；全国政府性基金支出39642.43亿元。[①] 这里所谓的“政府性基金收入”，真的都是来自于“政府性基金”吗？显然不是！这是因为，其中至少包含着国有土地使用权收入和支出。上述报告显示，2011年，国有土地使用权出让收入33166.24亿元，国有土地使用权出让收入安排的支出32931.99亿元。如果扣除这两个数字，全国政府性基金收入就只剩下8193.39亿元，政府性基金支出也只有6777.44亿元。

除了国有土地使用权收入之外，还有没有其他不属于“政府性基金”的“政府性基金收入”呢？用前文叙及的2010年全国政府性基金项目目录，对比2011年中央政府性基金收入预算表[②]就可以发现，不属于政府性基金的政府性收入还包括：新增建设用地土地有偿使用费收入、中央特别国债经营基金财务收入、彩票公益金收入、船舶港务费收入、贸促会收费收入、长江口航道维护收入、铁路资产变现收入、其他政府性基金收入等8项。至于地方政府性基金收入中，除了国有土地使用权收入之外，有多少不是来自“政府性基金”的项目，笔者未再继续统计。尽管如此，上述事实已经说明，政府性基金预算所预算的范围远远超过政府性基金。

---

① http://www.mof.gov.cn/zhuantihuigu/2012czysbgjd/ysbg2012/201203/t20120306_632899.html，2012年3月12日访问。

② http://yss.mof.gov.cn/2011zhongyangyusuan/201103/t20110325_515976.html，2012年3月12日访问。

对政府性基金进行预算的要求源自1996年。当年7月,国务院发布了《关于加强预算外资金管理的决定》,要求将养路费、车辆购置附加费、铁路建设基金、电力建设基金、三峡工程建设基金、新菜地开发基金、公路建设基金、民航基础设施建设基金、农村教育费附加、邮电附加、港口建设费、市话初装基金、民航机场管理建设费等13项数额较大的政府性基金纳入财政预算管理。在此基础上,财政部制定了《政府性基金预算管理办法》(财预字[1996]435号),决定从1997年开始设立政府性基金预算。之后,财政部陆续出台了一系列文件,逐步将更多政府性基金纳入预算管理,到2007年,政府性基金已全部纳入预算管理。不仅如此,从2008年起,土地出让金和彩票公益金也全额纳入政府性基金预算管理。从前文列举的情况看,政府性基金预算的范围又有进一步的拓宽。

据笔者所了解的《预算法》修改情况,相关机构拟将政府性基金预算归入复式预算体系,与公共预算、国有资本经营预算、社会保障预算并列。这个话题触发了笔者的好奇心,以至于总想刨根问底,一探究竟。最有意思的两个相关问题是,政府性基金到底有何特殊性,以至于非要对其单独进行预算?政府性基金预算到底有何特殊性,让其能够独立于其他预算形式?

1995年的《预算法实施条例》第20条就提出,各级政府预算按照复式预算编制,分为政府公共预算、国有资产经营预算、社会保障预算和其他预算。受当时流行的公共财政理论影响,公共预算主要针对政府的公共收入和支出,体现政府作为公共权力拥有者的形象,其收入和支出都不区分所有制身份。税收是公共预算的主要收入来源,支出则面向不特定公众,不做任何特殊的限制。国有资本经营预算与政府作为国有资本所有者的身份相一致,国有投资收入和资产收入是其主要收入来源,支出对象也仅限于国有经济。社会保障预算对应政府的社会管理者身份,履行一种类似于受托人的职责。其收入主要来自于社会保险,支出则仅针对投保人。

有心栽花花不发,无心插柳柳成荫。作为名分既定的预算形式,国有资产经营预算和社会保障预算迟迟未动。直到2007年,国务院才开始试编国有资本经营预算①,到2010年,国务院才开始试编社会保险基金预算。② 而

---

① 参见《国务院关于试行国有资本经营预算的意见》(国发[2007]26号)。当时,国有资本经营预算只需报本级政府审批,直到2009年5月1日《企业国有资产法》生效,报送同级人民代表大会审批,才正式成为法律的强制性要求。

② 参见《国务院关于试行社会保险基金预算的意见》(国发[2010]2号)。目前,社会保险基金预算只需本级政府审批。

就在《预算法实施条例》生效后的第二年，政府性基金预算方案就已经制定，次年正式实施。[①] 相比政府公共收入，政府性基金最大的特点就是专款专用，这是设立每一项具体的政府性基金时已经预定的法律限制。这种限制体现在预算上，就成为政府性基金预算的特色。例如，公共预算的收入主要来自税收，其征收对象不特定，任何符合税收构成要件的人都可能成为纳税人。公共预算的开支也保持充分的开放性，只要有必要，资金可以用于任何用途。因此，公共预算可以用"一般性款项、一般性用途"来形容，明显区别于政府性基金预算的专款专用。

然而，政府性基金预算又如何区别于社会保险基金预算呢？尽管二者的资金来源不同，用途也不一样，但是，专款专用的特点却是二者共有的。《政府性基金管理暂行办法》第26条规定，政府性基金预算编制遵循"以收定支、专款专用、收支平衡、结余结转下年安排使用"的原则。各项政府性基金按照规定用途安排，不得挪作他用。《国务院关于试行社会保险基金预算的意见》也强调，社会保险基金预算要坚持"专项基金，专款专用"的原则，不得挤占或挪作他用，同时要坚持收支平衡，适当留有结余。由此可见，二者在大的原则方面并无实质性区别。

我们甚至还发现，如果严格遵照国务院《关于试行国有资本经营预算的意见》，国有资本经营预算也具有"专款专用"性质。该意见规定，国有资本经营预算的支出主要包括：(1) 根据产业发展规划、国有经济布局和结构调整、国有企业发展要求，以及国家战略、安全等需要，安排的资本性支出。(2) 用于弥补国有企业改革成本等方面的费用性支出。(3) 其他支出。具体支出范围依据国家宏观经济政策以及不同时期国有企业改革和发展的任务，统筹安排确定。必要时，可部分用于社会保障等项支出。可见，国有资本经营预算的支出范围已经相当特定。[②]

如前所述，在公共预算中还有一种财政专项资金，如车辆购置税收入、排污费收入等。对这部分资金进行预算时，是遵守公共预算的一般规则，还

---

① 尽管直到2011年1月1日《政府性基金管理暂行办法》生效之后，政府性基金预算才被正式要求提交同级人民代表大会审批，1996年的《政府性基金预算管理办法》仍然不能不说是一个进步之作。

② 好在《企业国有资产法》第59条没再设置这种"专用"的限制。这是否意味着，"专款"可以不"专用"，国有资本经营预算收入可以用于一般性用途？笔者以为，《企业国有资产法》并非硬性要求，国有资产经营预算收入不得用于特定用途，而只是没有规定特定用途而已。《国务院关于试行国有资本经营预算的意见》对国有资本经营预算支出的限制，可以理解为执行国有资本经营预算的一种方式。因此，国有资本经营预算"专款专用"的特点仍然存在。

是像政府性基金预算一样,必须坚持“专款专用”原则?不言而喻,答案只能是后者,否则,专项资金就失去了存在的意义。暂且不论其如何与公共预算相协调,仅就财政专项资金的预算方式而言,政府性基金预算与其又有什么区别?原本不符合政府性基金要件的土地出让金收入和彩票公益金收入,可以允许其遵照政府性基金预算处理,完全符合政府性基金要件的排污费收入却被归入公共预算,这至少说明,政府性基金预算和财政专用资金预算之间并没有不可逾越的鸿沟。

如台湾学者蔡茂寅教授所言,预算均以基金之方式构成,所以基金是预算结构之基础。全部财政收入就是一个大基金,其中又可分为普通基金和特种基金。普通基金以税收为主要收入来源,但并不以此为限,也包括规费、罚款、财产、公债及赊借收入等,其支出并无任何事先的特别限制,主要用于一般施政与经常业务项目。特种基金则是指用途已经事先限定的基金。由于特种基金的资金来源不同,用途不一,目的各异,因此有必要单独编列预算。[①] 笔者以为,普通基金和特种基金的差异性客观存在,无论是在我国台湾地区还是在大陆地区都无例外。以此为视角观察大陆的预算体系可以发现,不仅政府性基金预算存在定位不明之处,整个复式预算的结构也有待重新解读。

从理念上看,《预算法实施条例》第20条所谓的政府公共预算,就是一种普通基金预算,而社会保障基金预算则属于特种基金预算。国有资本经营预算到底属于普通基金预算还是特种基金预算,这需要根据国有资本的性质和目的而论。笔者个人倾向于将其归入普通基金的类型。大致的理由在于,国有资本的所有权属于全体人民,其收益也应归属于全体人民。在政府开支规模保持不变的前提下,国有资本的收益越多,公共预算中的税收负担率就可以越轻。[②] 如果有国有资本开支方面的需要,不宜直接从国有资本收益中支出,而应该从公共预算中统筹安排。通过这样方式,全国人民都可以受益于国有资本,人民还可以通过其代表动态控制国有资本的规模和流向。也是因为这个原因,不宜将国有资本预算定位为特种基金预算,而应该将其归入公共预算。

基于以上设想,笔者主张将我国复式预算分为公共预算和基金预算两

---

① 蔡茂寅:《预算法之原理》,台湾元照出版有限公司2008年版,第275—279页。

② 国有土地出让金收入和其他国有资产转让收入都应当归入国有资本收益,列入公共预算,由全体人民共同享有。

大类。公共预算对应普通基金预算，基金预算对应特种基金预算。公共预算中包含国有资本收益和支出的内容，但是不单独成立一种预算形式。基金预算之下分门别类，每一项基金都单独预算，再汇总成综合性的基金预算。例如，政府性基金可以单独预算，社会保障基金可以单独预算，彩票公益金也可以单独预算。在政府性基金之下，每一种具体的基金项目仍然可以细分，对不同的专项资金单独组织预算，如新菜地开发建设基金预算、机场建设费预算、水利建设基金预算、教育费附加预算，等等。由于每一种资金都只能专款专用，基金预算之下的各个特种项目不能互通，每一项特种基金都必须自求平衡，结余资金不能相互调剂。

财政专项资金也应该归入基金预算，而不是列入公共预算。重申一下，本节所指的财政专项资金是指有专门的来源，用于专项用途的资金。如上文所提的车辆购置税财政专项资金、排污费财政专项资金等。车辆购置税专项资金来自于税收，的确不宜称之为政府性基金，但是，如果设计一个上位的“基金预算”的概念，那么，车辆购置税的收入和支出仍然可以归入基金预算。排污费本来就是政府性基金收入，让其回归其本性无可厚非。甚至于城市维护建设税也可以列入基金预算，原因就在于，其来源和支出也十分特定，属于专款专用的范围。至于从一般预算收入中提取的预算调节基金、扶贫专项资金、国债偿还基金等，它们只是一种资金分配方式，只有在资金分配完毕之后，才能凸显其“专用”性，所以不宜将其归入基金预算，仍然只能在公共预算中加以核算。

行文至此，也许有读者会问，在构建复式预算体系时，仅仅考虑“专款专用”是否足够？某些特别资金如果不符合这个特点，是不是就不能对其单独核算了？假如国有资本经营预算不再单独编列，公众如何获得国有资本经营方面的信息呢？其实，单独预算不是获取财政信息的唯一渠道。只要预算科目健全合理、科学规范，财政信息保持高度透明，无论是否单独编制预算，公众都有能力获取充分的信息。例如，近年来，公众异常关注“公款出国”、“公车开支”、“公款招待”。只要将预算全部公开，并且细化到“目”甚至“节”，稍有经验的人略加统计，就可以找到这方面的具体数字。没有必要因为公众关注某项资金，就设立一项单独的预算形式。否则，预算的结构就会重檐叠角，变得异常复杂，反而妨碍了公众对预算信息的利用。

从预算单一性的角度看，上述设计也符合预算发展的趋势。总体而言，特种基金在预算体系中只能居于补充地位，公共预算才是国民特别需要关注的领域。公共预算有一个明显的优点，即，财政收入的用途不受任何限制,完全服从预算审批中的民意安排。政府编制预算时的自由裁量空间虽然很大,但是,立法机关审批预算时也享有足够权限,可以否定或者调整预算草案的内容。而特种基金一旦设定,立法机关的预算审批权即大为缩小,甚至有可能完全委由政府相机决定,无需报送立法机关审批。这种结果不符合财政民主主义,与法治国家的理念也不相符,因此应当尽量避免。正是因为这个原因,在我国财政实践中,除了社会保险基金之外,特种基金的设置应当尽可能谨慎。无论哪一种基金形式,除了确实必需的之外,能不设立尽量不要设立。[①]

五、有关政府性基金研究的未尽课题

政府性基金是一个比较特别的财政领域,国内法学界以往很少有人涉足研究,不仅导致公众关注度不够,相关法制也非常不健全,行政化色彩仍然十分浓厚,亟需财税法学者给予高度重视。

本节以《政府性基金管理暂行办法》为切入点,梳理了政府性基金的相关法律规定,提炼出政府性基金的相关法律特征,并在此基础上主张:第一,政府性基金不能以一般的公众作为被课征对象,而必须考察其与基金目的的特殊关联性。换言之,基金的缴费义务人只能是特殊的义务主体,而不能是毫无关联的普通公众。第二,政府性基金的设立必须坚持法治原则,符合法律保留的要求。即便是授权立法,也要符合《立法法》第 9 条的要求。中共中央和国务院的文件不能成为基金设立的依据。第三,政府性基金只是财政特别基金的一种,不宜用政府性基金预算来预算其他基金。因此,有必要建立基金预算这个"种"概念,总括各种类型的基金的预算,包括政府性基金。第四,基于普通基金与特种基金的区分,我国复式预算体系有必要重构,总体上分为公共预算与基金预算两类。国有资本经营情况宜归入公共预算,而不是作为专款专用的特种基金。

政府性基金也是一种"公课",关乎私人财产权的保护,其中有待研究的

① 根据笔者的测算,2010 年,全国政府性基金收入占全国财政收入的比重为 28.76%,扣除国有土地出让金之后,该比例降至 5.36%。2011 年,全国政府性基金收入占全国财政收入的比重为 28.35%,扣除国有土地出让金之后,该比例降至 5.61%。笔者认为,政府性基金维持在 5% 的比例尚可以接受。但是,将高达 20% 的国有土地出让金列入政府性基金预算,而不是统一用于公共预算的分配,这违反了预算单一性的要求。资料来源:财政部《关于 2010 年中央和地方预算执行情况与 2011 年中央和地方预算草案的报告》、《关于 2011 年中央和地方预算执行情况与 2012 年中央和地方预算草案的报告》。

问题非常多,本节只涉及其中有限几个题目,深度和广度都有待继续挖掘。例如,在设立政府性基金的依据方面,本节对法律保留原则的阐述并不深入;在廓清政府性基金和其他财政收入工具的关系时,对政府性基金与特别目的税的关系缺乏清晰的把握;在强调缴费义务人与基金目的的特别关联时,对于何种关联构成这种特别关联缺乏类型化探讨;在阐述政府性基金预算的特质时,仅仅只是讲述基金预算的一般性要求,对其区别于其他基金预算的特质未予涉及。在写作的过程中,笔者意识到,政府性基金只能构成补充性财政收入,不能喧宾夺主。但是,这种要求是否有必要体现为法律标准,笔者未能找到让自己确信的答案,结果含糊其辞,不了了之。

最后提请学界同行关注的是,政府性基金的种类较多,尽管经过多年的清理整顿,2011 年正式立项的仍然有 32 项,其中还不包括原本应当归入政府性基金的排污费。笔者以为,今后对政府性基金的研究,除了继续关注其一般性特征和规律之外,有必要深入到每一种具体的基金项目。例如,近几年来,有关民航机场建设费的争议一直不断。[①] 民航发展基金开征后,机场建设费变换一种方式继续征收,导致社会广泛的质疑。[②] 对于铁路建设基金,也有不少专家呼吁取消。[③] 这些基金的合法性与合理性如何,法律学者非常有必要介入讨论,并提供有建设性的意见和建议。

第二节　城市道路车辆通行费的合法性评估

1996 年之后,根据《城市道路管理条例》,部分城市开始征收车辆通行费。纳入收费范围的主要是政府贷款或集资修建的大型桥梁、隧道,也有城市将其扩展到了普通的道路。2009 年燃油税费改革之后,政府还贷二级公路逐步被取消收费,但城市道路收费似乎丝毫未受到影响。兰州、武汉、天津等都推出了新的收费办法。征收城市道路车辆通行费的合法性何在？城市道路收费是否仅只能针对大型桥梁和隧道？收费标准如何满足成本填补原则？收费方式怎样才能合目的性？燃油税税费改革之后,政府还贷二级

① 参见 http://www.hb.xinhuanet.com/newscenter/2012-03/09/content_24860218.htm,2012 年 3 月 13 日访问。

② 参见 http://news.xinhuanet.com/fortune/2012-04/19/c_111809939.htm,2012 年 5 月 3 日访问。

③ 参见 2011 年 5 月 19 日《21 世纪经济报道》;另见 http://news.syd.com.cn/content/2011-05/19/content_25573191.htm,2012 年 3 月 13 日访问。

公路收费都被取消了,为什么城市道路车辆通行费还在继续征收?这些问题在各地城市道路收费争议中一再凸显,官方和学界都应该作出积极回应,给社会公众提供合理的解释。

一、城市道路车辆通行费的法律依据

城市道路车辆通行费的法律依据主要是1996年6月4日国务院颁布的《城市道路管理条例》。该条例第19条规定,市政工程行政主管部门对利用贷款或者集资建设的大型桥梁、隧道等,可以在一定期限内向过往车辆(军用车辆除外)收取通行费,用于偿还贷款或者集资款,不得挪作他用。收取通行费的范围和期限,由省、自治区、直辖市人民政府规定。对于城市内利用贷款或集资修建的大型桥梁、隧道,这一条确实解决了城市所在地政府征收车辆通行费的法律依据。不过,除此之外,对其他城市道路是否也可以征收车辆通行费呢?例如,随着城市交通压力的加大,许多大中城市开始兴建快速通行道路,立交桥更是遍地开花。这些投资浩大的工程如果也是通过贷款或集资修建的,对其征收车辆通行费是否合法?

《城市道路管理条例》第19条在"大型桥梁、隧道"之后,还加了一个"等"字,并规定,收取通行费的范围和期限,由省、自治区、直辖市人民政府规定。这是否意味着,国务院已经授权省级政府,让其决定可以收费的对象和范围?是否意味着,只要经过了省级政府批准,除了大型桥梁、隧道之外,只要是贷款或集资修建的,其他城市道路也可以被纳入收费范围?先不论国务院的态度如何,事实上,许多城市所在地政府就在这么理解。试举数例:

上海市政府1999年发布、2001年修订的《上海市贷款道路建设车辆通行费征收管理办法》第2条规定:"上海市贷款道路建设车辆通行费(以下简称通行费)向本市及进入本市的机动车辆征收,用于归还新建改建高等级公路、市区高架路、桥梁、隧道等建设项目(经市政府另行批准的项目除外)的贷款。"无独有偶,2003年天津市政府发布的《天津市贷款道路建设车辆通行费征收管理办法》第2条规定:"天津市贷款道路建设车辆通行费(以下简称通行费)向本市及进入本市的机动车辆征收,用于归还修建本市高等级公路、道路、桥梁、隧道等项目(具体项目由市政府确定)的贷款或投融资。"此外,厦门、梅州、哈尔滨、重庆等城市车辆通行费的征收范围也都包括市区内的道路。

从《城市道路管理条例》第19条的文义看,既然国务院在"大型桥梁、隧道”之后加了一个“等”字，说明上述城市的理解并非毫无根据。另外，鉴于条例授权省级政府决定收取通行费的范围和期限，这更说明，省级政府在审批车辆通行费时，可以自主决定征收范围。有专家主张，对《城市道路管理条例》第19条的“等”字只能由国务院来解释，地方政府都无权在桥梁和隧道之外针对城市道路征收车辆通行费。[1] 笔者对此不以为然。暂且不论合理性如何，仅就权限范围而言，省级政府既然可以决定征收范围，应该意味着其享有自由裁量权，可以在大型桥梁、隧道之外决定对其他道路征收通行费。

确实，受其公共性所致，城市道路一般免费提供给公众，不宜收取车辆通行费。另外，鉴于城市里路网密布，面对收费道路，人们总能找到替代性方案，设法达到自己的出行目的。因此，普通的城市道路也很难收费。桥梁和隧道虽然也具有公共性，与城市居民的生产、生活息息相关，但是，它们具有可控制性的特点。一旦决定对其收费，车辆拥有人很难找到合适的替代性通行方案。不过，随着城市建设水平的提升，各种快速通行车道开始兴起。和普通道路相比，这相当于城市中的“高速公路”，在通行速度上非常具有竞争力，在征管技术上也具有可控性。就此而言，它们和桥梁、隧道并无太大区别。另一个相同之处在于，二者所需投资都非常大，建设周期也都很长。既然对于贷款或集资修建的大型桥梁、隧道可以通过征收车辆通行费来偿还资金，为什么对城市快速通行车道不可以这么做？

如果政府有足够的财力，能够负担所有的道路建设及维护费用，也的确不应再征收车辆通行费，无论是对桥梁、隧道，还是对快速通行车道。然而，这个假设在现实中常常难以满足。除去正常的开支之外，面对高昂的道路建设资金，很多城市都难免捉襟见肘。正是出于这个原因，《城市道路管理条例》才规定，允许城市所在地政府贷款或集资修建道路。这里所说的道路当然不限于桥梁、隧道，其他各种道路都包括在内。对于贷款或集资修建的大型桥梁、隧道，既然可以征收车辆通行费偿还贷款或集资，对于贷款或集资修建的其他道路，如快速通行车道等，在法律文义可能的范围内，城市所在地政府也应该有理由照此类推。《城市道路管理条例》第19条的“等”字，恰恰为此提供了很好的解释空间。

换一个角度来看。当某类事情长期不断重复却一直没有受到挑战时，

---

① 参见2009年11月27日央视《新闻1+1》节目“路桥费：莫让兰州变‘拦州’”中对北京大学法学院王锡锌教授的采访。

无论本来其对错如何，这在很大程度上表示出监管部门的认同和接受。从1996年10月1日《城市道路管理条例》施行至今，从兰州到重庆，从天津到哈尔滨，从武汉到厦门，一个又一个城市开征车辆通行费，其征收范围明确包括各种城市道路，而不仅仅限于大型桥梁和隧道，其征收方案都经过了省级政府审批。如果这些城市和省级政府都犯了错误，没有正确把握《城市道路管理条例》的精神，为什么国务院及其职能部门从来没有出面制止？单纯从地方政府专权擅断来解释这个现象，明显难以说服众人，说国务院对此不知情则更加牵强。笔者以为，上述例证说明，国务院认同城市所在地政府和省级政府的理解。城市道路车辆通行费的征收对象不仅限于大型桥梁、隧道，还包括具备征收条件和征收必要性的其他道路。

这一结论从兰州路桥费开征过程已经得到印证。2009年，根据《甘肃省人民政府关于加强城市市政公用基础设施建设的通知》（甘政发199548号）①，兰州市准备正式征收路桥车辆通行费，引起了市民和专家的强烈不满。为解决兰州收取路桥车辆通行费的合法性问题，甘肃省法制办于2009年5月14日以“甘府法函字20091号”向国务院法制办提请对《城市道路管理条例》第19条中“等”字的内容进行解释。6月2日，国务院法制办答复：“《城市道路管理条例》第19条仅是对收取通行费作出原则性的规定，至于收取通行费的具体范围和期限，应当由你省人民政府进一步作出规定”。兰州市政府据此主张，其收取路桥车辆通行费符合《城市道路管理条例》。②笔者也认为，有了国务院法制办的上述表态，城市道路车辆通行费合法性问题的争论可以告一段落。

二、城市道路车辆通行费的征收模式

断言城市道路车辆通行费具有法律依据，只是说明经过合法审批之后，城市所在地政府有权开征车辆通行费，其征收范围不仅包括大型桥梁、隧道，也包括其他的普通城市道路。不过，城市道路通行费究竟应该如何征收才不违背《城市道路管理条例》的相关规定，这是另一个需要研究和解答的法律问题。

---

① 该通知规定，“城市市政设施应当逐步实行有偿使用。凡在城市规划区内用贷款集资新建的桥梁、隧道和道路，符合国家有关部门规定规模和标准的，经省人民政府批准，可向过往的机动车辆征收车辆通行费以偿还贷款”。

② 参见兰州市政府新闻发言人就该市收取贷款建设路桥车辆通行费的有关情况作的说明，http://wb.lzbs.com.cn/html/2009-11/29/content_22583.htm，2011年8月6日访问。

《城市道路管理条例》第 19 条第 2 款虽然规定,收取通行费的范围和期限,由省、自治区、直辖市人民政府规定,但是这并不意味着,一个城市可以随意制定车辆通行费方案,省级政府可以随意批准车辆通行费方案。事实上,该条例已经为城市道路通行费划定了边界,无论是申请开征的城市还是负责审批的机关都必须遵守。

《城市道路管理条例》第 19 条第 1 款规定,市政工程行政主管部门对利用贷款或者集资建设的大型桥梁、隧道等,可以在一定期限内向过往车辆(军用车辆除外)收取通行费,用于偿还贷款或者集资款,不得挪作他用。仔细分析该款的内容,可以得出如下几个结论:

1. 车辆通行费不能"统收统贷统还"

征收城市道路车辆通行费的目的,是为了偿还建设道路(含桥梁、隧道及各种附属设施,下文同)的贷款或集资款。政府投资或有其他资金来源的道路不得征收车辆通行费。为了满足这个要求,必须首先确定贷款或集资款的数额,然后确定收费年限,测算车流量,最后得出单次通行的费用征收标准。如果贷款或集资款的数额不确定,这个计算过程就无法完成。确定贷款或集资款数额的目的还在于,当所收费用足以偿还贷款或集资款时,意味着收费的目的已经实现,车辆通行费应该停止征收。而要做到这一点,每一座桥梁、每一条隧道和每一条道路都必须单独收费,单独还贷。统一收费、统一贷款、统一还款的做法不可取。

目前,很多城市确实在推行"统收统贷统还"。例如,2001 年修订的《上海市贷款道路建设车辆通行费征收管理办法》第 2 条规定,上海市贷款道路建设车辆通行费向本市及进入本市的机动车辆征收,用于归还新建改建高等级公路、市区高架路、桥梁、隧道等建设项目(经市政府另行批准的项目除外)的贷款。至于哪些项目纳入收费范围,文件中并没有列明。从收费方式上看,无论是本地车还是外地车,无论是年票、月票还是次票,其缴费都不具有指向性,一次性缴费,全市通行。至于每一座具体的桥梁或隧道能够分到多少费用,能够偿还多少贷款,这种方式无法统计。

在一些地方,针对城市道路建设的贷款,无论是已有的还是将来新增的,都被列入车辆通行费偿还的对象。如果是这样,随着城市道路新建改建项目的增多,贷款的数额也会越来越多,车辆通行费就需要无期限地征收下去,永无停止之日。上海的做法其实属于这种类型。其虽然强调,贷款偿还结束,即停止收费,可是,如果新增贷款也要统计进去,都需要用车辆通行费来偿还,贷款何时偿还结束就很难判断。只要全市的道路建设贷款一日没有还清，车辆通行费就会一日不停。慢慢地，这种收费就会改变其使用规费的性质，不再与车主使用城市道路的行为直接挂钩，成为一种普遍征收的政府性基金，或是另一种城市维护建设税。

相比上海的方案而言，重庆方案在这方面走得更远。2003 年修订的《重庆市主城区路桥通行费征收管理办法》虽然要求路桥通行费要用于支付贷款的换本付息费用，但是它并未强调，只有贷款修建的道路和桥梁才被列入征收范围。不仅如此，它还规定，除了明确列举的收费路桥之外，该办法实施后在主城区范围内新建的道路和桥梁，也都要列入路桥费的征收范围。由于重庆也实行年票制，这种针对所有新建道路和桥梁收费的办法确实具有可操作性。不过，如此大面积地针对城市道理收费，是否背离了《城市道路管理条例》的要求？事实上，车辆所有人向政府缴纳的税款名目繁多。除了普通税收之外，车船税、车辆购置税则是车主独特的贡献。特别是，城市所在地政府还有专门的城市维护建设税，燃油税中也包含了道路养护和建设费用。既然如此，为什么新修道路还要缴纳车辆通行费？凡此种种，让我们对重庆做法的合法性充满了疑问。

其实，上述问题在 2002 年《国务院办公厅关于治理向机动车辆乱收费和整顿道路站点有关问题的通知》中已经有了明确答案。[①]《上海市贷款道路建设车辆通行费征收管理办法》在该文发布前制定，还可以说只是对《城市道路管理条例》理解有误。《重庆市主城区路桥通行费征收管理办法》在该文发布后作过修订，但仍然坚持自己的收费方式，就只能说是一种明目张胆的违法行为了。

综上所述，在执行《城市道路管理条例》过程中，许多地方政府已经偏离了其宗旨，没有严格执行“收费还贷，专款专用”的要求，转而采用“统收统贷统还”的模式。由于需要还贷的对象每年都在增长，即便某座桥梁收足了还贷的通行费，也不妨碍政府继续对其征收车辆通行费。其原因就在于，其他桥梁和道路的贷款还未还清，需要用这座桥梁的收费去偿还。更有甚者，

---

① 国办发[2002]31 号。该通知规定，各地区要对目前在公路和城市道路、桥梁、隧道上设置的所有收费站进行全面清理整顿。凡属以下情况之一的收费站，一律取消，并限期拆除收费设施：(1) 未经省(区、市)人民政府批准的收费站，或虽经批准但擅自变更位置的收费站；(2) 不属于利用国内外贷款或集资建设的公路、城市道路、桥梁、隧道上的收费站；(3) 已偿还完贷款和集资款，或经营期已满的收费公路、城市道路、桥梁、隧道上的收费站；(4) 将未利用国内外贷款或集资建设的公路城市道路、桥梁、隧道与收费公路、收费桥梁等捆绑，违法增设的收费站；(5) 虽属于贷款或集资建设的公路、城市道路、桥梁、隧道，但尚未建成即先收费的收费站；(6) 不符合国家关于收费公路或收费公路收费站设置规定的收费站；(7) 其他违反国家规定应当撤销的收费站。

对于政府投资建设的道路和桥梁,也有的地方要求车主缴纳车辆通行费,而且收费范围覆盖今后新建的所有路桥。笔者以为,这是地方滥用权力的违法行为,明显违背了《城市道路管理条例》的要求。

2. 车辆通行费需量化到具体的路桥

为了准确测算城市路桥的还贷数据,车辆通行费应该量化到具体的路桥。从公平的角度看,按次计费是最佳方式。出于优惠或效率的考虑,年票、月票可以作为次优方案。但是,即便是推行年票或月票制,也不宜将所有的路桥打包收费,用于统一归还路桥建设贷款,而应该明确指向具体的桥梁或者道路。只有这样,在信息充分公示的情况下,车主和公众才能清楚地监测某一座桥梁、某一条道路的收费及还贷情况。也只有这样,才有可能真正做到贷款还清即停止收费。

城市道路车辆通行费制度刚刚推行时,符合条件收费的道路、桥梁相对较少。各地一般在路桥上设立收费站,按通行的次数收费。即便推行年票、月票,其通行权也限于特定的路桥。后来随着收费道路和桥梁的增多,收费站也越来越多,影响了车辆通行的效率。借用这个理由,各地纷纷撤销收费站,推行年票制。这种年票属于通票。一票在手,车辆可以通行全市所有收费路桥。不过,在提高通行效率的同时,其所带来的问题也很突出。

首先,这种年票要求所有的车主缴纳,无论其是否实际通行收费路桥。对于无需使用收费路桥的车主来说,这是一种不公平的结果。尽管这种情况并不多见,但是也不容否认其可能性。有一些车辆确实只是在局部地区行驶,不需要使用收费的路桥。即便需要使用收费路桥,不同车主的使用频率也不一致,有的人利用率高,有的人利用率低。在这种情况下,要求所有车主按照统一标准缴费,也会导致不公平的结果。

其次,这种收费方式不利于准确计量贷款的偿还情况,为政府违法推行统贷统还政策提供了便利。车辆通行费征收上来后,如何将其在收费路桥之间分配,这是年费制面临的一个问题。许多城市借机推行了统收统贷统还政策,将所有的收费路桥捆绑在一起,统一收费,统一对外贷款,统一偿还借款。这种方式的违法性前文已经叙及,在此不再赘述。不过,年费制助推了统收统贷统还,确是一个不争的事实。

最后,年票制的缴费标准缺乏科学依据,随意性过大,容易侵犯车辆拥有人的财产权。年费制其实是将需要偿还贷款平摊到所有的车主,对车主本来就不公。再加之,到底有多少贷款需要偿还,不仅车主不知情,而且经常变动。一笔笔新增的贷款还会累加到其中。另外,由于对资金的监管和约束不力，车辆通行费还会出现被挪用的情况，对未偿贷款的统计自然也是一笔糊涂账。基于这些因素，年票制的标准就会陷入恣意，缺乏合理的依据或计算。

正是出于上述考虑，2002年《国务院办公厅关于治理向机动车辆乱收费和整顿道路站点有关问题的通知》提出，要加强对涉及机动车辆收费的管理，严禁将车辆通行费平摊到所有车辆并强制收取。这个要求既适用于收费公路，也适用于城市道路收费。既然年票制早就被国务院所禁止，地方政府应该不折不扣地执行。不过，就目前所观察到的情况看，这个禁令形同虚设。地方政府依然我行我素，问题一直没有得到解决。

从2011年7月1日开始，武汉开始对市内的"六桥一隧一路"推行ETC收费模式。[①] ETC是Electronic Toll Collection的缩写，中文意思是"不停车电子收费系统"。使用该系统后，车主只要在车窗上安装感应卡，并通过银行联网在其中预存通行费用，通过收费站时便不用人工缴费，也无须停车，车辆通行费将从预存款中自动扣除。ETC在国内主要运用于高速公路收费。武汉市政府第一次将其运用于城市道路收费，在技术和制度上无疑是一次大胆的创新。ETC推行之后，武汉市取消了强制性的年票制，转而实行按实际通行次数收费。年票制虽然仍然保留，但不再强制车主接受，只是作为一种优惠措施供车主选择。

笔者以为，ETC收费模式既可以解决收费的准确计量，又可以解决收费站模式的成本和效率问题，因而是一种非常理想的城市道路收费模式。正如武汉市所作的，在ETC收费模式下，强制性的年费制可以被取消，通行一次收费一次可以被实现。对车主来说，使用路桥的次数越多，需要缴纳的费用就越多。如果不使用收费路桥，则无需缴纳任何费用。这种做法恢复了车辆通行费作为使用规费的本来面貌，既体现了公平，又照顾了效率，同时还使得收费成本大大降低，值得在全国普遍推广。

武汉ETC收费模式的问题在于，它将收费范围的"六桥一隧一路"捆绑在一起，仍然推行"统收统贷统还"政策，而不是针对每座桥梁或隧道单独计算收费还贷情况。即便市内车辆如织的月湖桥所收取的车辆通行费，足以还清月湖桥本身所借的贷款，只要地处偏远的天兴洲大桥的贷款没有还清，

---

① "六桥一隧一路"是指武汉市内的长江二桥、白沙洲长江大桥、天兴洲长江大桥、晴川桥、月湖桥、长丰桥、长江隧道及三环线部分道路。

月湖桥的收费就会继续。[①] 当然,这个问题不是ETC所带来的,而是从年票制延续下来的。由于技术的原因,年票制无力解决收费与贷款的配比,不得不实行“统收统贷统还”。ETC模式恰恰可以解决捆绑问题,但决策者们压根就没打算要将其解决。

3. 车辆通行费的资金使用应该有所限制

《城市道路管理条例》第19条明确要求,车辆通行费用于偿还贷款或者集资款,不得挪作他用。但在各地的实践中,车辆通行费的用途远远超出了这一限制。一般情况下,各地收取车辆通行费之后,会优先支付人工、维护等运营费用,然后支付财务费用,再有剩余时才会去偿还贷款本金。

《上海市贷款道路建设车辆通行费征收管理办法》第6条第4款规定,除由市财政局核定用于征收管理经费外,通行费全部用于高等级公路、市区高架路、桥梁、隧道项目的贷款偿还。征收管理经费的范围不明,可能包括征收管理人员的工资、福利,也可能还包括日常办公经费、固定资产折旧等,甚至可能包括道路和桥梁的维护保养。如果三个项目都要从车辆通行费中开支,就意味着政府对收费路桥无需负担任何义务。凡是能够想象出来的相关开支,最终都由车辆拥有人负担。

《重庆市主城区路桥通行费征收管理办法》第11条规定,征收的路桥通行费主要用于支付路桥的租赁费、路桥的维护管理费用和贷款的还本付息费用及路桥通行费征收成本等。这个规定实际上印证了上一段提出的问题:除了偿还贷款和集资款之外,车辆通行费还负担了其他的开支。由于这个事实的存在,车辆通行费的标准必须提高,或者其征收年限必须延长。相比《城市道路管理条例》的要求,车辆拥有人的负担必然由此加重。

据“武汉市贷款建设城市道路桥梁隧道车辆通行收费标准听证会”披露,武汉市拟收费的路桥建设成本为141.52亿元。按30年收费期限计算,其运营成本却高达159.66亿元,其中动力费用18.22亿元,管理费用18.66亿元,维修保养及材料费45.29亿元,大修基金35.83亿元,工资福利41.66亿元。[②] 而据中央电视台“朝闻天下”2011年7月9日报道,ETC收费模式实施前,武汉市城市路桥收费管理中心的员工为918人,实施ETC收费模式

---

① 从“武汉市贷款建设城市道路桥梁隧道车辆通行收费标准听证会”披露的信息看,武汉市收费路桥的总建筑成本141.52亿元,而其中位置偏远的三环线和天兴洲大桥建设成本高达76亿元,占了一半还多。参见 http://jt.cctv.com/20110714/101740.shtml,2011年8月7日访问。

② 参见 http://society.people.com.cn/GB/41158/11978543.html,2011年8月7日访问。

之后，收费管理中心的员工增长到2788人，增长率超过了三倍。

在实践中，各地收取的车辆通行费之后，在支付运营成本后常常所剩无几。能够用来偿还利息的资金都很有限，对贷款的本金当然就更是无暇顾及了。基于这种现实，如果像上海市所要求的那样，要等到贷款还清才能停止收费，就意味着永无停止收费之日。

既然运营成本如此影响贷款偿还，其是否能否从车辆通行费中支付，就是一个必须予以解答的法律问题。在《城市道路管理条例》中，除第19条规定车辆通行费必须全部用于归还贷款和集资外，第20条还规定："市政工程行政主管部门对其组织建设和管理的城市道路，按照城市道路的等级、数量及养护和维修的定额，逐年核定养护、维修经费，统一安排养护、维修资金。"事实上，城市维护建设税、城市基础设施配套费就是用于城市基础设施建设和维护的专项资金。这进一步说明，城市道路的养护资金来自于财政供给，而不是车辆拥有人缴纳的通行费，即便是收费道路也不能例外。用车辆通行费先支付运营成本再偿还贷款本息，与《城市道路管理条例》的要求不相吻合。

对车辆拥有人而言，且不谈其所缴纳的一般性税收，如个人所得税、增值税、消费税、城市维护建设税等，仅仅与车辆有关的税收就多种多样。例如，其购买车辆时需缴纳车辆购置税，负担了增值税、消费税等，购买燃油时需负担增值税、消费税，特别是内置于消费税中的燃油税，每年还要定期缴纳车船税。负担如此繁重的税收之后，车辆拥有人理应从政府享受相应的服务。即便是按规定可以收费的道路，也不能免除地方政府的财政支出责任。将城市道路建设和维护的所有成本都转嫁给车主，这对车主确实不公。

所以，车辆通行费的使用必须严格坚持《城市道路管理条例》第19条的要求，只能用于偿还贷款或集资款，不能用于支付运营费用或其他开支。

三、我国台湾地区工程受益费制度及其借鉴[①]

交通基础设施的建设，尤其是市区道路的建设，不仅方便车辆通行，促进交通事业的发展，同时也会引起周边或沿线土地、建筑的升值。在日本，不仅有道理使用费制度，也有受益者负担金制度。日本《道路法》第61条规定，"在存在因有关道路工程而享受显著利益者时，在该受益的范围内，道路管理者可以使其负担该工程的所需费用的全部或一部分"。所谓使用费，是

---

① 本部分的写作得到樊荣的帮助，特此致谢。

指利用者基于实际利用公共设施而征收的一种对价。所谓受益者负担金，是指对于从特定事业受到特别利益者，在其所受利益的范围内，使其负担该事业经费的一部分。[①] 日本征收受益者负担金的理由在于：第一，负担公平。特定者享有特定利益时，加之以一定的负担，以平衡其与未受益者的关系。第二，资源分配的效率性。通过在公共服务中导入受益者负担，能够在公共服务中引进市场性，以达到资源的效率性分配。第三，适当的受益者负担能够分担一般财源的部分费用，充当公共财源。[②]

在我国大陆地区，用于弥补城市交通基础设施的建设费用是通过征收车辆通行费，对于周边升值的土地、建筑并未采取直接财政措施。但在台湾地区，除了针对使用公路、桥梁征收使用规费外，针对市区道路的受益者也征收工程受益费。这种方式在城市道路建设资金筹集方面富有特色，可以与大陆地区的相关制度进行比较，探讨其引进实施的可行性与必要性。

所谓工程受益费，依据台湾地区“工程受益费征收条例”第2条，是指各级政府对于该管辖区域内，推行公共建设、便利交通、提高土地利用价值或者防治天然灾害而建筑或改善道路、桥梁、沟渠、港口、码头、水库、堤防及其他水陆等公共工程时，应就直接受益的公私有土地及其改良物或使用该项工程设施之车辆、船舶所征收的受益费。没有直接受益的土地时，则就使用该项工程设施的车辆、船舶征收。

工程受益费的主要征收要素如下：

1. 征收范围

依据台湾地区“工程受益费征收条例实施细则”的规定，各级政府新建或改善市区道路工程，应向该道路两旁受益范围内之公私有土地及其改良物或使用该项工程的车辆、船舶征收工程受益费。市区道路的陆桥及人行地下道工程可以不征收工程受益费。但在市区道路系统中为疏导交通而专设的高架或地下的长程道路，可以向通行该道路设施的车辆征收工程受益费。

各级政府建筑或改善的公路、桥梁，合于下列条件之一者，应向使用该项工程设施之车辆征收工程受益费：(1) 因财力不足而以贷款方式筹措的；(2) 接受补助款或贷款有收费条件的；(3) 在同一起讫地点间，另辟新线，可使通行车辆受益的；(4) 属于同一交通系统与既成收费之公路桥梁并行的。

---

① 参见江利红：《日本受益者负担金制度研究》，载《四川农业大学学报》2007年第2期。
② 同上。

2. 征收对象

工程受益费向公告征收时的土地所有权人征收;土地设有典权的,向典权人征收;放领之公地,向其承领人征收。若所有权人或者典权人因没有自行使用不动产经催征而不缴纳的,可以由承租人或者使用人扣缴或者垫交。

土地及其改良物不属同一人时,其应征收的工程受益费,由土地所有权人及土地改良物所有权人分担;其分担比率,由办理工程的各级政府决定。土地改良物在未缴清全部受益费以前,如因土地租赁期限届满而予以拆除,由土地所有权人负责缴纳未到期的部分;如是在租赁期间内拆除或改建,由改建人负责缴纳未到期部分。

针对车辆、船舶而征收的工程受益费,如公路、桥梁受益费,港口、码头受益费等,车辆、船舶的所有人或使用人是被征收人。

3. 征收标准

工程受益费的征收总额最高不得超过该项工程实际所需费用80%。如果是对车辆、船舶征收,则可以按全额征收。水库、堤防、疏浚水道及等工程之征收最低限额,由各级政府视实际情形决定。

工程受益费按照土地受益的程度拟定征收费率。工程受益费总额计算出来以后,然后根据各受益人土地的受益线长度及各区受益面面积,乘以相应的负担率后,就是受益地区受益人所应负担的工程受益费。

对车辆或船舶,按其等级确定征收费率。

4. 征收方式

就土地及其改良物征收的工程受益费,于各该工程开工之日起至完工后一年内开征,其征收可以一次或分期进行。就车辆、船舶征收的工程受益费,“工程受益费征收条例”没有明确规定何时开征,但是,鉴于其按次计征和设站收费的特点,应该只会在工程完工投入使用后才能征收。如果政府如因财政困难无力垫付工程费用,可以在完成必备的审批和预算程序后先行开征,或以应征的工程受益费为担保向金融机构借款办理。

5. 征收年限

针对土地及其改良物的工程受益费一般一次性收取或者分次收取,没有收费年限的问题。但是,针对公路、桥梁的工程受益费,必须考虑其收费年限。根据“工程受益费征收条例实施细则”,公路及桥梁工程的收费年限,应依下列因素计算:(1) 各类车辆收费标准;(2) 每日交通量及未来的成长率;(3) 工程费总投资额;(4) 工程费利息及利润估算;(5) 养护费及管理费估算。收费年限届满但未能收足应收回的费用时,可以请求延长收费时间。

工程受益费的征收依据是受益者付费，其主要功能在于在获取收入，填补公共工程建设费用的不足。在土地政策上，工程受益费做到地利共享，将非因私人劳力、资本投入设施而增涨的社会利益收归公有，与孙中山先生所提倡的“平均地权、涨价归公”有一定的关联。再者，工程受益费还有实现社会公平价值的功能。如果政府将全体公民缴纳的税收用于特定地区的土地改良，而直接受益者却只是工程周围的小部分人，这对其他纳税人而言不公平。

工程受益费的出发点无可非议，其在筹集资金方面的功能也很显著。不过，在具体征收时，其操作规则非常复杂，特别是在计算土地及其改良物的受益程度时，容易与被征收人产生争议。一项工程即便的确对周边土地及其改良物产生收益，其总收益的大小如何计量也是一个问题。鉴于公共工程一般都有独立的目的，有其独特的功能，周边土地升值也许只是一个附带效果。如果将公共工程所有的投资都通过工程受益费来筹集，对被征收人未必合适。另外，如何将这些外溢效果在不同的受益人之间分配，也是一个需要仔细斟酌的难点。不同的人对收益会有不同的认识，按照统一标准来征收工程受益费，容易引起被征收人的不满。

工程受益费还有一个需要考虑的问题。即便土地及其改良物从公共工程建设中受益属实，土地和房屋的价格都因此而不同程度上涨，但是，如果土地不出售，受益没有实现，被征收人未必有足够的资金缴纳工程受益费。特别是当土地上的房屋是自住性质时，如果对土地所有人强制征收工程受益费，有可能会侵犯土地所有人的生存权。即便工程周边的土地及其附属物被用于营业，当土地升值无法通过营业额体现出来时，强征工程受益费也会有妨碍营业自由之嫌。可能正是由于上述原因，工程受益费制度在台湾并未发挥太大作用，实际开征工程受益费的情况并不多见。

和大陆地区的城市道路通行费相比，台湾地区的工程受益费覆盖范围更广，它不仅可以针对道路、桥梁、隧道等车辆通行设施，也可以针对港口、码头、水库、堤防等与车辆无关的公共设施。二者另一个区别在于，城市道路车辆通行费是在道路、桥梁、隧道建成之后收费，然后用于偿还贷款，而工程受益费则可能在工程开工建设前或建设过程中征收，用于筹集建设资金。以土地及其改良物为标的的工程受益费以征足原定数额为限。但就车辆、船舶征收受益费的工程而有继续维持保养、改善必要时，经本级民意机关决议并完成收支预算程序后可以继续征收。

笔者以为,我国台湾地区针对车辆征收的工程受益费与大陆征收的城市道路车辆通行费极为相似。二者都是针对道路、桥梁等交通工程,都是按次计征,都是为了筹集建设或维护资金。区别在于,前者是政府垫钱后再收费弥补,后者是银行贷款后再收费还贷。不过,正如前文所示,如果需要,在台湾地区,也可以先用工程受益费担保借款,再用收费来还贷。只不过,收费的总额不以还清贷款为限,而是以收足工程建设费用为限。既然如此,大陆地区不妨继续发挥城市道路车辆通行费的作用,没有必要考虑借鉴台湾地区的工程受益费制度。①

至于针对土地及其改良物的工程受益费,前文已经叙及其不便之处。这些问题在大陆地区可能更难解决,所以,更没有必要将如此复杂的规则移植进来。对于建设工程所带来的土地及其附属物升值的问题,大陆地区其实已经有相关的制度予以调适,只是在适用中没有发挥应有的效果而已。例如,根据《土地增值税暂行条例》,转让房地产并取得收入的单位和个人,其增值部分需按照其增值率分别适用40%—60%的税率缴纳土地增值税。尽管台湾地区也有土地增值税,但是,其土地增值税与所得税不重复课征。缴纳土地增值税之后无需另行缴纳所得税。但在大陆地区,土地增值税与所得税并行不悖,并无替代与被替代的关系。所以,在实现“平均地权、涨价归公”方面,大陆土地增值税的效果理应更为明显。

不过,在实现财政民主统治方面,台湾地区值得大陆地区学习和借鉴。以“工程受益费征收条例”为例,其第5条之(一)即要求,各级地方政府征收工程受益费,其方案送经各该级民意机关决议后,还需报请上级政府备案。对于长期工程,应先将分期、分年的工程计划,先行送经民意机关决议,报请上级政府核备后,编列年度预算或特别预算办理。最高层举办的工程,应由主办工程机关按照收支预算程序办理。各级地方民意机关对于工程受益费征收计划书,应连同该工程经费收支预算一并审定;如工程受益费征收案予以延搁或否决,该工程经费收支预算应并同延缓或注销。工程受益费以征足原定数额为限。但就车辆、船舶征收受益费的工程,而有继续维持保养、改善必要的,经各该级民意机关决议,并完成收支预算程序后,可以继续

---

① 针对笔者关于台湾地区道路、桥梁收费的疑问,高雄第一科技大学科技法研究所廖钦福教授来信告知,台湾地区早期财政法制不完备,所以利用工程受益费来对道路、桥梁收费。“规费法”生效之后,公有道路、设施、设备及场所需征收规费,“工程受益费征收条例”不再有适用空间。另外,由于工程受益费的开征权在地方,而地方出于选举方面的考虑,一般都不愿意加重选民的负担。所以,工程受益费在台湾地区实际上并未发挥多大的作用。感谢廖教授的帮助!

征收。

所谓地方民意机关，其实就是地方选民选出的代表所组成的议会，是决定地方事务的权力机关。工程受益费虽然已有相关条例予以规定，但是，实际开征时仍需经地方民意机关同意。即便是已经立项的项目，如针对车辆、船舶的工程受益费，当其收费条件发生变更时，也要重新得到地方民意机关的审批。单有这种项目审批还不够，收支预算也要经过民意机关审批。只有项目可行，收支预算合理，通过双重审批之后，工程受益费才有可能实际开征。在尊重地方民意、实现财政民主方面，这种思维和做法非常值得大陆地区学习。

近几年来，民众之所以对城市道路收费争议不断，除了对收费标准、收费范围等具体问题持异议之外，更多地是对政府单方面决定收费项目、不经人民代表机关审查和批准不满。虽然城市道路收费也有国务院的行政法规作为依据，也需要经过省级政府审批，但是，这些都只是政府内部的制约，其实际效果令人怀疑。由于没有完善的审批和监督机制，车辆通行费常常不是真正用于偿还贷款，而是用于支付管理机构的庞大开支，而捆绑收费、延期收费、无贷款也收费的现象更是难以制约。所以，为了提高城市道路收费的透明度，为了消除社会公众的疑虑和不安，为了提高城市道路收费的效率，更为了促进民众与政府的合作，大陆地区应该向台湾地区学习，实行财政民主，将城市道路收费的决定权交给人民代表机关。

综上所述，我国台湾地区的工程受益费制度确实非常有特色。用受益负担解决城市建设资金不足的问题，也是一条可以借鉴的财政思路。不过，针对土地及其改良物的工程受益费过于复杂，本节以为在大陆缺乏应用推广的价值。针对车辆的工程受益费虽然具有可操作性，但在大陆已有类似的城市道路收费制度，所以其借鉴价值也仅限于研究层面。不过，工程受益费的民主统制制度非常值得大陆地区学习。今后，城市道路车辆通行费也应该经过当地人民代表大会审批，才能真正体现“取之于民、用之于民”的公共财政原理。

四、燃油税费改革与城市道路收费

在 2009 年燃油税费改革之前，城市道路车辆通行费虽然也遭受过质疑，但一般停留在如何理解和适用《城市道路管理条例》第 19 条，对于车辆通行费这个项目本身的合法性并无争议。2009 年 1 月 1 日之后，随着成品油消费税税率的提高，车辆拥有人在燃油价格中已经多支出了一定的数额，用以替代公路养路费等六项公路收费,以及补偿政府还贷二级公路取消收费。既然如此,城市道路车辆通行费是否还有必要征收?开征车辆通行费的城市倾向于认为,城市道路不同于公路,燃油税费改革主要是为了解决公路收费,城市道路的收费问题不在其考虑范围内。而主张取消车辆通行费的人则会认为,燃油税费改革之后,车主多支出了消费税。既然政府还贷的二级公路都可以取消,为什么城市道路车辆通行费不可以取消?

笔者以为,城市道路通行费应否取消是一个政策选择问题,与该项收费是不是合法是两个层面的问题,不应混为一谈。前文中,笔者依据《城市道路收费管理条例》对城市道路收费的合法性进行了论证,认为只要经过了省级政府批准,针对政府还贷的道路、桥梁和隧道,城市所在地政府有权开征车辆通行费。尽管目前许多城市道路的收费方式有违《城市道路管理条例》,城市道路收费确实需要改进和完善,消除其不合法的内容,回归《城市道路收费条例》的本来要求,但这并不妨碍城市道路可以收费这个结论的成立。不过,在2009年燃油税费改革之后,时过境迁,国务院对城市道路收费也许有了新的要求,上述结论是否仍然成立,确实需要进一步的分析和论证。

的确,根据《国务院关于实施成品油价格和税费改革的通知》,2008年12月22日,财政部、国家发展改革委、交通运输部、监察部、审计署联合发布了《关于公布取消公路养路费等涉及交通和车辆收费项目的通知》(财综[2008]84号),要求自2009年1月1日起,在全国范围内统一取消公路养路费等六项收费。今后除国家法律、行政法规和国务院规定外,任何地方、部门和单位均不得设立新的与公路、水路、城市道路维护建设以及机动车辆、船舶管理有关的行政事业性收费和政府性基金项目。不过,车辆通行费不是新设立的收费项目,《城市道路管理条例》1996年就已经作了规定。而公路养路费与车辆通行费原本就同时存在,二者各自发挥不同的功能,取消公路养路费对车辆通行费并无影响。

区分公路养路费与城市道路通行费,首先要将公路与城市道路区分开来。公路是指经公路主管部门验收认定的城间、城乡间、乡间能行驶汽车的公共道路。公路分为国道、省道、县道、乡道,还包括专用道路。按其等级,公路还可分为高速公路、一级公路、二级公路、三级公路、四级公路五个等级。城市道路则是指城市供车辆、行人通行的、具备一定技术条件的道路、桥梁及其附属设施。在城市道路与公路的区分上,《公路管理条例》第4条指出,公路与城市道路的划分,应当以是否形成街道或者近期城市发展规划区域为界限，由省级公路主管部门与当地城建部门共同商定，并随城市建设区域的发展变化进行合理调整。

公路养路费制度有一个很长的发展过程。从1950年起，我国就有公路养路费的相关规定。1987年，《公路管理条例》对此加以确认，成为公路养路费最高效力等级的法律依据。该条例第18条规定，拥有车辆的单位和个人，必须按照国家规定，向公路养护部门缴纳养路费。第19条规定，养路费应当在国家规定的范围内专款专用。而交通部1987年发布的《公路养路费使用管理规定》更是直截了当地阐明，公路养路费是国家规定由有车单位和个人向公路主管部门缴纳的用于公路养护和改善的事业费。因此，尽管城市所在地政府也征收公路养路费，但其收入不能用于公路以外的用途，只能用于城市所辖地域内的公路养护。

燃油税费改革之后，虽然公路养路费被取消，但地方政府的利益并未因此受影响。以2007年地方所征收的养路费为基数，加上一定的增长率，中央财政每年向地方返还一定的资金，用于弥补公路养路费等六项收费的损失。国务院《关于实施成品油价格和税费改革的通知》规定，改革后形成的交通资金属性不变、资金用途不变、地方预算程序不变、地方事权不变。正是因为在燃油税费改革之后，车辆拥有人所支付的燃油价款中包含了相当于养路费的内容，所以，取消养路费等收费就是理所当然。不过，燃油税费改革并不直接涉及城市道路的建设和养护。因此，从制度转换和衔接的角度看，取消城市道路车辆通行费尚缺乏依据。

不过，尽管国务院强调，改革后形成的交通资金属性不变、资金用途不变，但是，比较一下从养路费到燃油税的变化，就会发现这个要求存在不合理之处。公路养路费是一种政府性基金[①]，其收入具有特定的用途，主要用于公路的养护和改善。但是，被征收人并不是按照其受益程度对公路的损害程度等比例地缴纳该项费用。无论车主是否实际使用公路，也无论行驶的里程有多长，车主都按照统一的标准缴纳养路费。但燃油税不同。车主用路多，用油就多，需要负担的燃油税自然也多。车主负担税款的多少与其从使用公路中的受益或对公路的损害几乎成正比。这种转变让燃油税具有了类似使用规费的性质，其与政府性基金的联系显得越来越淡化。

---

① 《政府性基金管理暂行办法》第2条规定，本办法所称政府性基金，是指各级人民政府及其所属部门根据法律、行政法规和中共中央、国务院文件规定，为支持特定公共基础设施建设和公共事业发展，向公民、法人和其他组织无偿征收的具有专项用途的财政资金。

对城市而言,其区域范围内既有公路也有城市道路。公路由公路主管部门负责维护和管理,城市道路由市政管理部门负责维护和管理,二者的界限相对分明。不过,对车主负担燃油税而言,公路与城市道路并没有任何区别。只要车辆启动,无论是在公路上行驶,还是在城市道路上行驶,等量燃油所负担的税款是一致的。换个角度说,对于在城市道路上行驶的车辆而言,其已经通过购买燃油为使用城市道路付费。这笔费用虽然由中央政府所征收和拥有,但是,会通过转移支付返还给城市所在地政府,其中一部分就是用于替代公路养路费。按照国务院的要求,改革后形成的交通资金属性不变、资金用途不变。倘若如此,这部分资金就只能用于公路的养护和改善,而不能用于城市道路的养护和改善。这与燃油税所具有的使用规费性质明显不符。不仅如此,在资金缺乏的情况下,城市所在地政府不得不另辟蹊径,筹集城市道路维护建设资金,这又会间接加重车主的负担。重庆针对所有新建道路征收车辆通行费的做法,就是一个典型例证。因此,笔者主张,以养路费名义返还给城市的交通资金,除可以用于公路养护外,也可以用于城市道路的养护。

五、城市道路车辆通行费的前景展望

就其功能而言,作为一种财政收入工具,城市道路车辆通行费无疑具有现实意义。无论是作为受益负担还是使用规费,车辆通行费体现了受益者负担的原理,有助于更好地实现负担公平,减轻一般性税赋的压力。毕竟,城市的道路、隧道、桥梁更多地是为车辆服务,车主是最直接的受益人。如果规则设计得当,标准公允合理,相对于从通行条件改善后所得到的收益,车主负担一定的车辆通行费也是值得的。

从现有的法律规定来看,城市道路收费的合法性也不容置疑。不过,1996年国务院制定的《城市道路管理条例》也有一些需要完善的地方。例如,应该明确将道路纳入可收费范围,并对其条件作出限制。一般情况下,城市中需要收费和能够收费的,主要是新建的快速通行车道,包括不设红绿灯的环线快速道路。普通的道路由于具备可替代性,事实上不具备收费的技术条件。另外,应大力推广不停车电子收费系统,提高通行的效率,降低收费和管理成本。

在《城市道路管理条例》被修改之前,车辆通行费确实只能用于偿还建设贷款,不能用于道路维护以及人员工资。不过,这只是目前的规定,未来可以保留一定的开放性,并非只有一种模式可供遵循。经过政策辩论之后,只要履行了正当程序,扩大车辆通行费的使用范围,使其覆盖道路养护和管理成本,也是未尝不可的。只不过,如果这样做,就必须保持高度的透明度,建立完善的信息披露机制,定期公开收费情况、还贷情况以及管理费用开支,接受公众和监督机构的监督。

关于将不同的道路、桥梁或隧道捆绑在一起收费并统一偿还贷款的问题,我们以为,这违背了车辆通行费作为使用规费的特性,也与《城市道路管理条例》的要求不相吻合。以武汉市为例,强制性的年票制相当于向所有车主平摊贷款,无论其利用城市道路的程度如何,均需同等负担,这同样违背了使用者付费的原理,也不利于缓解拥堵,提高通行效率。随着 ETC 收费模式的推广,单个项目分次计费、独立还贷在技术上不存在任何障碍,它可以有效解决“统收统贷统还”的问题,并将年票制改造成收费优惠措施,使其不再具有强制性。

燃油税费改革之后,取消城市道路收费成为公众热议的话题。从法律角度看,城市所在地政府并无义务这样做。城市道路车辆通行费与燃油税费改革无关。不过,如果政府经过权衡之后,认为其财力足以应付道路建设的需要,或者认为取消收费能带来更多的外溢效果,它们当然也有权力这样做。例如,天津市自 2010 年 1 月 1 日起就停止征收贷款道路建设车辆通行费,得到了社会各界的一致好评。[①] 事实上,燃油消费税还有弥补政府还贷二级公路收费的功能。当政府还贷二级公路的收费问题解决之后,用燃油消费税来支持取消城市道路的收费,在政策上也不是没有可能的事情。

社会公众之所以对城市道路收费非议较多,除了对燃油税费改革政策的误读误解外,更主要是对于政府支出的不信任。1994 年分税制改革之后,政府财政收入年年高速递增,远远超过 GDP 的增长速度,政府成为社会财富最大的拥有者。但是,在公共基础设施投资冲动的驱使下,各种大中型公共工程纷纷上马,政府总是处于入不敷出的状态,总是在想尽各种办法组织财源,甚至不惜举债建设。特别是在应对各种经济危机冲击时,基础设施投资似乎成为了屡试不爽的万金油。然而,这些投资工程是否真的有必要?投资是否达到了最大的效率?投资中的浪费和腐败如何防止?对于这些基本的问题,民众缺乏最基本的知情权,更谈不上监督或批评。

台湾地区工程受益费给我们最大的启发就在于,不是政府单方面决定征收费用就可以征收,而是收费必须经过本级民意机关的同意;不仅项目本

---

① 参见 http://news.sina.com.cn/c/2009-12-30/175719370344.shtml,2011 年 8 月 9 日访问。

身需要经过民意机关同意,相关的预算收支也要经过民意机关同意,并且还要向公众公示具体的收费细节。这才是财政民主主义和议会统制的体现,是人民当家作主的体现。有了这些外在制约机制之后,政府才有可能受制于量入为出原则,其超出财力的投资项目才有可能被制止。也只有在确保政府开支公正、公平、公开后,当政府财力不足、确实需要通过收费来弥补时,人民对收费的正当性才不会表示怀疑。

中国政府的整体财力状况如何?地方政府是不是真的财力不足,以至于需要征收城市道路通行费?老百姓看不到真实准确详尽细致的财政信息,但他们善于从生活中寻找并不复杂的答案。面对一栋栋巍峨耸立的国家机关办公大楼,面对公款吃喝、公车消费和公费出国越来越没有节制,面对垄断国有企业高管和职工的超高福利,面对固定资产投资中愈演愈烈的浪费和腐败,人们很难相信这样的政府还会缺钱用。当政府缺乏良好的机制可以让税收发挥最大效用时,把各种公共服务的成本通过收费转嫁给民众并不是一个很好的主意。无论是成本弥补说还是受益者付费论,如果没有财政民主,没有公众参与,没有监督制约机制,再完美的理论也不足以论证政府收费的合理性。

第三节　从养路费到燃油税:立法动机、规则设计与效应评估[①]

2009 年 1 月 1 日实施燃油税费改革方案之后,公路养路费正式被燃油消费税所取代,围绕着这个名词所产生的争议从此也告一段落。不过,无论是原先的养路费还是现在的燃油税,对财政法学而言都是极好的研究素材,其中蕴含着的合理性与合法性之争,时时提醒我们对其给予高度关注。例如,燃油税费改革是否为公路养路费的良好归宿,其规则设计能否达成公路养路费的征收目的,消费税能否成为燃油税费改革的最佳载体,利益相关人是否得到充分的尊重和照顾,该方案能否应对新能源时代的挑战,等等,这些疑问均需要从公路养路费的性质及设立目的出发,结合财政法学的一般原则,对成品油税费改革的文本进行分析,才能寻找到恰当的答案。在下文中,我们先介绍养路费的由来和争议,然后介绍燃油税费改革的主要内容,并在此基础上对其规则和效果进行评论,最后尝试对如何完善现行燃油税费方案提出建议。

① 本节与周晓光合作完成。

一、公路养路费的由来

公路养路费是由公路管理部门向车辆拥有者按照一定标准征收的、专门用于公路养护和改善的行政收费，这是中国按照"以路养路"原则实行的一项财政制度。养路费制度实行专款专用，由省级公路部门集中后按计划安排，全部用于省内公路养护和改善。在征收方法上，养路费不实行分路线设卡按次征收的方式，而是统一向车辆拥有者按月征收，缴费的车辆可在当月内通行全国公路。这样，既保证了公路养护资金的来源，又可集中一部分资金有重点地用于公路改善。

公路养路费制度的形成有一个发展过程。1924 年，湖南省湘潭至湘乡公路以"华洋保路委员会"名义征收车捐，用于养路。1939 年，民国政府行政院颁布《公路征收汽车养路费规则》。中华人民共和国成立后，1950 年交通部制订了《公路养路费征收暂行办法》，规定凡行驶公路的（除军用车、人力车及特种任务车外）公、私汽车及畜力车一律按月按吨位（畜力车按套数）缴纳养路费，并规定了各地区的缴费标准。1960 年交通部和财政部联合发布了《公路养路费征收和使用暂行规定》，主要是对国营专业运输车辆改为按营业收入额的固定百分比（费率）征收，并规定了支出范围。此后，在 1963 年、1978 年和 1979 年又作了部分补充和修改。

改革开放之后，国家计划委员会、交通部、财政部和中国人民银行于 1979 年联合发布了《关于公路养路费征收和使用的规定》，规定由交通部门征收公路养路费。养路费的征收标准按国务院国发[1978]158 号文件规定执行。1987 年 2 月，国家发展计划委员会、国家经济委员会、交通部、财政部联合发布了《公路养路费使用管理规定》。1987 年 10 月，国务院颁布的《公路管理条例》第 18 条确认："拥有车辆的单位和个人，必须按照国家规定，向公路养护部门缴纳养路费。"据此，1991 年，交通部、财政部、原国家计委、原国家物价局联合发布《公路养路费征收管理规定》，该文取代 1979 年《关于公路养路费征收和使用的规定》，成为燃油税费改革之前公路养路费最为具体的法律依据。

公路养路费取之于拥有车辆的单位和个人，用之于公路的养护以及相关事业，属于政府性基金，而不是使用规费。使用规费依成本填补的原则收取，能够体现直接具体的受益关系。政府还贷公路的通行费，以及城市道路、桥梁的通行费，就属于这种使用规费的类型。但是，养路费并不体现其与使用公路的直接关联。一般情况下，只要拥有车辆，无论是否上路行驶，也无论上路行驶的频率、里程如何，都需要按照一定的标准征收。不仅如此，养路费虽然由省级公路主管部门征收，但实行全国统一票证，“一处交费，通行全国”，其缴费与受益之间的关系更为间接，与使用规费有很大的不同。

《公路养路费使用管理规定》规定，养路费的使用范围包括养护工程费、养护事业发展费和养护其他费。用于养护工程方面的费用比例，每年不低于养路费总支出的80%，同时，要首先确保公路小修保养和大中修工程费的需要，然后，再根据经费的可能，安排其他工程项目。不得挤掉正常养护经费而安排新、改建工程和其他支出。[1] 养路费的用途是否仅限于“养路”，即公路的养护与改善，而不包括修建公路，在《公路养路费使用管理规定》中并无明确表述。即便是1991年的《公路养路费征收管理规定》，也似乎将养路费排除在公路建设资金之外。[2] 1999年修改的《公路法》第36条更是明确要求，依法征税筹集的公路养护资金，必须专项用于公路的养护和改建。笔者以为，这样理解和这样要求更符合开征养路费的本意。既然是“以路养路，专款专用”，就必须保证所筹资金真正用于公路养护事业，而不是其他。[3] 但是，《公路管理条例》第9条对公路建设资金的列举，包括部分养路费。这说明，在养护经费得到保障的前提下，拿出部分经费新建公路也并非被禁止。

从当时既有的财政管理体制看，开征养路费也有充分的法律依据。1996年之前，国家对政府性基金并无明确的要求。养路费虽然由地方公路主管部门征收和使用，但其决定权一直在中央。从中央部委联合下文，到《公路管理条例》的确认，养路费的合法性一步步夯实。1996年《国务院关于加强预算外资金管理的决定》规定，征收政府性基金必须严格按国务院规定统一报财政部审批，重要的报国务院审批。基金立项的申请和批准要以国家法律、法规和中共中央、国务院有关文件规定为依据，否则一律不予立

---

① 参见该文件第2、3条。

② 该文件第2条规定，公路养路费是国家按照“以路养路、专款专用”的原则，向有车单位和个人征收的用于公路养护、修理、技术改造、改善和管理的专项事业费。

③ 其实国务院在这一点上的立场一直摇摆不定。1983年，国务院开始从地方养路费收入中提取15%作为能源交通重点建设基金，使得改善公路的资金大为削弱。1984年12月，国务院更决定提高养路费征收标准，把增收部分作为公路基本建设投资。至于地方政府挪用养路费，用于非公路养护事业的现象更是屡见不鲜，以至于国务院和中央相关部委不得不经常下文强调，养路费必须“专款专用，以路养路”。1987年国务院颁布的《公路管理条例》第9条规定，公路建设资金可以采取以下方式筹集：国家和地方投资、专用单位投资、中外合资、社会集资、贷款、车辆购置附加费和部分养路费。这是养路费用于新修公路的直接法律依据。但是，该条例2008年修订后，养路费已经从公路建设资金中剔除。

项。地方无权批准设立基金项目，也不得以行政事业性收费的名义变相批准设立基金项目。而公路养路费早在1987年就达到了这个要求。

养路费在使用方面也在逐步规范。1996年之前，养路费是预算外收入，由地方政府自主支配，用于公路养护事业。1996年，国务院决定将其纳入预算管理，实行"收支两条线"制度，加强财政、审计监督。养路费收支在预算上单独编列反映，按规定专款专用，不得挪作他用，也不能平衡预算。不过，由于公路养路费在设计方面的缺陷，导致对缴费人的合法利益过度侵犯①，加之收入管理和使用方面的不透明②，无法保证真正主要用于公路养护③，特别是由于公路乱收费现象严重，侵蚀了养路费的合法性基础，使得实务中养路费征收异常困难，车辆所有人逃费的现象十分普遍，公路养护资金常常处于短缺状态，公路主管部门与车主的矛盾也越发尖锐。

1994年1月，海南在全国率先将公路养护费、道路通行费、过桥费和公路运输管理费合并，改为只征收机动车辆燃油附加费。海南施行燃油附加费改革后最直观的改变是，所有公路收费站卡被撤销，海南成为全国唯一没有公路收费站卡的省份，"一脚油门踩到底"。具体而言，海南省乱设卡、乱收费、乱罚款现象被"釜底抽薪"，人员和货物实现了在公路上的自由流动；燃油附加费为公路建设和养护筹集了资金，修路经费在一定程度上得到解决。海南养路费的成功转型使得全国各地都想参照"海南模式"来控制地方资金流失，增加政府财政收入。海南是改革特区，享有先行先试的立法权，

---

①　养路费按照车辆型号的不同而统一征收，无论车辆是闲置不用还是超额运营，都不影响养路费的征收数额。这与养路费设立的宗旨不符，容易滋生"大吨小标"等问题。此外，由于征收程序上的不规范加之滞纳金的比率极度不合理，使得天价滞纳金的情况屡屡发生。

②　2004年3月，北京市路政局首次公布养路费的使用情况。2003年北京市共征收养路费28.1亿元，其中10.9亿元用于城市快速路、主干道路建设和作为高速公路建设资本金，17.2亿元用于公路改建、扩建、新建和公路日常养护。2006年11月23日，全国人大法制工作委员会和国务院法制办有关负责人在回应质疑时，用百分比数字公布了养路费使用情况。2007年1月5日，交通部公布，为了满足348万公里公路的正常养护费投入，每年至少需要1000亿元的资金，而全国养路费中真正用于公路维修和养护的资金约500亿元。参见《全国每年养路费到底有多少》，载《今日早报》2007年1月16日第12版。

③　据了解，我国每年征收的900亿元养路费里，扣除交警费用、水利专项资金、征收成本和新路建设外，用于公路养护的只有600亿元，占2/3（参见2006年5月11日《李盛霖部长在全国公路养护管理工作会议上的讲话》，交通运输部网站，http://www.moc.gov.cn/zizhan/siju/gonglusi/gongluyanghu_GL/zongheguanli/gongzuodongtai/200709/t20070918_393629.html，2011年6月13日访问）。在这600亿元里，又有一大部分成了养护单位的"养人费"。一个被广泛引用的例子发生在山西省朔州市，2005年征收的近800万元拖拉机养路费中，竟有87%用于行政管理费的支出（参见：《朔州：养路费养人为哪般?》，载《山西日报》2006年5月17日。转引自新浪网，http://news.sina.com.cn/s/2006-05-17/04078945422s.shtml，2011年6月13日访问）。

因此其可以直接推行燃油附加费改革。其他地方则无法绕过立法权的门槛，只有寄希望于《公路管理条例》的修改。

经过各方努力，1997年全国人大常委会审议通过了《公路法》，其中第36条中规定，公路养路费用采取征收燃油附加费的办法。拥有车辆的单位和个人，在购买燃油时，应当按照国家有关规定缴纳燃油附加费。征收燃油附加费的，不得再征收公路养路费。具体实施办法和步骤由国务院规定。燃油附加费征收办法施行前，仍实现现行的公路养路费征收办法。公路养路费必须用于公路的养护和改建。到了1998年，由于受“费改税”观念的影响，燃油税开始进入人们的视野。其实，如果燃油税也在零售环节征收，除了财政管理方面有所差别外，其与燃油附加费并无实质性差别。如果能够像海南一样落实燃油附加费，则不仅可以提高养路费用的征收效率，也兼顾了地方的财政利益和管理便利，这本来是一项具有可行性的措施。但当时政府似乎更青睐于燃油税。

要做到这一点，必须修改刚刚生效的《公路法》。否则，基于其第36条的规定，公路养路费只能采取征收燃油附加费的办法。不过，尽管政府的决心很大，修改《公路法》却并非一帆风顺。1999年4月29日，在第九届全国人大常委会第九次会议上，《公路法》修正案以一票之差未获通过，表明社会对燃油税还不是很认同，燃油税方案不得不暂时搁浅。半年之后，经过政府进一步的努力，在10月31日的第九届全国人大常委会第十二次会议上，《公路法》修正案终获通过，其中第36条被修改为：“国家采用依法征税的办法筹集公路养护资金，具体实施办法和步骤由国务院规定。”但是，从《公路法》1998年1月1日生效实施以来，国务院及其交通职能部门始终没有按照《公路法》的要求出台相关的法律文件，以燃油附加费或燃油税的方式替代养路费。公路主管部门一如既往征收养路费，直到2008年12月31日，整整十年。

燃油税费改革所面临的阻力主要来自交通部门和地方政府。首先是利益分配问题。① 开征燃油税可能会给地方带来极大的影响，使得原本由其自

① 在2000年10月22日发布的《国务院批转财政部、国家计委等部门〈交通和车辆税费改革实施方案〉的通知》中，包括财政部、国家税务局、交通部在内的中央政府机构和中石油、中石化等12家单位达成一致：燃油（含车用燃气，下同）税为中央与地方共享税，由国家税务局组织征收。燃油税收入中央与地方分享办法是：对军队、武警部队、铁路、国家储备、农垦（包括兵团）等直供燃油征收的燃油税以及由海关征收的燃油税全部作为中央收入；其余燃油税收入，中央分享40%，地方分享60%。《中华人民共和国燃油税暂行条例》的出台时间，由国务院另行决定。

主征收的规费划归中央。养路费以燃油税的形式统缴中央财政后，再通过政府间转移支付返还给地方，虽然资金的总量上不一定有多大变化，但是，不同地方能够分到的资金可能会不平衡。另外，燃油税交由税务部门征收后，交通部门在财政上的自主性将被剥夺，财政资金管理和使用的权限将大大缩水。其次是人员安置问题。据资料统计，我国在编公路收费人员截至2000年就已经有27万之众，[①]这些人员的有效安置是税费改革的先决条件。出于中央与地方的利益分配和人员安置问题的担忧，再加上后续几年养路费收入和税收收入都大幅增加，地方政府通过燃油税费改革来增加财政收入的热情减退。燃油税费改革一拖十年，就不难理解了。

二、公路养路费的合法性之争

《公路法》自1999年修改以来，虽然政府对燃油税费改革裹足不前，但由于其对公路养路费征收的坚挺态度，导致养路费征收发生了一系列事件，民众对养路费改革的呼声也日益高涨。其中最著名的是郑州天价滞纳金事件。

2006年7月21日，郑州市交通规费征稽处稽查人员根据举报，查获一辆欠缴养路费的吊车。后经调查，这辆车牌为豫A11993的吊车严重拖欠交通规费。根据《公路养路费征收管理规定》，“对拖、欠、漏、逃养路费的，除责令补缴规定费额外，每逾一日，处以应缴费额的1%的滞纳金；连续拖、欠、漏、逃养路费三个月以上的，并处应缴养路费额度30%—50%罚款；连续拖、欠、漏、逃养路费六个月以上的，并处以应缴养路费额度50%—100%的罚款”；“对无牌照行驶和报停后偷驶的车辆，一律追缴全额养路费和每逾一日收取应缴费额1%的滞纳金，并处以不超过应缴费额两倍的罚款”。该辆吊车从2003年2月1日至被查扣之日，应缴纳养路费本金59040元、滞纳金389894元、罚款177120元，还应交客货附加费本金22960元、滞纳金75813元以及运管费本金7872元、滞纳金25993元、罚款1000元，共计约76万元。除去本金和罚款，这辆车的滞纳金达到了49万元。[②]

现行《税收征收管理法》对逾期缴纳税金加收每日万分之五的滞纳金。以国家税法之严肃，偷税欠税性质之严重，滞纳金收取标准尚且只是每日“万分之五”，养路费的滞纳金收取比率却是税款滞纳金比率的20倍。对养

① 孙春艳、杨正莲、杨龙：《油价税改为何徘徊十四年》，载《经营管理者》2009年第1期。

② 《天价滞纳金报道引发养路费连锁争论》，载《河南商报》2006年7月27日第20版。

路费征收中所发生的这类社会事件，各界人士反应强烈。2006年8月23日，北京律师周泽在《检察日报》发表了一篇名为《养路费：最近六年都是违法征收》的评论文章，对收取公路养路费的合法性提出了质疑，认为交通部门收取滞纳金没有法律依据，而征收公路养路费本身也违反了《公路法》，是一种行政违法行为。这一论调引发了社会大众的普遍关注，民众一边倒地支持"违法论"，而四川、辽宁、广东、深圳等地交通部门却先后作出该论调"断章取义"的回应。[①]

养路费的合法性之争主要围绕两个方面，一是养路费是否有法律依据；二是养路费改革中行政机关是否存在不作为。对于第一个问题，合法论者认为，征收公路养路费具有明确的法律、法规及政策依据，符合法律规定，养路费征收不合法的说法是对相关法规的曲解。在现行法律下，国务院及其部门征收养路费具有双重法律授权依据。

首先，养路费的征收有全国人大对国务院的特别授权。1985年4月10日，第六届全国人民代表大会第三次会议通过了《全国人民代表大会关于授权国务院在经济体制改革和对外开放方面可以制定暂行的规定或者条例的决定》。该决议规定："为了保障经济体制改革和对外开放工作的顺利进行，第六届全国人民代表大会第三次会议决定：授权国务院对于有关经济体制改革和对外开放方面的问题，必要时可以根据宪法，在同有关法律和全国人民代表大会及其常务委员会的有关决定的基本原则不相抵触的前提下，制定暂行的规定或者条例，颁布实施，并报全国人民代表大会常务委员会备案。经过实践检验，条件成熟时由全国人民代表大会或者全国人民代表大会常务委员会制定法律。"根据这一授权，国务院已制定了消费税、增值税、营业税等暂行条例，现在由国务院制定燃油税费改革方案也符合这一特别授权。

---

① 其中，四川省交通厅稽查征费局通过召开新闻发布会的方式向媒体宣称"征收公路养路费有明确的法律、法规及政策依据，是完全合法的"。其负责人在接受媒体采访时认为："《公路法》规定了用依法征税的方式来替代养路费的收取，应该是在征收相关税费之后才停止收取公路养路费"，"《公路法》明确规定了具体实施办法和步骤由国务院规定，就是认可了税费替代养路费还有一个过程，还需要一段时间"。深圳市相关方面的回应称："由于1999年颁布的《公路法》提出的方案中，具体实施办法一直未配套颁布，除个别试点省份外，全国各地仍按照1987年颁布的《公路管理条例》执行。"同时辽宁省交通部门宣称他们据以征收养路费的现行规定是该省根据1997的《公路法》制定的一个地方性法规和以《公路管理条例》为依据制定的《养路费征收管理规定》。辽宁省交通征稽局副局长杨照琦在接受媒体时曾表示："养路费征收不合法的说法是对相关法规断章取义的理解。"资料来源：《养路费合法性起争议 律师：违法收费有缘由》，搜狐财经，http://business.sohu.com/20060904/n245156168.shtml，2011年8月2日访问。

其次,1999 年修订后的《公路法》确定将公路的养路费收取改为征税的方式,并授权国务院规定具体的办法和措施。国务院办公厅于 2000 年转发了交通部等部门的文件,强调税费改革方案实施之前要继续收取养路费。[①]随后,国务院又转发交通部等十部门联合制定的《交通和车辆税费改革实施方案》[②],该方案规定:"考虑到当前国际市场原油价格较高,为稳定国内油品市场,燃油税的出台时间将根据国际市场原油价格变动情况由国务院另行通知。在燃油税、车购税出台前各地区和有关部门要继续加强车辆购置附加费、养路费等国家规定的有关政府性基金和行政事业性收费的征管工作,确保各项收入的足额征缴。"合法论者认为,既然法律已授权国务院规定相关的实施办法和步骤,而国务院也已经因此对实施办法与步骤进行了部署,那么在费税改革之前有关部门依据国务院的规定继续征收公路养路费就属合法,不存在养路费违法征收问题。[③]

而违法论者认为,1992 年交通部、财政部等部门联合颁布实施的《公路养路费征收管理规定》是《公路法》修改前征收养路费的合法依据,该规定是根据 1987 年国务院《公路管理条例》制定的。但 1997 年全国人大常委会通过的《公路法》第 36 条规定:"公路养路费用采取征收燃油附加费的办法,征收燃油附加费的,不得再征收公路养路费。具体实施办法和步骤由国务院规定,燃油附加费征收办法施行前,仍实行现有的公路养路费征收办法。"实际上,该规定在当时就已经表明了国家用燃油税取代养路费的立法目的。随后,1999 年全国人大常委会修改《公路法》时,又将第 36 条内容修改为:"国家采用依法征税的办法筹集公路养护资金,具体实施办法和步骤由国务院规定。"

违法论者认为,从上述立法变化过程来看,虽然国家及地方交通部门的征收依据是《公路管理条例》和《公路养路费征收管理规定》,但《公路法》制定后,《公路管理条例》中与《公路法》相冲突的部分自然失效。1997 年《公路法》虽然为公路养路费留下了空间,养路费未被根本否定,但是自 1999 年《公路法》修改后,公路养路费便被彻底否定,取而代之的是以"征税"的方式筹集公路养护资金,这就是所谓的公路"费改税"。违法论者据此认为,根

---

① 《国务院办公厅转发交通部等部门〈关于继续做好公路养路费等交通规费征收工作意见〉的通知》(国办发[2000]2 号文)。

② 国发[2000]34 号文。

③ 韩俊杰:《天价滞纳金引争议》,载《中国青年报》2006 年 8 月 8 日第 3 版。

据公路养路费征收依据演变过程来看,1999年《公路法》被修改后,养路费就失去了合法的征收依据,有关部门继续征收的行为当属违法。

对于法律授权,违法论者认为,在税收法制建设的过程中,由于立法条件不成熟等方面的原因,立法机关有时也进行一定的授权立法,赋予最高行政机关有限的税收立法权。在20世纪80年代,全国人大及其常委会在税收立法方面对国务院作了部分授权。[①] 根据这些授权,国务院制定了相应的税收条例草案或税收暂行条例,推进了税制改革,为经济体制改革的顺利进行提供了制度保证。这在我国当时的情况是十分必要的。但随着我国法治建设水平的不断提高,社会主义市场经济体制的逐步完善,对外开放步伐的进一步加快,20世纪80年代的全国人大及其常委会授权立法所特有的历史背景已经改变。[②] 2000年的《立法法》已对授权立法提出了新的要求,原有的立法授权由于不符合其要求而失效。

1997年《公路法》规定了一个过渡条款,确认各地在燃油附加费方案实施之前,可以继续按原有标准征收养路费。这使得《公路管理条例》中有关养路费的规定仍然有效,据此制定的《公路养路费征收管理规定》也可以继续实施。但是,1999年《公路法》修正案对国务院的授权,是授权国务院"采用依法征税的办法筹集公路养护资金",而不是继续征收养路费。这种表述没有给国务院留下任何空间,使其可以用征收养路费的方式继续过渡。所以,无论是以国务院办公厅的名义,还是以国务院的名义,转发交通部等部委制定的燃油税费改革方案,允许其继续征收公路养路费的行为,本身不具有合法性。

对于第二个问题,违法论者提到,1999年修改后的《公路法》第36条规定:"国家采用依法征税的办法筹集公路养护资金,具体实施办法和步骤由国务院规定。"该规定明确强调国务院应及时出台符合《公路法》规定的具有可操作性的配套措施和步骤。事实上,自《公路法》修改到成品油消费税改革,时间跨度十年。因此,违法论者认为,国务院没有及时积极地履行法律规定的相关职责,其行政行为属于行政不作为。而合法论者认为,燃油税费改革需要长时间的探索,更需要把握改革的时机。根据《公路法》的规定,

---

① 参见《全国人大常委会关于授权国务院改革工商税制发布有关税收条例草案试行的决定》([84]人大发15号)。合法论者所列举的全国人大1985年对国务院的立法授权,也属于这种类型。

② 刘剑文:《制定法律开征燃油税的几个问题》,中国财税法网,http://www.cftl.cn/show.asp? c_id=645&a_id=7566,2011年6月17日访问。

国务院当即作出了相应规定，各项方案亦在稳步实施当中。虽然从《公路法》提出“依法征税”至成品油消费税改革已过去十年时间，但在这期间里，政府主持的费改税工作一直在进行，并最终形成了现行的燃油税费改革方案。合法论者还认为，《公路法》的修改日期并非养路费废止日期。因此，持该观点者坚持认为，国务院的行为不属于行政不作为，养路费征收符合法律规定。

合法还是违法，这是个问题！当两种针锋相对的立场相持不下时，相关争论也由纯粹的观点表达发展到抵制养路费征收的司法个案。2006 年 8 月 28 日，河南南阳一名司机率先将郑州市交通局告上法庭，要求法院确认交通局收取养路费违法，并返回 360 元罚款；2006 年 9 月 1 日，江苏常州律师章祥兵提出，常州市公路管理处向其征收 2005 年 12 月至 2006 年 12 月养路费 1560 元的行为违反了《公路法》的规定，于是向常州市天宁区人民法院提起行政诉讼，请求法院撤销公路管理处向其征收养路费的具体行政行为。2006 年 10 月 17 日，常州市天宁区人民法院一审判决章祥兵败诉；2006 年 10 月 16 日，状告北京市路政局要求退还 3080 元养路费的北京律师宋成军，几经周折后终于在法院成功立案；而“养路费风波”的导火索，河南“天价滞纳金”的车主，亦将交通局告上法庭，法院于 2006 年 10 月 18 日进行了公开审理。[①]

事态继续升温。2006 年 10 月，交通部下发了《关于印发 2007 年度全国公路养路费票据式样的通知》，并印发给各地方路费征收部门。这一举动明确了交通部的立场：2007 年公路养路费仍将继续征收。针锋相对的是，持“违法论”的部分法律学者随即向全国人大常委会提交了关于撤销公路养路费征收法规的建议书。[②] 有意思的是，2006 年 11 月 23 日，全国人大常委会法工委、国务院法制办负责人以“答记者问”的形式，就养路费问题作出了解释，并明确表示，在燃油税没有出台前，交通部门征收养路费的行为是合法的。全国人大常委法工委通过“答记者问”形式的表态，虽然不属于立法机关正式解释法律的行为，但也间接表明了立法机关的立场，给社会传递出了明确的信号，终于平息了这场近乎白热化的法律争论。

上述争议主要源于 1999 年修订后的《公路法》第 36 条：“国家采取依法

---

① 阿计：《养路费风波始末》，载《政府法制》2007 年第 5 期。

② 参见 http://news.xinhuanet.com/legal/2006-11/03/content_5284002.htm，2011 年 7 月 29 日访问。

征税的办法筹集公路养护资金,具体办法和步骤由国务院规定。"用严格的文义解释来看,养路费似乎确实失去了法律依据,已经不在法律的授权范围之内。全国人大常委会法制工作委员会、国务院法制办公室负责人回答征收公路养路费是否符合法律规定时称,根据《公路法》的规定,国务院有关部门共同制定了《交通和车辆税费改革实施方案》,2000 年 10 月经国务院批准后发布。交通税费改革是依《公路法》的授权,由国务院决定分步骤进行的,在燃油税没有出台前,各地仍按照现行规定征收公路养路费等交通规费,是符合法律规定的。[①] 笔者对这一点也不是十分认同。正如养路费合法性之争的主角周泽所言,这无异于《公路法》所规定的"国家采用依法征税的办法筹集公路养护资金"这一法律条款要不要执行、如何执行完全由执行者说了算。这显然不符合《公路法》立法的目的。[②]

相比 1997 年《公路法》,1999 年《公路法》并没有规定相关过渡措施,用于解决燃油税征收之前怎么办的问题。这更容易给人一种印象,即《公路法》修订之后养路费不能再征收。因为 1997 年《公路法》设定了过渡性做法,就推定 1999 年《公路法》也可以这样做,明显是一种过于简单化的应付式思维。一般而言,立法经验只能越来越成熟,立法水平只会越来越高,相反的趋势令人不可思议。既然养路费问题 1997 年《公路法》就已经预料到,1999 年再次引入新做法时更应该有所应对。由于无法查询到相关立法的背景资料,我们无法对原始文献档案进行研究。笔者的揣测是,在推动《公路法》修改的同时,国务院其实已经做好了征收燃油税的准备。只是由于 1999 年、2000 年之后国际油价的暴涨,燃油税才不敢轻易推出。直到 2008 年国际油价大幅下跌,燃油税费改革才被重新提上议事日程。

可能正是对燃油税方案的信心百倍,1999 年在修改《公路法》时,无论是国务院还是全国人大,都没有考虑到燃油税与养路费的衔接问题。一旦燃油税方案受阻,继续征收养路费就成为政府最习惯性的思维了。我们必须认识到,法律本身是一个富有生命的载体。法律解释虽然需要考察立法者的本意,考虑法律制定时的各种客观情势,但是,法律制定出来之后就获得了独立的生命,因此,解释法律只能在文义允许的范围内进行。从财政政

---

① 参见 http://news.xinhuanet.com/legal/2006-11/23/content_5366492.htm,2011 年 7 月 29 日访问。

② 参见《律师坚持养路费违法 称国务院法制办无权释法》,载《中国青年报》2006 年 11 月 28 日。

策的角度看，取消一项收费时需要考虑替代性财源，以维持政府提供公共服务的正常需要。但是，它必须通过立法语言表述出来，才能具有相关的法律效力，否则仅仅只是一种理论上的要求。1997年《公路法》对燃油附加费与养路费关系的处理，就是一个很好的例证。1999年《公路法》既然没有这样做，本身就表达了一定的立场。

三、成品油税费改革方案的主要内容

开征燃油税的动议早在1994年就开始酝酿。2006年围绕养路费改革进行的论战之后，一切恢复沉寂。就在公众似乎将燃油税忘却的时候，国家发改委、财政部等部门于2008年联合发布《关于贯彻实施〈中华人民共和国节约能源法〉的通知》，称将研究开征环境税、择机出台燃油税。恰逢国际金融危机，国际油价大跌，沉寂已久的燃油税话题被重新点燃。

2008年12月5日，发改委、财政部、交通运输部和国家税务总局公布了《成品油价税费改革方案》（征求意见稿）（以下简称《征求意见稿》），并毫无征兆地将“燃油税”撤换为“成品油消费税”。[①] 社会各界对此高度关切，

---

① 《征求意见稿》全文如下：

为建立规范的税费体制和完善的价格机制，促进节能减排、环境保护和结构调整，公平负担，依法筹措交通基础设施养护和建设资金，根据《中华人民共和国公路法》等有关法律、法规规定，国家发展改革委、财政部、交通运输部、国家税务总局特拟定成品油价税费改革方案。

一、成品油价税费改革的总体思路

规范政府收费行为，取消公路养路费等收费；在不提高现行成品油价格的前提下，提高成品油消费税单位税额，依法筹集交通基础设施养护、建设资金；完善成品油价格形成机制，理顺成品油价格。

二、关于燃油税费改革

（一）取消公路养路费等收费。取消公路养路费、航道养护费、公路运输管理费、公路客货运附加费、水路运输管理费、水运客货运附加费等六项收费。逐步有序取消已审批的政府还贷二级公路收费。

（二）成品油消费税单位税额安排。汽油消费税单位税额由每升0.2元提高到1元，柴油由每升0.1元提高到0.8元，其他成品油单位税额相应提高。汽、柴油等成品油消费税价内征收，单位税额提高后，现行汽、柴油价格水平不提高。

（三）成品油消费税收入的使用。这次调整税额形成的成品油消费税收入一律专款专用，主要用于替代公路养路费等六项收费的支出，补助各地取消已审批的政府还贷二级公路收费，并对种粮农民、部分困难群体和公益性行业给予必要扶持。

三、关于完善成品油价格形成机制

国产陆上原油价格继续实行与国际市场直接接轨，国内成品油价格继续坚持与国际市场有控制地间接接轨，建立和完善既反映国际市场石油价格变化和企业生产成本，又考虑国内市场供求关系；既反映石油资源稀缺程度，又兼顾社会各方面承受能力的价格形成机制，促进资源节约和环境保护。

在短短7天内,通过网络、传真、信件等方式传递了反馈意见48643条。[①]新华社网络调查显示,79.37%的人支持开征燃油税。此外,中国青年报社会调查中心通过新浪网,对8294名公众的在线调查显示,94.3%的人关注此次燃油税改革,其中70.8%的人表示"高度关注"。[②]中国法学会财税法学研究会也向四部委递交了《关于〈成品油价税费改革方案(征求意见稿)〉的意见》,明确表达了其学术立场和专业判断。[③]法学界的意见和建议主要集中税收立法程序、公平合理原则、衍生问题预防等方面。正如有学者所言,燃油税开征所涉及的,其实并不仅仅只是经济民生领域,更多的意义上亦涉及法治基本原则。选择行政立法,还是选择代议机关立法,是一次考验政府法治意识的特别测试。[④]

七天的征求意见活动期满后,国务院颁布了《关于实施成品油价格和税费改革的通知》(国发[2008]37号文,以下简称《通知》)。《通知》指出,为建立完善的成品油价格形成机制和规范的交通税费制度,促进节能减排和结构调整,公平负担,依法筹措交通基础设施维护和建设资金,国务院决定

国内汽、柴油出厂价格以国际市场原油价格为基础,加国内平均加工成本、税收和合理利润确定。将现行汽、柴油零售基准价格允许上下浮动改为实行最高零售价格。最高零售价格以出厂价格为基础,加流通环节差价确定,并将原流通环节差价中允许上浮8%的部分缩小为4%左右。国家将继续对成品油价格进行适当调控。

国内成品油价格按完善后的机制运行后,当年成品油价格变动引起的农民种粮增支,继续纳入农资综合直补政策统筹安排,对种粮农民综合直补只增不减;出租车在运价调整前,继续由财政给予临时补贴。渔业(含远洋渔业)、林业、城市公交、农村道路客运(含岛际和农村水路客运),补贴标准随成品油价格的升降而增减。各地要继续做好城乡低保对象等困难群体基本生活保障工作。

四、相关问题及解决措施

(一)妥善安置交通收费征稽人员。在地方各级人民政府统一领导下,多渠道妥善安置,中央相关部门给予指导、协调和支持,确保改革稳妥有序推进。

(二)确保取消收费政策到位。取消公路养路费等收费后,要加强监督检查,确保取消收费政策落到实处,严格禁止变相新增收费项目、乱收费。对违反规定的,要严肃查处,并追究相关责任人的责任。

(三)加强成品油市场监管。加强油品市场监测和监管,严厉打击虚假销售偷逃税款、油品走私、经营假冒伪劣油品以及合同欺诈等违法行为,确保成品油市场稳定。

五、实施时间:成品油价税费改革方案自2009年1月1日起实施。

① 《成品油价税费改革方案(征求意见稿)》征求意见情况通报,国家发改委网站,http://www.ndrc.gov.cn/xwfb/t20081213_251249.htm,2011年6月12日访问。

② 左修腾、傅林:《抓住燃油税改革新契机,交通执法再取新突破》,载《法制与社会》2009年第10期。

③ 参见《追寻财税法学的真谛——刘剑文教授访谈录》,法律出版社2009年版。

④ 王桦宇:《漫谈税收法律主义:燃油税的法治思想与现实拷问》,中国财税法学教育研究会2008年年会暨第九届海峡两岸财税法学研讨会会议论文。

实施成品油价格和税费改革。①

从《通知》对《征求意见稿》内容的变动上看，国务院采纳了中国法学会财税法学研究会《关于〈成品油价税费改革方案（征求意见稿）〉的意见》中的相应观点，由国务院而不是四部委发布《通知》，这无疑是明智的。这是因为，《成品油税费改革方案》意味着对《消费税暂行条例》的修改。如果以征

---

① 《通知》中有关成品油税费改革的内容如下：

（一）提高现行成品油消费税单位税额，不再新设立燃油税，利用现有税制、征收方式和征管手段，实现成品油税费改革相关工作的有效衔接。

1. 取消公路养路费等收费。取消公路养路费、航道养护费、公路运输管理费、公路客货运附加费、水路运输管理费、水运客货运附加费等六项收费。

2. 逐步有序取消政府还贷二级公路收费。抓紧制订实施方案和中央补助支持政策，由省、自治区、直辖市人民政府根据相关方案和政策统筹研究，逐步有序取消政府还贷二级公路收费。各地可以省为单位统一取消，也可在省内区分不同情况，分步取消。实施方案由国家发展改革委会同交通运输部、财政部制订，报国务院批准后实施。

3. 提高成品油消费税单位税额。汽油消费税单位税额每升提高 0.8 元，柴油消费税单位税额每升提高 0.7 元，其他成品油单位税额相应提高。加上现行单位税额，提高后的汽油、石脑油、溶剂油、润滑油消费税单位税额为每升 1 元，柴油、燃料油、航空煤油为每升 0.8 元。

4. 征收机关、征收环节和计征方式。成品油消费税属于中央税，由国家税务局统一征收（进口环节继续委托海关代征）。纳税人为在我国境内生产、委托加工和进口成品油的单位和个人。纳税环节在生产环节（包括委托加工和进口环节）。计征方式实行从量定额计征，价内征收。今后将结合完善消费税制度，积极创造条件，适时将消费税征收环节后移到批发环节，并改为价外征收。

5. 特殊用途成品油消费税政策。提高成品油消费税单位税额后，对进口石脑油恢复征收消费税。2010 年 12 月 31 日前，对国产的用作乙烯、芳烃类产品原料的石脑油免征消费税；对进口的用作乙烯、芳烃类产品原料的石脑油已纳消费税予以返还。航空煤油暂缓征收消费税。对用外购或委托加工收回的已税汽油生产的乙醇汽油免征消费税；用自产汽油生产的乙醇汽油，按照生产乙醇汽油所耗用的汽油数量申报纳税。对外购或委托加工收回的汽油、柴油用于连续生产甲醇汽油、生物柴油的，准予从消费税应纳税额中扣除原料已纳消费税税款。

6. 新增税收收入的分配。新增成品油消费税连同由此相应增加的增值税、城市维护建设税和教育费附加具有专项用途，不作为经常性财政收入，不计入现有与支出挂钩项目的测算基数，除由中央本级安排的替代航道养护费等支出外，其余全部由中央财政通过规范的财政转移支付方式分配给地方。改革后形成的交通资金属性不变、资金用途不变、地方预算程序不变、地方事权不变。具体转移支付办法由财政部会同交通运输部等有关部门制定并组织落实。新增税收收入按以下顺序分配：

一是替代公路养路费等六项收费的支出。具体额度以 2007 年的养路费等六费收入为基础，考虑地方实际情况按一定的增长率来确定。

二是补助各地取消政府还贷二级公路收费。每年安排一定数量的专项补助资金，用途包括债务偿还、人员安置、养护管理和公路建设等。

三是对种粮农民增加补贴，对部分困难群体和公益性行业，考虑用油量和价格水平变动情况，通过完善成品油价格形成机制中相应的配套补贴办法给予补助支持。

四是增量资金，按照各地燃油消耗量、交通设施当量里程等因素进行分配，适当体现全国交通的均衡发展。

7. 实施时间。成品油税费改革自 2009 年 1 月 1 日起实施。

求意见的四部委名义发布《通知》,将出现行政规章抵触行政法规的情况,这无疑有违《立法法》和一般法理的要求。除此之外,将《通知》同《征求意见稿》进行比对,还可以发现如下改动:

第一,《征求意见稿》提出,"汽、柴油原流通环节差价中允许上浮8%的部分缩小为4%左右",《通知》将其替换为"适当缩小出厂到零售之间流通环节差价"。

第二,《通知》中增添了有关"征收机关、征收环节和计征方式"的规定,并指出"今后将结合完善消费税制度,积极创造条件,适时将消费税征收环节后移到批发环节,并改为价外征收"。

第三,《通知》明确了成品油价格配套措施,并对妥善安置交通收费征稽人员,研究解决普通公路建设发展,特别是二级公路未来发展,成品油市场监管以及改革实施工作等方面做了部署。

第四,《通知》中增加了完善成品油价格的配套措施。一是继续发挥石油企业内部上下游利益调节机制作用。二是完善相关行业价格联动机制,对铁路货运价格、民航国内航线旅客运输价格、出租车和道路客运价格的调整规定了基本要求。

以上内容使《通知》较《征求意见稿》更为具体,措施更为详尽,可操作性增强。但除此之外,《通知》较《征求意见稿》再无实质性的更改。关于"六费合一税的选择理由"、"路桥费、通行费的存留"等社会广泛关注的问题,《通知》中并未作解释。广泛征求意见的结果未免有些令人失望。不过,燃油税费改革的进程并未就此结束。在《通知》发布之后,国务院及相关部委后续仍有一系列的配套措施,以解决燃油税费改革之后的利益平衡问题。

四、燃油税与消费税——一种特殊的寄生关系

从1994年开始,我国在十四年的时间内从未间断燃油税费改革的动议,经过多年的尝试与探索,终于以成品油消费税增量征收的方式落定。从我国公路养路费发展历程可以看出,燃油税费改革一直交织着养路费问题。2009年的这次改革更是以化解养路费争议为契机,结合我国现实情况和国际油价走势,对燃油税费以及相关问题进行了全面清理。这次改革的目的主要在于提高养路费的级次、建立规范的税费体制和完善的价格机制、促进节能减排、环境保护和结构调整,促进公平负担,依法筹措交通基础设施维护和建设资金。

在成品油消费税正式确立之前,学者对燃油税的开征进行了诸多设计,

各有所长,也未达成较为统一的意见。唯一确定的一点是,我国的燃油税应与国际通行的燃油税有所不同,也应与我国的资源税有所区别。结合我国的具体国情,不可能借鉴欧洲国家的做法对燃油税开征原油售价200%—300%的燃油税,也不可能在现行资源税基础上重复开征与其相同或相似的税种。但对于从“燃油税”到“成品油消费税”的转变,业内专家并未有太多的预期。

燃油税改自养路费和其他交通规费。根据《通知》的表述,改革后将取消公路养路费、航道养护费、公路运输管理费、公路客货运附加费、水路运输管理费、水运客货运附加费等六项收费,并逐步有序取消已审批的政府还贷二级公路收费。《通知》还明确,调整税额形成的成品油消费税收入一律专款专用,主要用于替代公路养路费等六项收费的支出,补助各地取消已审批的政府还贷二级公路收费。这实际上是用“税的外衣包装收费”,达到规范政府收费行为及其机制的目的。对于用上调消费税税率的方式开征燃油税,也有不少专家对此表示高度赞同。

国务院发展研究中心研究员倪红日认为,政府选择“上调消费税”的方案非常聪明。首先,在税制设置上用消费税取代燃油税比较科学,符合“简税制”的目的。我国现行消费税本身就是对那些利润较大、垄断性强、奢侈类的消费品等在征收增值税等基础上进行第二次税收调整,而且实行从量定额征收,与燃油税的要求基本一致。因此,没必要“多此一举”再开征一道燃油税。其次,通过调整“成品油消费税单位税额”替代养路费等收费,同样可以达到“费改税”的目的。消费税属于中央税,用中央税来集中收入,然后再按比例返还给地方,专款专用,这样,收入和支出环节都比较规范。最后,可以避免征税环节上的难题。燃油税是在生产环节还是零售环节征收,一直都有争议。如今就不存在这个难题了,消费税原来怎么收现在还怎么收。①

用成品油消费税之名行燃油税之实,真的就如其所言那么完美?笔者不以为然。养路费是一种公共设施使用费,归入政府性基金管理。将养路费换化成燃油税之后,燃油税也因此具有了此种性质,其征税目的是通过对公路使用者课税,以弥补地方的公路养护和改善支出。将燃油税寄生在消费税上,和燃油税本应发挥的功能相比,这种移植会不会造成排异反应?

---

① 《专家解读:燃油税改革为何只提“消费税”?》,http://news.ifeng.com/mainland/200812/1207_17_911103.shtml,2011年6月16日访问。

消费税是以特定消费品为征税对象的一种流转税。根据2009年1月1日生效实施的《消费税暂行条例》,消费税是由国家税务局以及海关负责征收管理的一种税,其收入归属于中央政府。我国在对大部分商品普遍征收增值税的同时,又对于特定商品另行征收一道消费税,其目的非常明显,即调节产品结构、引导居民消费方向、保证国家财政收入。出于节省征收成本,提高征收效率,防止税源流失的考虑,大多数产品的消费税确定在生产环节征收。成品油消费税改革之后,其征收方法也不例外。正是因为如此,成品油消费税与燃油税相比,还是会有一些内在的冲突。

首先,消费税是间接税,并不考虑不同纳税主体的纳税能力,消费应税商品的量越大,被征收的税款越多。虽然在一般情况下,消费燃油越多,也就意味着使用公路的里程越长,但是,燃油的用途非常广泛,并不仅仅限于汽车发动机。因此,笼统地对燃油消费征税,就消费税而言并无不当之处,却不能反映燃油税作为公路使用费的性质。例如,农业用油、船舶用油、航天用油等,与公路使用并无关联,其消费者本身就不应该缴纳养路费。但是,按照《消费税暂行条例》,他们却必须缴纳消费税。现实的情况是,除了特殊的石油产品外,对汽油、柴油,人们无法在生产环节区分其具体用途,就只能在征税后对纳税人进行财政补偿。否则,上述类型的纳税人将遭受极大损失。而这个过程无疑又会增加规则设计的难度。

其次,依据国务院《关于实行分税制财政管理体制的决定》,消费税属于中央税,其收入全部归属于中央政府。而成品油消费税改革的目的,是为了给地方政府筹措公路养护资金,其主要的替代对象就是公路养路费。公路养路费原来由地方政府负责征收,地方政府自主支配和使用,财政权属关系非常清晰。成品油消费税改革之后,一方面必须遵守消费税的规则,将征收权划归国税部门,将收入归属权转入中央政府,另一方面又不得不兼顾地方的现实利益,通过复杂的转移支付将资金回拨给地方。相比海南推行的燃油税费改革,2009年成品油消费税改革的成本非常高,效率并不见得因此而提升。对中央政府而言,这是一个增加其财权和财力的机会。对地方政府而言,其财权无疑受到极大的限制,而其财力能否得到充分的保障,除了文件上所规定的分配公式外,还不得不借助于各种制度外因素。这在无形中会增加腐败、寻租的机会,降低制度运行的效率。

再次,成品油消费税改革可能加剧地区之间的不平衡。按照《消费税暂行条例》,和其他大部分应税消费品一样,石油类产品在生产环节、进口环节或委托加工环节课征消费税,而不是在批发或零售环节课征消费税。成品油的生产和进口地往往比较集中,但消费成品油的纳税人却遍布全国各地。如果按照纳税的多少来进行转移支付,无疑对炼油厂所在地会产生额外利益,而对其他实际消费成品油的地方则不公平。《通知》也意识到这个问题,并提出:"今后将结合完善消费税制度,积极创造条件,适时将消费税征收环节后移到批发环节,并改为价外征收。"另外,转移支付的标准也不是成品油消费税数额,而是以 2007 年的养路费等六费收入为基础,这也在很大程度上维护了既得利益,不利于新增收益在地区之间的均衡分配。

最后,就立法策略而言,在很多人看来,不直接制定燃油税法,而是上调石油产品的消费税税率,是一条效率极高的改革捷径,可以规避《立法法》对税收立法的限制,避免无休止的政策争议和漫长的立法过程。其实,如果要开征单独的燃油税,也只会由国务院制定行政法规,而不会上升到全国人大立法的层面。这首先是因为《立法法》对税收立法的规定很模糊,以至于让国务院觉得,自己开征新税的权力从未被剥夺。另外一方面,燃油税属于"费改税"的方案之一,其性质与车辆购置税一样,并不属于真正意义上的开征新税。所以,燃油税本来就不会进入全国人大的立法规划,利用消费税"明修栈道、暗渡陈仓"的做法并无太多可取之处,反而带来了一系列的后续问题,让规则设计和运作变得无比复杂。

综上所述,燃油税与消费税并非完全兼容。将燃油税移植于消费税之上虽然简便,但二者之间存在严重的排异现象。一些不该负担燃油税的纳税人被纳入征税范围,一些与公路使用没有关联的石油产品也成为课税对象。原本地方可以自主征收和使用的税款,现在必须借助中央政府的帮助。原本比较直接清楚的缴费与受益关系,现在不得不隐藏在繁复的转移支付规则之下。对于这些问题,政策制定者们并非没有意识到,《通知》中也作了一些相应的安排。但是,一个法律上并不复杂的问题,被人为地弄得如此扑朔迷离,这到底是一种节约还是浪费?我们不能只看到征税规则的简单明了,更应该观察其背后让人眼花缭乱的补偿和分配规则。而之所以会这样,主要还是源于燃油税内在属性的冲突。

《通知》强调,推行成品油价格和税费改革的目的,是为建立完善的成品油价格形成机制和规范的交通税费制度,促进节能减排和结构调整,公平负担,依法筹措交通基础设施维护和建设资金。从中可以推知,燃油税至少具有三重属性:消费税、环境税和公共设施使用费。消费税遵循量能课税原则,消费量越大,纳税人的负担能力越强,国家所收取的税款越多。环境税遵循肇因者付费原则,根据纳税人对环境的损害程度决定税课高低。公共设施使用费遵循使用者付费原则，使用的次数越多，里程越长，频率越高，付费的数额就越多。消费税和环境税大体上还能保持一致性，但是如前所示，其与公共设施使用费之间确实存在不小的冲突。即便仅就公共设施使用费而言，燃油税的定位也超越了公路养护所需，同时还包括了解决公路建设资金。而要想在一个方案中兼顾这么多目标，顾此失彼在所难免。

由于缺乏决策过程的信息公开，我们无法得知 2008 年成品油税费改革的具体细节。不过从改革的结果上看，中央的财力虽然不一定因此而增加，但是其财权的扩张却是个无可争辩的事实。对地方而言，结论正好相反。其财力不一定因此而减少，但财权却又一次受到削弱。这种现象与当前财税体制改革的理念转变不无关系。2007 年中国共产党十七大报告中提出，要“健全财力与事权匹配的财税体制改革”[①]，而不是像以前一样，强调地方财权与事权相匹配。增加地方的财力，削弱地方的财权，成为新一轮财税体制改革的重点。成品油税费改革采纳消费税模式，由国税机关直接征收税款，收入直接进入中央国库，然后再通过转移支付向地方分配，恰恰印证了这一动态。

从政治上看，这一次中央与地方的权力博弈，继续以中央的胜利而告终。但是，消费税模式所带来的问题并未在《通知》中得到全面彻底地解决。这些问题如果处理不好，不仅会挫伤地方政府的积极性，也会对纳税人带来极大的不公。下文即试图深入分析这些问题，并结合法学原理提出改善之策。

五、燃油税费改革方案的实效评估

燃油税费改革虽然与养路费风波有所交集，但如前所述，其出发点其实超越了筹集公路养护资金，其定位也不仅限于公路使用费这个层次。既然改革的目标多重，在评价其具体方案时，就不得不经常妥协或折中，以求各个目标达成基本平衡。在燃油税费改革方案中，具体有三个问题值得深入探究。第一，哪些成品油应该列入征税对象？对不宜列入而又被列入的，如何进行补偿？第二，哪些人不宜成为纳税人？对已经被列为纳税人的，如何进行补偿？第三，在新能源时代，汽车可以不烧汽油或柴油，也就无法对其征收燃油税。对此如何看待和处理？下文围绕这三个问题逐一展开。

---

① 参见 http://news.xinhuanet.com/newscenter/2007-10/24/content_6938568_4.htm，2011 年 7 月 30 日访问。

（一）不同类型成品油的可税性问题

成品油可分为汽油、柴油、航空煤油、石脑油、溶剂油、润滑油以及燃料油等。基于燃油税的特殊性质，在征税范围设定之初，即应对不同的油料品种进行功能划分，对于机动车所使用的油料进行征税，并将其他成品油排除于燃油税之外。换言之，除汽油柴油之外的成品油都不应征收燃油税。

由于成品油消费税适用定额税，对于不同的油品规定不同的消费税额，设计燃油税费改革方案时，对油品进行功能上的区分并非不可行。但是，《通知》明确要求："汽油消费税单位税额每升提高0.8元，柴油消费税单位税额每升提高0.7元，其他成品油单位税额相应提高。加上现行单位税额，提高后的汽油、石脑油、溶剂油、润滑油消费税单位税额为每升1元，柴油、燃料油、航空煤油为每升0.8元。"这就意味着，本次燃油税费改革并没有对成品油进行功能区分，而是全盘提升了成品油的消费税定额。其中，石脑油、溶剂油、润滑油每升征收0.8元，航空煤油和燃料油每升征收0.7元。对用于乙烯、芳烃类产品原料的石脑油，只是在2008年12月31日之前有特殊待遇（国产的，予以免税；进口的，退还税款）。航空煤油的消费税则暂缓征收。

如果仅从公路税费改革的角度理解燃油税，对特殊用途的成品油提高消费税当然不妥。无论是石脑油、溶剂油还是航空煤油，都与公路使用没有直接关联。机动车虽然需要润滑油，但润滑油还广泛使用于其他机械上，其与公路使用仅在小范围内发生联系。不过，既然2009年成品油税费改革还包含了其他目标，如促进环境保护、理顺价格机制、公平负担等，是否需要对这些特殊用途的成品油征税，就需要从另外的角度进行综合权衡。笔者以为，总体来说，这仍在国务院税收立法权范围内。从节约能源和保护环境的立场看，这些特殊用途的成品油虽然与公路使用无关，但仍然属于不可再生资源，其生产和消费同样会产生污染。所以，对其加重税负也无可非议。

（二）对特殊主体的利益补偿问题

既然燃油税源于公路养路费改革，是费改税的结果，其纳税人主要应当是公路的使用者，也即与交通运输相关的群体。以工农业生产为目的而使用汽柴油的群体，除非有其他方面的正当考虑，不应成为燃油税的负担者。即使是公路的使用者，如果是特定的运输型行业，如公共交通业与出租车行业，对其燃油税负担也应该给予特殊考量。

由于担心识别困难，为防止滥用以及避税，《通知》中采取了无差别的征税思路，对成品油消费者按照统一标准征税。此举将导致农业生产者以及铁路、公交、出租车行业成本大量增加，对弱势产业和公共交通带来重大影响。因此，不管是基于立法目的还是政策效果，都应对这些行业的纳税人进行返还、退税或者油价优惠。《征求意见稿》已经提出，要采取补贴的方式补偿该类成品油使用者。《通知》则进一步明确了不同的补偿方式。

《通知》指出，要完善对种粮农民、部分困难群体和公益性行业补贴的机制。(1) 种粮农民。当年成品油价格变动引起的农民种粮增支，继续纳入农资综合直补政策统筹考虑给予补贴。对种粮农民综合直补只增不减。(2) 城市公交、农村道路客运（含岛际和农村水路客运）、林业、渔业（含远洋渔业）。成品油价格调整影响上述行业增加的成本，由中央财政通过专项转移支付的方式给予补贴。(3) 出租车。在运价调整前，因油价上涨增加的成本，继续由财政给予临时补贴。(4) 低收入困难群体。各地综合考虑成品油、液化气等调价和市场物价变动因素，继续做好城乡低保对象等困难群体基本生活保障工作。

这些机制体现了对利益受损者的补偿，是一个非常值得肯定的基调。不过，其所存在的问题也很明显。例如，农资综合直补的对象是种粮农民，但燃油税改革后真正应该得到补偿的是农业机械所有人。对农民基于种粮量的直接补贴，不一定能够让农机所有人受益。此外，对城市公交、农村道路客运的补贴，本来已经规定由中央财政通过专项转移支付给予补贴，但在实际执行中却变成中央与地方共担补贴款。[①] 最为麻烦的是，由于缺乏公开透明的财政补贴和转移支付标准，地方政府能够从中央争取到多少资金，种粮农民、部分困难群体和公益性行业能够获得多少补贴，完全取决于政府内部程序，不确定性非常之大。可见，要落实这些利益补偿机制，还需要进一步完善规则，增加财政透明度，重视民主参与和监督。

（三）新能源汽车与成品油税费改革

2009 年成品油税费改革的主要目的在于，“多用路者多交税，少用路者少交税，不用路者不交税”，实现税负公平，筹措公共设施养护和建设资金。对使用汽油、柴油发动机的车辆征收燃油税，确实可以达到上述目的，但现在公路上行驶的并非全是汽油、柴油发动机汽车。随着社会对环境保护的关注以及对低碳生活的提倡，环保产品已涵盖了我们生活的各个领域，并呈

① 参见 2009 年财政部、发展改革委、监察部、交通运输部、农业部、审计署、国家林业局联合发布的《关于成品油价格和税费改革后进一步完善种粮农民、部分困难群体和公益性行业补贴机制的通知》（财建【2009】1 号）。

现不断扩展的趋势。新能源汽车就是一个典型的例证。

根据工业和信息化部公布的《新能源汽车生产企业及产品准入管理规则》,新能源汽车是指“采用非常规的车用燃料作为动力来源(或使用常规的车用燃料、采用新型车载动力装置),综合车辆的动力控制和驱动方面的先进技术,形成的技术原理先进、具有新技术、新结构的汽车。新能源汽车包括混合动力汽车、纯电动汽车(BEV,包括太阳能汽车)、燃料电池电动汽车(FCEV)、氢发动机汽车、其他新能源(如高效储能器、二甲醚)汽车等各类别产品”。[①] 和其他普通能源汽车一样,新能源汽车也需要使用公路。从公平负担的角度看,其也应该通过燃油税形式负担公路养护和建设费用。但是,就目前燃油税费改革的方案而言,新能源汽车无需缴纳燃油税,只有以汽油、柴油发动机作为动力的车辆才需要缴纳此类税收。如此做法,岂不是与公路税费改革的初衷相背离?

如果仅仅从公平分配的角度,新能源汽车当然也要负担公路费用。不过,如果将节约能源、保护环境、促进新生事物发展的因素考虑进来,对新能源汽车产业的政策鼓励也不是不可以。首先,不管是采用消费税模式还是独立的燃油税模式,燃油税费改革都只能针对石油类产品,不可能将新能源纳入其中。从目前的汽车动力类型看,汽油、柴油发动机毕竟占据比例极大,而新能源汽车只是一个新生事物,在整个市场中的份额非常之低。从筹集公路养护和建设资金的角度看,针对传统能源汽车征收燃油税,就已经可以基本达到目的。新能源汽车不被纳入考虑范围,也不会影响整体格局。

其次,除了筹集公路养护和建设资金外,燃油税费改革还有节约能源、保护环境的目的。新能源汽车在节能环保方面功效独特,燃油税将其排除在考虑范围之外,可以视为一种奖励措施,促使汽车企业生产更多的新能源汽车,更多的消费者愿意购买新能源汽车。新能源汽车代表着汽车发展的方向,产业刚刚起步的时候也需要得到扶持。事实上,目前新能源汽车不仅不需要缴纳燃油税,还能从政府得到巨额财政补贴。这是说明,燃油税费改革不涉及新能源汽车,并不是一个立法缺陷,恰恰符合燃油税的宗旨,也符合国家的产业导向。

最后,对新能源汽车的鼓励措施是暂时的,不可能永久不变。等新能源汽车技术稳定、市场成熟之后,就应该和其他类型的汽车平等竞争。此时,

---

① 参见 http://www.miit.gov.cn/n11293472/n11293832/n11294057/n11302390/12427300.html,2011 年 11 月 18 日访问。

除了传统能源汽车要为使用公路付费之外，新能源汽车同样也要分摊公路养护和建设费用。虽然燃油税无法适用于新能源汽车，但是，只要目标明确，办法总是会有的。例如，可以考虑先修改《公路法》第 36 条，使其更具有包容性，不对公路养护资金规定固定的来源，然后根据新能源汽车的吨位、动力大小、座位数量等指标，要求其缴纳公共设施使用费，就像汽车原来缴纳养路费一样。当然，也可以在《公路法》的框架下设计其他的税种。

其实，对于《公路法》第 36 条的要求，国务院在贯彻实施时有很大的自主空间。燃油税可以用来筹集公路养护资金，但并非只有燃油税才能达到这个目的。根据《通知》的精神，燃油税也并非只解决公路养护资金问题，它还可以具有其他方面的功效，例如筹集公路建设资金，以及其他公共设施的养护和建设资金等。同时，燃油税还有节能环保、促进新产业发展等方面的考虑。正是出于这些原因，对于新能源汽车与燃油税表面上的排异，我们不能单纯从公路使用费的角度去理解，还应该考虑其他方面的多重目标。

六、燃油税费改革中的政府间财政关系

2009 年成品油税费改革最突出的问题是中央动了地方的奶酪。改革之前，养路费等六种公路收费属于地方政府的自主财权，二级公路的通行费也是由地方政府自主掌控。改革之后，不仅养路费等公路收费被并入燃油税，二级公路的通行费也被要求逐步取消。而燃油税寄生于消费税之后，其税款自然归属于中央，地方政府将因此丧失巨额财源。为解决这个问题，《通知》明确提出，新增成品油消费税连同由此相应增加的增值税、城市维护建设税和教育费附加具有专项用途，不作为经常性财政收入，不计入现有与支出挂钩项目的测算基数，除由中央本级安排的替代航道养护费等支出外，其余全部由中央财政通过规范的财政转移支付方式分配给地方。改革后形成的交通资金属性不变、资金用途不变、地方预算程序不变、地方事权不变。具体转移支付办法由财政部会同交通运输部等有关部门制定并组织落实。

既然如此，从总量上看，成品油税费改革并未减少地方的利益，只是改变了财政资金的分配方式而已。《通知》甚至确定了增量资金分配的顺序：一是替代公路养路费等六项收费的支出。二是补助各地取消政府还贷二级公路收费。三是对种粮农民增加补贴，对部分困难群体和公益性行业给予补助支持。对于养路费等六费收入的补偿，《通知》提出，具体额度以 2007 年的养路费等六费收入为基础，考虑地方实际情况按一定的增长率来确定。《通知》还要求，要按照各地燃油消耗量、交通设施当量里程等因素分配增量

资金，适当体现全国交通的均衡发展。这些对保障地方既得利益、规范转移支付、平衡各地发展无疑具有积极指导意义。正是中央作出的上述表态，换取了地方对这次改革的支持。否则，如此地方大规模地“输血”给中央，对其财政来说无疑是一场灾难。

虽然《通知》提出，除个别项目外，要将新增资金全部由中央财政通过规范的财政转移支付方式分配给地方。但是，何谓“规范的财政转移支付”，不仅《通知》本身没有太多的提示，就算是扩大到《通知》之外的法律、法规，目前也找不到相应的答案。迄今为止，财政转移支付的依据基本上都是规范性文件，在这个领域中，不仅找不到专门的法律和行政法规，就连部门规章都没有。中央的转移支付文件有的由财政部发布[①]，有的则由财政部与其他部委联合发布。[②] 尽管近些年来，转移支付的规范化程度越来越高，但是，该领域至今仍然是中国财政法的软肋。总体来说，财政转移支付立法在我国尚属空白。地方要想拿到应得的转移支付资金，除了找到相应的法律和文件依据外，还需要在规则之外付出巨大的努力。

例如，对于养路费等六费收入的返还，《通知》已经确定了基本标准，可操作性较强，地方利益一般不会因此受损。但对于补助各地取消政府还贷二级公路收费，《通知》只是说，每年安排一定数量的专项补助资金，用途包括债务偿还、人员安置、养护管理和公路建设等。由于标准不明，执行起来自由裁量权就会很大。从地方的角度看，政府收费还贷二级公路停止收费之后，能不能从中央拿到补助，能争取到多少补助，是否能弥补相应开支，都处于无法预知的状态。为了多得补助资金，地方会千方百计讨好中央主管部门和主管人员。在此过程中，“驻京办事处”的作用可以充分发挥出来，而浪费、腐败、贪污、受贿现象也很难避免。由于财政转移支付的不规范，成品油税费改革的效果可能会大打折扣。除了中央的权威和财力大大增强外，地方的利益未必能得到足够保障。凡此种种，是否本身就是改革方案所预设的结果？

我国 1994 年推行分税制改革时，强调中央与地方之间财权与事权相结合。2007 年之后，我国财政体制改革的重点有所转移，不再强调地方“财

---

① 如财政部发布的《国家重点生态功能区转移支付办法》（财预[2011]428 号）。

② 如财政部、国家能源局、农业部发布的《绿色能源示范县建设补助资金管理暂行办法》（财建[2011]113 号）。

权”与事权相结合,而是强调地方“财力”与事权相匹配。[①] 之所以出现这种变化,是因为在执行分税制的过程中,地方的“财权”与“财力”并不完全吻合。对于经济发达的东部和沿海地区而言,财力能够通过财权得到保障。但是,对于西部内陆地区而言,由于经济发展水平有限,分税制所赋予的“财权”不足以保证其“财力”。中央现在强调财力与事权相匹配的目的,可能是为了纠正以前的偏颇,让地方不仅仅享有“财权”,更拥有相应的“财力”,以便更好地为地方居民提供公共服务。如果从这个角度理解上述变化,那么,强调地方“财力”确实富有针对性,对完善分税制具有现实意义。

不过笔者坚持认为,“财权”与“财力”本来是统一的,二者不应该出现背离。中西部地区之所以出现“财权”与“财力”的不一致,不是因为二者真正在内在性质上有矛盾,而只是因为人们在理解上出现了偏差。如果仅从“分税”的角度理解地方“财权”,当然会出现上述有“财权”而缺“财力”的情况。税种划分的标准全国统一,但各地经济发展水平不一,自然会导致不同的地方政府财权相同但财力不一。然而,分税制的内涵并不限于“分税”,还包括划分各级政府事权,以及视财力差距进行转移支付。严格来说,财力不足的地方从中央得到补助本身也是“财权”。只要这种权利得到了有效保障,地方财力不足的问题就可以解决。

遗憾的是,由于我国缺乏公正透明、规范高效的财政转移支付制度,无论中央还是地方都很少从权利义务的角度理解转移支付。中央掌握财政资金之后只是进行单项的分配,并未意识到自身所负的法律义务,而地方财力不足时也无从找到依据主张权利。这种思维模式长期固化的结果是,转移支付成为了中央对地方的恩赐,成为了中央控制地方的政治手段。而地方在这个体系中显得无能为力,往往只是通过制度外方式去争取利益。从这个角度而言,相比“财权与事权相结合”的提法,“财力与事权相匹配”的提法对中国的财政法治建设不利。从广义的角度理解地方“财权”,将财政转移支付纳入法治轨道,更有利于规范政府间财政关系。地方政府财力不足的原因,归根结底,还是在于财权得不到保障。

在实践中,“财力与事权相匹配”可能导致的另外一个偏颇是,忽视地方的财政自主权,过于重视中央的财政转移支付。成品油税费改革就是这样一个例子。地方公路的养护及建设是地方性事务,原来一直由地方负责筹集资金。征收养路费、政府还贷公路的收费等,都是在地方政府的主持下进

① 参见贾康:《健全中央和地方财力与事权相匹配的体制》,载《中国财政》2008 年第 13 期。

行。改革之后,地方政府丧失了对资金的控制权,要想恢复到原有的财力,必须求助于中央的转移支付。鉴于中央承诺,新增税收全部返还给地方,如果不考虑政府间转移支付的成本,成品油税费改革之后,其收入是归中央还是归地方,在结果上并无太大的差别。可是,这种制度成本确实客观存在,而且不可忽视。就连主政1994年分税制的前总理朱镕基也不得不承认,税收返还和财政转移支付问题成堆,影响了分税制改革的成效。① "财力与事权相匹配"初衷是好的,但是,如果缺乏透明规范的资金管理,对地方政府来说,常常也会有画饼充饥的感觉。

从养路费到燃油附加费,最后终之于成品油消费税,燃油税费改革经历了漫长的探索过程,期间也不乏公共参与和法律争议。迄今为止,改革方案已经实施了三年多,其成效如何,值得从各个角度进行研究。本节梳理了成品油消费税与燃油附加费、养路费的渊源,发现其中并非一一对应的关系。成品油新增的消费税取代了养路费,旨在解决公路养护资金的来源,同时,它也将筹集公路建设资金作为目的之一。由于将石脑油、燃料油、航空煤油、润滑油等纳入征税范围,成品油新增消费税的意义还扩展到了各种公共设施,而不仅仅限于公路。至于征税理由,除了延续养路费的使用者付费原则外,环境法上的肇因者付费原则也在一定程度上体现。

笔者发现,消费税模式的燃油税无论是内在机理还是税制设计,都与从养路费发展而来的燃油税理念有所区别。燃油税更大程度上仍然是一种公路使用费,强调"多用路者多付费,不用路者不付费"。而消费税看重纳税人的负担能力,它只关注纳税人是否消费应税燃油,而不关心这种消费是否与公路有关。另外,鉴于其与养路费的渊源,燃油税的地方性色彩非常浓厚,其征收和管理应交由地方。但消费税目前是中央税,地方无权征收和分享。正是由于这些区隔,复杂的配套制度就成为必需。中央不得不通过转移支付将资金返还给地方,同时照顾各种利益受损的主体。

这种模式契合了近年来财政体制改革的动向,中央对地方的影响力进一步加强,而地方对中央的依附性也因此见长。不过,笔者认为,相比"财权与事权相结合"的改革方针,强调"财力与事权相匹配"对规范政府间财政关系未必有利,它有可能导致中央过度集权,影响财政资金管理和使用的效

---

①　朱镕基在清华大学百年校庆与师生座谈时指出,分税制的确有缺点,税收返还(转移支付)的工作做得不好,要靠地方"跑部钱进",求爷爷告奶奶才能拿到。参见叶檀:《如何继续朱镕基的分税制改革》,载《南方人物周刊》2011年第18期。

率,也容易导致权利寻租和官员腐败。因此,还是应该维护和巩固地方的财权,使地方在法律上成为相对独立的主体,自主负责地方税的征收和使用。中央尽量不要介入地方财政事务,更不要对转移支付陈义太高。在法治的框架下,中央和地方各自其责,各尽其能,才是最为理想的模式。有鉴于此,笔者更青睐于在消费税之外开征独立的燃油税,并将其作为中央与地方的共享税,由地方政府组织征收。

第四节 房产税改革的财政动因与法治约束

2011 年 1 月底,国务院召开常务会议,同意在部分城市进行对个人住房征收房产税的改革试点,具体征收办法由试点城市所在省(自治区、直辖市)人民政府从实际出发制定。重庆市和上海市据此制定征税暂行办法,自 1 月 28 日起开始对个人非营业房产征收房产税。试点方案的实施激起了社会各界的热议。人们最为关心的问题如,在目前中国特定的财政背景下,是否有必要对个人住房征税?如果确有必要,应该选择何种模式?应该遵循怎样的程序,才能确保此税的合法性?等等。与此相关,下文着眼于房产税改革的财政动因,并试图基于目前的税制及土地制度,探索提出房产税改革的另一套思路,最后对重庆、上海试点方案的合法性瑕疵提出批评,主张房产税改革必须遵从最低限度的法治约束。

一、调控还是收入:房产税改革的财政动因

对个人自住房产征收保有环节的税收,早在本世纪初就已被列入中央的规划。2003 年 10 月,《中共中央关于完善社会主义市场经济体制若干问题的决定》提出,要“实施城镇建设税费改革,条件具备时对不动产开征统一规范的物业税,相应取消有关收费”。2006 年 3 月,第十届全国人民代表大会第四次会议批准的《国民经济和社会发展第十一个五年规划纲要》进一步明确,要“改革房地产税收制度,稳步推进物业税并相应取消有关收费”。但到了 2010 年 5 月,在《国务院批转发展改革委关于 2010 年深化经济体制改革重点工作的意见》中,“物业税”的提法已经不复存在,取而代之的表述是“逐步推进房产税改革”。

造成这种变化的原因后文再述。从前述两个文件的内容来看,推出物业税的目的似乎在于,合并相关税种并取消相关收费。而发展改革委的文件则排除了这个前提,仅仅只是要求“逐步推进房产税改革”,对于合并税种

和取消收费只字不提。房产税是业已存在的一个税种,所谓改革房产税,其实就是取消个人自住房产的免税待遇。只不过,由于《房产税暂行条例》的计税方法不合时宜,难以达到此次房产税改革隐性目标,所以才考虑在《房产税暂行条例》之外,允许特定地方政府自行其是,按照房屋的评估价格或交易价格课税。

房产税改革的目标到底是什么?国务院只做不说,在推行房产税改革试点时,连正式的文件都没有下达一份,只是传达了常务会议的精神,就给了地方相应的变通权力。财政部、国家税务总局、住房和城乡建设部有关负责人2011年1月27日就房产税改革试点有关问题接受记者采访时称,对个人住房征收房产税,一是有利于合理调节收入分配,促进社会公平;二是有利于引导居民合理住房消费,促进节约集约用地。① 不可否认,在一定程度上,对个人住房征税会有上述效果,但是,仅仅因此而课税,会不会偏离税收的正当性?房产税到底是调控税,还是财产税?房产税的真实目的到底是什么?这些问题仍值得我们追问。

正常情况下,税的功能主要在于筹集财政收入,在国民之间公平分配财政义务。至于调控消费、促进生产、保护环境等,最多只是税的附带目的而已,不足以成为主流。不过在中国,受长期片面的舆论宣传的影响,宏观调控似乎具备天然的正当性,公众对其真实动机缺乏足够警惕。就课税而言,只要祭出调控市场的大旗,无论是提高税率还是课征新税,通常很少遭到公众的质疑。正是抓住了这个心理特点,即便明知房产税对房产消费、特别是对高房价影响有限,政府也愿意从这个角度进行论证,以掩饰其增加财政收入、夯实地方税基的真实目的。

相比财政部、国家税务总局和城乡建设部的答记者问,财政部财政科学研究所贾康主任的说法更加直白。他认为,征收房地产税不是首先考虑房地产调控,而是考虑为全局改革配套。1994年形成的分级分税体制,在"十二五"期间应该有一个从上到下的贯通。房地产税成为地方税体系的支柱,将使省以下分税制由不易落实变成可以落实,使地方政府短期行为得到制度性校正。② 换句话说,之所以需要对个人住房征收房产税,是因为目前地

---

① 参见 http://news.xinhuanet.com/politics/2011-01/27/c_121032907.htm,2011年10月26日访问。

② 参见贾康:《房产税并非仅针对高房价》,载《中国证券报》2011年1月21日。另见 http://www.chinanews.com/estate/2011/01-21/2803402.shtml,2011年10月26日访问。

方政府没有主体税种，缺乏独立稳定的收入来源，导致过度依赖土地出让金，滋生推高房价牟利的积极性。从贾康先生的论断可以推知，房产税改革的主因不是调控市场，而是为地方政府谋取税收利益，创造分税制下地方财政的主体税种。

确实，相比调控房价、引导住房消费，增加地方政府的财力更显急迫。1994 年分税制实施以后，财权和财力不断向中央集中，地方的收入比例降低，财政支出的范围却持续扩大。为了弥补财政缺口，地方开始利用经营城市的理念，通过土地征用和批租获取差价，土地财政逐渐形成并不断固化。即便是如此，面对城市化和现代化进程之需，地方财政还是捉襟见肘，不得不通过举债筹集建设资金。特别是在 2008 年金融危机之后，为配合中央的积极救市之策，地方融资平台在全国遍地开花，地方负债的规模也急剧膨胀。鉴于地方财政岌岌可危，地方债务危机随时可能爆发，中央又开始从 2010 年起清理地方负债。

随着房地产调控和管制的深入，也由于可供征用的土地越来越少，土地财政难以为继是一个不争的事实。对地方政府而言，一方面，土地出让收入急剧减少，举债的渠道越来越窄；另一方面，已开工项目的投资不能中断，保障房建设的任务又不期而至，其所面临的财政压力可想而知。在这种情况下，要想改善地方财政，除了要求其适度节流之外，要么调整政府间财政分配模式，降低中央的收入比重，增加地方的财政能力，要么维持现有的分配格局不变，给地方创造新的财政收入来源。从房产税和资源税的改革方案看，决策机构无疑选择了后一种思路。这种不触及既得利益、只就增量进行分配的思路虽可减少改革阻力，但是也容易忽视相关当事人的利益。税的利益相关者，无疑就是纳税人。

二、目前的财政形势下政府不宜加税

既然对个人住房征税的目的是为了筹钱，就有必要评估政府是不是真的缺钱。同时，也有必要考虑一下，如果仅仅是地方政府入不敷出，应该通过何种方式加以解决为妥。

据财政部公布的数据，2011 年前三季度累计，全国财政收入 81663. 34 亿元，比去年同期增加 18623. 83 亿元，增长 29. 5%。其中，中央本级收入 41937. 72 亿元，同比增长 26. 2%；地方本级收入 39725. 62 亿元，同比增长 33. 3%。财政收入中的税收收入 71292. 18 亿元，同比增长 27. 4%；非税收入10371.16亿元,同比增长46.4%。[①] 而根据国家统计局发布数据测算,2011年前三季度累计,国内生产总值320692亿元,按可比价格计算,同比增长9.4%。[②] 从这两组同期数据进行对比可知,无论是财政收入还是税收的增长速度,都在GDP增长速度的三倍左右。事实上,这并不是孤例。多年以来,财政收入及税收增速一直远远高于GDP增速,说明在增量财富的分配中,政府比人民得到了更多。

财政收入占GDP的比重也是衡量人民牺牲程度的重要指标。中国社科院财政与贸易经济研究所2010年9月10日发布的《中国财政政策报告2009/2010》显示,按全口径计算的中国政府财政收入占GDP的比重,在2009年达到32.2%。[③] 所谓"全口径",是按照IMF《政府财政统计手册》标准,将一般预算收入、政府性基金收入、预算外收入、土地有偿使用收入、社保基金收入全部统计在内。[④] 不过,对中国而言,这事实上未必是真正的"全口径"。例如,政府所占有的庞大的国有资产,其应得的资产回报就没被统计进去。高速公路和城市道路收费没有统计进去,公共旅游资源的收费没有统计进去。如果把这些内容加进去,财政收入占GDP的比重还会继续升高。[⑤]

2008年以来,受世界金融危机的影响,中国经济也陷入了低迷时期,不仅有大量的民营中小型企业经营困难,飞涨的物价也在不断蚕食老百姓的购买力。面对这种经济形势,政府应该果断采取减税政策,放水养鱼,扶持中小企业的发展,有效提高公众的实际购买力。在财政支出方面,则应该降低政府的消费性开支,精简节约,防止铺张浪费,将财政资金真正用在改善民生的刀刃上。但中国的积极财政政策似乎反其道而行之。在财政支出方面,不仅基本建设投资急剧膨胀,地方负债的规模呈井喷式增长,消费性公共支出也越来越难以控制;在财政收入方面,面对民间日益高涨的减税呼声,政府虽然提出了"结构性减税"理念,实际上仍然念念不忘增加收入。

---

① 参见财政部网站:http://gks.mof.gov.cn/zhengfuxinxi/tongjishuju/201110/t20111018_600204.html,2011年10月28日访问。

② 参见国家统计局网站:http://www.stats.gov.cn/tjdt/gjtjdt/t20111018_402759817.htm,2011年10月28日访问。

③ 参见http://news.163.com/10/0913/01/6GE59HTJ0001124J.html,2011年10月28日访问。

④ 照此计算,当年全年政府收入超过10万亿元,当年税收收入只有6.3万亿元。所以,税收收入占GDP的比重所计算出来的宏观税负,并不足以反映人民的真实负担。

⑤ 这个主张受到上海财经大学蒋洪教授2011年10月15日在西南财经大学财税学院主办的"海峡两岸租税研讨会"上的发言启发,在此致谢。

“十二五”规划中所提到的资源税、房产税、环境税都属于加税的范畴，而所谓合理调整消费税，也只会使其征税范围扩大、税率提高，而不会相反。

就理想状态而言，税的轻重取决于财政开支是否必需。在北欧国家，即便个人收入的50%需要缴税，纳税人也未必觉得不可接受，这是因为税款用于广泛的社会福利，而政府本身的开支又受到了严格控制。中国在衡量宏观税负轻重与否时，不能简单地和其他发达国家类比，还要看看收上来的钱用到了哪里。虽然我们无法举出中国政府内部消费的具体数据，但是，奢华气派的办公大楼，先进昂贵的办公设备，司空见惯的公款招待、公车消费、公费旅游等，不得不让人怀疑税款消费是否合理。政府可以通过财政信息公开说服公众，所有的税款都用到了合理合法的项目，或者回归到宪法确立的权力制约机制下，让人民通过自己的代表真正决定和监督财政，但事实上，政府没有这么做。财政信息不公开、财政权力行政化，仍然是当前不可回避的现实。

鉴于政府占有的财富已经十分庞大，财政开支又无法受到公众有效监督，面对分税制实施以来地方政府的财政困难，我觉得应该转换一条解决问题的思路。解铃还须系铃人，分税制所带来的问题，还是应该通过完善分税制来解决。在目前的情况下，可以考虑调整中央和地方的收入分配，主体税种的收入适当向地方倾斜，增加地方政府的收入规模。在财政支出方面，则通过立法划分各自的支出责任，防止中央随意向地方转嫁开支，或者强令地方增加新的开支项目。立法机关应尽快制定《财政收支划分法》，从法律层面确认分税制改革的成果，纠正其未能平衡中央和地方利益的弊端，纠正其只划分收入而不厘清支出的弊端，以及泛行政化、国务院可以随意调整的弊端。

地方财政是否真的那么缺钱，这不仅仅是一个事实问题，更是一个制度安排问题。从事实上层面来看，面对地方高高在上的负债规模，人们很容易得出其财力不足的结论。[①] 但是换个角度来看，造成地方入不敷出、债台高筑的原因，也与地方财政制度极不完善有关。除了以上所述的分税制缺陷之外，地方财政权力过于集中在政府，财政信息不公开透明，导致缺乏应有的监督和制约，也是地方债务不断膨胀的原因所在。

---

① 审计署2011年6月27日发布2011年第35号审计结果公告显示，截至2010年底，全国地方政府性债务余额107174.91亿元。参见中国新闻网：http://www.chinanews.com/gn/2011/06-28/3140566.shtml，2011年10月28日访问。

在中国税收理论界,流行着美国联邦最高法院首席大法官霍姆斯的一句名言,“税收是文明的对价”。可是,如果没有相应的制度约束,税收并不一定带来文明,也可能只是在浪费财富,或者成为政府为恶的物质基础。在历史上,税收之所以推动了文明的进程,是因为人民以拒绝纳税为筹码,与政府协商谈判、讨价还价,税权成为制约政府的重要渠道。政府为了得到税收不得不作出妥协,在财政上接受人民及代议制机构的监督。因此,面对中国地方政府希望征税筹钱的冲动,我们不能仅从数据上来解读其所需,更应该考虑如何建立规范的财政制度,以便准确地评估政府支出是否真正具有合理性。在此之前,对任何加重纳税人负担的行为,都应该保持足够的警惕。

综上所述,笔者认为,在目前的财政形势下,并不适合对自用的个人住房征税。

三、有中国特色的房产税可以如何设计?

正如衡量宏观税负必须考虑制度环境一样,假如中国真有必要适时对个人住房征税,也必须综合考虑房地产市场的特殊情况,以及业已存在的各种税收如何协调配套。仅仅因为房产税是世界各国的通例,就主张中国也有必要对个人住房课税,并且简单套用国外房产税的税制结构,无疑是一种不负责任的懒汉式思想。中国政府向来强调,要建立有中国特色的社会主义法律体系。既然如此,在房产税制如何设计的问题上,就没有必要照搬照抄域外的立法经验,而应该在理念上大胆体现中国特色,与现有土地制度及房地产税法内在契合。重点需要考虑的几个问题是,房产税如何与城镇土地使用税协调,国有土地使用权是否具有可税性,以及如何设计房产税的计税依据。以下分述之:

1. 房地分离课税模式

按照之前提出的物业税改革模式,城镇土地使用税应与房产税合并,并在合并其他相关税费的基础上,改征新的物业税。不过,这种模式已经被国务院所摒弃。目前的房产税改革并不触及相关税种,房产税与城镇土地使用税仍将并行课征。从字面上看,房产税似乎仅仅针对房产课税,与土地无关。房产税与城镇土地使用税各司其职,分别履行对房产和地产课征财产税的职能。其实,二者的界限并没有想象中这么清晰。作为房产税计税依据的“原值”,其实已经包含了土地使用权的价值,而租金也不仅仅是使用房屋的对价,同时也包括土地使用费在内。这就意味着,对纳税人的土地使用权而言，政府在征了城镇土地使用税后，还要再征收一道房产税。

对城镇土地既征房产税又征土地税，这无疑不是一个合理的结果。如果我们认可对土地使用权的课税，那么，在未来的房产税设计中，就应从房产税税基中剔除地产的价值，仅对房屋的价值征税。对城镇国有土地，包括已经建房的土地，则征收城镇土地使用税。这种房产和地产分离课税的模式，可以解决现实中客观存在的房地分离问题。如果将城镇土地使用税完全并入房产税，将造成对尚未建造房屋的土地无法课税，引发不同类型土地税收负担的不公平。由于房产税与地产税无法做到绝对统一，假如对已建房的土地征收房产税，而对未建房的土地另行征收土地税，同样会造成不同类型土地税负的不公平。所以，房归房，地归地，二者分别独立课税，应该是一种相对理想的模式。

2. 土地使用权可税性的相关疑问

我国城市土地属于国有。单位或者个人要使用国有土地，可以通过划拨或出让取得土地使用权。目前，除了农村集体土地上建造的房屋之外，城市个人住房的土地有的源自划拨，有的则缴纳了土地出让金，取得一定年限的土地使用权。划拨土地上建造的房屋暂时还没被纳入房产税改革计划，按照笔者提出的房地分离课税模式，即便要对其征税也不存在太大难题。目前改革方案所考虑的主要是缴纳了土地出让金的商品房。不过，土地出让金其实就是土地使用权的费用，也就是土地租金。作为地主，政府既然已经收取土地租金，还有必要对同一块土地课税吗？

关于土地出让金与土地使用税的关系，中央主管部门的立场曾经并不一致。原国家土地管理局曾主张，出让金和土地使用税是本着有偿使用土地的原则，对通过出让方式和划拨方式取得土地使用权的土地使用者，分别采取的措施。通过出让方式取得土地使用权的土地使用者（包括国内受让土地者），不应缴纳土地使用税。① 国家税务总局和财政部却主张，国家开征土地使用税，是为了合理利用城镇土地，调节土地级差收入，提高土地使用效益，加强土地管理。因此，凡在土地使用税开征区范围内使用土地的单位和个人，不论通过出让方式还是转让方式取得的土地使用权，都应依法缴

① 参见《国家土地管理局对国内土地受让者是否缴纳土地使用税的请示的答复》，1992 年 8 月 20 日发布，2003 年 2 月 20 日失效。

纳土地使用税。[①]

笔者以为，如果维持城镇土地使用税的定额税率，而不是按照土地使用权的价值来征税，土地使用税与土地出让金一定程度上可以相容。这种税可以理解为政府提供公共服务的对价。作为地主，政府按照地段、升值潜力、需求程度等收取土地出让金，再以公共服务者的身份对土地使用人提供平等保护，收取一定的税款也不是不可以。只不过，这种情况下的课税不应依据土地的价值，而只应该根据占有土地的面积。

政府先收取土地出让金，再通过房产税对土地使用权征税，也会发生税费重叠的问题。在现行《房产税暂行条例》中，这个问题其实早已存在，因为房产税的计税依据既包含房价，也包含地价。不过，由于其对个人非营业住房免税，至少一直以来对普通个人不构成影响。一旦将来全面取消免税待遇，房产税全面适用于个人住房，问题就会凸显出来，成为推进房产税改革的重大阻力。重庆市长黄奇帆就曾经公开表示过，反对同时征收房产税和土地出让金。[②] 不过，如果按照笔者的思路，对房产和地产分离课税，土地出让金就跟房产税无关了。

3. 揭开房产税计税依据的玄机

不少专业人士都提出，房产税应该按照房产评估价格计税，政府其实也是这个立场。从大的方面来看，我对这个观点并无异议。不过，房屋评估价格本身是一个模糊概念，不同的标准和方法会得出不同的结论。资产评估方法主要有收益现值法、重置成本法和市价法。就财政收入最大化而言，市价法最优，收益现值法次之，重置成本法最次。从重庆和上海的试点方案来看，政府倾向于采纳市价法评估房屋价值。笔者却主张按重置成本法征收房产税。[③]

从物理属性来看，房屋存在使用寿命，因此，房屋不仅不会升值，反而会贬值。如果要对房屋课征财产税，必须尊重这一客观规律。在现实生活中，房屋之所以会升值，是因为土地的稀缺性所致，而不是房屋本身在升值。当

---

① 参见《国家税务总局关于受让土地使用权者应征收土地使用税的批复》(国税函发【1993】501 号)，另见《关于外商投资企业场地使用费征收问题的意见》(财企【2008】166 号)。

② 参见 2011 年 1 月 10 日中央电视台财经频道《环球财经连线》节目，http://jingji.cntv.cn/20110110/107598.shtml，2011 年 10 月 29 日访问；另见《芮成钢专访重庆市长黄奇帆：房产税、土地出让金不应该同时征收》，载《华西都市报》2011 年 1 月 11 日 29 版。

③ 用重置成本法进行房产评估时，应根据房产在全新状况下的重置成本，减去按重置成本计算的已使用年限的累积折旧额，考虑功能变化、成新率等因素，评定重估价值。

一套房屋的市价达到一百万元时,也许其重置成本价只有二十万元,多出来的部分则主要是土地的溢价。所以,无论是新房还是旧房,按照重置成本价课税比较合理。不仅如此,由于房屋在不断贬值,评估价格应该经常调整,而不能固定不变。此外,按照笔者房地分离课税的主张,房屋的重置成本中还要扣除土地成本,只考虑建设成本以及成新率等。只有这样,才能准确反映房屋的重置价格。

现行《房产税暂行条例》中的"余值"概念与重置成本价在理念上比较接近,将来可以考虑继续保留。不过,按照该条例的规定,余值以现值为基础,而现值又主要以购买价格为依据的,其中已经包含了土地的价格。鉴于房地分离课税的需要,将来需要在这一点上作出调整。另外一方面,房屋余值确定之后不再变动,这也与房屋不断贬值的结论不符。如果房屋的现值能够确定,使用寿命大致能够确定,可以用逐年折旧的方式计算余值,无需在以后的年份中重复评估。

四、地方政府未必真正重视房产税改革

按照笔者的上述设计,房产税改革其实并不需要伤筋动骨,只需在现有立法基础上进行微调。首先,实行彻底的房地分离课税制度,对房屋适用房产税,对土地适用城镇土地使用税,从房产税的课税依据中剔除土地的价值。其次,如果维持现有的土地出让金制度不变,可对土地按照面积大小征收土地使用税,而不按照土地的评估价格课税。对于出让的土地,这样设计的原因是,政府已经收取土地租金,未来的投资收益或者升值已经折现。对于划拨的土地,这样设计的原因是,划拨土地常常有公共用途,按照评估价值课税几无可能。再次,对个人住房课税只需取消《房产税暂行条例》的相关免税条款,统一按照房屋余值课税。余值应界定为房屋重置价格,不包含土地的价值。最后,笔者主张,根据目前的财政形势,不宜对个人住房征税。地方财政能力不足的问题应通过政府间财政分配来解决。

上述方案对增强地方财力确实帮助不大,也许政府推行跟房产税改革的初衷不符。不少人也许认为,无论是按照面积大小对土地征税,还是按照重置价格对房屋课税,政府都无法分享房屋和土地升值的收益,不能体现房地产税作为财产税的特点。笔者不这么认为。正如股票一样,房地产的价格无论如何上涨,只要没有房地产转让出去,其体现的都是虚假的财富,其使用价值未发生任何变化。只有通过房地产转让,权利人才能实现潜在收益。而在这个时候,现行税法已经设计了充分的手段,让政府分享房地产权

利人的收益。例如,转让人需要缴纳营业税、个人所得税、印花税、土地增值税,受让人要缴纳契税、印花税,除此之外还会有名目繁多的费用,这些都会给政府带来可观的收入。如果升值后的房地产不用于转让,而是用于出租营利,现行税法也规定了相应的对策。例如,出租人要缴纳营业税、个人所得税、城市维护建设税、教育费附加等。这些都是以房地产的市价作为基础的。

以房屋市价为依据征收房产税,甚至将土地的市价也包括进来,在房屋缺乏现金流时容易发生支付不能。如果付诸强制执行,又容易激发社会矛盾,与建设和谐社会的目标相悖。更何况,笔者一直怀疑,地方政府是不是真正关心房地产相关税收。在调控房地产投机行为方面,土地增值税的力度远远超过房产税。但是,地方政府给予房地产商太多的便利,以至于土地增值税形同虚设,根本没有发挥出预期的作用。另外,根据《城镇土地使用税暂行条例》的规定,个人住房也需要缴纳城镇土地使用税。对于房主而言,此税税额不大,计税依据十分明确,争议少,完全可以成为房产税改革的预演,既培养房主的纳税意识,又可积累征管经验。但是,地方基本没有对个人住房征收此税。将已有的简单可行的税种废置不用,偏去追求超难度的按市价计征房产税,这不是一个明智的决策者所应选择的。

五、房产税改革应遵循起码的法治约束

房产税改革在重庆、上海试点之后,笔者联合全国十四所高校的税法教授给全国人大常委会寄送了一份建议书,建议全国人大常委会对国务院授权地方政府试点房产税的做法进行合法性审查,同时建议全国人大收回对国务院的税收立法授权。[①] 笔者认为,国务院授权地方政府征收房产税的做法违反《立法法》关于转授权的规定,重庆市和上海市根据转授权而制定的房产税暂行办法也与《房产税暂行条例》相冲突。即便是改革试点,也必须遵守起码的法治约束,在法律允许的范围内尝试和创新,而不能自行其是,僭越法律规定的权限。

1985 年,全国人大的确曾授权国务院,对于有关经济体制改革和对外开放方面的问题,必要时可以根据宪法,在同有关法律和全国人大及其常委会的有关决定的基本原则不相抵触的前提下,制定暂行的规定或者条例,颁布实施,并报全国人大常委会备案。据此,国务院制定了系列税收暂行条

① 参见熊伟主编:《税法解释与判例评注》(第 2 卷),法律出版社 2011 年版,第 1 页。

例,包括《房产税暂行条例》。不过,《立法法》2000 年生效之后,其对授权立法提出了新的要求,如,授权决定应当明确授权的目的、范围,被授权机关应当严格按照授权目的和范围行使该项权力,且不得将该项权力转授给其他机关。[1] 而上述授权决定近乎空白授权,与《立法法》的要求明显矛盾。此外,国务院同意在部分城市进行房产税改革试点,并允许试点地区的省级政府自行制订方案,其实就是对省级政府的转授权。这也是对《立法法》的公然违反。

《税收征收管理法》第 3 条规定,"税收的开征、停征以及减税、免税、退税、补税,依照法律的规定执行;法律授权国务院规定的,依照国务院制定的行政法规的规定执行。任何机关、单位和个人不得违反法律、行政法规的规定,擅自作出税收开征、停征以及减税、免税、退税、补税和其他同税收法律、行政法规相抵触的决定。"重庆市和上海市的房产税暂行办法既不是法律,也不是国务院根据授权制定的行政法规,仅仅是地方政府的行政规章或规范性文件,其内容还与《房产税暂行条例》相冲突,因此不能成为税务机关的执法依据。重庆、上海违反法律、行政法规擅自对个人住房征收房产税的行为,应该得到及时的制止。鉴于该行为得到国务院的默许,指望国务院出面制止不太现实,纳税人只有寄希望于全国人大及其常委会,通过合法性审查的途径予以纠正。

税制改革必须满足最低程度的法治要求。"试点"和"改革"不能成为政府逾越法律的挡箭牌。从东北地区的增值税转型试点到新疆资源税改革试点,再到重庆、上海的房产税改革试点,以至于新近公布的上海增值税扩围改革试点,不用修改相应的税收条例,也不用任何书面的决定或文件,根据国务院常务会议的精神,甚至中共中央、国务院座谈会的精神,就可以在个别地方或行业改变征税方案,这似乎有违依法行政的基本要求。特别是就房产税改革而言,尽管目前只是影响一小部分人,甚至还打出了市场调控这一旗帜,但是,其最终目标是对所有个人住房征税,这会影响到每个公民的私有财产权,每个步骤都必须进行严格的合法性审视,不应听任政府自行其是。

《立法法》生效之后,开征新税必须制定法律,基本上成为朝野的共识,对国务院事实上起到了约束作用。按照原来的物业税改革方案,诸多房地产相关的税费需要合并,另行制定一个新的物业税。而国务院和全国人大

---

① 参见《立法法》第 10 条。

的官员也多次表态，物业税需要由全国人大制定法律才能开征。笔者揣测，国务院之所以放弃物业税方案，改在现行《房产税暂行条例》基础上构思房产税改革，主要是为了规避《立法法》对税收立法的限制。而按照笔者设计的房地分离课税思路，这样做并非不可行。不过，要想取消对个人住房的免税待遇，必须修改《房产税暂行条例》的相关规定，或者由国务院制定特别法规，允许在特定地区试行对个人住房课税，不宜由地方政府自行制订方案，导致下位法与上位法冲突的困境。

当然，《立法法》生效之后，国务院能否通过修改原有的税收条例，扩大其征收范围或者提高税率，达到事实上开征新税的目的，这也是在法理上值得研究的一个问题。总而言之，房产税改革牵一发而动全身，必须进行周密的论证和设计，还要满足最低程度的法治要求，履行正当法律程序。政府以违法的方式变法维新，无论其出发点如何善良或美好，都会践踏人们脆弱的法律信仰，蚕食人们有限的法律遵从意识，在社会上形成机会主义的典范。

第五节　从部门彩票到国家彩票

——财政法视野下的彩票体制改革①

据财政部公布的数据，2011 年全年累计，全国共销售彩票 2215.82 亿元，同比增加 553.33 亿元，增长 33.3%。其中，福利彩票 1277.97 亿元，同比增加 309.95 亿元，增长 32.0%；体育彩票 937.85 亿元，同比增加 243.39 亿元，增长 35.0%。②。不难看出，中国彩票业伴随经济增长呈现快速发展的态势。而在彩票销售高速增长的背后，我们也发现，彩票业的进一步发展面临着诸多问题。首先，需要完善彩票体制，即如何处理监管机构、发行机构、销售机构及彩票公益金使用单位的关系。其次，彩票资金如何提取、分配、使用和监督，也是一个需要加强研究的问题。最后，还有必要考虑一下是否可以适当开放社会彩票。本节将围绕以上三个问题逐一展开。

一、彩票国家化：完善彩票体制的突破口

（一）中国彩票体制的由来与现状

在我国彩票业发展的早期阶段，彩票发展呈现发行主体多元化、发行主

---

①　本节与冯凡、陈洪平合作完成。

②　参见财政部网站：http://zhs.mof.gov.cn/zhuantilanmu/caipiaoguanli/201201/t20120113_623249.html，2012 年 5 月 16 日访问。

体与公益金使用主体重合，没有统一的政府主管部门等特征。没有一个政府职能部门统一管理全国彩票市场，没有形成系统的彩票管理制度，国务院基本上是按特例处理部门或地方上报的发行彩票请示。1991 年，《国务院关于加强彩票市场管理的通知》规定，拟发行彩票的省、自治区、直辖市、计划单列市人民政府和国务院有关部门，应提前半年向中国人民银行报送发行计划及发行办法，经人民银行审查后，报国务院批准，从而明确彩票发行审批权归属于国务院，中国人民银行负责审批具体事宜。对于未经国务院批准擅自发行或变相发行彩票，违反批准的规模和办法的，由工商部门进行查处。1993 年，国务院《关于进一步加强彩票市场管理通知》强调，彩票发行批准权集中在国务院，任何地方或部门无权批准发行彩票。未经国务院批准，一律停止发行，并做好善后工作。1994 年，国务院办公厅《关于体育彩票等问题的复函》规定，体育彩票的发行要严格按照国务院的有关规定实施。各地人民政府和人民银行等有关部门要加强监督和管理。

随着我国彩票市场的发展，彩票市场的监督与管理急待加强，先前分散的多头管理无法适应这一要求。1994 年，国务院《关于严格彩票市场管理、禁止擅自批准发行彩票的通知》第一次明确将中国人民银行作为彩票的主管机关，负责彩票市场监管。据此，1995 年中国人民银行《关于加强彩票市场管理紧急通知》规定，中国人民银行具体负责制定全国彩票市场管理政策和规章制度；负责商有关部门拟定全国彩票发行的年度规模和规模内各项指标，报国务院批准后，下达彩票发行机构执行；负责审批彩票新种类的开设及彩票游戏规则、审批印制厂商的彩票印制资格、审批彩票对外合作业务及国务院授予的其他职责。

之后，人们又逐渐认识到，发行彩票实际上并不是金融问题，而是财政分配问题，央行的金融监管仅仅是维持金融秩序，对社会分配结果没有影响。承担社会分配职能调整的职能在财政部，由财政部承担彩票监管职能更合理。出于这种考虑，1999 年底，彩票监管职能由中国人民银行行转移至财政部。2000 年，财政部《关于接受彩票监管职能有关问题通知》明确，地方各级财政部门是本地区彩票市场的行政管理部门。地方财政部门监管职能包括管理彩票市场、监督和控制彩票发行额度，审批彩票发行方案和销售方案，监督和管理彩票公益金分配使用。

2001 年，国务院《关于进一步规范彩票市场管理的通知》明确，财政部负责起草、制定国家有关彩票管理的法规、政策；会同民政部和国家体育总局研究制定彩票资金使用政策，监督彩票资金的解缴、分配和使用。民政部、国家体育总局根据国家有关法规、政策和制度，分别研究制定福利彩票和体育彩票的发行、销售和资金管理的具体办法并组织实施；负责研究制定本系统彩票发展规划；研究提出发行额度并经审核批准后实施；确保及时足额向财政专户解缴彩票公益金；加强对彩票发行和销售机构管理，努力降低成本，扩大发行规模。财政部要尽快制定统一的彩票发行与销售管理、彩票发行与销售机构财务管理以及彩票公益金管理的办法，规范彩票发行与销售机构的行为，加强对彩票资金的监督及管理。

2009 年出台的《彩票管理条例》第 5 条确认，国务院财政部门负责全国的彩票监督管理工作。国务院民政部门、体育行政部门按照各自的职责分别负责全国的福利彩票、体育彩票管理工作。省、自治区、直辖市人民政府财政部门负责本行政区域的彩票监督管理工作。省、自治区、直辖市人民政府民政部门、体育行政部门按照各自的职责分别负责本行政区域的福利彩票、体育彩票管理工作。县级以上各级人民政府公安机关和县级以上工商行政管理机关，在各自的职责范围内，依法查处非法彩票，维护彩票市场秩序。

从彩票体制的演变历程可以发现，我国彩票体制历经了多管齐下、多头监管到以中国人民银行监管为主，其他部门配合，再到现行的以财政部监管为核心，民政、体育、工商、公安配合的过程。与过去多头监管比较，现行体制一定程度上保障了彩票业的有序发展，但是缺陷也很明显。

（二）彩票体制改革中的权力再造

我国目前特许发行的彩票只有体育彩票和福利彩票。如上所述，按照《彩票管理条例》的规定，除了财政部门对彩票行使监督管理职能外，体育部门负责体育彩票的管理，民政部门负责福利彩票的管理，实际上分享了很大一部分监管权力。

例如，《彩票管理条例实施细则》第 4 条规定，民政部、国家体育总局按照各自的职责分别负责全国的福利彩票、体育彩票管理工作，主要职责是：(1) 制定全国福利彩票、体育彩票事业的发展规划和管理制度；(2) 设立福利彩票、体育彩票发行机构；(3) 制定民政部门、体育行政部门彩票公益金使用管理办法，指导地方民政部门、体育行政部门彩票公益金的使用和管理；(4) 审核福利彩票、体育彩票品种的开设、停止和有关审批事项的变更；(5) 监督福利彩票、体育彩票发行机构的彩票销毁工作；(6) 制定福利彩票、体育彩票的代销合同示范文本。

该《实施细则》第 6 条还规定，省级民政部门、体育行政部门按照各自的职责分别负责本行政区域的福利彩票、体育彩票管理工作，主要职责是：(1) 设立本行政区域的福利彩票、体育彩票销售机构；(2) 批准建立本行政区域福利彩票、体育彩票的销售网络；(3) 制定本行政区域民政部门、体育行政部门彩票公益金使用管理办法，指导省以下民政部门、体育行政部门彩票公益金的使用和管理；(4) 监督本行政区域彩票代销者的代销行为。

从以上细则可以看出，就体育彩票而言，体育部门既是彩票管理机构，也是发行机构和销售机构，特别重要的是，还是体育彩票公益金的管理和使用机构。福利彩票的情形也是一样。对于一个机构而言，如此多的职能集于一身，既是管理者，又是经营者，尤其是，彩票的发行和销售与其自身利益息息相关，是否会对彩票市场产生不当影响？在保护彩民利益方面是否会存在懈怠？在收益最大化的要求下，违规行为是否会被容忍？彩票发行规模是否会失控？彩票的中奖规则是否会诱发道德风险？等等。在现代国家中，在规范和制约公权力方面，最有效的措施一是透明，二是分权。彩票管理的透明度问题我们暂且不论，仅就分权而言，确实存在很大的改进空间。

尽管国务院已经确认财政部门为主监管机构①，不过，从其职责来看，财政部门主要侧重于外围监管，包括制定规则、审批发行计划、拟定公益金使用方案、财务监督等。从发行到销售再到公益金管理，财政部门都显得比较被动，更多的是在行使审批权，而不是日常的监管职能。从现实的情况来看，日常监管权仍然集中在体育部门和民政部门。从这个角度而言，无论是体育彩票还是福利彩票，还只是停留在“部门彩票”的层面，离“国家彩票”的要求还有很远距离。

《彩票管理条例》第2条规定，本条例所称彩票，是指国家为筹集社会公益资金，促进社会公益事业发展而特许发行、依法销售，自然人自愿购买，并按照特定规则获得中奖机会的凭证。据此，发行彩票是一种政府财政行为，

---

① 《彩票管理条例实施细则》第3条规定，财政部负责全国的彩票监督管理工作，主要职责包括：(1) 制定彩票监督管理制度和政策；(2) 监督管理全国彩票市场以及彩票的发行和销售活动，监督彩票资金的解缴和使用；(3) 会同民政部、国家体育总局等有关部门提出彩票公益金分配政策建议；(4) 审批彩票品种的开设、停止和有关审批事项的变更；(5) 会同民政部、国家体育总局制定彩票设备和技术服务标准；(6) 审批彩票发行机构财务收支计划，监督彩票发行机构财务管理活动；(7) 审批彩票发行机构的彩票销毁方案。《实施细则》第5条规定，省级财政部门负责本行政区域的彩票监督管理工作，主要职责包括：(1) 制定本行政区域的彩票监督管理具体实施办法，审核本行政区域的彩票销售实施方案；(2) 监督管理本行政区域彩票市场以及彩票的销售活动，监督本行政区域彩票资金的解缴和使用；(3) 会同省级民政部门、体育行政部门制定本行政区域的彩票公益金管理办法；(4) 审批彩票销售机构财务收支计划，监督彩票销售机构财务管理活动。

其目的主要是为了获取公益金，用于社会公益事业。跟其他财政收入渠道相比，发行彩票具有一定的优势。例如，相对于债券而言，彩票不返还本金、不计付利息；相对于税收、行政事业性收费和政府性基金而言，彩票建立在自愿的基础上，不属于强制性课征。不过，如果彩票规则设计不当，或者发行规模过大，也会诱发社会道德问题，包括损害彩民的利益。因此，对彩票有必要从财政立场进行整体规划。

基于权力制衡和利益隔断的原理，笔者以为，应取消体育部门和民政部门对彩票发行和销售的管理权，并将其集中统一到财政部门。体育部门和民政部门只负责编制公益项目计划，申请公益金支持，并负责项目运行和管理。通过这种设计，彩票的资金筹集过程和资金使用过程相分离，可以有效抑制政府部门的利益冲动，更加突出地强调彩票的财政性质。财政部门既是彩票的发行机构，也是彩票的监管机构。彩票销售则可以采用市场化方式，成立彩票销售公司，由财政部门对其监管。

（三）“部门彩票”到“国家彩票”的路线图

笔者认为，要实现从“部门彩票”到“国家彩票”的转变，可以该考虑下列核心步骤：

第一，撤销国家体育总局和民政部下属的彩票中心。目前，国家体育总局彩票管理中心和中国福利彩票发行管理中心是作为彩票发行机构而存在的，受国家体育总局和民政部的委托，实际上也在各自范围内行使全国彩票的管理权。[①] 按照笔者的改革思路，虽然体育彩票和福利彩票仍然可以存在，但是，其发行和管理的职能应全部移交给财政部。国家体育总局和民政部仅限于参与彩票公益金的使用和管理。

第二，财政部设立“彩票发行委员会”，作为其下属单位负责彩票发行，并受托从事日常监管工作。目前国家体育总局彩票管理中心和中国福利彩票发行管理中心行使的职能，如制定彩票发行、销售、开奖、兑奖等具体规则，制定专业标准和技术规范，提供技术支持和技术服务，调整发行销售计划，组织联合销售，负责资金结算等，全部移交给“彩票发行委员会”。

第三，财政部是“彩票发行委员会”的主管机关，负责制定彩票监督管理制度和政策，监督管理全国彩票市场以及彩票的发行和销售活动，监督彩票资金的解缴和使用，审批彩票品种的开设、停止和有关审批事项的变更，审批彩票发行机构财务收支计划，监督彩票发行机构财务管理活动，审批彩票

---

① 参见 http://fczx.mca.gov.cn/article/jgzn/，2012 年 5 月 18 日访问。

发行机构的彩票销毁方案，并会同民政部、国家体育总局等有关部门提出彩票公益金分配政策建议。

第四，省级财政部门设立彩票销售公司，负责本省范围内彩票的承销。目前各省体育部门和民政部门设立的彩票中心，可以转制为彩票销售公司。彩票销售公司实行特许经营，既销售体育彩票，也销售福利彩票。彩票销售公司在地州和县市设立分支机构，接受当地财政部门的监管。彩票销售公司既可以直接对外销售彩票，也可以招募代销商，建立代销网络。

第五，每年的彩票发行规模和结构由"彩票发行委员会"拟定，经财政部同意后报国务院审批。彩票发行规模和结构之所以需要经国务院审批，是考虑到其对彩票市场会产生重大影响，特别是会影响到彩票公益金收入，间接影响特定公益事业的发展。① 发行规模和结构确定之后，各地彩票销售公司可以竞购。哪家公司的发行费用低，就可以竞购到更多的承销量。

第六，彩票公益金实行中央和地方共享的原则，对于其中归属于地方部分，在不同的地方之间按照当地彩票的销售量进行分配。体育彩票和福利彩票虽然继续存在，但体育部门和民政部门对彩票公益金并不能享有分配特权，只能根据需要通过财政部向国务院申请，并按批准的计划使用资金。同时，将彩票公益金作为一项独立的政府性基金，单独编制预算，专款专用，不用于平衡一般性预算。

第七，彩票的品种逐渐淡化体育彩票与福利彩票的界分。国务院根据文化、教育、卫生、体育、民政等各项事业的发展需要，在市场可以承受的范围内，有序确定彩票品种和结构。同时，彩票的品种和结构不再固定，每种彩票都可以设定期限，期满即停止发行。彩票公益金开支由国务院统一规定，不再与具体的彩票品种直接挂钩，更不与部门利益有任何关联。

第八，除财政部外，国务院部委不再参与彩票发行、销售和监管，但可以向财政部提出发行彩票的建议和公益金的使用计划。相关彩票获准发行之后，在中央财政收入的范围内，由国务院主管部委拟定公益金支持项目的运作计划，并负责项目管理；在地方财政收入的范围内，由地方政府主管部门

① 2001 年《国务院关于进一步规范彩票管理的通知》规定，国务院对年度彩票发行规模仍实行额度管理，民政部、国家体育总局发行彩票要向财政部提出额度申请，财政部审核汇总后报国务院，经国务院批准后由财政部将发行额度分别下达给民政部和国家体育总局，由民政部和国家体育总局据此制定具体分配方案并组织实施。年度执行中，财政部可根据彩票市场情况，会同民政部、国家体育总局提出调整彩票发行额度的意见，报请国务院批准后执行。笔者认为，在彩票国家化之后，这个制度可以继续保留，但民政部和国家体育总局不再参与。

拟定资金使用计划，并负责项目管理。彩票公益金使用的流程，遵循预算管理程序的要求。

二、彩票资金的提取、分配和监管

彩票资金包括彩票奖金、彩票发行费和彩票公益金。彩票资金的构成比例如何，资金如何使用，政府对资金如何管理，这是彩票法必须重点考虑的问题。在彩票资金一定的前提下，这三项资金之间呈现此消彼长的关系。彩票奖金的比重越高，发行费和公益金的比重就会降低。同理，彩票发行费的规模越大，能够用于奖金和公益的部分就越少。鉴于彩票奖金主要跟彩民相关，需要遵循一定的市场规律，本节主要讨论彩票发行费和彩票公益金。

（一）彩票发行费的提取和分配

国务院早在2001年就提出，今后随彩票发行规模的扩大和品种增加，进一步适当调整彩票发行资金构成比例，降低发行费用，增加彩票公益金。[①]《彩票管理条例》第28条也明确要求，随着彩票发行规模的扩大和彩票品种的增加，可以降低彩票发行费比例。但从2002年至今，虽然彩票的规模不断扩大，彩票品种不断增加，彩票发行费的比例却一直没有降低。

在2002年之前，彩票资金的分配比例为：返奖比例不低于50%，彩票公益金不得低于30%，彩票发行费不高于20%。《国务院关于进一步规范彩票管理的通知》要求，从2002年1月1日起，彩票发行资金构成比例调整为：返奖比例不得低于50%，发行费用比例不得高于15%，彩票公益金比例不得低于35%。除了个别彩票品种的资金分配有所变化外，这个标准一直沿用至今。

中国1987年始发福利彩票，体育彩票则起步于1995年。彩票年销售额从早年的1000余万元逐年猛增，2003年突破400亿元。[②] 所以，尽管彩票发行费所占比例有所降低，但是其收入总额却在不断飙升。2011年，全国彩票销售收入2215.82亿元，按15%的比例计算，全国彩票发行费超过332亿元。如此巨大的一笔资金，是否真正为彩票发行所需？在设计彩票体制改革方案时，是否有办法可以降低彩票发行费？

2005年6月28日，国家审计署向全国人大常委会所作的2004年度审

---

① 参见《国务院关于进一步规范彩票管理的通知》第5条。

② 参见 http://news.sina.com.cn/c/2005-07-25/05577312914.shtml，2012年5月22日访问。

计工作报告披露，国家体育总局下属体育彩票管理中心向两家公司支付体育彩票发行费超过实际需要，在扣除全部成本费用后，两公司获利高达5.58亿元。审计报告所指两家公司，是中体彩科技发展有限公司和中体彩印务技术公司。两公司均为国家体育总局投资，专司体育彩票的发行和印制。除直接提取发行费用之外，体彩中心还将印制发行业务下包给所属公司，同时虚增成本，致使下属公司非法获取数亿元的暴利。[①]

《彩票管理条例》第32条规定，彩票发行费专项用于彩票发行机构、彩票销售机构的业务费用支出以及彩票代销者的销售费用支出。彩票发行机构、彩票销售机构的业务费实行收支两条线管理，其支出应当符合彩票发行机构、彩票销售机构财务管理制度。而按照《彩票管理条例实施细则》的解释，所谓彩票业务费，是指彩票发行机构、彩票销售机构按照彩票销售额一定比例提取的，专项用于彩票发行销售活动的经费。彩票业务费提取比例，由彩票发行机构、彩票销售机构根据彩票市场发展需要提出方案，报同级民政部门或者体育行政部门商同级财政部门核定后执行。彩票代销者的销售费用，由彩票发行机构、彩票销售机构与彩票代销者按照彩票代销合同的约定进行结算。[②]

由于彩票发行和销售机构隶属于体育部门或民政部门，彩票业务费的使用和支配与这两个部门的利益息息相关。而从《实施细则》规定的程序看，决定这笔资金的提取比例的，恰恰就是体育部门和民政部门自己。虽然最终结果需要商同级财政部门，但在一般情况下，只要不超过彩票发行费总规模，财政部门不会行使否决权。所以，彩票发行和销售机构在申请业务费时，客观上会存在高报开支的激励。至于彩票代销，代销人往往也与彩票发行和销售机构存在千丝万缕的利益关联，有些甚至就是它们出资设立的全资公司。在这种情况下，通过合同约定有意抬高销售费用，也就成为主管部门谋取利益的常用途径。

要降低彩票发行费的比例，单靠国务院的行政手段并不足以奏效。如前所述，从2002年至今，彩票的发行规模已经翻了好几倍，发行费的比例却一直维持在15%，国务院未再进行任何调整。相比国际上平均5%的发行费标准，中国的彩票发行成本之高令人咂舌。以2011年的数据为例，如果中国的彩票发行费也能降到5%，就可以节约221亿元，在彩票奖金比例不

① 参见 http://news.sina.com.cn/c/2005-07-25/05577312914.shtml，2012年5月22日访问。

② 《彩票管理条例实施细则》第51—53条。

变的情况下,彩票公益金的数额就可以增加221亿。这么大金额的一笔财政资金,可以改造多少危房?可以给学校购买多少辆校车?可以给多少个贫困学生提供营养午餐?如今,它们却白白地在发行及销售环节被消耗,成为长期被部门分食的一块肥肉,甚至被不法分子中饱私囊。

笔者认为,这种状况不容继续存在。而要解决这个问题,应该遵循"国家彩票"的思路,破除部门利益的羁绊,在彩票发行和销售中引入竞争,以市场手段提高彩票发行的效率。"部门彩票"国家化之后,鉴于彩票委员会和彩票销售公司分立,彩票发行费仍然可以分为业务费和销售费两类。业务费由彩票委员会拟订方案,报财政部批准,从彩票发行收入中支用。销售费由各个销售公司竞标,报价最低的公司得标。业务费主要是指行政办公费用,包括人员经费。至于推广营销、销售网络建设等,都由彩票销售公司负责,从销售费用中开支。通过销售公司相互之间的竞争,彩票销售的效率会大大提高,销售费用则会大大降低。

此外,为了解决内部人利益传输的问题,也有必要开放彩票销售公司的准入。财政部只需要规定彩票销售公司的资质要求和运行规则,不宜将其范围限制在现有的体育彩票和福利彩票销售机构,更不宜由财政部出资直接设立彩票销售公司。任何符合要求的公司,只要取得相关许可牌照,都可以申请销售彩票,竞购彩票发行额度。笔者以为,只有开放彩票销售市场,让更多的公司有机会参与竞购,销售费用才有可能一步步降低。与其用行政手段分配彩票发行费,不如引进市场机制,政府和企业各得其所。

(二)彩票公益金的提取和分配

彩票公益金是按照规定比例从彩票发行销售收入中提取的,专项用于社会福利、体育等社会公益事业的资金。在彩票收入中,去除彩票奖金和发行费用,剩下的就是彩票公益金。除此之外,《彩票管理条例》和《彩票公益金管理办法》都确认,逾期未兑奖的奖金纳入彩票公益金。《彩票管理条例实施细则》则进一步明确,逾期未兑奖的奖金纳入彩票公益金后,由彩票销售机构结算归集,上缴省级财政,全部留归地方使用。

《彩票管理条例》第28条规定,彩票资金包括彩票奖金、彩票发行费和彩票公益金。彩票资金构成比例由国务院决定。根据国务院《关于进一步规范彩票管理的通知》,从2002年1月1日起,彩票公益金比例不得低于35%。这个标准迄今未见任何调整。不过,《彩票管理条例》第28条同时规定,彩票品种中彩票资金的具体构成比例,由国务院财政部门按照国务院的决定确定。因此,就具体的彩票品种而言,其彩票公益金比例也由可能偏离

35%这个标准。[1]

彩票公益金提取之后如何分配？在2001年之前，基于“谁发行、谁受益”的原则，彩票公益金完全由民政和体育部门支配。国务院《关于进一步规范彩票管理的通知》要求，从2001年起，财政部会同民政部、国家体育总局分别确定民政和体育部门的彩票公益金基数，基数以内的彩票公益金，由民政和体育部门继续按规定的范围使用；超过基数的彩票公益金，20%由民政和体育部门分别分配使用，80%上交财政部，纳入全国社会保障基金。彩票公益金基数的确定，限定了民政和体育部门资金支配权，并开创了彩票公益金补充全国社保基金的历史。

从2005年起，经国务院批准，财政部《关于调整彩票公益金分配政策的通知》对彩票公益金分配政策作了如下调整：(1) 彩票公益金在中央与地方之间按50∶50的比例分配；(2) 中央集中的彩票公益金，在社会保障基金、专项公益金、民政部和国家体育总局之间，按60%、30%、5%和5%的比例分配；(3) 地方留成的彩票公益金，将福利彩票和体育彩票分开核算，坚持按彩票发行宗旨使用，由省级人民政府财政部门商民政、体育部门研究确定分配原则。

财政部2007年印发的《彩票公益金管理办法》提出，彩票公益金专项用于社会福利、体育等社会公益事业，不用于平衡财政一般预算。上缴中央财政的彩票公益金，用于补充全国社会保障基金、社会福利事业、体育事业和国务院批准的其他社会公益事业。和财综函[2006]7号文的要求不同的是，2007年《彩票公益金管理办法》规定，国务院批准的其他社会公益事业也可以动用这笔资金，说明彩票公益金的使用范围有所拓宽。至于上缴省级财政的彩票公益金，《彩票公益金管理办法》仍然强调，将福利彩票和体育彩票分开核算，坚持按彩票发行宗旨使用。

---

① 例如，《财政部关于调整足球彩票和网点即开型彩票资金构成比例的通知》(财综[2005]27号)规定，经国务院同意，财政部决定对彩票资金构成比例进行调整。(1) 从2005年9月1日起，现已上市销售的足球彩票的资金构成比例调整为：返奖奖金65%，发行经费13%，公益金22%；网点即开型彩票的资金构成比例调整为：返奖奖金65%，发行经费15%，公益金20%；其他彩票的资金构成比例暂不作调整。今后拟上市销售的各种彩票的资金构成比例，在财政部审批游戏规则中予以规定。(2) 区域销售的足球彩票和网点即开型彩票，在原有奖级数量基础上，相应增加各奖级奖金数量的，由省级彩票机构将调整方案及正式销售日期报中央级彩票机构同意后，报省级财政部门备案；对增加奖级和奖金数量的，由省级彩票机构将调整方案及正式销售日期报中央级彩票机构同意后，报财政部批准。全国联网销售的足球彩票，在原有奖级数量基础上，相应增加各奖级奖金数量的，由中央级彩票机构将调整方案及正式销售日期报财政部备案；对增加奖级和奖金数量的，由中央级彩票机构将调整方案及正式销售日期报财政部批准。

《彩票公益金管理办法》的上述内容，在2009年《彩票管理条例》中得到确认。[①]《彩票公益金管理办法》2012年修订之后，彩票公益金的使用范围进一步明确。该《办法》第9条规定，上缴中央财政的彩票公益金，用于社会福利事业、体育事业、补充全国社会保障基金和国务院批准的其他专项公益事业，具体使用管理办法由财政部会同民政部、国家体育总局等有关部门制定。相比修订前的《彩票公益金管理办法》，国务院批准可以使用彩票公益金的其他公益事业，被限定为"其他专项公益事业"，从文义上看，一般性公益用途因此被排除。

笔者在此希望讨论的问题是，将体育彩票和福利彩票的公益金用于补充全国社保基金，以及国务院批准的其他专项公益事业，是否违背了体育彩票和福利彩票的发行宗旨？《彩票公益金管理办法》虽然对归属于中央的彩票公益金限定了用途，但对于省级彩票公益金只是提到，按照国务院批准的彩票公益金分配政策，坚持依照彩票发行宗旨使用。那么，到底什么是彩票发行的宗旨呢？在营销推广体育彩票时，我们经常看到"支持体育事业"的口号；在营销推广福利彩票时，也经常看到"支持福利事业"的标语。体育彩票与体育事业，福利彩票与福利事业，是不是本身存在一种关联？至少，彩民购买彩票时接受了这样一种暗示，即福利彩票可以支持福利事业，体育彩票可以支持体育事业。

按照这种理解，体育彩票的宗旨就是发展体育事业，福利彩票的宗旨就是发展福利事业。如果政府和彩民之间存在这种约定，那么，彩票公益金的用途也就确定无疑了。确实，在2001年之前，彩票公益金全部由体育和民政部门支配。但是，出于利益方面的考虑，这种模式遭到其他政府部门的抨击。有些部门甚至跃跃欲试，也想申请发行特种彩票，争取本部门发展的特别资金。为了平衡部门之间的利益，在彩票公益金的分配方面，对于归属于中央的部分，国务院才会一步一步"去部门化"，安排资金用于补充全国社保基金和其他专项公益事业，体育和民政部门分到的资金比例越来越小。不过，省级彩票公益金仍然按照其宗旨使用。

目前，各国对彩票公益金的管理模式主要分为三种[②]：集中筹资、统收统支模式，集中筹资、分项专用管理模式，集中筹款、混合使用模式。

（1）集中筹资，统收统支。即全部彩票公益金纳入国家或地方财政预

---

① 《彩票管理条例》第33、35条。

② 刘剑文主编：《财政法学》，北京大学出版社2009年版，第221页。

算,由国家或地方财政部门统一支配使用。代表地区有法国、荷兰、韩国等国家,彩票公益金100%上缴财政部门,融入国家或者地方的财政预算整体。

(2)集中筹资,分项支出。即全部彩票公益金不纳入国家或地方的财政预算,而是直接转入有关部门,用于各类具体用途。如美国的弗吉尼亚州,彩票公益金全部用于教育事业;澳大利亚将其主要用于医疗健康事业;日本和瑞士等国家全部用于慈善事业。有些国家和地区则将彩票公益金在多个方面酌情分配,如挪威将基金在文化艺术、体育和科学研究三项事业之间平均分配;德国和新西兰的分配更是面面俱到。

(3)集中筹资,混合使用。这是前两种模式的折中与综合,即将一部分公益金交给国家或者地方财政部门,纳入国家或地方的财政预算,又将剩余部分用于其他具体用途。这种模式又分两种类型:一类将大部分的彩票公益金上交国家或者地区财政,小部分投向具体用途;另一类则是把大部分彩票公益金用于具体事业,而将不到50%的部分交到国家或者地区财政,用于统收统支。①

上述第一种模式运作起来很简单,只需要把所筹集的彩票公益金转交到国家或地方财政即可,不必另行设置专门的资金管理部门。但这种模式的不足之处在于,它显示不出彩票公益金的特殊性。第二种模式的效果与第一种模式正好相反,它需要设立特定的公益金使用与管理机构,对彩票公益金的投放方向、具体用途、使用过程都进行管理,运作复杂,难度较大。这种模式的优点是重点突出、见效快,显示出良好的"聚集效应"。第三种模式是前两种模式的混合体,对不同利益部门来说,它也许比较"公平",但就彩票公益金使用效率而言,可能不如第二种模式。这种模式运作复杂,况且,要把有限的彩票公益金用于多项用途,会大大地削弱了彩票公益金的特定效果。②

我国彩票公益金到底应该采纳何种模式?国务院的做法体现了远见卓识,还是违背了彩票发行的宗旨?笔者以为,国务院的选择本身是两难。从彩票发行的宗旨看,既然冠以体育彩票之名,彩票公益金就应该用于体育事业。如果冠之以福利彩票,彩票公益金则应用于福利事业。这是政府对彩

① 张湛彬:《当前国家彩票基金使用的三种模式》,载《经济研究参考》2002年第47期(总第1623期)。

② 刘寒波、苏知立:《彩票公益金管理的国际比较》,载《湖南财经高等专科学校学报》2003年第4期。

民的一种承诺。然而,由于我国目前仅仅特许发行体育彩票和福利彩票,如果彩票公益金只用于这两项特定事业,容易引起其他政府部门的不满。随着彩票发行规模的不断扩大,彩票公益金的收入也越来越高。2011 年,全国彩票公益金收入达到 629 亿元。[①] 如此巨额的资金仅仅限于体育和民政部门使用,对其他也急需资金的部门和行业而言,自然会产生心理不平衡。从这个角度而言,国务院的做法也是情非得已。

笔者以为,彩票部门化是造成这种两难的原因。彩票公益金应该恪守彩票发行的宗旨,不宜挪作他用。但是,彩票的发行、销售等不能由利益部门直接操控,而应该在财政部设立彩票委员会,统一调度和安排彩票事宜。实现"部门彩票"向"国家彩票"之后,财政部可以根据不同领域的资金需要,发行不同种类不同额度的彩票。不同宗旨的彩票在发行时,其公益金就设定了用途,具体用途可以通过彩票游戏规则说明。例如,可以发行救灾彩票,支持救灾事业;发行社保彩票,支持社会保障事业;发行教育彩票,支持教育事业;等等。通过这种设计,可以平衡不同领域的资金需要,同时也给了彩民一个确切的承诺。

综上所述,国务院利用资金分配的决定权,将部分彩票公益金用于体育、福利以外的用途,从彩票国家化的立场来看值得肯定。不过,这种做法有违彩票发行的宗旨,有失信于彩民的嫌疑。因此,应该推行更为彻底的彩票国家化措施,将彩票发行、销售和监管的职能收归财政。

(三)彩票资金的监管手段

2001 年国务院《关于进一步规范彩票管理的通知》要求,按照"收支两条线"的原则,对彩票发行收入实行专户管理。彩票公益金和发行费用必须纳入财政专户,支出应符合彩票发行与销售机构财务管理制度和彩票公益金管理制度。彩票公益金不得用于平衡预算,发行费用结余不得用于补充民政、体育部门的行政经费。2007 年《彩票公益金管理办法》进一步提出,从 2008 年 1 月 1 日起,彩票公益金按政府性基金管理办法纳入预算,实行"收支两条线"管理,专款专用,结余结转下年继续使用,不得用于平衡一般预算。对于彩票发行、销售机构的业务费,《彩票管理办法实施细则》沿用旧习,将其纳入财政专户,实行"收支两条线"管理。

财政专户和"收支两条线"本来是针对预算外资金的一种管理措施,对

---

① 参见财政部网站:http://www.mof.gov.cn/zhengwuxinxi/caizhengxinwen/201203/t20120316_635884.html,2012 年 5 月 23 日访问。

预算外资金收支实行统一核算,集中管理,目的是为了解决自收自支的问题。按照其要求,执收单位征收预算外收入后,缴入财政部门在银行设立的专门账户,需要用款时再通过该专户拨付。就"收支两条线"而言,政府性基金预算与财政专户管理并无差别,二者的区别主要在于,政府性基金收入全额缴入国库,财政专户则只是财政部门在银行设立的专门账户。严格来说,预算管理的核心特征就是代议制机构对预算的审查批准,以此体现人民对政府收支的控制。但是,在2010年财政部发布《政府性基金管理暂行办法》之前,政府性基金预算并不需要报送人民代表大会审批,而是由政府首长审批执行。所以,当时财政专户管理和政府性基金预算管理的差别并不明显。

另一个可以比较的特征是,财政专户管理的资金不能保证专款专用,而政府性基金预算的特征就是专款专用。[①] 不过,就彩票发行、销售机构的业务费而言,我们仍能找到其专款专用的痕迹。《彩票管理条例实施细则》规定,彩票发行、销售机构的业务费由彩票发行、销售机构按月缴入中央财政专户和省级财政专户,实行收支两条线管理。彩票发行、销售机构要编制年度财务收支计划,报同级财政部门审核批准后执行。未拨付的彩票发行、销售机构的业务费,用于弥补彩票发行、销售机构的收支差额,不得用于平衡财政一般预算或者其他支出。既然未拨付的业务费不能用于平衡一般预算或者其他支出,只能用于弥补彩票发行、销售机构的收支差额,其专款专用性就此得到了充分印证。

所谓彩票发行、销售机构的业务费,是指彩票发行机构、彩票销售机构按照彩票销售额一定比例提取的,专项用于彩票发行销售活动的经费。除了前文所述的管理要求,《彩票管理条例实施细则》还提出,彩票销售机构的业务费实行省级集中统一管理,由彩票销售机构按照省级财政部门审核批准的年度财务收支计划,分别统筹安排用于本行政区域内福利彩票、体育彩票的销售工作。此外,彩票发行、销售机构应当在业务费中提取彩票发行销售风险基金、彩票兑奖周转金。彩票发行销售风险基金专项用于因彩票市场变化或者不可抗力事件等造成的彩票发行销售损失支出。彩票兑奖周转金专项用于向彩票中奖者兑付奖金的周转支出。

以上关于彩票发行、销售机构业务费的监管不可谓不周详,但现实中内

---

① 1996年《政府性基金预算管理办法》规定,政府性基金预算管理的总原则是:基金全额纳入预算管理,实行收支两条线,收入全额上缴国库,先收后支,专款专用;在预算上单独编列,自求平衡,结余结转下年继续使用。

部人利益输送的链条还是未能切断,财务违法案件屡见不鲜。笔者认为,对彩票发行机构的业务费而言,仅采用财政专户管理远远不够。财政专户管理虽然能够保证收支两条线,一定程度上隔断彩票发行机构与彩票销售收入的联系,加大财政部门对资金的监管力度,但是,相比预算管理的公开透明、外部监督、国库执行而言,财政专户管理的弱势非常明显。彩票国家化之后,只有彩票委员会作为发行机构需要支用业务费,销售机构采用市场化方式管理,用竞争的方法促使其提高资金使用效率。而发行机构的业务费则应该列入预算,遵循政府财政资金管理的一般方式。

相对而言,彩票公益金有较为严格的管理制度。《彩票管理条例》确认,彩票公益金专项用于社会福利、体育等社会公益事业,不用于平衡财政一般预算。彩票公益金按照政府性基金管理办法纳入预算,实行收支两条线管理。彩票公益金的管理、使用单位,应当每年向社会公告公益金的使用情况。国务院财政部门和省、自治区、直辖市人民政府财政部门应当每年向本级人民政府报告上年度彩票公益金的筹集、分配和使用情况,并向社会公告。作为政府性基金预算的一种形式,彩票公益金管理本身就应该履行正当程序,既要经过立法机关的审批,也要及时向社会公布预算,披露资金的使用计划及实施效果。不过,从目前实践的情况看,对社会的公告仅仅只是一种应付,民众的知情权和监督权都无法落到实处。

2012 年 3 月 7 日,根据《彩票管理条例》的相关规定,民政部已在其官方网站上公告 2011 年度本级福利彩票公益金使用情况。① 公告显示,经财政部核准,民政部本级 2011 年度彩票公益金控制使用额度为 143024 万元,占中央集中彩票公益金额度的 5%,专项用于民政社会福利、社会公益事业。其中,安排使用 85804 万元,重点保障老年人、残疾人等社会福利服务对象的供养、康复、照料等工作;安排使用 40020 万元,重点支持儿童福利机构完善孤儿、弃婴等困境儿童养育、治疗、康复、特殊教育和职业技能培训等方面的功能;安排使用 17200 万元,支持社会公益事业发展,推进以改善民生为重点的社会建设,提高基本公共服务水平。

仅凭这几个庞大无比的数字,公众能够知道这些开支的必要性和可行性吗?能够去了解这些开支是否被挪用或浪费了吗?能够知道哪些具体的项目从中受益吗?能够搞清楚哪些是用于真正的社会公益项目,而不是民

---

① 参见中央人民政府门户网站:http://www.gov.cn/jrzg/2012-03/07/content_2086028.htm,2012 年 5 月 31 日访问。

政部门自己的行政开支吗？明显都是不可能的。虽然《彩票公益金管理办法》对彩票公益金的筹集、使用和管理有细致的规定，可这些措施都是满足于政府内部的程序制衡，缺乏公众监督和参与的渠道。并不是说这些制衡程序可有可无，如果能够做到，当然可以对规范彩票公益金管理产生作用，但是，无论是从财政民主还是预算透明的角度看，通过财政公开的方式让公众参与管理，是一种非常有效的资金监督手段，因此，政府内部监管应当与提高财政透明度结合起来，让彩票公益金的使用情况大白于天下，让任何人都有机会查询核对和表达意见。

三、关于适度开放博彩业的思考

（一）公益支持、风险监控与博彩业的再定位

博彩是在意识到风险和希望获利的情况下，以某些价值的东西作为赌注所进行的竞赛，其结果全凭机会决定[①]，其实质就是人们平常所理解的赌博。现代博彩业主要包括彩票、赛马、赌场三大类。目前全球已经有超过110个国家与地区确认了博彩业的合法化。2007年，澳门的博彩收益较上年增长了46.58%，总收入达到了830亿澳门元，已经取代美国拉斯维加斯成为全世界博彩业收入最高的旅游城市，博彩业及其带动的其他产业占澳门GDP比重的80%。[②]

由于长期以来受意识形态、社会心理习惯影响等原因的束缚，我国国内很多观点认为，博彩业同赌博一样，只会导致道德沦丧和社会动荡，是社会的毒瘤，应当坚决予以取缔。这类观点主要是把赌博对社会发展所带来的负面作用等同于赌博行为本身，认为它会引起各种犯罪活动，如盗窃、高利贷、洗黑钱、禁锢、绑架、抢劫、伤人以及卖淫等，从而影响到社会稳定和道德沦丧，另外，也害怕人们因为过度沉迷其中，产生严重的投机心理，造成对参与者的身心健康的伤害[③]，因此不赞同对其进行开放。

我国大陆地区博彩业发展相当滞后，除了彩票得到比较迅速的发展外，其他形式的博彩业如网络博彩、赛马、赌场等项目都被严令禁止，导致只得被动接受其他国家和地区博彩业发展所带来的负面冲击。北京大学公益彩

---

① 江育民：《从法社会学观点论现行刑法上之赌博罪》，国防管理学院法律研究所1996年硕士论文，第13页。

② 李磊：《博彩业：下一个经济增长点》，载《金融经济》2007年第27期。

③ 李振宁：《港澳博彩业发展与管理研究》，暨南大学2004年硕士学位论文，第10页。

票研究所的一项研究表明，中国人每年在海外的博彩场所投注的金额达6000多亿人民币，这一数额相当于国内2007年公益彩票总销售额的6倍，给中国的外汇和金融监管带来了不小的冲击。①

事实上，发行彩票本身就是博彩业的一种。经过几十年来的摸索和完善，彩票业并没有成为社会的一个“毒瘤”，而是成为社会公益事业的一个助推器。从博彩业的运行原理来说，它只是社会财富调节与再分配的形式，属于第三产业。博彩活动本身并不直接创造价值，其产值是对社会总价值的扣除和再分配，这是一种道德力量介入的再分配，实质上是社会财富的第三次分配。② 在现代国家体制形成之后，政府从市场“守夜人”的角色不断向监管与服务并行的方向发展。因此，国家需要投入大量的财富扶持推动社会福利和社会公益事业，而博彩业作为国家筹集公益事业资金的有效方式应该被很好地利用起来。

除了能发挥其筹资、解决就业问题等有利功能外，适度放开博彩业还有一个正面意义。博彩业的依法发展可以抑制目前日益泛滥的地下赌场，可以减少因为地下赌场存在而引起的社会矛盾和资金流失。而发展合法的博彩业能直接增加地下赌场的经营成本和风险，这些流失到海外的资金就有可能成为我国的合法博彩收入。③

从宏观上看，作为一种融资手段，博彩业与金融市场中股市、金融衍生品等融资手段没有本质的区别，只是在基础产品上有些差异。随着现代金融衍生品的不断发展，也产生如“天气期货”等表面上没有任何交易价值的衍生产品，这些产品跟赌博活动中“赌大小”、“猜点位”已经没有实质上的差别。但是，正是因为这些金融衍生品的运行有着严密的运行规则和监管制度，才使得其资金融通功能得到最大的发挥，而不利因素被控制到最小。因此，只要对基础项目进行严格的产品设计，用严格规范的制度约束和监管，就可以考虑适度开放博彩业。

我们甚至可以设想，是否存在一条博彩业社会化的途径？目前，由于彩票业完全由国家垄断，彩票公益金由彩票销售机构直接上缴财政，该过程属于公共体系内部的资金转移，而不是真正的市场化运作模式。从财政筹资

---

① 郭均鹏、李婷、李汶华、高峰：《我国建立博彩区域中心的探讨》，载《天津大学学报》（社会科学版）2008年第6期。

② 张占斌：《博彩业与政府选择》，中共中央党校2000年博士学位论文，第97页。

③ 崔振南：《我国彩票监管与博彩探索研究》，天津大学2003年博士学位论文，第164页。

的角度看，政府关注的主要是彩票公益金。既然如此，将博彩业交与社会经营，也不是不可以考虑的方式。政府仍然可以征收彩票公益金，或者另行开征彩票税，政府的收益不仅不会减少，反而会因为市场的扩大不断增加。当然，鉴于博彩业的特殊性质，为保证彩民之间的公平，防止恶意做庄损害彩民利益，防范道德风险和对社会秩序的冲击，政府对博彩业的严厉监管必不可少。

（二）中国博彩业的分步试点和推进

2010年1月4日，国务院发布了《关于推进海南国际旅游岛建设发展的若干意见》，其中指出，将在海南试办一些国家通行的旅游娱乐项目，探索发展竞猜型体育彩票和大型国际赛事即开彩票。这被认为是国家要开始放开博彩业的一个积极信号。[①] 其实，早在2008年11月29日，武汉就曾经举办过一次明显带有博彩性质的“中国速度赛马公开赛（实验赛）”。这场赛事因首次引入彩票而被外界称为中国赛马运动商业化的破冰之举，被认为是放开赛马博彩的一种尝试。而且争取马彩试点的并非武汉一个城市，全国还有广州、北京、南京、上海、济南等多个城市已建、在建或者欲建赛马场。[②]

以上这些尝试为开放博彩业创造了有利的条件。笔者认为，博彩业改革应该跟整个经济体制改革一样，在大胆尝试的基础上“求新、求变、求稳”，不求一日就建成项目丰富、规模庞大、功能齐全、监管严密的现代博彩产业，但求在不断的改革和摸索中逐步完善。不少国家和地区在反复权衡博彩的利弊中，为了发展公益福利事业，同时保持对社会的控制能力，陆续采取了有条件的适度开放，大体按照彩票—赛马—赌场的顺序开放，并逐渐形成了一套特殊的约束机制。博彩业发达国家因为制度渐趋完善，市场在其中发挥基础性的调节作用，发展中国家的约束力量主要还是靠政府。[③]

我国开放博彩业的过程也应循序渐进。在借鉴国外已经成熟的博彩产品时，应根据中国实际情况改造和创新，形成自己的博彩和娱乐产品。对于国外没有的项目，也可以根据国内一些地区的习惯进行产品创新，例如，有的地方有斗鸡、斗牛等带有地方风俗特色的竞赛项目，群众喜闻乐见，政府可以此为基础项目推出博彩产品。在开放区域上，可以先试点，只对条件相

---

① 参见 http://news.163.com/10/0105/02/5S7TVMA7000120GU.html，2010年3月27日访问。

② 参见 http://news.qq.com/a/20081211/002477.htm，2010年3月27日访问。

③ 崔振南：《我国彩票监管与博彩探索研究》，天津大学2003年博士学位论文，第152页。

对成熟的地方颁发许可证,通过摸索和总结再向全国推广。就博彩产品的选择而言,不必要求一步到位。例如,社会上对赌场一时还无法形成共识,就可以暂缓推行。即便将来开放赌场行业,也应该对赌场的规模、场地、赌博项目、金额、经营者资格等进行严格限制,等外部环境慢慢成熟时再逐步放松。

(三)博彩业社会化对应的监管体制

从某种程度上说,博彩业合法化的历史就是一个道德与利益较量的历史,这个过程中不但要解决博彩正当性问题,最关键的还是解决治乱的问题,其根本就是要对博彩市场进行有效的监管。[①] 博彩业适度开放之后,从彩票国家化到博彩社会化,两种不同的思路,会对应两种不同的监管体制。例如,按照笔者的设想,彩票国家化之后,要在财政部设立彩票委员会,作为彩票发行机构和日常监管机构。但是,博彩业社会化之后,政府无需设立发行机构,发行是博彩机构自主决定的事情,实行市场化发行机制。因此,彩票委员会的职责就只剩下监管。甚至于,为了强化博彩监管,可以将彩票委员会扩充为国家博彩监管委员会,将其与银行业监管委员会、证券监管委员会、保险监管委员会等并列,直属国务院管理。对于博彩公益金,则必须严格遵守政府性基金管理和预算的程序,确保其安全、高效、透明地使用于社会公益事业。

博彩业成熟的国家和地区无不具有完备的法律制度和严格的监管手段,没有法律和监管的地区不可能发展好博彩业,相反还会把博彩的消极功能发挥到极致。因此,完善博彩业的法律法规和监督管理体制,是放开博彩业的前提条件。具体而言,立法机关应该把博彩业的相关立法提上立法日程,建设一套以《博彩法》为主干,以《彩票管理条例》、《赛马管理条例》、《赌博管理条例》为依托,再加上监管部门制定的实施细则为辅助的法律法规体系。尽管在立法的过程中可能会出现立法资源不足、经验缺乏等种种问题,但这些问题都可以经过实践的检验后再慢慢校正。香港博彩业的发展就与香港完善的法律规定有密切关系。香港赛马规则历经多年已日臻完善,《香港赛马会博彩规例》共八章,近十万字。此外,香港《赌博条例》、《博彩税条例》、《政府奖券条例》等,一整套法律法规将民间长期存在的博彩活动纳入到了法治轨道。[②]

---

① 许力攀、刘文涛:《彩票监管机制研究》,载《中国行政管理》2004 年第 12 期(总第 234 期)。

② 张占斌:《博彩业与政府选择》,中共中央党校 2000 年博士学位论文,第 112 页。

彩票这样的热门题目属于公共性话题，可以从不同角度进行分析和探讨。法律人在进行制度构建时一定要考虑行业特点，把规则构建与市场框架的搭建融合起来。就本节而言，笔者试图从财政法角度去对中国彩票业乃至将来放开博彩业后的监管体制进行梳理。现代公共财政的分配职能、调节职能、监督职能，正好契合了国家对彩票业为代表的博彩行业进行管制的基本需求。我国现阶段发展博彩业有很大阻力，但也有着相当的必要性和可行性。在对博彩业的发展进行规划时，不仅要重视其对社会经济发展的重要推动作用，更要努力树立博彩业推动公益事业和福利事业的良好形象①，同时还应理性看待并采取相应的措施减少博彩业可能带来的负面作用。因此，我国发展博彩业既要大胆尝试，又要量力而行。

---

① 郭均鹏、李婷、李汶华、高峰：《我国建立博彩区域中心的探讨》，载《天津大学学报》（社会科学版）2008 年第 6 期，第 491 页。

结　语

财政是国家存在和运行的物质基础，无财即无国、无财即无政，税收直接关联国家财政权与公民财产权的对立统一。可以说，对于财政权力的控制和运用能力，直接决定了一国的宪政水平和法治发达程度。有鉴于此，本书围绕民主宪政、法治国家观念，探讨中国财政法的修改和完善，并提炼出以下基本观点：

(1) 财政是一国经济政策、政治体制和法律规则的综合载体。财政与宪政、法治具有高度契合性。财政改革推动了民主宪政的产生和发展，财政改革也必须接受民主宪政精神的指导。(2) 财政法的核心是处理好私人财产权与国家财政权的关系，限制国家的财政权，保护纳税人的合法权利。(3) 必须坚持财政民主主义、财政法定主义、财政健全主义和财政平等主义，夯实财政法的宪政基础。(4) 必须以法律手段规范政府间财政关系，高度重视横向财政分权，理顺执政党和政府的关系，理顺立法、执法和司法的关系，规范中央与地方财政分权，促进地方之间财政合作。(5) 应强化代议制机关的地位，推进预算从政府管理的工具向管理政府的工具转变。(6) 预算不同于法律，但具有法律约束力。预算应侧重于支出控制，淡化收入预算的法律效力。(7) 税费改革应遵守基本的法治约束，不能违反正当法律程序。

改革开放以来，我国财政法治建设取得了很大进展。特别是 1994 年分税制改革实施后，各项财政法律制度逐渐建立，重大财政事项逐步实现法律化，财政法律体系日益丰富和完善，纳税人权利意识开始觉醒。尽管如此，不得不承认，中国离公共财政和法治财政还有很长的距离，财政领域的基本制度落后于时代发展，财政领域的立法工作满足不了现实需要。虽然我国 2008 年即对外宣称，中国特色法律体系已经基本形成[1]，但是，具体到财政税收领域，其中的差距仍然十分明显，财税法治化建设任重而道远。这主要表现在以下方面：

---

① 参见人民网：http://politics.people.com.cn/GB/1024/6973709.html，2012 年 6 月 14 日访问。

一是财政立法不完善，法定主义精神缺失。在我国财政法律体系中，仅有《预算法》、《政府采购法》、《个人所得税法》、《企业所得税法》、《税收征收管理法》、《车船税法》等是全国人大及常委会制定的法律，其他的均是国务院及其部委制定的行政法规或部门规章。一些基础性的重要法律，如政府间财政关系法、财政转移支付法、财政投资法、税收基本法、行政收费法、国债法等，目前都处于空白状态。在财政实践中，政府政策支配着财政行为，与税收法定主义的要求相距甚远。

二是政府财政权力缺乏法治约束，财税控权机制不完善。财政支出用于公共需求，需要代议制预算的保障机制，由人民决定财政支出的分配。但我国预算是行政主导型，财政支出多少、财政支出结构由政府决定。这势必导致财政权力滥用，财政支出自肥，而对公共福利投入不足。“三公”消费支出居高不下、社会保障资金短缺即是明显例证。除此之外，财政收支管理、国库运行管理、资金的使用监督等，均欠缺必要法律依据和有效控制。而现行法律对税务行政复议、税务诉讼设置重重限制，政府滥用财权的救济机制也存在缺陷。

三是财政法治观念落后，纳税人权利保护意识淡薄。所谓纳税人权利保护意识淡薄，并不是纳税人不愿意行使权利，或者不知道自己有哪些权利，而是由于权力不受制约的大环境，使得纳税人不敢主张书面上的权利。长期以来，财政被视为政府内部的管理，与社会公众无所关联，税收也被视为强制无偿的课征。在这一观念支配下，税法被视为政府征税之法，而不是纳税人权利保护之法，政府被赋予了过大的自由裁量权，缺乏有效的权力制约机制。即便产生了纳税争议，纳税人也不敢轻易诉诸法院，连提起行政复议都会有重重顾虑。

笔者深知，罗马城不是一日建成的，法治建设只能逐步推进。在推进财政民主、践行财政法治方面，虽然执政党和政府是主要的责任主体，但是也必须认识到，社会变革需要每一个人、每一个组织的努力。在这个大舞台上，所有的人都不是客体，而是身负某种角色，必须做到尽职尽责。面对我国财政法治落后于时代的现实，胸怀理想的财税法学人既不能自怨自艾，更不能随波逐流，而应该充分发挥自己的所长，以独立批判的眼光，关注民生社稷，重视权力的正当性，为人民请命，为权利呐喊！也只有这样，财税法学科才能凸显学术立场，向社会展示自己独特的贡献。

税法学研究文库

1. 税收程序法论——监控征税权运行的法律与立法研究　施正文
2. WTO 体制下的中国税收法治　刘剑文主编
3. 税法基础理论　刘剑文、熊伟
4. 转让定价法律问题研究　刘永伟
5. 税务诉讼的举证责任　黄士洲
6. 税捐正义　黄俊杰
7. 出口退税制度研究　刘剑文主编
8. 税法基本问题·财政宪法篇　葛克昌
9. 所得税与宪法　葛克昌
10. 纳税人权利之保护　黄俊杰
11. 行政程序与纳税人基本权　葛克昌
12. 论公共财政与宪政国家——作为财政宪法学的一种理论前言　周刚志
13. 税务代理与纳税人权利　葛克昌、陈清秀
14. 扣缴义务问题研析　钟典晏
15. 电子商务课征加值型营业税之法律探析　邱祥荣
16. 国际税收基础　〔美〕罗伊·罗哈吉著　林海宁、范文祥译
17. 民主视野下的财政法治　刘剑文主编
18. 比较税法　〔美〕维克多·瑟仁伊著　丁一译
19. 美国联邦税收程序　熊　伟
20. 国际技术转让所得课税法律问题　许秀芳
21. 财政转移支付制度的法学解析　徐阳光
22.《企业所得税法》实施问题研究——以北京为基础的实证分析　刘剑文等著
23. 法学方法与现代税法　黄茂荣
24. 解密美国公司税法　〔美〕丹尼尔·沙维尔著　许多奇译
25. 财政法基本问题　熊　伟
26. 比较所得税法　〔美〕休·奥尔特、布赖恩·阿诺德等著　丁一、崔威译

2012 年 8 月更新